中国共产党百年奋进研究丛书

上海市哲学社会科学规划办公室
上海市中国特色社会主义理论体系研究中心 组编

跳出历史周期率：民主政治建设之路

张明军 任蓉 张飞 等 著

上海人民出版社

丛书前言

“领导我们事业的核心力量是中国共产党。”自中国共产党诞生以来，中国大地经历了翻天覆地的历史性变化。中国人民选择了中国共产党，并在党的领导下选择了社会主义。经过长期艰苦卓绝的奋斗，完成了新民主主义革命和社会主义革命，实现了中华民族从“任列强欺凌”到站起来的伟大飞跃；新中国成立以来，特别是改革开放以来，中国共产党带领人民建设中国特色社会主义，使中国大踏步赶上时代，实现了中华民族从站起来到富起来的伟大飞跃；在新时代，中国共产党团结带领人民坚持和发展中国特色社会主义，推动中华民族伟大复兴取得历史性成就，迎来了从富起来到强起来的伟大飞跃。正是中国共产党的领导，中国人民走社会主义道路，从根本上解决了中华民族复兴和中国现代化面临的历史性课题。有了中国共产党，中国人民就有了思想上、政治上的“主心骨”，就有了团结奋斗、勇往直前的指路明灯、核心力量。各族人民跟着中国共产党就能凝聚成不可战胜的磅礴力量，朝着中华民族伟大复兴的奋斗目标奋勇前进。100 年来，中国共产党为了实现中华民族伟大复兴的历史使命，无论是顺境还是逆境，无论是弱小还是强大，都初心不改，矢志不渝。历史和现实雄辩地证明，没有中国共产党就没有中国劳苦大众的翻身解放，就没有社会主义新中国，就没有中华民族的伟大复兴。100 年来，中国共产党为实现国家富强、民族振兴、人民幸福和人类文明进步事业作出的伟大历史贡献永远铭记史册。

站在历史的交汇点，中国共产党带领中国各族人民以习近平新时代中国特色社会主义思想为指导，统筹社会革命和自我革命，始终坚持马克思主义在意识形态领域的指导地位、勇担民族复兴历史大任、扎根广大人民群众、坚持以人民为中心、依靠人民从容应对面临的复杂严峻的挑战和问题。在带领人民进行伟大社会革命的同时，不断进行伟大的自我革命，引导党自身在具有许多新的历史特点的伟大斗争中经受住执政考验、改革开放考验、市场经济考验和外部环境考验，化解精神懈怠、能力不足、脱离群众、消极腐败的危险，始终保持党的先进性和纯洁性，始终与人民心连心，始终走在时代前列，赢得新时代执政党自我净化、自我完善、自我革新、自我提高的新胜利，再次创造出人类发展史上划时代的发展奇迹。

为隆重庆祝中国共产党成立100周年，表达上海理论界对中国共产党领导人民创造的丰功伟绩和宝贵精神财富的高度认同，以及对中国共产党无比深厚的情感；为帮助广大干部群众深入学习中国共产党历史，深入学习贯彻中国共产党宝贵历史经验，深入学习领会中国共产党人不倦探索取得的理论创新成果，在中共上海市委宣传部领导下、上海市哲学社会科学规划办公室以委托课题方式，与上海市中国特色社会主义理论体系研究中心联合组织了“人民至上·中国共产党百年奋进研究丛书”（以下简称“丛书”）的研究和撰写。参加“丛书”研究撰写的是本市哲学社会科学相关领域的著名专家学者。“丛书”由上海人民出版社编辑出版。

“丛书”围绕的主题是系统研究、深刻阐释、正确总结中国共产党领导中国人民百年奋斗历程、伟大成就、历史经验和光辉思想。“丛书”分领域、分战线总结论述中国共产党在领导中国人民夺取新民主主义革命胜利、建立新中国，进行“一化三改造”、建立社会主义经济制度和社会主义赖以发展的物质基础，实行改革开放，开创、坚持和发展中国特色社会主义，全面建成小康社会、开启全面建设社会主义现代化国家新征程形成的理论、路线、重大方针政策和重大战略部署。其中涉及中国共产党的现代化建设思想、治国理政思想、法治思想、制度建设思想、统一战线理论、宣传思想、理论创新、革命精神、群众观和群众路线，涉及党的经济建设思想、政治建设思想、文化建设思想、社会建设思想、生态文明建设思想、科学技术思想、教育思想、“三农”思想、军队和国防建设思想、自身建设思想、国际观等。“丛书”主要有以下特点：

第一，注重以史为据、史论紧密结合，论从史出。“丛书”的每一部论著研究的历史跨度都是百年，每一部论著都努力把历史思维贯彻在整个研究撰写工作中，力求呈现厚重的历史感，做到真正熟悉并实事求是对待所承担研究撰写领域的党的百年历史。研究者首先致力于学习历史、熟悉历史、梳理历史，钻研党的理论、方针、政策的发展史，广泛收集和整理文献，大量地、充分地掌握历史资料，认真总结百年取得的弥足珍贵的历史经验，把握历史进程和规律。在对历史的认真学习、梳理中，去做好中国共产党百年研究系列课题这篇大文章。

第二，注重阐释中国共产党所坚守的以人民为中心的根本立场。中国共产党为人民而生、因人民而兴，始终坚持以人民为中心，把为中国人民谋幸福、为中华民族谋复兴作为初心使命，坚持全心全意为人民服务的根本宗旨，始终代表最广大人民利益。“丛书”作者牢记人民立场是马克思主义的根本政治立场。人民至上、一切为了人民、一切依靠人民是中国共产党的价值理念和认识世界、改造世界的根本要求。可以说，“丛书”的每一种，都致力于揭示中国共产党之所以能历经百年始终保持先进性、始终走在时代前列、团结带领人民创造历史伟业的真谛，这就是中国共产党始终把人民立场作为根本立场，把为人民谋幸福作为根本使命，坚持全心全意为人民服务的根本宗旨，始终保持同人民群众的血肉联系。无论是革命、建设，还是改革，奋进新时代，归根到底都是为了让人民过上好日子。正如习近平总书记强调：“为人民谋幸福，是中国共产党人的初心。我们要时刻不忘这个初心，永远把人民对美好生活的向往作为奋斗目标。”研究、撰写“丛书”的专家学者领悟了这一精神，紧紧把握中国共产党全心全意为人民服务的根本宗旨，致力于生动诠释中国共产党的使命之所在、价值之所在、生命之所在，生动诠释新时代中国共产党领导人民建设中国特色社会主义的根本追求。

第三，注重历史逻辑与理论逻辑相统一、思想性与现实针对性相统一。以高度的理论自觉和理论自信研究分析中国共产党百年历史，自觉把习近平新时代中国特色社会主义思想引领贯穿于研究撰写的全过程，用马克思主义立场观点方法观察和解读中国共产党百年历史各种现象，回应现实提出的重大理论和实践问题，揭示蕴含其中的规律，从总结、提炼与升华历史经验中加深对中国共产党理论创新成果的认识，对中国革命、建设、改革的规律性认识，对中国共产党坚持真理、修正错误的政治思想品格的认识。坚持问题导向，立足解决今天的问题去回顾总结历史，注入新的认识、新的观点、新的内容。在理论逻辑与历史逻辑相统一、思想性与现实针对性相统一上进行新探索，取得新成绩。

第四，注重把握时代需求、聆听时代声音、回应时代呼唤。“丛书”坚持问题导向，认真研究相关领域中国共产党执政面临的重大而紧迫的理论和实践问题，用联系的发展的眼光看历史、看现实、看问题，增强时代性、战略性、系统性思维。历史是时代的产物，百年系列研究的成果也是时代产物，“丛书”的研究撰写不是就历史讲历史，不是停留在历史叙述层面，而是努力体现新时代的新要求，回答新问题。

第五，注重以宽广的世界眼光观察研究中国共产党百年发展历史。百年来，中国共产党的每个时期都与世界有千丝万缕的关系，都是在特定的国际环境和国际形势下的历史活动。因此，“丛书”每一种的研究撰写都力求体现宽广的世界眼光，都力求紧密联系特定历史时期世界形势和变化特点研究并展示中国共产党的思想及实践。特别是世界正经历百年未有之大变局，“丛书”作者研究中国共产党百年历史经验，力求放在中国共产党历史活动的世界背景中分析考察。

在这方面，“丛书”做出了可喜的努力。

第六，注重追求读者喜欢的呈现形式。从众多鲜活的事实以及历史和现实的比较中，把中国共产党在领导革命、建设和改革历史长河中为中国人民谋幸福、为中华民族谋复兴、为人类社会谋大同的马克思主义政党品格和初心使命写充分，使其跃然纸上。以“观点鲜明、逻辑严谨、文风朴实、形式清新”的风格，呈现思想，贡献智慧，也是“丛书”努力的方向和探索解决的问题。理论读物如何在保证内容正确的前提下写得清新活泼，吸引广大读者，使广大读者看得懂、用得上，“丛书”研究撰写在这方面也进行了有益的尝试。

“丛书”组织者、作者满怀对中国共产党的无限深情，深刻认识到，中国共产党百年来，领导人民创造了伟大历史，铸就了伟大精神，形成了宝贵经验，创造了中华民族发展史上的伟大奇迹，开辟了人类社会进步史上的新纪元，伟大成就举世瞩目，无与伦比。他们把写好“丛书”看成是一种崇高的责任，表示要笔力奋起，写出充分反映中国从站起来、富起来迈向强起来这一历史进程中中国共产党坚强领导的绚丽书篇，为以史明理、以史增信、以史崇德、以史育人、以史咨政做有益的工作。帮助读者深刻认识历史和人民选择中国共产党、选择社会主义道路、选择改革开放、选择马克思主义的客观必然性；深刻认识坚持党的全面领导、坚持和发展中国特色社会主义的极端重要性；深刻认识中国共产党坚持马克思主义在我国意识形态领域指导地位的极端重要性；深刻认识中国共产党百年之后的历史方位、历史使命和对世界历史发展的重要作用，为庆祝中国共产党百年华诞留下浓墨重彩的一笔。

“丛书”的问世，离不开时任中共上海市委常委、宣传部部长，上海市习近平新时代中国特色社会主义思想研究中心主任，上海市中国特色社会主义理论体系研究中心主任周慧琳的关心和支持；离不开时任市委宣传部副部长、上海市习近平新时代中国特色社会主义思想研究中心常务副主任、上海市中国特色社会主义理论体系研究中心常务副主任徐炯的具体指导。市委宣传部理论处陈殷华、薛建华、俞厚未，上海市哲学社会科学规划办公室李安方、吴诤、王云飞、徐逸伦、张师慧、徐冲、董卫国，上海市中国特色社会主义理论体系研究中心李明灿等具体策划、组织；上海人民出版社的领导和编辑同志为“丛书”出版付出了辛勤劳动。

“现在，我们比历史上任何时期都更接近中华民族伟大复兴的目标，比历史上任何时期都更有信心、有能力实现这个目标。”希望“丛书”的问世，能够使广大读者对领导我们事业前进的核心力量中国共产党，对我们正在推进的中国特色社会主义伟大事业，对指导我们思想的理论基础马克思主义，对新中国创造彪炳史册的人间奇迹、大踏步赶上时代的壮丽史诗，对我们生活的时代和世界，认识得更加深入，领悟得更加准确，更加坚定道路自信、制度自信、理论自信、文化自信。这是“丛书”组织者、作者的心愿。

目　录

第一章 中国共产党民主政治建设的内涵、外延和特征

民主是人类文明的伟大成果，是人类对于美好社会的不懈努力和追求。“人民民主是中国共产党始终高举的旗帜。”① 发展和建设社会主义民主政治，保障人民当家作主权利，是我们党百年来矢志不渝的奋斗目标，也是建设中国特色社会主义伟大事业的重大历史任务之一，更是实现社会主义现代化和中华民族伟大复兴的重要政治保证和制度保证。中国人民在中国共产党的领导下，在中国革命、建设和改革的长期实践中，坚持以马克思主义为指导，积极吸收借鉴人类优秀文明成果并结合中国的国情与实际，经过一系列艰辛探索，逐步形成了具有中国特色的社会主义民主政治。历史已经向我们证明，中国特色社会主义民主政治建设为中国经济、文化和社会发展提供了有力的制度保障。同时，我们也要看到中国特色社会主义民主政治建设仍然有许多需要克服和解决的问题。2021 年是中国共产党百年诞辰，也是开启全面建设社会主义现代化国家新征程、迈向第二个百年奋斗目标的开局之年。在新的历史起点，全面总结中国共产党百年来民主政治建设在理论创新和实践探索方面的宝贵经验，有利于进一步推进中国特色社会主义民主政治的建设和完善。

---

① 中共中央文献研究室编：《十八大以来重要文献选编》(中)，中央文献出版社 2016 年版，第 59 页。

第一节　中国共产党民主政治建设的理论基础

中国共产党的民主政治建设史就是党领导中国人民赢得解放和实现人民当家作主的历史，是一部在马克思主义指导下，立足人类政治文明，不断推进中国民主建设理论创新发展的历史。中国共产党自成立之日起，就将民族独立和人民解放，实现人民当家作主作为自己的奋斗目标。根植于中国国情与实际，中国共产党人在继承和发展马克思主义民主政治思想、积极吸收人类优秀文明发展成果的基础上，创造出具有自身特色的民主政治理论。在党的领导下，坚持依法治国，切实保障人民当家作主的权利，党的领导体制机制不断完善，社会主义民主法治不断发展，人民当家作主进一步得到体现和发展，中国特色社会主义政治发展道路展示出蓬勃生机和光明前景。

一、马克思主义民主政治理论

马克思主义民主政治理论是马克思主义政治学说和科学社会主义的有机组成部分，是马克思、恩格斯、列宁等一系列经典作家关于无产阶级革命、无产阶级专政、社会主义民主政治建设等问题的思考和探究，主要涵盖了民主的内涵与实质、类型与形式、属性与制度等内容。

（一）民主的内涵与实质

马克思主义经典作家在批判封建专制和揭露资产阶级专政的过程中，逐步形成了马克思主义国家学说和无产阶级民主政治建设理论，阐述了他们对民主的理解，并对民主内涵与实质作出了规范性界定。民主是人类社会发展的历史产物，是人类文明进步的重要标志。作为一种历史性概念范畴，民主往往因时代条件、运用领域以及理解视角的不同，而呈现不同的内涵指代。马克思主义经典作家始终坚持理论联系实际的原则，结合具体革命需要，在不同层面辩证把握民主这一概念，如在政治制度层面、人民权利层面、组织管理层面、价值观念层面、工作方法层面等。

第一，作为“民主制”的民主。马克思主义经典作家在政治制度层面，将民主视为一种国家形式，即民主制或民主政体。马克思在《黑格尔法哲学批判》中指出，“民主制是国家制度的类”①，而君主制则只是国家制度的一种，并且是不好的一种。他认为，在阶级社会中民主制和君主制一样，作为国家制度的本质“是一个阶级镇压另一个阶级的机器，而且在这一点上民主共和国并不亚于君主国”②。恩格斯后来进一步补充到：“现代国家，不管它的形式如何，本质上都是资本主义的机器，资本家的国家。”③此外，马克思恩格斯在《德意志意识形态》中将“民主制”称为一种“政体”，并提出了“民主政体”的概念。列宁则更为直接地称“民主是国家形式，是国家形态的一种”④。

马克思主义经典作家对于作为政治制度民主的分析，大体从以下三个维度展开。一是从民主的阶级性来看，马克思主义认为，在阶级社会中的民主制本质上是在政治上、经济上占统治地位的阶级对其他阶级进行统治的工具。马克思、恩格斯曾在《路易·波拿巴的雾月十八日》中明确批判道：“资产阶级共和国在这里是表示一个阶级对其他阶级实行无限制的专制统治。”⑤列宁更是明确指出：“只要有不同的阶级存在，就不能说‘纯粹民主’，而只能说阶级的民主。”⑥二是从民主与专政的辩证关系上来看，马克思主义民主和专政是对立统一的存在，在阶级社会中，不存在不具有专政功能的所谓“绝对的、纯粹的、普遍的民主”，无论雅典城邦民主、罗马共和民主还是资产阶级民主，它们所宣称的民主都只是对统治阶级内部的民主，而对被统治阶级必然是专政。列宁曾指出：“民主是国家形式，是国家形态的一种。因此，它同任何国家一样，也是

① 《马克思恩格斯全集》第3卷，人民出版社2002年版，第39页。

② 《马克思恩格斯文集》第3卷，人民出版社2009年版，第110页。

③ 《马克思恩格斯文集》第3卷，人民出版社2009年版，第559页。

④ 《列宁选集》第3卷，人民出版社2012年版，第201页。

⑤ 《马克思恩格斯文集》第2卷，人民出版社2009年版，第479页。

⑥ 《列宁选集》第3卷，人民出版社2012年版，第600页。

有组织有系统地对人们使用暴力”①，并且反复提醒工人阶级不要被资本主义民主所迷惑，要看清资本主义形式民主背后的真面目。三是从经济基础和上层建筑辩证关系来看，马克思主义认为，民主制是建立在一定经济基础之上的政治上层建筑，市民社会是民主国家建立的物质前提，并且民主国家最终将随着阶级的消亡而消亡。马克思曾强调：“权利决不能超出社会的经济结构以及由经济结构制约的社会的文化发展。”②毛泽东则明确指出：“民主属于上层建筑，属于政治这个范畴。这就是说，归根结蒂，它是为经济基础服务的。”③

第二，作为“人民当权的”的民主。在人民权利层面，马克思主义经典作家认为民主就是人民在参与和管理国家事务中的自主权。马克思在《哥达纲领批判》中指出：“‘民主的’这个词在德语里意思是‘人民当权的’。”④可见，在马克思看来，人民是历史的创造者，是社会真正的主人，因此人民理应享有创建和管理自己国家的权利。列宁也指出：“民主就是全体居民群众真正平等地、真正普遍地参与一切国家事务”⑤，即“由群众自己从下面来全面管理国家”，让群众有效参与国家各方面生活，发挥群众的积极性和创造性。⑥在他看来，无产阶级民主是一种更高质量的民主，将为“所有的人”能够参加国家管理创造前提。毛泽东也强调，人民民主专政就是“剥夺反动派的发言权，只让人民有发言权”⑦。社会主义民主就是要保证人民当家作主的权利，保证人民充分享有管理国家、管理军队、管理各种企业、管理文化教育的权利，“这是社会主义制度下劳动者最大的权利，最根本的权利。没有这种权利，劳动者的工作权、休息权、受教育权等等权利，就没有保证”⑧。

---

① 《列宁选集》第3卷，人民出版社2012年版，第201页。
② 《马克思恩格斯文集》第3卷，人民出版社2009年版，第435页。
③ 《毛泽东文集》第7卷，人民出版社1999年版，第209页。
④ 《马克思恩格斯文集》第3卷，人民出版社2009年版，第443页。
⑤ 《列宁全集》第28卷，人民出版社2017年版，第111页。
⑥ 《列宁全集》第29卷，人民出版社2017年版，第287页。
⑦ 《毛泽东选集》第4卷，人民出版社1991年版，第1475页。
⑧ 《毛泽东文集》第8卷，人民出版社1996年版，第129页。

马克思主义经典作家在人民权利层面对于民主概念的使用，深刻揭示了人民的主体性本质。一方面，从唯物史观科学地揭示了国家、法与人的本质关系。马克思批判黑格尔将人民作为政治制度附属物的思想，将人视为主体化的国家，颠倒了人和国家、法的主客体关系。马克思认为人是具体的、现实的存在，是国家和法的创造主体，国家制度是人的现实化产物。他在《黑格尔法哲学批判》中指出："正如同不是宗教创造人而是人创造宗教一样，不是国家制度创造人民，而是人民创造国家制度。……民主制也是一样，它是一切国家制度的本质，作为特殊国家制度的社会化的人，……在民主制中，不是人为法律而存在，而是法律为人而存在。"①可见，在马克思看来，作为国家制度的民主制，是现实的人的"自由产物"，现实的人是其现实基础。

另一方面，人民是历史的创造者，是真正的英雄，理应掌握建设管理国家的权利。马克思主义者认为，国家的权力和制度都是从人们的社会实践中产生出来的，是人们从事共同的社会生产活动、维护共同利益的需要。人民作为社会实践、社会生产活动的主体，是社会历史的真正创造者，是推动历史前进的真正动力。因此，他们应当是国家权力的真正主体。马克思在 1843 年撰写的《黑格尔法哲学批判》中曾发问："人民是否有权为自己制定新的国家制度呢？"他的回答是："对这个问题的回答应该是绝对肯定的，因为国家制度一旦不再是人民意志的现实表现，它就变成了事实上的幻想。"②可见，在马克思看来，作为历史的创造者的人民群众，不仅应当享有建设和管理国家的权利，而且国家制度还必须真正体现人民的意志。

第三，作为"民主集中制"的民主。马克思主义经典作家也在组织管理层面使用民主的概念，将民主视为一种组织管理原则，作为党的建设、政权建设以及处理人民内部矛盾关系的方法原则。这一概念的应用主要体现在三个方面。

一是作为党的建设的组织管理原则。马克思在 1864 年起草并获得通过的

---

① 《马克思恩格斯全集》第 3 卷，人民出版社 2002 年版，第 40 页。

② 《马克思恩格斯全集》第 3 卷，人民出版社 2002 年版，第 73 页。

《国际工人协会共同章程》中指出，在国际工人协会内部实行民主原则，所有成员不分肤色、信仰和民族一律平等，协会按照民主的原则组织并进行工作，“总委员会由参加国际协会的各国工人代表组成”①；协会章程的修订，需要获得“三分之二与会代表的赞同”②。恩格斯后来在《关于共产主义者同盟的历史》中再次强调：“组织本身是完全民主的，它的各委员会由选举产生并随时可以罢免……现在一切都按这样的民主制度进行。”③列宁也曾多次阐明俄国社会民主工党内要实行民主的组织原则，并且强调，根据革命形式以及俄国社会民主工党分散性的实际情况，在注重民主原则的同时，决不能忽略集中制建设。1905年俄国社会民主工党第一次代表大会明确指出：“俄国社会民主工党必须按照民主集中制的原则组织起来。”④毛泽东在此基础上进一步界定了民主集中制的规范性内涵。他指出：“我们的集中制，是建立在民主基础上的集中制。无产阶级的集中，是在广泛民主基础上的集中。各级党委是执行集中领导的机关。……在党委会内部只应当实行民主集中制。第一书记同其他书记和委员之间的关系是少数服从多数。”⑤

二是作为政府组织原则的一种。马克思在1871年发表的《法兰西内战》中高度肯定巴黎公社作为真正民主国家政权的伟大意义，对于公社颁布的一系列民主措施，如公社的一切权利归于人民；权力机构和人民代表由选举产生，对选民负责，可以随时撤换；武装力量按民主原则组织；公务人员与工人领取相同工资等，给予了高度肯定。同时，他也看到了公社的历史局限性，指出：“巴黎公社遭到灭亡，就是由于缺乏集中和权威。”⑥可见，在马克思看来，公社作为无产阶级专政的政权，应该采取民主集中制原则，在兼顾民主的基础上，也

① 《马克思恩格斯文集》第3卷，人民出版社2009年版，第227页。

② 《马克思恩格斯文集》第3卷，人民出版社2009年版，第229页。

③ 《马克思恩格斯文集》第4卷，人民出版社2009年版，第236页。

④ Michael Waller, *Democratic Centralism: An Historical Commentary*, St. Martin's Press, 1981, p.21.

⑤ 《毛泽东文集》第8卷，人民出版社1999年版，第294页。

⑥ 《马克思恩格斯文集》第10卷，人民出版社2009年版，第375页。

要善于集中一切革命力量，维护无产阶级政权。关于“民主集中制”政府问题，毛泽东早在1940年写的《新民主主义论》中，就把民主集中制作为新民主主义共和国政体组织原则。在1945年的《论联合政府》中进一步强调：“新民主主义的政权组织，应该采取民主集中制。”① 在1948年9月召开的中共中央政治局会议上针对“我们政权的制度是采取议会制呢？还是采取民主集中制？”的问题，他再次明确指出，“我们采用民主集中制，而不采用资产阶级议会制”，并提议使用“人民代表会议”这一名词。② 在1949年中国人民政治协商会议第一届全体会议审议通过的《中国人民政治协商会议共同纲领》中明确规定：“各级政权机关一律实行民主集中制。”③ 这一政治原则既能够使各级政府机关及时了解人民群众的利益要求，又能够集中绝大多数人的意志。

三是作为社会管理方法的一种。马克思主义认为民主作为社会管理方法，主要服务于人民参与公共事务的管理、决策，协调人民内部关系。作为社会管理方法的民主，马克思是将其放入民主消亡的问题中展开的。他在《巴枯宁〈国家制度和无政府状态〉一书摘要》中强调：“选举是一种政治形式，在最小的俄国公社和劳动组合中都有。选举的性质并不取决于这个名称，而是取决于经济基础，取决于选民之间的经济联系；当这些职能不再是政治职能的时候，（1）政府职能便不再存在了；（2）一般职能的分配便具有了事务性质并且不会产生任何统治；（3）选举将完全丧失它目前的政治性质。”④ 可见，在马克思看来，民主作为历史的产物，其性质是由经济基础决定的，当社会进入共产主义之后，随着阶级和传统国家的消亡，民主的政治职能也将一并消亡，留下的只是服务社会管理的职能。毛泽东则将民主进一步应用于调整人民内部的关系。他在《关于正确处理人民内部矛盾的问题》中指出：“凡属于人民内部的争论问

① 《毛泽东选集》第3卷，人民出版社1991年版，第1057页。

② 《毛泽东文集》第5卷，人民出版社1996年版，第136页。

③ 中共中央文献研究室、中央档案馆编：《建党以来重要文献选编》第26册，中央文献出版社2011年版，第761页。

④ 《马克思恩格斯文集》第3卷，人民出版社2009年版，第406页。

题，只能用民主的方法去解决，只能用讨论的方法、批判的方法、说服教育的方法去解决”①，切实保证人民享有广泛的民主和自由。

四是作为价值观念的民主。马克思主义经典作家除了在政治制度、人民权利、组织管理原则等层面使用民主概念之外，还将民主应用于思想价值观念层面。作为价值观念的民主常常与自由、平等、法治、权利等概念交织在一起，存在于民主社会结构之中，特别是随着商品经济不断发展，为“自由、民主”等观念产生提供了物质前提。诚如马克思在《政治经济学批判》中指出：“交换价值的交换是一切平等和自由的生产的、现实的基础。作为纯粹观念，平等和自由仅仅是交换价值的交换的一种理想化的表现。”② 恩格斯在《反杜林论》中也指出：“平等的观念，无论以资产阶级的形式出现，还是以无产阶级的形式出现，本身都是一种历史的产物，这一观念的形成，需要一定的历史条件，而这种历史条件本身又以长期的以往的历史为前提。”③ 列宁更是将苏维埃民主视为“平等”，“民主意味着平等。很明显，如果把平等正确地理解为消灭阶级，那么无产阶级争取平等的斗争以及平等的口号就具有极伟大的意义”④。可见，在马克思主义经典作家们的视域中，民主是以一定社会存在为基础的思想价值观念，并且民主的内涵和精神实质，也伴随其所在的社会历史条件变化而变化。

对于作为价值观念的民主，马克思主义主要体现为对资产阶级民主观念的虚假性批判和无产阶级民主价值重构上。马克思主义认为资产阶级民主只是对于资产阶级内部的民主，是一种少数的、形式的、虚假的民主。马克思恩格斯在《德意志意识形态》中指出：“每一个企图取代旧统治阶级的新阶级，为了达到自己的目的不得不把自己的利益说成是社会全体成员的共同利益。”⑤ 这就要

① 《毛泽东文集》第7卷，人民出版社1999年版，第209页。

② 《马克思恩格斯全集》第30卷，人民出版社1995年版，第199页。

③ 《马克思恩格斯文集》第9卷，人民出版社2009年版，第113页。

④ 《列宁选集》第3卷，人民出版社2012年版，第201页。

⑤ 《马克思恩格斯文集》第1卷，人民出版社2009年版，第552页。

求新阶级要将自己的思想以普遍性的形式，转化为唯一具有合理性和普遍意义的思想。马克思恩格斯认为，在贵族统治时期这些观念是“荣誉、忠诚”，而在资产阶级统治时期，这些概念变成了“自由、平等”等等。列宁也明确强调：“资本主义社会里的民主是一种残缺不全的、贫乏的和虚伪的民主，是只供富人、只供少数人享受的民主。”[①]要实现真正的、大众的民主，就必须要实行无产阶级专政，只有无产阶级专政才能代替资产阶级专政。

为了实现人的自由而全面的发展，马克思主义经典作家在批判资产阶级民主局限性的基础上，提出了要构建无产阶级民主，即广泛的、真实的、多数人的人民民主。马克思曾在《法兰西内战》中指出：“公社给共和国奠定了真正民主制度的基础”[②]，并且“是终于发现的可以使劳动在经济上获得解放的政治形式”[③]。公社将一切权力交给人民，为人民实现真正当家作主提供了政治形式。列宁在此基础上进一步发展无产阶级专政思想，指出无产阶级专政代替资产阶级专政，“这是民主在世界历史上空前地扩大，是假民主变为真民主，是人类摆脱资本的桎梏”[④]。他强调，要实现真正的、大众的民主，就必须要实行无产阶级专政。在马克思主义经典作家看来，无产阶级民主是对资产阶级民主的积极扬弃后的一种更高级的民主，将是人民享受的、大多数人享受的民主。无产阶级民主专政将作为全人类进入共产主义的必要手段。

五是作为工作方法和作风的民主。马克思主义经典作家还在工作方法和作风层面使用民主这一概念，马克思恩格斯主张用人民监督来防止国家、政府等公权力机关异化。恩格斯曾在为《法兰西内战》撰写的1891年版导言中指出：“为了防止国家和国家机关由社会公仆变为社会主人，……公社采取了两个可靠的办法。第一，它把行政、司法和公民教育方面的一切职位交给由普选选出的人担任，而且规定选举者可以随时撤换被选举者。第二，它对所有公职人员，

① 《列宁选集》第3卷，人民出版社2012年版，第191页。

② 《马克思恩格斯文集》第3卷，人民出版社2009年版，第157页。

③ 《马克思恩格斯文集》第3卷，人民出版社2009年版，第158页。

④ 《列宁选集》第3卷，人民出版社2012年版，第686页。

不论职位高低，都只付给跟其他工人同样的工资。”① 可见，在恩格斯看来，民主是避免国家异化发生的有效手段。列宁则进一步将民主与集中有机结合，并且将这一方法作为提升党的独立性和战斗力的有效方法。他指出：“严格的党性是阶级斗争高度发展的伴随现象和产物。反过来说，为了进行公开而广泛的阶级斗争，必须发展严格的党性”②，坚持民主集中制，将有助于党的团结统一。

毛泽东更是将民主视为一种服务于革命斗争、党的建设、处理人民内部矛盾的优良作风和革命手段。1956 年，在反对西方资产阶级的“大民主”和抽象“自由观”时，毛泽东就曾指出：“民主是一个方法，看用在谁人身上，看干什么事情。我们是爱好大民主的。我们爱好的是无产阶级领导下的大民主。我们发动群众斗蒋介石，斗了二十几年，把他斗垮了；土地改革运动，农民群众起来斗地主阶级，斗了三年，取得了土地。那都是大民主。”③ 可见，在毛泽东看来，民主是我们党领导人民进行阶级斗争的有效手段，可以极大激发人民的革命力量。同时，在党的建设方面，毛泽东也曾明确强调：“扩大党内民主，应看作是巩固党和发展党的必要的步骤，是使党在伟大斗争中生动活跃，胜任愉快，生长新的力量，突破战争难关的一个重要的武器。”④ 此外，在处理人民内部矛盾方面，毛泽东强调：“我们在这方面使用的方法，是民主的即说服的方法，而不是强迫的方法。”⑤ 人民的国家是保护人民的，要通过“团结——批评——团结”的方法协调人民内部关系。此外，毛泽东还强调坚持“从群众中来、到群众中去”的群众路线，保证人民当家作主的地位，是党的优良作风。

关于民主的实质问题，马克思主义认为“民主”本质上是主权在民，实现人民当家作主。从马克思的“人民主权”到列宁的“苏维埃民主”再到毛泽东的“人民民主”，马克思主义经典作家对于民主的实质虽然在不同领域有着不同

① 《马克思恩格斯文集》第 3 卷，人民出版社 2009 年版，第 110—111 页。
② 《列宁选集》第 1 卷，人民出版社 2012 年版，第 672 页。
③ 《马列著作毛泽东著作选读（哲学部分）》，人民出版社 1978 年版，第 441 页。
④ 《毛泽东选集》第 2 卷，人民出版社 1991 年版，第 529 页。
⑤ 《毛泽东选集》第 4 卷，人民出版社 1991 年版，第 1476 页。

的论述，但是实现主权在民，广大人民平等、广泛、真实地参与国家事务的决策和管理的核心思想无疑是共同的。

马克思的人民主权思想，主要是建立在对18世纪资产阶级启蒙思想家所提出的“人民主权”理论的批判继承基础上。“主权”概念最初由法国思想家让·博丹（Jean Bodin）提出，并将其视为是国家的本质特征，认为主权是国家的主要标志，是对公民和臣民的最高权力形式。后来，英国哲学家托马斯·霍布斯（Thomas Hobbes）也用主权概念构建他的国家理论，提出了君主主权论。启蒙思想家约翰·洛克（John Locke）、让-雅克·卢梭（Jean-Jacques Rousseau）等人进一步提出“人民主权”。洛克认为天赋人权，法律面前人人平等，最高权力应该属于人民。卢梭认为“主权是公意的运用”①，而公意是人民共同意志的体现，所以主权属于人民，而且不可分割。马克思主义认为，启蒙思想家主张用人民主权代替君主主权、人人平等代替等级特权，为推动人类社会民主政治发展作出了积极的贡献。正如恩格斯在《反杜林论》中指出：“这一观念（平等）特别是通过卢梭起了一种理论的作用，在大革命中和大革命之后起了一种实际的政治的作用，而今天在差不多所有国家的社会主义运动中仍然起着巨大的鼓动作用。这一观念的科学内容的确立，也将确定它对无产阶级鼓动的价值。”②

受到启蒙思想家民主思想启蒙的马克思在1843年撰写的《黑格尔法哲学批判》中，就运用人民主权思想批判了封建专制和君主立宪制。针对黑格尔竭力美化普鲁士的君主立宪制度，把君主规定为“人格化的主权”的观点，马克思批判地指出，人民主权和君主主权是完全对立的两个概念，在君主制中人民是国家制度的人民，而在民主制中制度是人的国家制度，人民的地位在两种制度中是有本质差别的。他强调：“不是国家制度创造人民，而是人民创造国家制度。”③民主制是人民主权的现实化、具体化。人民不仅享有建设自己国家制度

① ［法］卢梭：《社会契约论》，李平沤译，商务印书馆2015年版，第29页。

② 《马克思恩格斯文集》第9卷，人民出版社2009年版，第108页。

③ 《马克思恩格斯全集》第3卷，人民出版社2002年版，第40页。

的权利，而且国家制度一旦脱离了人民真实的意志，则会沦为事实上的幻想。可以看出，在这里马克思实际上提出了无产阶级民主政治建设的未来目标，即建立一种真正代表人民意志的新国家制度，而且在他看来，“巴黎公社”是这一制度的第一次伟大尝试。公社通过一系列具体措施，实现了将国家权力归还社会和人民，充分彰显了其自身的人民性，因此“公社是法国社会的一切健全成分的真正代表，因而也就是真正的国民政府”①。此后，他在对《哥达纲领》进行批判时，也反复强调了民主的本质应当是人民当权、人民当家作主的观点。

列宁关于民主的本质也论述了类似的看法。他在《国家与革命》中指出，从资本主义向社会主义过渡，这一期间阶级斗争形势必然是空前尖锐的，“因而这个时期的国家就不可避免地应当是新型民主的（对无产者和一般穷人是民主的）和新型专政的（对资产阶级是专政的）国家”②。可见，在列宁看来，新型民主政权是民主与专政辩证统一的政权，对人民大众实行民主，而对资产阶级实行专政，真正实现无产阶级和贫困农民把国家政权掌握在自己手中。后来，他在《无产阶级革命和叛徒考茨基》一文中进一步指出：苏维埃政权作为无产阶级民主的实现形式之一，“是被剥削劳动群众自己的直接的组织，它便于这些群众自己用一切可能的办法来建设国家和管理国家”③。从这个意义上来看，列宁的苏维埃民主核心在于广大“人民”即“无产阶级和贫苦人民”真正平等地、普遍地参与一切国家事务。

毛泽东则将马克思、恩格斯、列宁这一民主思想，同中国革命、建设实际相结合，在人民主权、无产阶级专政的基础上进一步提出了“人民民主专政”理论。他在 1949 年《论人民民主专政》中系统总结了中国共产党成立二十八年来的经验，并明确指出：“总结我们的经验，集中到一点，就是工人阶级（经过共产党）领导的以工农联盟为基础的人民民主专政。”④即对人民内部实行民主

① 《马克思恩格斯文集》第 3 卷，人民出版社 2009 年版，第 162 页。

② 《列宁选集》第 3 卷，人民出版社 2012 年版，第 140 页。

③ 《列宁选集》第 3 卷，人民出版社 2012 年版，第 606 页。

④ 《毛泽东选集》第 4 卷，人民出版社 1991 年版，第 1480 页。

制，保证人民平等地享有自由言论、集会、结社等自由权以及选举权和被选举权，同时针对反动派则实行专政，并且强调“对人民内部的民主方面和对反动派的专政方面，互相结合起来，就是人民民主专政”①。在这里毛泽东不仅指出了人民民主的内涵实质，更明确了这一制度的阶级基础、领导力量。新中国成立后，1954 年第一届全国人民代表大会将“中华人民共和国的一切权力属于人民”写入宪法，并强调，人民行使权力的机关是全国人民代表大会和地方各级人民代表大会。人民依照法律规定，通过各种途径和形式，管理国家事务，管理经济和文化事业，管理社会事务。此后，中国共产党人坚持在马克思主义指导下，不断完善发展人民民主专政，保障人民当家作主地位，使人民真正成为国家、社会和自己命运的主人。

总之，马克思主义认为，真正的民主应该是人民主权、人民意志的实现，就是人民创造、建立、规定自己的国家制度，以及运用这种制度决定自己的事情。概括来讲，就是人民当家作主。马克思主义关于民主实质的科学规定，是对人类民主政治发展史的深刻总结，揭示了社会主义民主的本质特征，为工人阶级和劳动人民争取民主斗争指明了方向。

（二）民主的类型与形式

马克思主义认为，民主作为一种上层建筑，根据其经济基础、历史文化、服务对象、覆盖范围等条件的不同，可呈现为不同的实践形态和表现形式。如从阶级性来看，可分为资本主义民主和无产阶级民主；从选举形式来看，可分为直接民主和间接民主；从民主覆盖的范围来看，又可以分为多数人的民主和少数人的民主；从民主应用的领域来看，还可以分为经济民主、政治民主、文化民主等等。此外，纵观人类民主发展史，民主形式主要呈现为：原始自然民主制、雅典城邦民主制、罗马共和民主制、资产阶级议会制、无产阶级专政等形式。

马克思主义民主理论针对民主类型的问题主要聚焦于资产阶级民主和无产

---

①《毛泽东选集》第 4 卷，人民出版社 1991 年版，第 1475 页。

阶级民主进行讨论。

1. 资产阶级民主

马克思主义站在无产阶级和广大劳动人民的立场上，运用唯物史观对资产阶级民主进行了唯物的、辩证的和历史的分析，既客观肯定了资产阶级民主的历史进步性，也揭示了其阶级本质、内部矛盾以及历史局限性。

首先，从资产阶级民主的历史进步性来看，马克思恩格斯认为，资本主义民主制在打破封建主义专政、封建特权观念方面具有明显历史进步性。他们曾在《共产党宣言》中明确指出："资产阶级在历史上曾经起过非常革命的作用。"①列宁也指出："资本主义和封建主义相比，是在'自由'、'平等'、'文明'的道路上向前迈进了具有世界历史意义的一步。"②"资产阶级的共和制、议会和普选制，所有这一切，从全世界社会发展来看，是一大进步。"③

一是在思想解放上，资产阶级倡导的民主（自由、品德、人权）等观念，为资产阶级反对封建特权提供了思想武器，为资产阶级革命开展了舆论先导。恩格斯在讴歌文艺复兴和启蒙运动的思想家时强调，这些伟大的人物，他们不承认外界的权威，宗教、自然观、社会、国家，一切都受到了批判，"思维着的知性成了衡量一切的唯一尺度。……以往的一切社会形式和国家形式、一切传统观念，都被当作不合理性的东西扔到垃圾堆里去了；……从今以后，迷信、非正义、特权和压迫，必将为永恒的真理，为永恒的正义，为基于自然的平等和不可剥夺的人权所取代。"④自由、平等、人权极大地解放了封建专制思想对人民的禁锢。正如马克思所说："一切固定的僵化的关系以及与之相适应的素被尊崇的观念和见解都被消除了。"⑤倡导自由、平等、理性价值的资产阶级民主思想，通过近代启蒙思想家们的革命性转换，为后来英法等国家的资产阶级革

① 《马克思恩格斯文集》第2卷，人民出版社2009年版，第33页。

② 《列宁全集》第37卷，人民出版社2017年版，第111页。

③ 《列宁选集》第4卷，人民出版社2012年版，第38页。

④ 《马克思恩格斯文集》第9卷，人民出版社2009年版，第20页。

⑤ 《马克思恩格斯文集》第2卷，人民出版社2009年版，第35页。

命创造了思想条件。

二是在扫清封建障碍上，资产阶级民主倡导的代议制，法律面前人人平等，为资本主义商品经济的发展扫除了各种封建障碍。正如恩格斯所指出的，资产阶级通过废除长子的继承权或出卖领地的禁令、取消行会，并用自由竞争取而代之，摧毁了特权贵族、土地贵族、行会师傅等特权阶级的势力，让资本成为决定性力量，“从而资本家，资产者成为社会上的第一阶级”①。从而生产资料、人口、财产等物资资料迅速集中在少数资本家手中，不断拓展市场，推动了资本主义的进一步发展。

三是在人的解放上，资本主义民主为无产阶级和劳动人民提供了法律规定的形式上的自由、平等的权利，使他们从封建人身依附关系中解放出来，获得“以物的依赖性为基础的人的独立性”。马克思主义认为，在资本主义之前是以血缘为纽带的“人的依赖关系”，而资本主义商品经济将人带入以商品（物）为纽带的“物的依赖关系”之中。正如马克思批判的那样：在资本主义生产关系中“对工人阶级来说，性别和年龄的差别再没有什么社会意义了。他们都只是劳动工具，不过因为年龄和性别的不同而需要不同的费用罢了”②。

四是在无产阶级觉醒上，马克思主义认为，资产阶级民主虽然是形式上的民主，但也在客观上为无产阶级的政治觉醒、建立政党、开展解放斗争提供了物质条件。恩格斯就曾指出：“普选制是测量工人阶级成熟的标尺”，一旦“被压迫阶级成熟到能够自己解放自己，它就作为独立的党派结合起来，选举自己的代表，而不是选举资本家的代表了”③，并且号召无产阶级，要通过工人革命争得民主，利用民主共和国，为人类的彻底自由解放提供政治和经济条件。

其次，从资产阶级民主的实质来看，马克思主义认为资产阶级民主是建立在资本主义生产资料私有制基础之上的一种上层政治建筑，本质上是资产阶级进行阶级统治的工具，是一种少数人的、虚假的、残缺的民主。

---

① 《马克思恩格斯文集》第 1 卷，人民出版社 2009 年版，第 681 页。

② 《马克思恩格斯文集》第 2 卷，人民出版社 2009 年版，第 39 页。

③ 《马克思恩格斯文集》第 4 卷，人民出版社 2009 年版，第 193 页。

马克思主义认为资本主义民主本质上是资产阶级进行阶级统治的工具。马克思恩格斯指出：在阶级社会中，任何一种国家形式“在一切场合在本质上都是镇压被压迫被剥削阶级的机器”①。资本主义民主制同君主制一样，本质上也是国家制度的一种，是资产阶级对无产阶级和其他被统治阶级的专制统治工具。列宁也反复强调：“一分钟也不要忘记这种‘民主’的资产阶级性质，忘记它是有历史条件的和历史局限性的，不要‘迷信’‘国家’，不要忘记，不仅在君主制度下，就是在最民主的共和制度下，国家也无非是一个阶级镇压另一个阶级的机器。”②

马克思主义认为资产阶级民主是一种虚假的民主。马克思认为资产阶级企图用“自由的、平等的、民主的、全民的”选举来美化资产阶级民主，将其说成“普遍民主”“一般民主”或“纯粹民主”，从而掩盖其阶级实质，来欺骗愚弄工人阶级。在对考茨基的批判中，列宁明确指出，自由、平等、民主等这些字眼可以掩盖真相，掩盖这样的事实：“生产资料所有权和政权仍然掌握在剥削者的手里，因而根本谈不上被剥削者即大多数居民的真正自由和真正平等。”③因此，马克思主义认为资产阶级民主的虚假在于用形式的平等掩盖真实的不平等，用名义自由掩盖实际的不自由，用普遍的形式民主掩盖了专政的事实。正如列宁批判的那样：“资产阶级民主制冠冕堂皇地宣布一切公民平等，而实际上却伪善地掩盖剥削者资本家的统治，用剥削者和被剥削者似乎能够真正平等的思想欺骗群众。”④

马克思主义认为相比于无产阶级民主，资产阶级民主是一种低级的、少数人的残缺的民主。列宁就曾明确指出：“资本主义社会里的民主是一种残缺不全的、贫乏的和虚伪的民主，是只供富人、只供少数人享受的民主。”⑤只有无产

① 《马克思恩格斯文集》第4卷，人民出版社2009年版，第195页。

② 《列宁选集》第3卷，人民出版社2012年版，第684—685页。

③ 《列宁选集》第3卷，人民出版社2012年版，第684页。

④ 《列宁选集》第3卷，人民出版社2012年版，第722页。

⑤ 《列宁选集》第3卷，人民出版社2012年版，第191页。

阶级在打碎资产阶级国家机器之后，建立无产阶级民主，将国家的一切权利归属人民，才能实现真实的、广泛的、多数人的民主。因此，列宁认为："苏维埃民主即无产阶级民主在世界上第一次把民主给了群众，给了劳动者，给了工人和小农。世界上还从来没有过像苏维埃政权那样的属于大多数人的国家政权，实际上属于大多数人的政权。"①

最后，从资产阶级民主的内部矛盾及其历史局限性来看，马克思主义认为资产阶级民主包含若干深层次矛盾：一是理论上标榜代表社会普遍利益与实际保护资本特殊利益的矛盾；二是政治法律形式上的平等与社会经济事实上的不平等；三是国家权力形式上的分权与实际上凌驾于社会之上。②

一是资产阶级民主包含理论上标榜代表社会普遍利益与实际保护资本特殊利益的矛盾。马克思恩格斯在《德意志意识形态》中明确指出："每一个企图取代旧统治阶级的新阶级，为了达到自己的目的不得不把自己的利益说成是社会全体成员的共同利益，就是说，这在观念上的表达就是：赋予自己的思想以普遍性的形式，把它们描绘成唯一合乎理性的、有普遍意义的思想。"③资产阶级在与封建阶级斗争的过程中，为了团结更多的力量，便将自由、平等、人权说成是全社会的普遍利益，将自己美化为社会普遍利益的代表。在取得统治地位之前，资产阶级特殊利益与社会普遍利益有其内在的一致性，一旦资产阶级取得政权，便会立马将民主的权利仅限于资产阶级内部，而对其他阶级进行专政统治。

二是资产阶级民主包含着政治法律形式上的平等与社会经济事实上的不平等矛盾。马克思认为资产阶级革命将国家和社会、政治和经济分离为两个独立的领域。作为市民社会的成员，人是现实的人，而作为政治领域的公民，则是政治人、法律人、抽象的人。马克思在《论犹太人问题》中指出："政治解放一方面把人归结为市民社会的成员，归结为利己的、独立的个体，另一方面把人

① 《列宁选集》第3卷，人民出版社2012年版，第795页。

② 李铁映：《论民主》，人民出版社2001年版，第59—62页。

③ 《马克思恩格斯文集》第1卷，人民出版社2009年版，第552页。

归结为公民，归结为法人。只有当现实的个人把抽象的公民复归于自身，并且作为个人，在自己的经验生活、自己的个人劳动、自己的个人关系中间，成为类存在物的时候，……人的解放才能完成。"[①] 由此可见，在马克思看来资产阶级所谓政治解放并不等同于人的解放，而资产阶级民主本质上也只是一种内容与形式相互分离的民主。这就导致了资产阶级政治革命只是实现了政治解放，而不能实现人的解放，资本主义民主只能实现政治上的形式平等，而不能实现事实上的内容平等。

三是资本主义民主还包含着国家政权形式上的权力分立与实际上凌驾于社会之上的矛盾。马克思在总结1848—1850年法兰西阶级斗争时，对资产阶级立法权和行政权的实质进行了阐明。他指出："在议会中，国民将自己的普遍意志提升为法律，即将统治阶级的法律提升为国民的普遍意志。在行政权面前，国民完全放弃了自己的意志，而服从于他人意志的指挥，服从于权威。和立法权相反，行政权所表现的是国民的他治而不是国民自治。"[②] 马克思敏锐地察觉到，资产阶级的"三权分立"，不过是资产阶级为了维护其总体利益而在国家机构内部实行的一种权力分工，不过是资产阶级统治的一种形式。在这种制度中，所谓普选制、议会制、两党制都只是资产阶级欺骗民众的附属物而已。马克思在《法兰西内战》中明确批判道：资产阶级共和国的两党制"他们轮流执掌政权，以最肮脏的手段来达到最肮脏的目的，而国民却无力对付这两大政客集团，这些人表面上是替国民服务，实际上却是对国民进行统治和掠夺"[③]。因此，他在总结巴黎公社经验时，曾高度评价公社的"议行合一"的形式，认为这种形式，有效防止了国家异化为凌驾于社会之上的力量。

资产阶级民主的内在矛盾和局限性，都源于其生产力与生产关系、经济基础与上层建筑之间的矛盾。只要资本主义基本矛盾存在，资产阶级民主无论如何变化其形式，都不会改变其为资产阶级私利服务的阶级属性，必然要具有掩

① 《马克思恩格斯文集》第1卷，人民出版社2009年版，第46页。

② 《马克思恩格斯文集》第2卷，人民出版社2009年版，第563页。

③ 《马克思恩格斯文集》第3卷，人民出版社2009年版，第110页。

盖资产阶级专政和资产阶级经济剥削实质的虚伪性。

2. 无产阶级民主

马克思主义经典作家在深刻揭示和批判资产阶级民主本质和历史局限性的基础上，还系统阐述了无产阶级民主思想，并且论证了社会主义民主，即无产阶级民主或人民民主是人类历史上新的更高级的民主。

首先，关于无产阶级的民主理想。马克思主义经典作家在批判资产阶级民主局限性和无产阶级解放斗争的问题中，提出和阐明了无产阶级民主。概括地说，无产阶级民主理想，是无产阶级在革命过程中及革命胜利后，要创建的一种全面超越资产阶级民主的更高类型的民主，并且利用这种新型民主或国家形式，去进一步解放和发展生产力，为人类社会逐步过渡到一个没有阶级差别的共产主义社会创造各种政治经济文化条件，最终实现全人类的解放和自由全面发展。针对无产阶级民主理想的优越性，马克思主义民主理论主要从“依据原则、实现途径、最终目标”三个方面进行了论述。

从依据原则来看，无产阶级民主理想是从无产阶级历史使命和全人类解放的高度，提出了一种比资产阶级民主更高级的民主。马克思主义认为，资本主义民主思想是建立在私有制条件下个人利益的基础之上。在资本主义社会中，利益被升格为普遍利益，所追求的自由、平等、民主是以个人主义为原则的。而新型的无产阶级民主理想，是以阶级解放、社会解放和全人类解放为根本原则的。代替旧的阶级社会将是一个“自由人的联合体”。

从实现途径来看，马克思主义认为资产阶级民主制主要通过政治革命，实现政治解放，通过取代封建阶级统治地位，建立资产阶级民主政权，从而实现人的解放。而无产阶级民主理想的实现，除了政治革命、政治解放之外，还必须进行社会革命。正如恩格斯强调的那样：“他们必须经过长期的斗争，必须经过一系列将把环境和人都加以改造的历史过程。”① 这里的对环境和人的一系列改造，就是社会革命的本质，即彻底解放那些由旧的正在崩溃的资产阶级社会

① 《马克思恩格斯文集》第 3 卷，人民出版社 2009 年版，第 159 页。

本身孕育着的新的社会因素。

从最终目标来看，马克思主义认为，资产阶级民主的理想是人和社会的政治解放，建立资产阶级共和国，实现人民在政治和法律上的、形式上的民主。而无产阶级民主，最终目标则是要将民主原则从政治领域贯彻到各个社会领域，尤其是经济领域，从形式民主过渡到实质民主。马克思在总结巴黎公社经验时曾明确指出："公社给共和国奠定了真正的民主制度的基础。但是，无论廉价政府或'真正共和国'，都不是它的终极目标，而只是它的伴生物。"[①] 从这里可以看出，民主共和国并不是无产阶级民主的终极目标，无产阶级民主最终是要彻底消灭阶级，消除公权力的阶级性和政治性，实现全人类的自由解放。

其次，关于无产阶级民主的本质特征。马克思主义认为，无产阶级民主（或社会主义民主）是人类历史上更高类型的民主，其本质特征主要体现在人民当家作主、多数人享有民主、工人阶级领导、劳动解放四个方面。

无产阶级民主是人民当家作主的民主。这里的"人民"指的是广大无产阶级和其他劳动人民群众。马克思主义认为，人类阶级社会历史中，所有的民主制度都是剥削阶级的民主，处于被剥削的广大劳动人民如奴隶、农民、工人，一般都被排除在民主的主体之外。而巴黎公社和苏维埃政权却是无产阶级掌握政权后实行的民主制，其主体是工人阶级和广大劳动人民。马克思在《法兰西内战》中指出："公社的真正秘密就在于：它实质上是工人阶级的政府，是生产者阶级同占有者阶级斗争的产物，是终于发现的可以使劳动在经济上获得解放的政治形式。"[②] 公社实行的一系列改革措施，体现了人民自己当家作主。马克思主义认为，民主主体的不同，是社会主义民主与资产阶级民主及其他剥削阶级民主的根本区别。

无产阶级民主是社会成员中绝大多数人享有的民主。在人类民主历史上，无论是奴隶主民主制还是资产阶级民主制，都是少数人享有的民主，绝大多数

---

① 《马克思恩格斯文集》第 3 卷，人民出版社 2009 年版，第 157 页。

② 《马克思恩格斯文集》第 3 卷，人民出版社 2009 年版，第 158 页。

人不享有民主或仅在形式上享受民主，而只有无产阶级民主才是真正属于多数人的民主。列宁曾明确指出："无产阶级民主（苏维埃政权就是它的一种形式）在世界上史无前例地发展和扩大了的，正是对大多数居民即对被剥削者劳动者的民主。"① 可见，在列宁看来，苏维埃政权是广大劳动群众自己直接管理国家的组织，它便于群众用一切可能的办法来建设和管理国家。这种从社会成员中享有民主的人数上的变化，实际反映了民主类型的质的变化。

无产阶级民主是由工人阶级政党领导、广大人民群众参与管理和监督的民主。马克思主义认为，无产阶级要达到自己的最终胜利，实现自身解放，就必须将自己组织起来，建立独立的政党来引导革命运动。正如马克思强调："工人的政党不应当成为某一资产阶级政党的尾巴，而应当成为一个独立的政党，它有自己的目的和自己的政治。"② 列宁也明确指出："党是直接执政的无产阶级先锋队，是领导者。"③ 恩格斯也指出，要想防止国家公权力异化为凌驾于社会人民之上的力量，就需要人们的广泛参与和监督。如公社在防止国家政权追求自己的特殊利益，从社会的公仆变成社会的主人方面，实行了两个有效的办法，即"第一，它把行政、司法和公民教育方面的一切职位交给由普选选出的人担任，而且规定选举者可以随时撤换被选举者。第二，它对所有公职人员，不论职位高低，都只付给跟其他工人同样的工资"④。由此可见，无产阶级政党领导，人民群众广泛参与管理与监督，是社会主义民主区别于资产阶级民主的又一本质特征。

无产阶级民主是实现劳动解放的民主。马克思主义认为要想超越资产阶级民主制，打破形式民主，实现真实民主，必须要从经济基础上实现人的平等，消灭阶级，解放劳动。正如马克思提出："公社的真正秘密就在于：它实质上是工人阶级的政府，是生产者阶级同占有者阶级斗争的产物，是终于发现的可以

① 《列宁选集》第3卷，人民出版社2012年版，第605页。

② 《马克思恩格斯文集》第3卷，人民出版社2009年版，第224—225页。

③ 《列宁选集》第4卷，人民出版社2012年版，第423页。

④ 《马克思恩格斯文集》第3卷，人民出版社2009年版，第111页。

使劳动在经济上获得解放的政治形式。如果没有最后这个条件，公社体制就没有存在的可能，就是欺人之谈。生产者的政治统治不能与他们永久不变的社会奴隶地位并存，所以，公社要成为铲除阶级赖以存在、因而也是阶级统治赖以存在的经济基础的杠杆。劳动一解放，每个人都变成工人，于是生产劳动就不再是一种阶级属性了。”[①] 这里可以看到，马克思已经意识到公社是劳动在经济活动上获得解放的政治形式，自由将劳动解放，才能彻底消灭生产劳动的阶级性，从而实现人的真正的自由平等。社会主义民主致力于实现劳动的解放，从根本上克服和摒弃了资产阶级民主内在矛盾的阶级对抗性，因而是区别于资本主义民主的更高类型的民主。

最后，关于无产阶级民主的建设规律。马克思主义认为，要使无产阶级民主理想变为客观现实，必须要遵循社会发展规律，随着政治、经济、文化的发展，逐步创造条件。历史实践也证明，发展和完善社会主义民主是一个长期而又复杂的过程。

社会主义民主建设要遵循唯物史观基本原理。马克思的唯物史观认为生产力决定生产关系，经济基础决定上层建筑，社会主义民主作为一种政治上层建筑，绝不是超历史的存在。马克思恩格斯早在《共产党宣言》中指出：“工人革命的第一步就是使无产阶级上升为统治阶级，争得民主。”[②] 他们强调，无产阶级要在打碎旧的国家机器的基础上，建立无产阶级民主制度，利用这个强有力的工具，将生产资料集中在自己手中，从而为无产阶级民主的实现提供经济基础。后来，马克思在《法兰西内战》中进一步指出：“工人阶级并没有期望公社做出奇迹。他们不是要凭一纸民法令去推行什么现成的乌托邦。他们知道，为了谋求自己的解放，并同时创造出现代社会在本身经济因素作用下不可遏止地向其趋归的那种更高形式，他们必须经过长期的斗争，必须经过一系列将把环境和人都加以改造的历史过程。”[③]1895 年恩格斯在为马克思《1848 年至 1850

① 《马克思恩格斯文集》第 3 卷，人民出版社 2009 年版，第 158 页。

② 《马克思恩格斯文集》第 2 卷，人民出版社 2009 年版，第 52 页。

③ 《马克思恩格斯文集》第 3 卷，人民出版社 2009 年版，第 159 页。

年的法兰西阶级斗争》撰写的导言中再次强调："在 1848 年要以一次简单的突然袭击来实现社会改造，是多么不可能的事情。"① 从上述论述中我们可以看出，社会主义民主的实现绝对不是一跃而成的事情，必须建立在相应的经济基础之上，并且要经过一系列的社会改革才能实现，是一个长期而又复杂的过程。

社会主义民主建设要选择合理的形式。马克思主义认为，从资本主义到共产主义需要经历一个过渡时期。马克思在《哥达纲领批判》中指出："在资本主义社会和共产主义社会之间，有一个从前者变为后者的革命转变时期。同这个时期相应的也有一个政治上的过渡时期，这个时期的国家只能是无产阶级的革命专政。"② 后来列宁进一步指出："对于从资产阶级制度过渡到社会主义制度，对于无产阶级专政，苏维埃（工农兵代表苏维埃）共和国不仅是更高类型的民主机构的形式（与通常那种戴有立宪会议花冠的资产阶级共和国相比），而且是能够保证痛苦最少地过渡到社会主义的唯一形式。"③ 这为后来无产阶级夺取政权后如何建设社会主义民主制度提供了理论依据和方向指引。同时，列宁还强调："一切民族都将走向社会主义，这是不可避免的，但是一切民族的走法却不会完全一样，在民主的这种或那种形式上，在无产阶级专政的这种或那种形态上，在社会生活各方面的社会主义改造的速度上，每个民族都会有自己的特点。"④ 这为后来社会主义国家探索适合自己的民主形式，更好地保障人民当家作主的权利提供了理论基础。

关于民主的形式问题，马克思主义认为民主是人类社会发展到一定阶段的历史产物，随经济基础发展而发展，并受阶级斗争、思想文化、历史传统等诸多上层建筑因素影响，不同历史时期，呈现不同的形式。在马克思主义经典作家的视域中民主的形式，其大体分为：原始自然民主制、雅典城邦民主制、罗马共和民主制、资产阶级议会制、无产阶级专政等形式。

① 《马克思恩格斯文集》第 4 卷，人民出版社 2009 年版，第 541 页。

② 《马克思恩格斯文集》第 3 卷，人民出版社 2009 年版，第 445 页。

③ 《列宁选集》第 3 卷，人民出版社 2012 年版，第 363 页。

④ 《列宁全集》第 28 卷，人民出版社 2017 年版，第 163 页。

第一，原始自然民主制。马克思主义认为作为国家制度的民主制最初形态是一种“自然民主制”，即产生于原始氏族社会的社会组织。恩格斯在《家庭、私有制和国家的起源》中指出：“氏族，直到野蛮人进入文明时代为止，甚至再往后一点，是一切野蛮人所共有的制度”，这种制度向我们展现了“国家产生以前社会制度的基本特征。”① 恩格斯认为，原始社会中氏族内部设立酋长、首领，氏族之间设立管理公共事务的部落议事会。这种部落议事会则是人类社会最初形式的“自然民主制”。从职责来看，议事会负责讨论、决定部落日常管理、宗教、战争等事务；从人员组成来看，议事会由各国氏族的酋长和军事首领组成，他们由氏族选出，并且随时都可以被罢免；从议事原则来看，在议事会开会期间，会议要公开召开，每位参会代表都可以自由发表意见，最后的决定需要一致通过。② 可以看出，自然民主制是以个人血缘关系为基础的、原始的民主形式。

第二，雅典城邦民主制。随着人类社会生产力的不断发展，剩余产品和私有制的产生，进一步加剧了个体家庭与氏族的矛盾，加速了阶级分化；原来的自然民主制，也逐步演化为专门的阶级统治工具“国家”。雅典城邦民主制则是“国家”形态之一。在雅典民主制中，国家由10个部落所选出的500名代表组成的议事会来管理，“最后一级的管理权属于人民大会，每个雅典公民都可以参加这个大会并享有投票权”③。公民则被按照他们拥有的地产和收入分为四个阶级，公民的权利和义务是按照他们地产的多寡来规定的。因此，我们在雅典城邦民主制中可以看到一个全新的因素，即“私有财产”被纳入制度设计之中，并且作为核心依据。虽然这一制度的民主范围仅限于自由公民，并不包括奴隶和妇女，但在当时却也是十分先进的国家形式了。正如恩格斯所说，雅典民主制是一种非常典型的例子，一方面它的形成非常纯粹，没有受到外来的和内部的暴力干涉；另外，它是直接从氏族社会中产生的“一个具有很高发展形态的

① 《马克思恩格斯文集》第4卷，人民出版社2009年版，第98页。
② 《马克思恩格斯文集》第4卷，人民出版社2009年版，第107页。
③ 《马克思恩格斯文集》第4卷，人民出版社2009年版，第135页。

国家，民主共和国”①。

第三，罗马共和民主制。罗马共和民主制则是在雅典民主制基础上的进一步发展。其继承了雅典的人民大会，称“百人团人民大会”。这种制度要求公民以军队方式按连队来编组，每一百个人为一队，称百人团，每个百人团有一票表决权。人民是否有资格参加大会以“是否服兵役”为标准。与此同时，罗马人还将服兵役的男子，按其财产分为六个等级，每个阶级按照财产不同，拥有的票决权不同，财产越多的阶级，拥有的票决权越多。第一阶级可以拥有80个，最后一个阶级无产者象征性拥有1个。②在这里，我们可以看到随着人类社会不断发展，地域性和阶级性差别已经成为罗马共和民主制的物质基础和本质特征，并且正式代替了以个人血缘关系为基础的原始自然民主制。

第四，资产阶级议会制。资产阶级议会制是资产阶级民主制的典型形式。马克思对于资产阶级议会制采取辩证否定的态度。一方面，马克思肯定了资产阶级民主制的历史进步性；另一方面，马克思批判了资产阶级民主制的局限性和虚假性。从进步性来看，马克思主义认为，随着商品经济的发展，资产阶级作为新兴阶级，其力量不断壮大，为了维护自身利益，将“民主、自由、平等”等观念作为普适价值，用以对抗和代替封建等级特权，极大地解放了人们的思想。与此同时，在资产阶级通过革命取得政权后，用宪法把议会制、三权分立、普选制、多党制确定为国家政治制度，都是巨大的历史进步。因此，对于其进步性马克思指出：“资产阶级在历史上曾经起过非常革命的作用……它无情地斩断了把人们束缚于天然尊长的形形色色的封建羁绊。”③同时，马克思也深刻地指出资产阶级民主制的虚伪性和局限性。在马克思主义经典作家看来，资产阶级民主制依旧不能摆脱其阶级属性，本质上仍然是资产阶级统治其他阶级的工具，是一种少数人的、残缺的、虚假的民主制度。马克思曾明确批判：资产

① 《马克思恩格斯文集》第4卷，人民出版社2009年版，第136页。

② 《马克思恩格斯文集》第4卷，人民出版社2009年版，第146页。

③ 《马克思恩格斯文集》第2卷，人民出版社2009年版，第33—34页。

阶级共和国本质上也是“一个阶级对其他阶级实行无限制的专制统治”①。此外，马克思在《论犹太人问题》中也深刻揭示了资产阶级政治革命的本质特征，揭露了建立在资本主义私有制基础上的自由、民主和人权是虚伪的，具有历史局限性，强调只有消灭私有制才能实现人的经济解放和社会解放。

第五，无产阶级专政。马克思主义认为无产阶级专政是人类进入共产主义社会之前，过渡时期的民主制度形式。马克思认为，无产阶级在夺取政权以及在未来社会中，需要利用民主共和国这种政治形式，把它作为无产阶级改造社会的工具。具体来讲，就是无产阶级通过革命建立无产阶级专政，利用政治统治优势，实现对生产资料的直接掌控，为进一步向共产主义过渡提供经济基础。恩格斯在《家庭、私有制和国家的起源》中指出：“国家的最高形式，民主共和国，在我们现代的社会条件下日益成为一种不可避免的必然性，它是无产阶级和资产阶级之间的最后决定性斗争只能在其中进行到底的国家形式。”②同时，恩格斯进一步强调：“民主共和国毕竟是资产阶级统治的最后形式：资产阶级统治将在这种形式下走向灭亡。”③列宁也指出：“苏维埃政权这一无产阶级专政形式比最民主的资产阶级共和国要民主百万倍。”④总之，马克思主义经典作家视域中，无产阶级专政是一种以生产资料的公有制为经济基础，以无产阶级及其他广大劳动人民是统治阶级为政治基础，以社会绝大多数人——无产阶级和其他劳动人民对国家政权的掌握、参与和管理为内容，以国家自行消亡为发展方向，以消灭阶级统治、实现人的自由解放为最终目的，真实的、广泛的、属于多数人的高级民主形式。

总之，在马克思主义视域中，民主作为一定经济基础之上的上层建筑，随着人类生产发展而发展，当社会具备以下条件时，民主政治就可能产生：“1. 独立主体的形成；2. 这些主体至少在形式上是平等的；3. 这些主体要求形成具有统

① 《马克思恩格斯文集》第 2 卷，人民出版社 2009 年版，第 479 页。

② 《马克思恩格斯文集》第 4 卷，人民出版社 2009 年版，第 192 页。

③ 《马克思恩格斯文集》第 10 卷，人民出版社 2009 年版，第 515 页。

④ 《列宁选集》第 3 卷，人民出版社 2012 年版，第 607—608 页。

一意志、联合行动的共同体，以争取和保障自己的利益和权利。”[①] 当然，由于不同历史时期人们的生产力状况和时代需求不同，民主政治制度呈现不同的历史形态。马克思主义认为，在阶级社会之前，以血缘、地缘为纽带的“自然民主制”形成；进入阶级社会之后，以财产为纽带的“阶级民主制度”，如雅典城邦民主、罗马共和民主以及资产阶级共和国，都属于少数人的民主，资产阶级共和国是资产阶级最后的统治形式；随着人类生产力的进一步发展，人类将进入共产主义社会，国家、民主将随着阶级的消亡而一起消亡。但马克思主义也指出，人类在进入共产主义之前，存在一段过渡时期，即无产阶级专政时期。这一时期无产阶级上升为统治阶级，建立一种属于多数人享有的、真实的、广泛的社会主义民主制度，为人类最终的解放奠定基础。

（三）民主的属性与特征

关于民主的社会属性和本质特征，马克思主义认为民主具有鲜明的阶级性和社会性、历史性和继承性、整体性和主体性、工具性和价值性。

其一，民主的阶级性和社会性。

马克思主义认为，在阶级社会中，国家和民主政治具有阶级性，阶级性是其本质特征。它们都属于一定阶级的，不存在超阶级的“纯粹民主”。这也是马克思主义民主政治理论的一个根本观点。马克思恩格斯在《德意志意识形态》中指出：“国家内部的一切斗争——民主政体、贵族政体和君主政体相互之间的斗争，争取选举权的斗争等等，不过是一些虚幻的形式——普遍的东西一般说来是一种虚幻的共同体的形式——，在这些形式下进行着各个不同阶级间的真正的斗争。”[②] 后来，在《共产党宣言》中马克思恩格斯进一步指出：资产阶级“在现代的代议制国家里夺得了独占的政治统治。现代的国家政权不过是管理整个资产阶级的共同事务的委员会罢了。”[③] 这里所说的代议制和现代国家，就是指资产阶级共和国。列宁更是直接表示：“只要有不同的阶级存在，就不能说

① 李铁映：《论民主》，人民出版社 2001 年版，第 43 页。

② 《马克思恩格斯选集》第 1 卷，人民出版社 2010 年版，第 164 页。

③ 《马克思恩格斯文集》第 2 卷，人民出版社 2009 年版，第 33 页。

‘纯粹民主’，而只能说阶级的民主。”[①]“纯粹民主”或“一般民主”都只是自由主义者用来愚弄工人的谎话。可见，在马克思主义经典作家看来，在阶级社会中，再民主的国家形式，本质上也都只是阶级斗争和阶级统治的工具，阶级性是其内在本质特征。

同时，马克思主义也并不否认国家和民主政体具有一般意义的社会性。马克思在《不列颠在印度的统治》中指出，在亚洲，政府一般都包含三个必不可少的部门，即财政部门、战争部门和公共工程部门，负责国家经济、军事和公共工程事物。他指出：“亚洲的一切政府都不能不执行一种经济职能，即举办公共工程的职能”[②]，并且认为，“政治统治到处都是以执行某种社会职能为基础，而其政治统治只有在它执行这种社会职能时才能持续下去”[③]。恩格斯也在《家庭、私有制和国家的起源》中指出，国家不是从来就有的，而是人类社会发展到一定阶段，社会陷入一种不可解决的自我矛盾，分裂为不可调和的对立面，但又无力摆脱这些对立面的时候，为了防止人类在“无谓的斗争中把自己和社会消灭，就需要有一种表面上凌驾于社会之上的力量，这种力量应当缓和冲突，把冲突保持在‘秩序’的范围以内”[④]。从上述马克思恩格斯的论述中，我们可以发现，国家除了阶级性，还有一般的社会性，即维护社会存在和发展的公共秩序的性质。可见，马克思主义从根本上肯定国家和民主政治的阶级性的同时，辩证地看到了其具有的一般社会性，不过在阶级社会中，国家和民主政治的一般社会性总是从属于阶级性。

其二，民主的历史性和继承性。

马克思主义认为，由经济基础与上层建筑一起构成的社会形态总是具体的、历史的存在，因而，作为上层建筑的民主政治，也是具体的、历史的，不存在超历史的“普遍民主”或“一般民主”。正如马克思在《哥达纲领》中指出：

---

① 《列宁选集》第3卷，人民出版社2012年版，第600页。

② 《马克思恩格斯文集》第2卷，人民出版社2009年版，第679页。

③ 《马克思恩格斯文集》第9卷，人民出版社2009年版，第187页。

④ 《马克思恩格斯文集》第4卷，人民出版社2009年版，第189页。

"权利决不能超出社会的经济结构以及由经济结构制约的社会的文化发展。"①

在马克思看来，民主是一个历史范畴，随着人类生产力的发展，民主的内容、形式以及享受民主的主体也在变化。从民主的内容来看，民主概念在人类政治文明中，根据不同时代社会发展需要，经历着从事实行为到国家制度，从法律权利到思想观念，从斗争手段到工作方法的转变；从民主的形式来看，从原始部落的自然民主到阶级社会的城邦民主、立宪民主、共和民主再到社会主义无产阶级专政，民主政治的形式也随经济基础的变化而变化；从享受民主权利的主体来看，奴隶社会的奴隶主、封建社会的贵族、资本主义社会的资产阶级、社会主义社会的无产阶级，人民主权中的"人民"呈现历史性特征；从民主法治规律来看，民主作为历史的产物，必然随历史的发展而发展，并最终走向消亡。正如列宁所说，"从专制制度到资产阶级民主；从资产阶级民主到无产阶级民主；从无产阶级民主到没有任何民主"，这就是民主发展的辩证法。②人类历史上存在的各种民主制度，构成了人类发展历程中的各种历史形态，这就是民主的历史性质。

马克思主义经典作家在区分各类民主形态的历史性发展的同时，还注意到了不同形态民主之间的历史继承性。马克思主义唯物史观强调，人民群众在创造历史的过程中不是随心所欲的在创造，而是在一定的条件下创造。正如马克思在《路易·波拿巴的雾月十八日》中所说的："人们自己创造自己的历史，但是他们并不是随心所欲地创造，并不是在他们自己选定的条件下创造，而是在直接碰到的、既定的、从过去承继下来的条件下创造。"③人类社会民主政治的发展也是不断在原有的基础上进行发展创新的。恩格斯认为，古希腊雅典民主制是从氏族社会中产生的。列宁也认为，苏维埃民主是一种"能够把议会制的长处和直接民主制的长处结合起来"的民主。④可见，在马克思主义经典作家

① 《马克思恩格斯文集》第3卷，人民出版社2009年版，第435页。

② 《列宁全集》第31卷，人民出版社2017年版，第156页。

③ 《马克思恩格斯文集》第2卷，人民出版社2009年版，第470—471页。

④ 《列宁全集》第32卷，人民出版社2017年版，第297页。

看来，古希腊民主制的奴隶民主制是对原始社会的自然民主制的继承，近代资产阶级民主制度是对古代民主制度的继承，而无产阶级专政特殊形式的民主共和国，也是在批判继承资本主义民主基础上产生的。

其三，民主的整体性和主体性。

在马克思主义民主理论中，民主是面向人类整体和现实个人的辩证统一的存在。人类整体和现实个人本质上是一个整体和部分的关系，整体和部分是一个辩证统一的关系，整体的存在离不开部分的存在，部分的存在也离不开整体，二者相辅相成，有机统一。

一方面，从整体性来看，民主的发展趋势将是从少数人的民主发展为多数人和全人类的民主。马克思主义认为随着生产力的发展，在阶级社会中，民主制将会从少数人、虚假的、形式民主发展为多数人、真实的、广泛的民主，随后再到共产主义社会，全人类实现自由解放后，民主将随国家、阶级一并消失。正如马克思在《共产党宣言》中强调，在未来共产主义社会，“当阶级差别在发展过程中已经消失而全部生产集中在联合起来的个人的手里的时候，公共权力就失去政治性质”①。也就是说，真正民主制实现的时候，也是民主消亡的时候。

另一方面，从主体性来看，民主制是服务于人类发展的手段。现实的人，才是制度的根本依据。马克思在《黑格尔法哲学批判》中指出：“在民主制中，国家制度本身只表现为一种规定，即人民的自我规定。”②可见，在马克思看来，民主制的任何一个环节实际上都只是整体人民自我规定的展开。在这里马克思揭示了人与国家、民主制度的主客体关系，指明了“在民主制中，不是人为法律而存在，而是法律为人而存在”③，现实的人才是国家制度、法等事物的现实基础，是国家权力的真正主体。

对于民主的整体性和主体性问题，马克思主义经典作家认为，在真正的民主制里实现全人类的自由解放和实现个人的自由解放具有内在的一致性，二者

---

① 《马克思恩格斯文集》第 2 卷，人民出版社 2009 年版，第 53 页。

② 《马克思恩格斯全集》第 3 卷，人民出版社 2002 年版，第 39 页。

③ 《马克思恩格斯全集》第 3 卷，人民出版社 2002 年版，第 40 页。

辩证统一于人类社会发展过程之中。正如无产阶级只有解放了全人类，才能解放自己本身一样。只有实现了每个现实的人的自由和解放才能实现整个人类的自由和解放，反之，也只有实现了整个人类的自由和解放才能说是实现了每个现实的人的自由和解放。

其四，民主的工具性和价值性。

马克思主义认为，民主作为人类政治文明的伟大成果，存在发展的合理性问题，要考虑其工具性，即作为阶级统治、社会管理、服务经济发展等手段；也要看到其价值性，即作为类似自由、平等、公平等价值追求。在马克思主义经典作家看来，民主是集工具性和价值性于一身的历史统一体。

从工具理性来看，马克思主义经典作家将作为国家制度的民主，视为统治阶级组织国家政权的一种形式，是统治阶级进行阶级统治、社会管理、发展经济的一种手段。从阶级斗争方面看，马克思主义认为，在阶级社会的不同发展阶段，民主披着不同的外衣，实现着自身的本质功能即维护统治阶级的利益。马克思指出，资本主义民主制虽然较封建专制有不可否认的历史进步性，但其本质仍然“是一个阶级镇压另一个阶级的机器，而且在这一点上民主共和国并不亚于君主国”①。马克思也强调，在资产阶级统治的国家之中，当不具备夺取政权的条件时，工人阶级及其他劳动人民完全有必要充分利用资产阶级民主捍卫自身的利益。从社会管理方面看，马克思主义认为，国家产生的职责之一，就是维护社会秩序，不至于人类在无畏的斗争中消灭自己。民主政体沦为阶级统治手段，只是其社会管理功能集中化、专政化的异化形式。恩格斯在《反杜林论》中指出：“政治统治到处都是以执行某种社会职能为基础，而且政治统治只有在它执行了它的这种社会职能时才能持续下去。”②从服务经济发展来看，马克思主义认为民主属于上层建筑，是为经济基础服务的。马克思在《共产党宣言》中明确指出：“工人革命的第一步就是使无产阶级上升为统治阶级，争得

① 《马克思恩格斯文集》第3卷，人民出版社2009年版，第111页。

② 《马克思恩格斯文集》第9卷，人民出版社2009年版，第187页。

民主。无产阶级将利用自己的政治统治，一步一步地夺取资产阶级的全部资本，把一切生产工具集中在国家即组织成为统治阶级的无产阶级手里，并且尽可能快地增加生产力的总量。”① 在这里，我们可以看到民主不仅是无产阶级斗争的手段，还是无产阶级发展生产力，赢得经济解放的有效工具。

从价值性来看，马克思主义认为，虽然资本主义民主制度仍然是一种少数人享有自由、平等权利的制度，但相比于封建专制，资产阶级民主制度，在解放人的个性、打破各类封建束缚方面，仍然有其不可否认的历史进步意义。“民主、自由、平等”等价值观念的传播，三权分立、代议制、两党制、普选制的践行，为人类实现阶段性解放提供了途径，进一步激发了人类走向共产主义美好社会的激情。马克思认为，共产主义社会“将是这样一个联合体，在那里，每个人的自由全面发展是一切人的自由发展的条件”②。可见，在马克思看来，民主、自由、平等是人类共同的价值追求；无产阶级民主政权的建立，人民当家作主的权利广泛、真实的实现，将极大地调动人民的生产积极性，更好推动人类社会的物质、文化的发展。此外，列宁也指出：“资本使任何一种、甚至最‘民主’最共和的那种资产阶级民主变得面目全非和残缺不全”③，而无产阶级民主对资产阶级民主的否定，将是民主在世界历史上空前地扩大，是假民主变为真民主，人类摆脱资本桎梏的一次历史性超越。可见，与资本主义民主不同，无产阶级民主所追求的是保证国家的一切权力属于人民，从根本上保证人民当家作主的各项权利。因此，建设一个富强、民主、文明、和谐、美丽的社会主义现代化国家必将成为工人阶级和其他劳动人民长期奋斗的目标。

综上所述，我们可以看出，民主的阶级性、历史性显示着民主的具体性、特殊性，民主的社会性、继承性显示着民主的一般性、普遍性。所谓“一般民主”或“纯粹民主”在实际生活中是没有的，只存在于人的抽象和理论思维中。民主的工具性和价值性是相互依存的关系，通过民主手段推动人类社会更好的

① 《马克思恩格斯文集》第2卷，人民出版社2009年版，第52页。

② 《马克思恩格斯文集》第2卷，人民出版社2009年版，第53页。

③ 《列宁选集》第3卷，人民出版社2012年版，第686页。

发展，通过民主目标的引领更好地实现人的全面自由发展。马克思主义民主理论对于民主社会属性的考察告诉我们，绝不能抽象、空洞地谈民主，一定要具体、历史地看待民主，在社会结构中动态把握民主的特点与本质，才能更好地发挥民主的价值和功能。

总而言之，马克思主义经典作家对于民主的内涵与实质、类型与形式、属性与特征等根本性问题的深入思考，为我们解决了三个根本性问题：一是系统考察了民主的多元内涵，并揭示“人民当家作主”的民主实质；二是分析无产阶级民主和资本主义民主的本质不同，科学揭示了资本主义民主的本质和历史局限性，动态把握了民主的形式，阐述了民主的发展演变规律；三是全面分析了民主的社会属性，揭示了民主的本质特征。马克思主义经典作家根据时代的发展变化，不断将马克思主义与各国具体实际相结合，持续推进马克思主义民主理论的创新发展，为不同阶段的无产阶级革命斗争提供了强大的理论武器，为不同国家的无产阶级政党组织和团结自己革命队伍提供了理论基础，更为我们建设和发展社会主义民主政治提供了科学的理论依据和行动指南。因此，我们要精准把握马克思主义民主理论的精神实质，即要具体、历史地把握民主建设，不能抽象、孤立、机械地墨守个别结论；要发扬理论和实际相结合的学风，善于通过总结历史，深化马克思主义民主理论研究，用科学的民主理论指导民主实践；要坚持与时俱进的研究态度，根据实践和时代的发展，不断丰富和发展马克思主义民主理论。

二、现代民主政治理论

现代民主理论是人类进入 20 世纪后，在否定古典民主理论的人民主权思想的基础上，根据现代西方资本主义民主现实重构的一系列民主理论思想，主要包括精英民主论、多元民主论、程序民主论、选举民主论、竞争民主论、社会民主论、参与民主论、协商民主论、激进民主论等一系列民主理论。其中，精英民主论、多元民主论、参与民主论最能反映现代民主理论发展趋势，因此作为我们重点考察的对象。

（一）精英民主理论

精英民主理论是指“社会由少数最有能力的精英来进行统治，民主在这里仅表现在竞选上，人民通过投票除去最无能者，选出大众最信赖、最有能力的政治精英来实行统治”[①]。主要代表人物有马克斯·韦伯（Max Weber）、约瑟夫·熊彼特（Joseph Alois Schumpeter）、哈罗德·拉斯韦尔（Harold Lasswell）等人。精英民主理论以统治阶级与被统治阶级的划分为逻辑起点，突出政治精英的作用，否定人民统治的民主政治理论。这种理论认为绝大多数群众只是一群平庸无能的乌合之众，人类的一切党派组织，一切政治系统和社会系统，都必须也只能由少数精英来统治。该理论与柏拉图的贤人治国理论一脉相承，经过 19 世纪末 20 世纪初加塔诺·莫斯卡（Gaetano Mosca）、罗伯特·米歇尔斯（Robert Michels）、维尔弗雷多·帕累托（Vilfredo Pareto）等人的发展，在韦伯、熊彼特改造之后，流行于战后西方资本主义世界。

熊彼特在其经典性著作《资本主义、社会主义与民主》中通过否定经典民主学说中“公意”或“人民意志”这类抽象概念的存在，摧毁了经典民主理论的假说前提，并在此基础上构建了民主理论。在熊彼特看来，古典民主理论中倡导的人民主权，其中“人民”的概念首先就是不清楚的。不同时代、不同国家对于人民的指代不尽相同。所谓民主社会虽然是平等对待公民权利，但无论怎样民主的国家，总有一些人是被排斥、被歧视的，达不到公民的条件，如对于年龄、宗教、性别、种族等条件的限制，都是一种歧视。另外，熊彼特认为，人民统治是建立在以人民共同福利为基础的“人民意志”之上的，如果不存在共同福利以及共同的“人民意志”，那么人民统治就是不存在的。他指出，第一，“不存在全体人民能够同意或者用合理论证的力量可使其同意的独一无二地决定的共同福利”[②]，不同的个人和团体因为对福利的看法以及自身价值观、生活观念的不同，不可能形成所谓共同福利，人类对共同福利无法靠合理的论证

① 应克复等：《西方民主史》，中国社会科学出版社 2012 年版，第 435 页。

② ［美］约瑟夫·熊彼特：《资本主义、社会主义与民主》，吴良健译，商务印书馆 1999 年版，第 372 页。

来弥合。第二,"即使有一种充分明确的共同福利——譬如功利主义者提出的最大经济满足——证明能为所有人接受,但这并不意味对各个问题都有同等明确的回答"[①]。就是说,即使有一种共同福利存在,但对于人如何达到这一共同福利也无法形成一致的明确答案。如健康是人类的共同愿望,但对于如何实现健康却不能形成统一的意志。因此,共同福利和人民意志的不存在,所谓人民主权、人民统治也就不成立了。

在熊彼特看来,民主大概可以从两个层面来把握。第一,民主是一种手段和方法,本身不构成价值和目的。熊彼特认为,经典民主理论的缺陷之一,就是将民主从一种政治方法抬高为一种价值目标,即"人民的统治"或"大多数人的统治",而将选择代表居于次要地位。要想克服这一困境,就必须将"选举出做决定的人"作为民主的首要目的,而将选民参与政治决定放在第二位。正如他对民主的经典定义:"民主方法就是那种为作出政治决定而实行的制度安排,在这种安排中,某些人通过争取人民选票取得作决定的权力。"[②]由此可见,民主作为一种作出政治决定的有效方法,人民负责投票,选举出代理人,而政治精英负责争取人民的选票而获得领导权。第二,民主是一个过程,政治家竞取决定权或领导权的过程。从熊彼特的民主定义中,我们还可以看出,在他那里,民主实质上是一种政治过程,从大众的视角,它是一个人民通过投票,选出代理人的过程;从政治精英的视角,它是一个通过赢得人民手中选票,获取决定权和领导权的过程。总而言之,在熊彼特看来,"民主政治并不意味、也不能意味人民的真正统治——就'人民'和'统治'两词的任何明显意义而言——民主政治的意思只能是:人民有接受或拒绝将要来统治他们的人的机会"[③]。

熊彼特之后,哈罗德·拉斯韦尔、乔万尼·萨托利(Giovanni Sartori)等对精英民主理论进一步丰富发展。美国当代著名政治学家哈罗德·拉斯韦尔是

① [美]约瑟夫·熊彼特:《资本主义、社会主义与民主》,吴良健译,商务印书馆1999年版,第372页。

②③ [美]约瑟夫·熊彼特:《资本主义、社会主义与民主》,吴良健译,商务印书馆1999年版,第395页。

继熊彼特之后精英民主论的代表性人物。他认为，精英与大众之别是普遍的事实，即使是共和政体，也是少数人掌握相对大的权力。在看到精英统治的合理性之外，他同时关注到了对精英的控制和选拔的问题。他提倡建立精英对大众负责制度，实现对精英的有效控制，主张精英的选拔不能局限于少数阶级，应该扩展到各个阶级。他认为，民主政治的领袖是从社会广泛基础中选拔出来的，并且有赖于整个社会的支持，领袖需要“根据群体的认同、需求和预期来行使权力”①。意大利裔美籍政治学家乔万尼·萨托利，提出“竞争—反馈”式民主理论，认为“民主是以竞争方式录用领袖的副产品”，人们通过定期的选举以及手中不受约束的权力，持续创造公开的、有竞争性的少数。同时当选者受“预期反应律”所引导，必须留心自己选民的权力。②在他看来，现代社会由于高度复杂的分工，人民无法自己实现治理，必须委托少数专职治理者即政治精英去承担责任。精英通过竞争获得权力，同时其在决策时，受人民预期反馈制约，实现精英和大众的平衡。

综上所述，精英民主理论主张社会由少数最具有能力的精英进行统治，民主只是作为一种制度安排或选择手段，通过“竞争”和“选举”的方式，达到国家治理的平衡。虽然西方现代民主理论家对其合理性进行了论证，但是我们也要看到精英民主理论本质仍旧是少数人的民主理论，建立在对人民大众统治的不信任基础之上。这一理论过分强调了精英统治的合理性，将少数人的统治看作永恒不变的合理现象；将民主政治局限于一种方法、手段或政治制度，否认了民主政治的价值蕴意，这也正是这一理论的局限性所在。

（二）多元民主理论

多元民主是相对于传统一元民主而言，又称“多元统治”或“多元政体”等，是一种建立在多元主义基础上的现实民主制度。西方传统民主理论，实际

---

①［美］哈罗德·D. 拉斯韦尔、亚伯拉罕·卡普兰：《权力与社会：一项政治研究的框架》，王菲易译，上海人民出版社 2012 年版，第 145 页。

②［美］乔万尼·萨托利：《民主新论》，冯克利、阎克文译，上海人民出版社 2009 年版，第 173 页。

上是一种一元民主，所谓民主是国家权力或政治权力的民主，人民通过掌控国家权力实现当家作主。而多元民主理论认为国家不是唯一的权力中心，民主应该是社会中众多团体共同参与政治决策的过程。多元民主理论的代表性人物有：罗伯特·达尔（Robert Alan Dahl）、查尔斯·林德布洛姆（Charles Edward Lindblom）等，其中达尔是这一理论最积极的倡导者和最完善、最系统的诠释者。

罗伯特·达尔曾这样解释多元民主或多元统治，即"'多元统治'一词来自古希腊的'许多'和'统治'，它意味着'许多人的统治'，以便和一人统治或者说君主统治、少数人统治或者说寡头（贵族）统治相区别"①。从这一定义可以看出，多元民主是一种区别于一人统治或少数人统治的民主制度。多元民主与古典民主都是建立在人民主权、政治平等的基础上的。但多元民主又区别于古典一元民主，是建立在多元权力中心、多元主体基础上的民主。达尔认为："任何一个民主国家都需要小的民主单位"，"无论一个国家在世界范围看来有多么的小，它也需要各种各样的独立社团和组织，也就是说，一个多元的市民社会"②。可见，在多元民主理论中，大量相对独立自治的组织存在，不仅是大规模民主运转的先决条件，也是大规模民主制度不可避免的结果。假如庞大的国家政治体系中没有众多相对独立的组织团体，将不能进行竞争性选举；假如公民失去了自由结社的权利，那就违背了有效参与和充分知情的准则，等等。此外，多元民主理论认为，自由且相对独立自治的组织存在，还有利于防止寡头政治，有利于对权力进行制衡，防止专制、暴政的发生，保障民主政治的有序运行。

多元民主理论作为一种西方现代社会的现实民主，主要包括六个基本要素。一是选举产生的官员。只有选举产生的官员对政府政策制度有支配权，有政策决定的控制权。二是自由与公正的选举。产生官员的选举必须是公正、平等、

---

① ［美］罗伯特·达尔：《民主理论的前言》，顾昕、朱丹译，生活·读书·新知三联书店1999年版，第98页。

② ［美］罗伯特·达尔：《论民主》，李风华译，中国人民大学出版社2013年版，第99页。

自由的选举。三是言论自由。公民对于各种政治事务，有自由表达意见的权利，包括表达对政治事务的批评。四是信息选择。公民有权利从其他公民、专家和各种媒体获取信息，不受政府或其他政治团体控制。五是社团自治。公民有权结合成立独立社团，包括独立政党和利益群体，以实现公民自身的各种权利。六是包容广泛的公民身份。每一个遵守法律的成年人，都拥有与其他人同等的、广泛的公民权利。正如达尔在肯定现代代议制民主时说道："从'民主'在雅典落脚、'共和国'在罗马建立开始，一直到今天，25 个世纪的民主历程里，还从来没有过这种民主，组成现代代议制民主政府的这六项制度总体上看是没有先例的。为了方便，我们应该给它取个名字：人们时常将这种现代大规模民主政府叫做'多元'民主。"①

可以看出，多元民主理论是建立在多元社会基础之上的民主理论。现代社会作为一个意见多元、利益多元、冲突多元、权力多元的复杂系统，国家不再是唯一的权力中心，民主制度的运行以及政策的决策，实际上要通过在多元团体间的协调、沟通、妥协中形成。因此，多元民主也存在以下四种潜在困境。一是使政治不平等稳定化。在多头政体的国家中，各团体在政治、经济、社会地位和资源也是不平等的，各种团体间存在复杂多元的利益冲突，因此任何调整资源权利再分配的改革，都会遇到多元化利益团体的阻碍，影响民主效率。二是扭曲公民意识。在多元民主制度下，各种组织和团体，都会以维护自己的利益为宗旨。一旦各团体利益出现不一致，就有可能导致社会成员之间的分裂和冲突。三是使公共议事日程不正常。各个团体组织在政治、经济资源上的不平等，使得他们对公共政策的影响也参差不齐，这也将影响到公共政策的合理性和科学性。四是使人民失去对议事日程的最终控制。在多元民主制度中，各种组织在很多事情上享有自主权，而代表机关则无法将其纳入有效的控制之中。②

---

① ［美］罗伯特·达尔：《民主理论的前言》，顾昕、朱丹译，生活·读书·新知三联书店 1999 年版，第 98 页。

② 应克复等：《西方民主史》，中国社会科学出版社 2012 年版，第 433 页。

（三）参与民主理论

参与民主理论是作为直接民主和代议民主的一种中间形态，是西方发达国家左派对传统民主理论无法积极回应政治社会发展现实而发展出的一种新的民主理论。该理论继承了卢梭、无政府主义以及早期自由马克思主义观点，提出了参与民主的观念。其代表人物有让-雅克·卢梭、约翰·斯图尔特·密尔（John Stuart Mill）、汉娜·阿伦特（Hannah Arendt）、卡罗尔·佩特曼（Carole Pateman）、阿尔温·托夫勒（Alvin Toffler）等。其中佩特曼是现代西方参与民主理论的集大成者，她在 1970 年出版的《参与和民主理论》一书被学界视为现代西方参与民主理论复兴的标志。

“参与”是参与民主理论的核心概念。虽然各种民主理论都包含参与的基本内涵，但在参与民主理论之前，“参与”仍然是一个十分宽泛的概念。随着参与民主理论的不断发展，参与的内涵也逐步清晰化。“参与”意指公众自发自愿地直接参与与其利益相关的决策的制定。参与民主理论认为，政治参与有很强的现实功能和价值。通过政治参与，人们可以培养民主所要求的基本素养和特点品质，还可以使集体决策在参与协商中更容易被个人所接受，以及提升公民个体的社会归属感。①

以“参与”为核心的参与民主理论，存在着有别于一般民主理论的潜在要求。一是政治平等。政治上的平等是参与民主的规范性原则，并且平等的参与被视为核心原则。平等参与不仅限于投票平等，还需要扩大到更广泛的政治表达以及更多地区的社会生活之中。正如密尔的参与民主理论指出的那样，工业领域也是个人通过对集体事物的管理而获取经历的重要领域，就像人们在政府领域中的活动一样。②二是社会平等。为了实现参与民主，社会需要具备起码的社会平等，如在平等的教育、知识共享以及在社会领域内（家庭、社区、机构）的广泛参与。三是公民素质。要想实现参与民主，还需要每个公民具备参

① ［美］卡罗尔·佩特曼：《参与和民主理论》，陈尧译，上海人民出版社 2006 年版，第 26 页。

② ［美］卡罗尔·佩特曼：《参与和民主理论》，陈尧译，上海人民出版社 2006 年版，第 31 页。

与的潜力，例如能够形成和表达偏好，同时具备政治学习能力。参与的意愿以及参与的能力决定了参与民主的可能性和品质。四是公民偏好形成过程被赋予重要意义。因为公民偏好并非简单的个人利益诉求，它是在公众参与的过程中形成的。

参与民主理论按照公民的参与度以及公民参与质量，将参与民主分为：假参与、部分参与、充分参与三种类型。首先，所谓“假参与”是将参与从问题决策过程转变为说服手段。参与民主理论认为，如果管理者让员工参与问题的讨论，是为了使他们支持领导者的决策，为了让员工接受管理者提出的目标，而不是让员工参与对问题的决策。这种参与就是假参与，它只是管理者说服员工的技巧和手段，而不是决策的方法。其次，“部分参与”是指最终决策权属于管理者，员工的参与只是影响决策，员工虽然能通过参与来影响决策，但并不具有与管理者平等的决定政策结果的权力，最终的决策权属于管理者一方。最后，“充分参与”是指“决策整体中的每一个成员平等地享有决定政策结果的权力的过程”①。只有成员在决策全过程中具有平等的权利的参与才是充分的参与。

总之，参与民主理论是基于代议制民主制度日趋衰落的判断，而被提出的一种新的民主理论。经过众多学者的研究和发展，这一理论日趋成熟，得到了现代社群主义的积极回应，并在20世纪90年代发展出协商民主的新理念，推动了西方现代民主理论的进一步发展。

除“精英民主、多元民主、参与民主”之外，现代还诞生了“程序民主、选举民主、竞争民主、论辩民主、激进民主、协商民主”等一系列民主理论。这些理论的诞生和发展，一方面体现了西方传统民主理论在新形势下影响力和有效力的日趋衰退；另一方面也展示了西方现代民主理论发展的动向和趋势。无论对于旧问题的总结分析还是对于新问题的创新探索，这些理论思想都值得我们认真审视，批判吸收其合理性要素，进一步推动中国特色社会主义民主政治制度的发展完善。

---

① ［美］卡罗尔·佩特曼：《参与和民主理论》，陈尧译，上海人民出版社2006年版，第67页。

第二节　中国共产党民主政治建设的内涵与外延

一、中国共产党民主政治建设的内涵

从广义上看，中国共产党民主政治建设就是中国共产党领导中国人民实现自身解放，维护和巩固人民当家作主地位的过程，其本质目标是人民当家作主，让人民成为国家和社会的真正主人。从狭义上看，中国共产党民主政治建设就是“人民民主”或“中国特色社会主义民主”建设，具体是指在党的领导下，广大人民群众在国家政治、经济、文化和社会生活中，全体人民在平等的基础上，通过一定的程序和形式，依法享有对国家和社会事务的民主选举、民主决策、民主管理、民主监督的权利，实现人民当家作主地位。

中国共产党民主政治建设的内涵主要体现为以下几个方面：一是坚持党的领导；二是坚持人民主体地位；三是坚持中国特色社会主义政治道路；四是坚持推进社会主义民主制度化；五是坚持实施全过程人民民主。

（一）坚持党的领导

中国共产党的领导和执政，是中国共产党民主政治建设，即中国特色社会主义民主政治的根本特征和重要内容。党的十九大报告指出：“中国特色社会主义最本质的特征是中国共产党领导，中国特色社会主义制度的最大优势是中国共产党领导。”① 坚持和完善党的领导，是党和国家的根本所在、命脉所在，是全国各族人民的利益所在、幸福所在。《中共中央关于坚持和完善中国特色社会主义制度、推进国家治理体系和治理能力现代化的重大问题的决定》指出：“党是最高政治领导力量。必须坚持党政军民学、东西南北中，党是领导一切的。”②

---

① 习近平：《决胜全面建成小康社会　夺取新时代中国特色社会主义伟大胜利——在中国共产党第十九次全国代表大会上的报告》，《人民日报》2017 年 10 月 28 日，第 1 版。

② 《中共中央关于坚持和完善中国特色社会主义制度、推进国家治理体系和治理能力现代化若干重大问题的决定》，《人民日报》2019 年 11 月 6 日，第 1 版。

党作为中国特色社会主义事业的主心骨，是发展和建设中国特色社会主义民主政治，更好地实现人民当家作主的根本保障力量。坚持党的领导就是要坚持和完善党的领导制度体系，提高党科学执政、民主执政、依法执政水平；坚持党的领导就是要坚决维护党中央权威，健全总揽全局、协调各方的党的领导制度体系，把党的领导落实到国家治理各领域各方面各环节，保证党领导人民有效地治理国家。

回顾党的百年历程，应该看到，党的领导是实现人民当家作主的根本保障，没有党的领导就没有人民的国家和人民的民主，更不会有中国特色社会主义政治道路、理论、制度体系的创立。因此，党的领导地位是经过长期斗争考验形成的，是人民的选择，是历史的必然。在中国民主政治建设中，党之所以当之无愧地居于领导地位，拥有执政地位和权力，归根结底，是因为她始终代表中国先进生产力的发展要求，代表中国先进文化的前进方向，代表中国最广大人民的根本利益。中国共产党这一坚强领导核心，是中华民族的命运所系。按照《中华人民共和国宪法》规定，中华人民共和国的一切权力属于人民，党是人民利益的代表，其领导和执政的权力是人民赋予的，维护和实现人民的根本利益是其领导和执政的根本目的和基础。因此，党的领导与人民当家作主本质上是一致的，坚持中国共产党的领导，就是支持和保证人民当家作主。

（二）坚持人民主体地位

人民民主是中国共产党始终高举的旗帜。坚持人民主体地位，发展人民民主，是发展社会主义民主政治的基本问题，是党的根本政治立场，也是党的民主政治建设的核心理念。

在我国坚持人民主体地位，就是通过各种努力，不断扩大人民民主，保证人民当家作主的地位。首先，坚持人民主体地位是社会主义民主政治的本质要求。习近平总书记在庆祝全国人民代表大会成立60周年大会上明确指出：“人民当家作主是社会主义民主政治的本质和核心。”① 坚持“人民当家作主”的价

① 中共中央文献研究室编：《十八大以来重要文献选编》（中），中央文献出版社2016年版，第54页。

值取向，坚持国家一切权力属于人民，保证人民当家作主的地位，这是社会主义民主和西方资本主义民主的根本区别。此外，坚持人民主体地位，发展人民民主是社会主义的生命。习近平总书记强调："人民民主是社会主义的生命。没有民主就没有社会主义，就没有社会主义的现代化，就没有中华民族伟大复兴。"①民主不仅让中国人民真正享有国家主人翁的地位，更为党领导人民建设中国特色社会主义伟大事业，提供了途径，凝聚了力量。最后，坚持人民主体地位是党的性质和宗旨的具体体现。党的宗旨是"全心全意为人民服务"。坚持发展为了人民、发展依靠人民、发展成果由人民共享，始终维护和实现广大人民群众的根本利益，是党的性质和根本宗旨的必然要求，是党的先进性的重要体现。落实到政治实践中，就是要充分尊重、支持和维护人民当家作主。

在党领导的民主政治建设中，坚持人民主体地位主要体现在以下三方面。一是人民是民主建设的创造主体。在各个时期，中国人民在中国共产党的带领下，充分发挥首创精神，开拓进取，不断创新，先后实现了新民主主义革命、社会主义革命的胜利，建立了新的民主政权和社会主义民主制度，开辟中国特色社会主义民主道路，创立了中国特色社会主义民主理论，建立了中国特色社会主义民主制度等，取得了举世瞩目的伟大成就。二是人民是民主政治建设的发展主体。在中国革命、建设和改革的各个阶段，人民群众切实担当起了国家主人的责任，人民或亲自、或依法通过民主选举选出自己的代表，积极参与国家事务的管理，充分行使知情权、参与权、表达权、监督权，同时对经济、政治、文化、社会各项活动进行民主协商、民主决策、民主管理、民主监督。三是人民是民主政治建设的治理主体。人民代表大会制度是保证人民当家作主的根本政治制度，人民通过法治的方式实现当家作主。人民以法治的方式治理国家，必须坚持法治建设为了人民、依靠人民、造福人民、保护人民，以保障人民根本权益为出发点和落脚点，保证人民依法享有广泛的权利和自由，承担应尽的义务，维护社会公平正义，促进共同富裕。②

---

① 中共中央文献研究室编：《十八大以来重要文献选编》（中），中央文献出版社2016年版，第55页。

② 许耀桐：《发展社会主义民主政治的深刻内涵》，《行政管理改革》2017年第11期。

（三）坚持中国特色社会主义政治道路

道路决定命运，道路决定方向。习近平总书记强调："以什么样的思路来谋划和推进中国社会主义民主政治建设，在国家政治生活中具有管根本、管全局、管长远的作用。古今中外，由于政治发展道路选择错误而导致社会动荡、国家分裂、人亡政息的例子比比皆是。中国是一个发展中大国，坚持正确的政治发展道路更是关系根本、关系全局的重大问题。"① 当今世界，纵观各国民主发展历程，由于各国的历史传承、文化差异、经济社会发展水平等国情要素的不同，各国人民在追求民主政治的过程中，是以不同的路径、方式、进程构建和发展的。可以说，世界上不存在完全相同的政治制度，也不存在适用于一切国家的政治制度模式。每个国家的政治制度都是独特的，都是由这个国家的人民决定的，都是在这个国家历史传承、文化传统、经济社会发展的基础上长期发展、渐进改进、内生性演化的结果。中国特色社会主义政治道路，也是中国人民在我们党的带领下，面对历史和现实发展要求，经历了一次次艰辛探索和实践后得来的。习近平总书记在党的十九大报告中指出："中国特色社会主义政治发展道路，是近代以来中国人民长期奋斗历史逻辑、理论逻辑、实践逻辑的必然结果，是坚持党的本质属性、践行党的根本宗旨的必然要求。"②

坚持走中国特色社会主义政治发展道路，就要从中国的基本国情出发，坚持中国共产党的领导，坚持社会主义基本政治制度，同时借鉴和吸收世界上先进的政治发展成果和经验，推动我国社会主义民主和法治建设的不断发展、完善，使人民当家作主的权利不断扩展、得到保障、真正践行。理论已表明，民主政治的发展不可能只有一个固定的模式，多样性和多模式是各国政治发展的基本趋势，各国必须结合自己的具体国情。实践也已经证明，经济社会较落后的国家要实现现代化，要实现政治发展，照搬照抄西方国家的经验和模式是完全行不通的。在中国，我们实行的人民代表大会制度、中国共产党领导的多党

---

① 中共中央文献研究室编：《十八大以来重要文献选编》(中)，中央文献出版社 2016 年版，第 69 页。

② 习近平：《决胜全面建成小康社会 夺取新时代中国特色社会主义伟大胜利——在中国共产党第十九次全国代表大会上的报告》，《人民日报》2017 年 10 月 28 日，第 1 版。

合作和政治协商制度、民族区域自治制度、基层民主制度，有效避免了西方国家多党制或两党制那样，为了争夺执政地位和各自的政治利益而彼此对立、互相推诿等方面的弊病，从而有力地保持了国家的稳定和社会的团结，更好地实现和维护了最广大人民的根本利益。

（四）坚持推进社会主义民主制度化

坚持推进社会主义民主政治制度化，是中国特色社会主义民主政治建设的重要保证和核心要义。党的十九大报告指出："要长期坚持、不断发展我国社会主义民主政治，积极稳妥推进政治体制改革，推进社会主义民主政治制度化、规范化、程序化，保证人民依法通过各种途径和形式管理国家事务，管理经济文化事业，管理社会事务，巩固和发展生动活泼、安定团结的政治局面。"① 可见，推进社会主义民主政治制度化、规范化、程序化是社会主义现代化建设和更好维护我国人民当家作主的必然要求。

坚持推进社会主义民主政治制度化的关键是要持续推进政治体制改革和坚持依法治国。一方面，就政治体制改革来看，其针对的对象，不是国家的根本政治制度和基本政治制度，而是存在诸多不足的具体政治制度。比如：进行干部人事制度改革，要形成能够行之有效地选拔、培养和任用公务人员的制度体制，建设一支清正廉洁的高素质干部队伍；进行决策体制改革，要建立科学决策、民主决策、依法决策的体制机制；进行权力制约和监督体制改革，要形成严密的权力制约监督体制，形成"有权必有责、用权必担责、滥权必追责"的制度安排，把权力关进制度笼子，让权力在阳光下运行；进行基层治理体制改革，建立城乡基层群众性自治组织，要健全民主治理制度，实行群众参与讨论和决定基层公共事务的自治方法，对干部实行民主选举、民主监督。

另一方面，就坚持依法治国来看，法治是党百年政治建设的历史经验总结，是维护和保障人民当家作主的有力保障，更是新时代推进中国特色社会主

① 习近平：《决胜全面建成小康社会　夺取新时代中国特色社会主义伟大胜利——在中国共产党第十九次全国代表大会上的报告》，《人民日报》2017 年 10 月 28 日，第 1 版。

义民主政治制度化、法制化建设重要战略举措。习近平总书记强调："发展人民民主必须坚持依法治国、维护宪法法律权威，使民主制度化、法律化，使这种制度和法律不因领导人的改变而改变，不因领导人的看法和注意力的改变而改变。"① 我们必须坚持把依法治国作为党领导人民治理国家的基本方略，把法治作为治国理政的基本方式，不断把法治中国建设推向前进。要通过人民代表大会制度，弘扬社会主义法治精神，依照人民代表大会及其常委会制定的法律法规来展开和推进国家各项事业和各项工作，保证人民平等参与、平等发展的权利，维护社会公平正义，尊重和保障人权，实现国家各项工作法治化。

（五）坚持实施全过程人民民主

全过程人民民主是中国共产党领导中国人民有效参与和管理国家事务的一种创新性探索。全过程人民民主强调作为国家社会真正主人的广大人民，其民主权利不能只是体现在选举投票环节，而且还要贯穿于日常政治生活的决策、管理和监督等各个环节，确保国家所有重大立法决策都要依照程序、经过民主酝酿，通过科学决策、民主决策产生，是一种高质量实质民主的实践形态。全过程人民民主在中国人民政治生活中突出体现为：在程序上人民民主贯穿所有民主环节；在制度上各种民主制度都有一个完整的过程；在品质上是人民意志的体现、人民权益的保障、人民创造力的激发。正如习近平总书记 2019 年在上海考察时指出的那样："我们走的是一条中国特色社会主义政治发展道路，人民民主是一种全过程的民主。"②

在坚持实施全过程人民民主过程中，我国人民的民主意识、民主素养、民主观念显著提升，形成了在民主选举、民主决策、民主管理和民主监督等过程中尊重规则和规范的民主理性。这为我国进一步完善中国特色社会主义民主政治制度提供了重要的现实基础。

---

① 习近平：《在庆祝全国人民代表大会成立 60 周年大会上的讲话》，《人民日报》2014 年 9 月 6 日，第 2 版。

② 习近平：《中国的民主是一种全过程的民主》，人民网，2019 年 11 月 3 日，http://cpc.people.com.cn/n1/2019/1103/c64094-31434694.html。

二、中国共产党民主政治建设的外延

百年来，在中国民主政治建设方面，党领导和团结全国各族人民，坚持马克思主义为理论指导，立足基本国情，吸收人类民主政治文明的精华，取得了举世瞩目的成就。中国共产党民主政治建设的外延是指党为了实现人民在国家政治、经济、文化和社会生活中，依法平等享有对国家和社会事务的民主选举、决策、管理和监督等权利，保证人民当家作主地位，而实施的一系列制度安排和举措。党的民主政治建设历程主要体现在以下五个方面：一是党内民主建设；二是人民代表大会制度建设；三是中国共产党领导的多党合作和政治协商建设；四是基层群众自治建设；五是民族区域自治建设。

（一）党内民主建设

党内民主是指在中国共产党党内生活中，根据党章和党的其他规定，党员在平等的基础上，按照有关的民主程序和形式，对党的事务进行参与、决策与管理。党内民主是中国共产党民主政治建设的重要方面，也是支持和实现人民当家作主的重要保证。党内民主建设的关键在于尊重和保障党员的民主权利，充分调动党员的积极性，发挥党员的创造性。党内民主制度主要包括：民主集中制、党代表大会制度、集体领导制度、民主选举制度、民主决策制度、民主监督制度、党员权利保障制度等。党内民主的主要内容包括：民主选举、民主决策、民主管理、民主监督。党在长期实践中形成的民主传统、民主作风、民主方法是党内民主的具体体现。党内民主具有鲜明的平等性、权利与义务相统一、民主与集中相统一、少数服从多数、集体领导与个人分工等特点。具体体现为：中国共产党所有党员不论职务高低，都享有党章规定的权利并应履行其义务；党的各级领导机关应由选举产生；党的各级委员会实行集体领导和个人分工负责相结合的制度；党内讨论决定问题实行少数服从多数的原则；党员享有了解和直接参与党内事务的权利。

关于党内民主的讨论，在马克思恩格斯的时代就已经开始。恩格斯早在1845年指出，民主已经成为无产阶级的原则，民主在今天就是共产主义，当各民族的无产阶级政党彼此联合起来的时候，他们完全有权利把“民主”一词写在自己的旗帜上；并且后来再谈到世界第一个无产阶级政党，即“共产主义者同盟”时，称这个“组织本身是完全民主的，它的各委员会由选举产生并随时可以罢免”①。马克思恩格斯倡导党内民主，并且将这一思想贯彻到他们起草的《共产主义者同盟章程》中，用章程的形式对党内民主作了进一步规定，强调“每年召开由协会的各支部选派代表组成的全协会工人代表大会”，“总委员会由参加国际协会的各国工人代表组成”，各种事务的必要负责人从委员中选出，章程修改需要通过代表大会审议并且“须获得三分之二与会代表的赞同”。② 列宁则进一步将党内民主概念发展为“民主集中制”。

对于中国共产党来说，党内民主被视为“党的生命”。党内实行和发扬民主，是中国共产党在长期革命和建设实践中形成的优良传统和基本原则。中共一大通过的《中国共产党第一个纲领》规定，实行委员会、选举、监督和少数服从多数的表决等原则。随后，在中共五大通过的党章中，第一次将民主集中制规定为“党部的指导原则”。中共七大进一步将“党内民主”规定为党的各级领导机关必须遵照的工作原则，党的组织机构要按照民主集中制建立。此后，民主集中制成为我们党和国家机构的组织原则。新中国成立后，毛泽东再次强调党内民主和民主集中制的重要性。他在 1962 年 1 月《扩大的中央工作会议上的讲话》中指出，在我们国家，不论党内党外，都要有充分的民主生活，“如果不充分发扬人民民主和党内民主，不充分实行无产阶级的民主制，就不可能有真正的无产阶级的集中制”③。党的十一届三中全会以后，党在深刻总结历史经验教训之上，进一步强调了党内民主的重要性。邓小平指出：“当前这个时期，特别需要强调民主。因为在过去一个相当长的时间内，民主集中制没有真正实行，离开民主讲集中，民主太少。”④ 此后，党的十一届五中全会通过了《关于

① 《马克思恩格斯文集》第 4 卷，人民出版社 2009 年版，第 236 页。

② 《马克思恩格斯文集》第 3 卷，人民出版社 2009 年版，第 229 页。

③ 《毛泽东文集》第 8 卷，人民出版社 1999 年版，第 296 页。

④ 《邓小平文选》第 2 卷，人民出版社 1994 年版，第 144 页。

党内政治生活的若干准则》，重申了以民主集中制为主要内容的党内政治生活准则。党的十一届六中全会通过的《关于建国以来党的若干历史问题的决议》再次强调："必须把我们党建设成为具有健全的民主集中制的党。"①此后，历届党的领导人都十分重视党内民主建设。

党的十八大以来，以习近平同志为核心的党中央坚持"党要管党、从严治党"原则，并从制度体系层面持续党内民主建设。党的十八大报告明确提出了要加强"党内民主制度体系"建设的目标，明确"党内民主是党的生命"，"要坚持民主集中制，健全党内民主制度体系，以党内民主带动人民民主"。②党的十八届六中全会通过的《关于新形势下党内政治生活的若干准则》强调："党内民主是党的生命，是党内政治生活积极健康的重要基础。要坚持和完善党内民主各项制度，提高党内民主质量，党内决策、执行、监督等工作必须执行党章党规确定的民主原则和程序，任何党组织和个人都不得压制党内民主、破坏党内民主。"③党的十八届四中全会审议通过的《中共中央关于全面推进依法治国若干重大问题的决定》进一步提出"加强党内法规制度建设"④。党的十九大报告进一步强调，要"加快形成覆盖党的领导和党的建设各方面的党内法规制度体系"⑤。党的十九届四中全会通过的《中共中央关于坚持和完善中国特色社会主义制度、推进国家治理体系和治理能力现代化若干重大问题的决定》强调，要"坚持民主集中制，完善发展党内民主和实行正确集中的相关制度，提高党把方向、谋大局、定政策、促改革的能力"⑥。

① 中共中央文献研究室编：《三中全会以来重要文献选编》(下)，人民出版社 1982 年版，第 843—844 页。

② 中共中央文献研究室编：《十八大以来重要文献选编》(上)，中央文献出版社 2014 年版，第 40 页。

③ 《关于新形势下党内政治生活的若干准则》，《人民日报》2016 年 11 月 3 日，第 5 版。

④ 中共中央文献研究室编：《十八大以来重要文献选编》(中)，中央文献出版社 2016 年版，第 178 页。

⑤ 习近平：《决胜全面建成小康社会 夺取新时代中国特色社会主义伟大胜利——在中国共产党第十九次全国代表大会上的报告》，《人民日报》2017 年 10 月 28 日，第 1 版。

⑥ 《中共中央关于坚持和完善中国特色社会主义制度、推进国家治理体系和治理能力现代化若干重大问题的决定》，《人民日报》2019 年 11 月 6 日，第 1 版。

（二）人民代表大会制度建设

人民代表大会制度是我国保证人民当家作主的根本政治制度，是社会主义民主制度与资本主义民主制度的根本区别所在。习近平总书记指出："在中国实行人民代表大会制度，是中国人民在人类政治制度史上的伟大创造，是深刻总结近代以后中国政治生活惨痛教训得出的基本结论，是中国社会100多年激越变革、激荡发展的历史结果，是中国人民翻身作主、掌握自己命运的必然选择。"① 它以崭新的形式和真实的内容开辟了人类政治文明新形式，充分彰显了"人民主权"。在职权上，我国的人民代表大会有立法权、任免权、决定权和监督权。这些职权在地方上又具体化为各地方人大的基本职权。在立法权方面，始终坚持人民为中心，保障和维护人民的利益，体现人民的意志，为人民治理国家提供有效途径；在任免权方面，政府领导人要通过各级人民代表大会选举产生，体现选贤任能，将真正为人民利益着想、全心全意为人民服务的优秀人才选拔出来；在决定权方面，要有效保证公共决策的公开性、民主性，充分体现人民群众的意志和愿望；在监督权方面，将权力的使用、各类方针政策、计划任务推进落实置于人民的监督之下，保证国家公权力的使用行走在阳光之中，切实为人民谋福利、谋幸福。② 正如习近平总书记所强调的："人民的眼睛是雪亮的，人民是无所不在的监督力量。只有让人民来监督政府，政府才不会懈怠；只有人人起来负责，才不会人亡政息。"③ 人民代表大会的制度安排，充分体现了我国国家权力的人民性，即国家权力来源于人民、归属于人民，国家权力服务于人民、为了人民，国家权力的监督依靠人民。

为更好发挥人民代表大会制度的功能，需要进一步做好以下几方面工作。一是加强和改进立法工作。本着科学性、民主性和规范性的原则，深入推进科学立法、民主立法，完善立法体制和程序，努力使每一项立法都符合宪法精神、反映人民意愿、得到人民拥护。二是加强和改进执法和司法工作。各级国家机

① 中共中央文献研究室编：《十八大以来重要文献选编》（中），中央文献出版社2016年版，第53页。

② 吴大兵：《发展中国特色社会主义民主政治研究》，人民出版社2019年版，第79页。

③ 中共中央文献研究室编：《十八大以来重要文献选编》（中），中央文献出版社2016年版，第57页。

关作为法律实施主体，必须担负法律实施的法定职责，坚决纠正有法不依、执法不严、违法不究现象，坚决整治以权谋私、以权压法、徇私枉法问题，严禁侵犯群众合法权益。要深入推进司法公正，深化司法体制改革，加快建设公正、高效、权威的司法制度，完善人权司法保障制度，严肃惩治司法腐败，让人民群众在每一个司法案件中都感受到公平正义。三是加强和改进监督工作。建立健全各项监督制度，确保人大监督职能的有效发挥，特别是完善人大对“一府两院”的监督机制，确保法律法规得到有效实施，确保行政权、审判权、检察权得到正确行使。正如习近平总书记强调的那样，要“让人民监督权力，让权力在阳光下运行，把权力关进制度的笼子里”①。四是加强同人民群众的联系。各级人大代表要坚持为人民用权、为人民履职、为人民服务的原则，把加强同人民群众的联系作为对人民负责、受人民监督的重要内容，虚心听取人民群众的意见和建议，积极回应社会关切，自觉接受人民监督，认真改正工作中的缺点和错误。五是加强和改进人大工作。各级人大及其常委会要坚持正确政治方向，增强代表人民行使管理国家权力的政治责任感，履行宪法法律赋予的职责。要健全人大常委会组成人员联系本级人大代表机制，畅通社情民意反映和表达渠道，支持和保证人大代表依法履职，优化人大常委会、专门委员会组成人员结构，完善人大组织制度、工作制度、议事程序。各级党委要加强和改善党对人大工作的领导，支持和保证人大及其常委会依法行使职权、开展工作。②

坚持和完善人民代表大会制度，必须毫不动摇坚持党的领导、保证和发展人民当家作主、全面推进依法治国和坚持民主集中制的原则方针。一是必须毫不动摇坚持党的领导。党的领导是中国社会主义最本质特征，也是人民代表大会不断完善发展的有力保障。中国共产党的领导，就是支持和保证人民实现当家作主。我们必须坚持党总揽全局、协调各方的领导核心作用，通过人民代表大会制度，保证党的路线方针政策和决策部署在国家工作中得到全面贯彻和有

① 中共中央文献研究室编：《十八大以来重要文献选编》(中)，中央文献出版社2016年版，第58页。

② 习近平：《在庆祝全国人民代表大会成立60周年大会上的讲话》，《人民日报》2014年9月6日，第2版。

效执行。二是必须保证和发展人民当家作主。人民当家作主是社会主义民主政治的本质和核心。没有民主就没有社会主义，就没有社会主义的现代化，就没有中华民族伟大复兴。坚持和完善人民代表大会制度，就是要进一步保证人民通过人民代表大会行使国家权力，发展更加广泛、更加充分、更加健全的人民民主。三是必须全面推进依法治国。坚持依法治国、维护宪法法律权威，使民主制度化、法律化，这是现代民主发展的必然趋势。加快推进法治建设，是中国特色社会主义民主健康发展的长远保证。坚持把依法治国作为党领导人民治理国家的基本方略，领导人民依法参与国家各项事业，保证人民平等参与、平等发展权利，维护社会公平正义，尊重和保障人权，切实维护好、实现好人民的根本利益。四是坚持民主集中制。民主集中制是我们国家组织形式和活动方式的基本原则。人民代表大会作为我国的权力机关，国家的所有重大决策都要通过人民代表大会按照民主集中制原则，在充分发扬民主的基础上，集体作出决策。通过反复酝酿、集思广益、民主讨论，实现决策的科学化、民主化和法制化。

（三）中国共产党领导的多党合作和政治协商制度建设

中国共产党领导的多党合作和政治协商制度作为我国的基本政治制度，是我党根据统一战线理论从实际出发所创立的新型政党制度。在这种制度中，中国共产党与各民主党派秉持“长期共存、相互监督、肝胆相照、荣辱与共”的方针，一起投身于中国社会主义建设、改革的伟大实践之中。中国共产党领导的多党合作和政治协商制度作为我国社会主义协商民主的重要载体和渠道，是我国社会主义民主政治的特有形式和独特优势，是党的群众路线在政治领域的重要体现，也是我们党执政和决策的重要方式。

1949 年 9 月，中国人民政治协商会议第一届全体会议召开。会议代表全国各族人民意志，代行全国人民代表大会职权，通过了具有临时宪法性质的《中国人民政治协商会议共同纲领》，并选举中国人民政治协商会议全国委员会和中华人民共和国中央人民政府委员会，宣告中华人民共和国的成立。新中国成立后，人民政协为恢复和发展国民经济、巩固新生人民政权、推动各项社会改革、促进社会主义革命和建设作出了历史性贡献。1954年，全国人民代表大会召开后，人民政协作为多党合作和政治协商机构、作为统一战线组织继续发挥重要作用，为完成社会主义改造、推动各种社会力量实现国家总任务而奋斗。党的十一届三中全会以后，邓小平同志说："新时期统一战线和人民政协的任务，就是要调动一切积极因素，努力化消极因素为积极因素，团结一切可以团结的力量，同心同德，群策群力，维护和发展安定团结的政治局面，为把我国建设成为现代化的社会主义强国而奋斗。"① 以邓小平同志为核心的党的第二代中央领导集体明确提出新时期人民政协的性质和任务，确立中国共产党同各民主党派"长期共存、互相监督、肝胆相照、荣辱与共"的方针，推动人民政协性质和作用载入宪法。以江泽民同志为核心的党的第三代中央领导集体将中国共产党领导的多党合作和政治协商制度确立为中国的基本政治制度，通过修改宪法明确这一制度将长期存在和发展，进一步明确了人民政协的性质、主题、职能。以胡锦涛同志为总书记的党中央颁发《关于加强人民政协工作的意见》等文件，为新世纪新阶段人民政协事业发展提供了理论基础、政策依据、制度保障。

党的十八大以来，我国民主主体多元化、社会环境复杂化的特征，使得以"中国共产党领导的多党合作和政治协商制度"为核心的社会主义协商民主成为实现广泛有效的人民民主的有效途径，备受党中央高度重视。党的十八大报告提出，要"健全社会主义协商民主制度"，不断"完善协商民主制度和工作机制，推进协商民主广泛、多层、制度化发展"②。党的十八届三中全会进一步强调，要"在党的领导下，以经济社会发展重大问题和涉及群众切身利益的实际问题为内容，在全社会开展广泛协商，坚持协商于决策之前和决策实施之中"③。党的十九大更进一步明确："要推动协商民主广泛、多层、制度化发展，统筹推进政党协商、人大协商、政府协商、政协协商、人民团体协商、基层协商以及社会组织协商。加强协商民主制度建设，形成完整的制度程序和参与实

---

① 《邓小平文选》第2卷，人民出版社1994年版，第187页。

② 中共中央文献研究室编：《十八大以来重要文献选编》(上)，人民出版社2014年版，第21页。

③ 中共中央文献研究室编：《十八大以来重要文献选编》(上)，人民出版社2014年版，第527页。

践，保证人民在日常政治生活中有广泛持续深入参与的权利。”[①]随着时代的进步和社会的发展，各类社会主体的主体意识日益提升，而我国协商民主的独特性和优越性就在于它能将经济社会发展过程中的多元主体，如国家机关、政协组织、党派团体、基层组织以及社会团体等有效凝聚起来，共商国事，共谋大计。因此，推进协商民主广泛、多层、制度化发展，关键是健全协商民主体系，包括建设协商民主的主体体系和制度体系。

一方面，要着力健全协商民主主体体系。一是倡导社会主体间平等协商的理念。协商主体在政治上的平等，是实现有效协商的基本前提和保障。我们在坚持党领导的多党合作和政治协商制度中，在强调党的领导的同时，还要重视倡导平等协商的理念，保证社会各类公民团体、组织、机构在参与协商民主中都有平等的参政、议政权利，保证人民协商的广泛性和真实性；二是培养社会主体“公共”意识。民主协商的目的是公共决策，反映的是广大民众公共意志，因此要防止“个人主义”和“团体主义”等狭隘思想。[②]三是要提升社会主体的民主认知。民主本身并不能保证决策的绝对真理性，但这并不意味民主可以离开科学理论指导，而简单抽象地存在。任何民主制度的设置和实行，都要求参与主体具备最基本的理性和民主常识，不然一味追求绝对的民主、普遍的民主，只能导致形式上的民主，背离民主的本质。

另一方面，构建协商民主制度体系，重点在于统筹推进政党协商、人大协商、政府协商、政协协商、人民团体协商、基层协商以及社会组织协商。加强协商民主制度建设，要形成完整的制度程序和参与实践，保证人民在日常政治生活中有广泛持续深入参与的权利。一是促进人民政协制度的完善。从历史和现实的角度出发，进一步提升人民政协在贯彻国家政策方针执行力、为推动国家发展献计出力、发展协商民主的作用、广泛凝聚实现中华民族伟大复兴的正能量、推进履职能力建设等方面的作用，促进人民政协这一基本制度完善。二

① 习近平：《决胜全面建成小康社会 夺取新时代中国特色社会主义伟大胜利——在中国共产党第十九次全国代表大会上的报告》，《人民日报》2017 年 10 月 28 日，第 1 版。

② 吴大兵：《发展中国特色社会主义民主政治研究》，人民出版社 2019 年版，第 82 页。

是不断完善社会协商对话制度。多元社会主体意味着多元意见表达、公共决策有民主性要求、众人的事情由众人商量，要通过在人民内部发扬民主、集思广益、凝聚共识，从而作出科学民主的决策。同时，要加强信息公开、听证会、专家咨询论证等制度的完善和健全，建立健全多种协商渠道，开展多种协商，共同促进社会主体和协商主体间的协商对话机制。三是加强基层协商民主的发展。人民群众是社会主义协商民主的重点，因为涉及人民群众直接现实利益的决策和工作主要发生在基层。涉及群众切身利益的决策要充分听取群众意见，通过各种方式，在各个层级、各个方面同群众进行协商。正如习近平总书记所说："在人民内部各方面广泛商量的过程，就是发扬民主、集思广益的过程，就是统一思想、凝聚共识的过程，就是科学决策、民主决策的过程，就是实现人民当家作主的过程。"①

（四）基层群众自治制度建设

基层群众自治是我国社会主义民主建设的重要组成部分。基层群众自治制度的基本内涵是指依照宪法和法律，由居民（村民）选举的成员组成居民（村民）委员会，实行自我管理、自我教育、自我服务、自我监督的制度。在我国基层群众自治组织主要包括：农村村民委员会、城市居民委员会和职工代表大会。按照《宪法》规定，这些组织只是"基层群众性组织"，而不是一级权力机构。我国基层民主的主要内容包括"民主选举、民主决策、民主管理和民主监督"四个方面。

经过不断的探索实践，当前广大人民群众依托城乡基层群众性自治组织，依法行使民主选举、民主决策、民主管理和民主监督的权利，对所在基层组织的公共事务和公益事业实行民主自治，已经成为当代中国最直接、最广泛的民主实践。首先，村民自治是当前我国广大农民直接行使民主权利，依法办理自己的事情，实行自我管理、自我教育、自我服务的一项基本民主制度。它发端于20世纪80年代初期，普遍推行于20世纪90年代，目前已成为我国农村扩

① 中共中央文献研究室编：《十八大以来重要文献选编》（中），人民出版社2016年版，第73—74页。

大基层民主和提高农村治理水平的一种有效方式。其次，城市居民委员会是我国城市居民实现自我管理、自我教育、自我服务的基层群众性自治组织，是在城市基层实现直接民主的重要形式。新中国成立后，即在全国各个城市普遍建立居民委员会，实现城市居民对居住地公共事务管理的民主自治。1982 年，城市居民委员会制度被首次写入《中华人民共和国宪法》。1989 年，全国人大常委会制定了《中华人民共和国城市居民委员会组织法》，为城市居民委员会发展提供了法律基础和制度保障。居民委员会此后在全国普遍流行开来，成为城市居民行使民主权利的主要形式。最后，职工代表大会是企业职工当家作主的组织机构，是保证职工对企事业单位实行民主管理的基本制度。新中国成立后即在公有制企业中实行了职工代表会议制度，1957 年后在全国普遍推行了这一制度。按照法律规定，职工代表大会的职权主要体现在以下几个方面：一是对企业生产经营、发展计划和方案有审议建议权；二是对工资、奖金、劳动保护、奖惩等重要规章制度有审查通过权；三是对有关职工生活福利等重大事项有审议决定权；四是对企业行政领导干部有评议监督权；五是对厂长有推荐或选举权等。①

坚持优化完善基层群众自治制度，是不断推进我国基层民主建设的重要内容，也是发展完善中国特色社会主义民主政治的必然要求。在新的时代条件下，关于进一步优化完善基层群众自治和基层民主建设，党中央又提出了新的目标要求。党的十九大报告指出，要“巩固基层政权，完善基层民主制度，保障人民知情权、参与权、表达权、监督权”②。党的十九届四中全会进一步提出“健全充满活力的基层群众自治制度”的任务目标，强调必须进一步“健全基层党组织领导的基层群众自治机制，在城乡社区治理、基层公共事务和公益事业中广泛实行群众自我管理、自我服务、自我教育、自我监督，拓宽人民群众反映

① 中共中央文献研究室编：《十二大以来重要文献选编》(下)，人民出版社 1988 年版，第 1152—1153 页。

② 习近平：《决胜全面建成小康社会 夺取新时代中国特色社会主义伟大胜利——在中国共产党第十九次全国代表大会上的报告》，《人民日报》2017 年 10 月 28 日，第 1 版。

意见和建议的渠道，着力推进基层直接民主制度化、规范化、程序化。全心全意依靠工人阶级，健全以职工代表大会为基本形式的企事业单位民主管理制度，探索企业职工参与管理的有效方式，保障职工群众的知情权、参与权、表达权、监督权，维护职工合法权益”①。

（五）民族区域自治建设

民族区域自治是我国民主政治独创形式之一，是在单一制度国家中有效解决中央与少数民族聚居地方之间关系，保持少数民族和汉族共同繁荣发展，保证边疆稳定和国家统一的基本民主制度。民族区域自治制度的基本内涵是在党和国家统一领导下，在各少数民族聚居的地方实行区域自治，设立自治机关，行使自治权。其实质是国家保障各少数民族享有平等地位，享有当家作主、管理本民族内部及地方事务的民主权利，以不断加强各民族之间的互助、合作和友好关系，实现共同繁荣。

历史证明，在国家主权范围内和国家统一的前提下，民主是协调民族关系、解决民族问题、实现民族团结发展的一种有效方式。长久以来，中国作为一个多民族国家，各民族共同孕育和创造着璀璨夺目的中华文明。团结统一是中华民族的根本利益所在，各民族只有团结，才能实现共同发展。在我国社会主义民主制度下，各民族享有平等的政治地位和法律权利。但是，由于少数民族有其特殊的历史传统、风俗习惯和地域特征，加上经济文化水平相对落后，这事实上制约着其民主权利的充分实现。而发展和建设民族区域自治，则可以在兼顾少数民族特殊性的同时，向其提供与汉族平等发展共同繁荣的权利保障，有利于在社会主义民主条件下，建立起新型平等、团结、互助的民族关系。实践证明，实行民族区域自治既符合我国历史的发展，又符合我国现实国情，在维护国家统一、保障民族权利、实现民族平等、发展各民族友好关系方面都有着显著的优越性。

---

① 《中共中央关于坚持和完善中国特色社会主义制度、推进国家治理体系和治理能力现代化若干重大问题的决定》,《人民日报》2019 年 11 月 6 日，第 1 版。

民族区域自治制度是我国的基本政治制度之一，是我们党针对民族问题，将马克思主义民主理论的基本原理结合我国具体实际，在革命、建设和改革过程中，逐步形成、发展和完善的创新性制度成果。我们党历来重视民族问题，在自身发展成熟和对国情逐步认识的过程中，带领中国人民，艰辛探索，逐步提出了符合我国国情的民族区域自治政策。1941 年 5 月，陕甘宁边区政府在颁布的《陕甘宁边区纲领》中规定，要"依据民族平等原则，实行蒙回民族与汉族在政治经济文化上的平等权利，建立蒙回民族的自治区"①。1945 年 10 月，中央在关于内蒙古工作方针的指示中指出："对内蒙的基本方针，在目前是实行民族区域自治。"1946 年 2 月，中央进一步明确指出："根据和平建国纲领要求民族平等自治，但不应提出独立自治口号。"②在这一方针指导下，1947 年 5 月，党中央建立了我国第一个省一级的内蒙古自治区，为以后在其他民族地区实行民族区域自治指明了方向，积累了宝贵的经验。1949 年《中国人民政治协商会议共同纲领》明确规定："各少数民族聚居的地区，实行民族区域自治，按照民族聚居的人口多少和区域大小，分别建立各种民族自治机关。"③后来，民族区域自治被明确载入历次宪法，成为我国的一项重要政治制度。

《中华人民共和国宪法》和《中华人民共和国民族区域自治法》对我国的民族区域自治制度作了明确规定。（1）中华人民共和国各民族一律平等。国家保障各少数民族的合法权利和权益，维护和发展各民族平等团结互助和谐关系，禁止对任何民族的歧视和压迫；各少数民族聚居的地方实行区域自治，设立自治机关，行使自治权。各民族自治地方都是中华人民共和国不可分离的部分。（2）民族自治地方的自治机关是自治区、自治州、自治县的人民代表大会和人

① 中共中央统战部二局、中共中央党校教务部编：《新形势下的民族、宗教问题》，人民出版社 1994 年版，第 176 页。

② 中共中央统战部二局、中共中央党校教务部编：《新形势下的民族、宗教问题》，人民出版社 1994 年版，第 177 页。

③ 中共中央文献研究室、中央档案馆编：《建党以来重要文献选编》第 26 册，中央文献出版社 2011 年版，第 767—768 页。

民政府，它们既是享有自治权的机关，又是享有地方人大和政府职权的地方政权机关。（3）民族自治地方的自治机关代表自治地方人民行使自治权，自主管理本民族内部的事务和自治地方的重大事务。自治权力主要包括：制定自治条例和单行条例，自主地安排和管理地方性经济建设事业；自主管理地方财政；自主管理本地的文化教育事业；享有组织本地公安部队、培养民族干部和民族人才、使用当地语言文字和管理其他事物的自治权。[①]民族区域自治制度是我国人民当家作主制度体系中的重要组成部分，是实现少数民族当家作主的重要制度保障。党的十九届四中全会审议通过的《中共中央关于坚持和完善中国特色社会主义制度、推进国家治理体系和治理能力现代化若干重大问题的决定》强调，在坚持和完善人民当家作主制度体系，发展社会主义民主政治过程中，要“坚持和完善民族区域自治制度。坚定不移走中国特色解决民族问题的正确道路，坚持各民族一律平等，坚持各民族共同团结奋斗、共同繁荣发展，保证民族自治地方依法行使自治权，保障少数民族合法权益，巩固和发展平等团结互助和谐的社会主义民族关系”[②]。民族区域自治制度实行的是民族自治和区域自治的有机结合，这样的制度设置一方面有利于保证国家统一，另一方面兼顾区域特色，有利于激发少数民族自我治理的积极性。在单一制国家结构下实行民族区域自治是我们党在民族问题上的一种“史无前例的创举”[③]。邓小平曾明确指出：“解决民族问题，中国采取的不是民族共和国联邦的制度，而是民族区域自治的制度。我们认为这个制度比较好，适合中国的国情。我们有很多优越的东西，这是我们社会制度的优势，不能放弃。”[④]实践已经充分证明，这一制度是符合我国国情的，是正确处理民族问题和促进民族地区发展的有效模式。

---

① 中共中央文献研究室编：《十五大以来重要文献选编》（中），人民出版社2001年版，第1657—1660页。

② 《中共中央关于坚持和完善中国特色社会主义制度、推进国家治理体系和治理能力现代化若干重大问题的决定》，《人民日报》2019年11月6日，第1版。

③ 秦刚：《中国特色社会主义制度研究》，中共中央党校出版社2020年版，第95页。

④ 《邓小平文选》第3卷，人民出版社1993年版，第257页。

第三节　中国共产党民主政治建设的特征

2021 年是中国共产党建党 100 周年。党的百年奋斗史，也是党的民主政治建设历史。在百年接续奋斗中，党团结带领人民先后进行了苏维埃工农民主专政、“三三制”抗日民主政权、人民民主专政等民主政治建设探索，确立了社会主义民主制度，开辟了中国特色社会主义民主政治道路，建立了当今世界最广泛、最真实、最管用的民主制度，形成了中国特色社会主义民主理论体系，创造了人类社会民主政治进步史上令人刮目相看的伟大奇迹。回顾中国共产党百年民主政治建设历程，其具有鲜明的理论和实践特色。

一、马克思主义指导的理论特征

“马克思主义是我们立党立国的根本指导思想，是我们党的灵魂和旗帜。”① 中国共产党民主政治建设之所以能够取得举世瞩目的历史性成就，能够为中国共产党领导中国人民在革命、建设和改革过程中，提供合理的政治上层建筑，持续推动中国经济社会发展，其关键就在于始终把马克思主义这一科学理论作为自己的行动指南。习近平总书记在庆祝中国共产党成立 100 周年大会上指出：“中国共产党为什么能，中国特色社会主义为什么好，归根到底是因为马克思主义行！”② 坚持马克思主义为指导是党的百年民主建设最鲜明的特征之一。马克思主义经典作家关于无产阶级民主政治建设的哲学基础、内容实质、组织形式、实现手段以及目标等方面的思考和探索，为中国共产党的百年民主政治建设提供了宝贵的理论指南。

（一）马克思主义民主政治建设的哲学基础

马克思的唯物史观强调，生产力决定生产关系，经济基础决定上层建筑。

①② 习近平：《在庆祝中国共产党成立 100 周年大会上的讲话》，《人民日报》2021 年 7 月 2 日，第 2 版。

民主制是人类社会发展到一定阶段的历史产物，其具体形态、性质以及内涵，由其所依赖的经济基础所决定，并随经济基础的变化而变化。一方面，马克思主义民主理论揭示了民主的上层建筑属性，认为民主属于上层建筑范畴，由经济基础决定。马克思指出："在民主制中，国家制度、法律、国家本身，就国家是政治制度来说，都只是人民的自我规定和人民的特定内容。"①"在民主制中，任何一个环节都不具有与它本身的意义不同意义，每一个环节实际上都只是整体人民的环节。"②在这里马克思指出了民主的上层建筑属性，揭示了民主只是市民社会人们经济关系在政治领域的具体体现，这一观点彻底颠覆了人们对于国家的绝对迷信。另一方面，马克思主义民主理论还揭示了民主的相对独立性。马克思主义虽然强调民主属于上层建筑范围，受制于经济基础，但并没忽略其所具有的相对独立性，即对经济基础有能动的反作用。合适的民主制度会促进一个国家的经济发展，反之亦然。因此，马克思强调，工人革命的第一步就是使无产阶级成为统治阶级，在打碎旧的国家机器的基础上，建立无产阶级专政，利用自己的政治统治，把一切生产资料集中在自己手里，并尽可能快地推动生产力的发展，为人类向共产主义过渡提供应有的物质条件。马克思主义民主理论对于民主上层建筑属性和相对独立性的论述为我们党根据不同阶段、不同情况调整民主政策和制度，探索符合中国国情实际的民主形式奠定了哲学基础。

（二）马克思主义民主政治建设的价值导向

人民当权或人民当家作主是马克思主义关于无产阶级民主的本质表达。马克思主义认为，人民是历史的创造者，是社会真正的主人。民主就应该是人民创建、管理国家公共事务的自主权。马克思在总结巴黎公社革命经验时曾指出："公社给共和国奠定了真正民主制度的基础。"③公社的存在及其各项改革措施，充分"显示出走向属于人民、由人民掌权的政府的趋势"④。列宁也强调："民主

① 《马克思恩格斯全集》第3卷，人民出版社2002年版，第41页。

② 《马克思恩格斯全集》第3卷，人民出版社2002年版，第39页。

③ 《马克思恩格斯文集》第3卷，人民出版社2009年版，第157页。

④ 《马克思恩格斯文集》第3卷，人民出版社2009年版，第163页。

就是全体居民群众真正平等地、真正普遍地参与一切国家事务。”[①]马克思主义经典作家对于无产阶级民主人民当家作主理论的构建，建立在对资产阶级民主虚假性的彻底批判基础上。

一方面，马克思主义批判资产阶级民主掩饰了民主的阶级属性。资产阶级民主企图通过宣扬所谓“抽象的民主”“普遍的民主”或是“一般的民主”来欺骗愚弄无产阶级。马克思认为，民主制和君主制一样属于国家制度的一种，本质上也“是一个阶级镇压另一个阶级的机器，而且在这一点上民主共和国并不亚于君主国”[②]。毛泽东也强调：“世界上只有具体的自由，具体的民主，没有抽象的自由，抽象的民主。在阶级斗争的社会里，有了剥削阶级剥削劳动人民的自由，就没有劳动人民不受剥削的自由。有了资产阶级的民主，就没有无产阶级和劳动人民的民主。”[③]可见，在马克思主义经典作家看来，在阶级社会中是不存在超阶级、超现实的民主的，因此无产阶级民主是无产阶级和广大人民的民主，是无产阶级和广大人民群众掌握国家政权。另一方面，马克思主义批判资产阶级民主是一种少数人的民主。马克思恩格斯在《共产党宣言》中强调：“现代的国家政权不过是管理整个资产阶级共同事务的委员会罢了。”[④]资产阶级民主是一种由少数资产阶级享有的民主而已，而无产阶级只是得到了法律上的、形式的、名义上的民主，一旦他们想要利用这种虚假的民主争取或维护自己的利益，资产阶级民主将立马展现出它专政的一面。因此，列宁多次提醒工人，要认识到“资本主义社会里的民主是一种残缺不全的、贫乏的和虚伪的民主，是只供富人、只供少数人享受的民主”[⑤]。只有建立无产阶级民主，才能实现绝大多数人的、广泛的、真实的民主，同时对少数人即剥削者实行必要的镇压。

在我们党的百年民主革命、建设和改革历程中，始终坚持马克思主义的人

① 《列宁全集》第28卷，人民出版社2017年版，第111页。

② 《马克思恩格斯文集》第3卷，人民出版社2009年版，第111页。

③ 《毛泽东文集》第7卷，人民出版社1999年版，第208页。

④ 《马克思恩格斯文集》第2卷，人民出版社2009年版，第33页。

⑤ 《列宁选集》第3卷，人民出版社2012年版，第191页。

民史观，从中国共产党成立之日起就义无反顾地将追求民族独立、人民解放的伟大使命扛在肩上，带领中国人民先后探索了工农民主政权、“三三制”抗日政权、人民民主专政，后来又发展和建设一系列保证人民当家作主的制度体系，始终将人民当家作主，维护人民的根本利益作为我们党民主政治建设的出发点和落脚点。习近平总书记强调：“人民当家作主是社会主义民主政治的本质和核心。人民民主是社会主义的生命。没有民主就没有社会主义，就没有社会主义的现代化，就没有中华民族伟大复兴。我们必须坚持国家一切权力属于人民，坚持人民主体地位，支持和保证人民通过人民代表大会行使国家权力。”①

（三）马克思主义民主政治建设的发展方向

马克思主义认为国家不是从来就有的，而是社会发展到一定阶段的历史产物，是为了防止人类在无谓的斗争中把自己和社会消灭，而产生的一种表面凌驾于社会之上的力量，这种力量的作用就在于缓和冲突，把冲突保持在秩序范围以内。所以，在马克思恩格斯看来，国家是一种异化了的社会力量，并且是从公仆变成了主人。正如恩格斯指出：“以往国家的特征是什么呢？社会为了维护共同的利益，最初通过简单的分工建立了一些特殊的机关。但是，随着实践的推移，这些机关——为首的是国家政权——为了追求自己的特殊利益，从社会的公仆变成了社会的主人。”②国家和社会的对立是阶级社会的历史局限性，所以马克思认为在未来共产主义社会，随着阶级的消失，国家本身的政治属性也将跟着一起消失，留下来的只是一些合理的社会职责。马克思将巴黎公社视为“议政合一”，它的一系列民主政治改造，实现了将权力归还人民、归还社会。正如马克思所说：“公社体制会把靠社会供养而又阻碍社会自由发展的国家这个寄生赘瘤迄今所夺取的一切力量，归还给社会机体。”③此外，在防止国家异化方面，恩格斯也指出，公社提出了很好的举措，即“第一，它把行政、司

---

① 中共中央文献研究室编：《十八大以来重要文献选编》（中），中央文献出版社 2016 年版，第 54—55 页。

② 《马克思恩格斯文集》第 3 卷，人民出版社 2009 年版，第 110 页。

③ 《马克思恩格斯文集》第 3 卷，人民出版社 2009 年版，第 157 页。

法和公民教育方面的一切职位交给由普选选出的人担任，而且规定选举者可以随时撤换被选举者。第二，它对所有公职人员，不论职位高低，都只付给跟其他工人同样的工资”[①]。这里所提到的人民选举、人民监督、公职人员公仆思想，能防止国家异化、官员特权的发生。这些思想为我们全面推进从严治党，全面依法治国，建设服务型政府、服务型政党，提升国家治理现代化水平指明了方向和提供了理论依据。我们党通过不断完善中国特色社会主义民主政治建设，保证了国家真正成为社会的代表，确保了国家意志与人民意志的统一。

（四）马克思主义民主政治建设的目标任务

马克思主义在批判资产阶级民主的基础上，构建了无产阶级民主政治建设的思路框架，提出了民主发展的阶段目标和终极目标。就阶段目标而言，马克思认为无产阶级取得统治地位后，将会建立一种比资产阶级民主更高级的多数人的民主，即无产阶级民主。马克思指出：“在资本主义社会和共产主义社会之间，有一个从前者变为后者的革命转变时期。同这个时期相应的也有一个政治上的过渡时期，这个时期的国家只能是无产阶级的革命专政。”[②]从这段论述中，我们可以看到，无产阶级民主代替资产阶级民主的社会发展必然性，同时也指出无产阶级革命专政即无产阶级民主只是过渡阶段的民主形态。关于民主的终极目标，马克思主义认为民主到共产主义社会，将随着阶级的消亡一起消亡。列宁强调：“只有共产主义才能提供真正完全的民主，而民主愈完全，它也就愈迅速地成为不需要的东西，愈迅速地自行消亡。”[③]同时，马克思认为巴黎公社在国家公务人员选用方面采用人民选举制，并且可以随时罢免；废除常备军和国家官吏，建立廉价政府；国家公务员要作为人民服务的社会公仆；人民群众广泛直接参加国家管理等一系列措施，彰显了公社的民主性，将公社视为无产阶级民主政治的一次伟大尝试。虽然现在看当时巴黎公社的举措和措施，难免带有浪漫主义色彩，但它包含了人民广泛直接参与国家事务、人民选举人民代

---

① 《马克思恩格斯文集》第 3 卷，人民出版社 2009 年版，第 111 页。

② 《马克思恩格斯文集》第 3 卷，人民出版社 2009 年版，第 445 页。

③ 《列宁选集》第 3 卷，人民出版社 2012 年版，第 192 页。

表、人民监督政府、建立议政合一式政体等人民当家作主的思想原则。马克思主义关于民主过渡阶段论、发展消亡论、公社模型论的思想，为我们党解决革命胜利后建设什么样的民主政治以及如何发展完善这种民主政治，提供了阶段性的终极目标。

（五）马克思主义民主政治建设的手段途径

马克思主义认为，人民当家作主与无产阶级的政治统治是不可分离的，在阶级社会没有无产阶级的政治统治，就谈不上人民民主。无产阶级通过暴力夺取政权，建立无产阶级专政，是实现人民当家作主的现实手段和途径。正如马克思、恩格斯早在《共产党宣言》中指出的那样："工人革命的第一步就是使无产阶级上升为统治阶级，争得民主。"①列宁也认为："民主共和国、立宪会议、全民选举等等实际上是资产阶级专政；要把劳动从资本的压迫下解放出来，除了用无产阶级专政代替这种专政，没有别的道路可走。"②从上述论述中，可以看到马克思主义经典作家为无产阶级指明了通向民主的实现途径，即工人阶级先要上升为统治阶级，建立无产阶级专政。通过无产阶级专政，为人民提供大多数人享受的民主，同时对少数人即剥削者实行必要的镇压。同时，马克思主义经典作家们从人类解放的高度，来看待无产阶级专政这一过渡时期的历史产物。他们认为，无产阶级将利用自己的政治统治，一步一步地夺取资产阶级的全部资本，把一切生产工具集中在国家即组织成为统治阶级的无产阶级的手中，并且尽可能快地增加生产力的总量，为无产阶级民主的实现提供经济基础。正如马克思所说："公社给共和国奠定了真正民主制度的基础。但是，无论廉价政府或'真正共和国'，都不是它的终极目标，而只是它的伴生物。"③无产阶级专政理论，为我们党在民主政治探索中，实现人民解放提供了路径参考。新中国的成立，人民民主专政的建立，实现了亿万中国人民当家作主的心愿。

---

① 《马克思恩格斯文集》第 2 卷，人民出版社 2009 年版，第 52 页。

② 《列宁选集》第 3 卷，人民出版社 2012 年版，第 685 页。

③ 《马克思恩格斯文集》第 3 卷，人民出版社 2009 年版，第 157 页。

二、中国共产党领导的实践特征

坚持党的领导是中国共产党百年民主政治建设的经验总结、制胜法宝，也是中国特色社会主义民主政治建设的根本遵循、首要原则。党的十九大报告指出："中国特色社会主义最本质的特征是中国共产党领导，中国特色社会主义制度的最大优势是中国共产党领导。"① 坚持和完善党的领导，是党和国家的根本所在、命脉所在，是全国各族人民的利益所在、幸福所在。习近平总书记强调："党是最高政治领导力量。必须坚持党政军民学、东西南北中，党是领导一切的，坚决维护党中央权威，健全总揽全局、协调各方的党的领导制度体系，把党的领导落实到国家治理各领域各方面各环节。"② 回顾党的百年历程，我们应该看到，党的领导是实现人民当家作主的根本保障，没有党的领导就没有人民的国家和人民的民主，更不会有中国特色社会主义政治道路、理论、制度体系的创立。

（一）中国共产党领导中国人民实现了人民当家作主

为中国人民谋幸福、为中华民族谋复兴，是我们党的初心使命，也是我们党始终不渝的奋斗目标。回顾党的百年民主政治建设历程，正是在中国共产党的带领下，中国人民成功建立了人民民主政权，确立了社会主义制度，开辟了中国特色社会主义民主道路，实现了人民当家作主的伟大飞跃。中国共产党一经成立，就义无反顾地承担起实现民族复兴、人民解放的历史重任。随后，我们党经过几十年艰苦卓绝的革命，领导和团结全国各族人民，建立了新中国和人民民主制度，"彻底结束了旧中国半殖民地半封建社会的历史，彻底结束了旧中国一盘散沙的局面，彻底废除了列强强加给中国的不平等条约和帝国主义在中国的一切特权，为实现中华民族伟大复兴创造了根本社会条件"③。从此，中

① 习近平：《决胜全面建成小康社会 夺取新时代中国特色社会主义伟大胜利——在中国共产党第十九次全国代表大会上的报告》，《人民日报》2017年10月28日，第1版。

② 《中共中央关于坚持和完善中国特色社会主义制度、推进国家治理体系和治理能力现代化若干重大问题的决定》，《人民日报》2019年11月6日，第1版。

③ 习近平：《在庆祝中国共产党成立100周年大会上的讲话》，《人民日报》2021年7月2日，第2版。

国人民从根本上改变了国家、民族和自身的命运，实现了人民当家作主的历史性飞跃。正是在中国共产党的带领下，中国人民走上了一条自己当家作主的民族复兴之路。无论是探索建立人民民主专政，还是建设发展人民代表大会、中国共产党领导的多党合作和政治协商、民族区域自治和基层群众自治等人民当家作主的制度体系，都是在党的领导下逐步实现和发展的。正如毛泽东同志所说："领导我们事业的核心力量是中国共产党。"①因此，中国共产党成为中国特色社会主义事业的领导核心，并不是人为设置的，而是历史的选择、中国人民的选择。历史和实践也充分证明，只有中国共产党才能始终代表中国先进生产力的发展要求、中国先进文化的前进方向、中国最广大人民的根本利益。这样一个政治力量、领导核心的存在，是国家富强、社会稳定、人民幸福的根本保证。美国学者塞缪尔·P. 亨廷顿（Samuel Phillips Huntington）指出："一个现代化政治体系的安定，取决于其政党的力量。"②中国的社会主义民主政治建设实践已经充分证明了这一点。习近平总书记强调，在当代中国，如果没有"党的领导"这个核心，一旦"出现了各自为政、一盘散沙的局面，不仅我们确定目标不能实现，而且必定会产生灾难性后果"③。因此，坚持党的领导和人民当家作主是内在统一的，只有坚持党的领导，才能更好地彰显人民的意志、更好地维护人民的利益、更好地保障人民当家作主的地位。

习近平总书记强调："保证和支持人民当家作主，不是一句口号、不是一句空话，必须落实到国家政治生活和社会生活之中，保证人民依法有效行使管理国家事务、管理经济和文化事业、管理社会事务的权力。"④中国共产党领导、支持和保证人民当家作主的具体形式主要体现为以下四种："一是领导人民通过人民代表大会制度掌握国家权力，以此保证国家制定的法律和方针、政策能够体现人民的共同意志，维护人民的根本利益，保障人民当家作主。二是领导人

---

① 《毛泽东文集》第 6 卷，人民出版社 1999 年版，第 350 页。

② ［美］塞缪尔·P. 亨廷顿：《变革社会中的政治秩序》，李盛平译，华夏出版社 1988 年版，第 396 页。

③ 《习近平关于社会主义政治建设论述摘编》，中央文献出版社 2017 年版，第 31 页。

④ 中共中央文献研究室编：《十八大以来重要文献选编》(中)，中央文献出版社 2016 年版，第 72 页。

民依照宪法和法律规定，通过各种途径和形式，管理国家事务，管理经济和文化事业，管理社会事务，以此保证国家各项事业的发展符合人民的意愿、利益和要求。三是领导人民实行基层民主，由群众依法办理自己的事情，通过民主选举、民主决策、民主管理、民主监督，实行自我管理、自我教育、自我服务。四是领导人民严格贯彻公民在法律面前一律平等的原则，使公民享有法律上、事实上的广泛的自由和权利，尊重和保障人权，维护公平与正义。”① 通过这些制度和法律保障，人民真正作为国家的主人，运用属于自己的公共权力和各项公民权利去维护和实现自己的利益。

（二）中国共产党领导中国人民开辟了中国特色社会主义政治发展道路

新中国的建立与社会主义政治制度的确立，为中国特色社会主义政治发展道路的开辟奠定了根本政治前提和制度基础。新中国的国家制度不是凭空设计出来的，而是党领导中国人民在新民主主义革命中孕育形成的。在新民主主义革命过程中，以毛泽东同志为核心的党的第一代中央领导集体就开始思考和探索中国革命胜利后将要建立什么样的国家、什么样的制度问题。为此，毛泽东先后发表《新民主主义论》《论联合政府》《论人民民主专政》等重要著作，并结合中国革命的具体特点，勾勒了新中国政权的基本框架。新中国成立后，中华人民共和国第一届全国人民代表大会召开，会议通过《中华人民共和国宪法》对“人民代表大会”制度作出一系列具体规定。党的八大以后，我们党团结带领全国各族人民，又先后就“民主党派、民族自治、基层自治”等问题，对中国社会主义政治发展道路进行了艰辛探索，并取得了重要理论成果和制度成果。尽管其在探索过程中经历了严重曲折，但为开辟中国特色社会主义政治发展道路提供了宝贵经验、制度基础和理论准备。

党的十一届三中全会结束了粉碎“四人帮”后党和国家工作在徘徊中前进的局面，把全党的工作重点和全国人民的注意力转移到社会主义现代化建设上

① 《〈中国的民主政治建设〉白皮书全文》，中新网，2005 年 10 月 19 日，https://www.chinanews.com/news/2005/2005-10-19/8/640297.shtml。

来，并特别强调民主，开启了中国民主政治发展的新时期。邓小平在党的十二大上致开幕词时，明确提出了“建设有中国特色的社会主义”的重大命题。在以邓小平同志为核心的党的第二代中央领导集体的领导下，社会主义民主法制建设走上正轨、迈出新步伐，使民主制度化、法律化；在探索中稳妥推进以改革党和国家领导体制为主要内容的政治体制改革，逐步建设高度民主的社会主义政治制度；加强和改善党的领导，保证党始终成为改革开放和社会主义现代化事业的坚强领导核心。中国特色社会主义政治发展道路在改革开放中逐渐清晰明确起来。

以江泽民同志为核心的党的第三代中央领导集体，继续坚决执行党的十一届三中全会以来的路线方针政策；团结带领全党全国各族人民，抓紧进行社会主义民主法制建设，积极推进政治体制改革，尤其大刀阔斧地改革行政管理体制和党政机构；扎实推进党在思想、民主集中制、基层组织、党员队伍等各方面的建设，形成了“三个代表”重要思想。“经过多年探索，在发展社会主义民主政治问题上，中国共产党确立了一条基本原则，这就是：坚持党的领导、人民当家作主和依法治国的有机统一。这个基本原则，反映了中国特色社会主义政治发展的基本规律。”①

党的十六大以后，以胡锦涛同志为总书记的党中央，团结带领全党全国各族人民，坚持走中国特色社会主义政治发展道路，积极稳妥推进民主法治建设和政治体制改革，使人民依法享有越来越广泛的民主权利和自由，全国各族人民的积极性、主动性和创造性得到进一步发挥。把党的执政能力建设和先进性建设作为主线，坚持党要管党、从严治党，加强思想建设、组织建设、作风建设、制度建设和反腐倡廉建设，使党始终成为立党为公、执政为民，求真务实、改革创新，艰苦奋斗、清正廉洁，富有活力、团结和谐的马克思主义执政党。

---

① 中共中央党史和文献研究院：《中国共产党的一百年——改革开放和社会主义现代化建设新时期》，中共党史出版社 2022 年版，第 819 页。

党的十八大以来，以习近平同志为核心的党中央，以坚定的政治自信，坚定不移走中国特色社会主义政治发展道路，积极发展社会主义民主政治，推进全面依法治国，党的领导、人民当家作主、依法治国有机统一的制度建设全面加强，党的领导体制机制不断完善，人民实现内容广泛、层次丰富的当家作主，社会主义法治国家建设取得历史性成就，社会主义民主政治制度化、规范化、程序化全面推进，中国特色社会主义政治制度优越性得到更好发挥，生动活泼、安定团结的政治局面得到巩固和发展。习近平总书记在党的十九大报告中指出："中国特色社会主义政治发展道路，是近代以来中国人民长期奋斗历史逻辑、理论逻辑、实践逻辑的必然结果，是坚持党的本质属性、践行党的根本宗旨的必然要求。"①

（三）中国共产党领导中国人民创立了中国特色社会主义民主政治理论

坚持理论创新是党对马克思主义中国化的历史经验总结，也是带领中国人民在社会主义民主政治建设方面不断取得实践创新的制胜法宝。党的十八大以来，习近平总书记对党的理论创新问题曾作过多次重要论述。习近平总书记强调："我们党之所以能够历经考验磨难无往而不胜，关键就在于不断进行实践创新和理论创新"②，"把坚持马克思主义和发展马克思主义统一起来，结合新的实践不断作出新的理论创造，这是马克思主义永葆生机活力的奥妙所在"③。党的百年历程，不仅是一部伟大的实践变革史，也是一部理论创新史。在新民主主义时期，以毛泽东为代表的中国共产党人将马克思主义基本原理同中国实际相结合，诞生了马克思主义中国化的成果"毛泽东思想"，其中"人民民主专政国体理论、人民代表大会政体理论、民主集中制理论、统一战线和多党合作理论、民族区域自治理论、群众路线理论"等一系列民主政治建设思想，为新中国、新政权的建

① 习近平：《决胜全面建成小康社会夺取新时代中国特色社会主义伟大胜利——在中国共产党第十九次全国代表大会上的报告》，《人民日报》2017 年 10 月 28 日第 1 版。

② 《习近平在七大会址论党的实践创新和理论创新：永无止境》，人民网，2015 年 2 月 15 日，http://politics.people.com.cn/n/2015/0215/c1024-26569538.html。

③ 习近平：《在哲学社会科学工作座谈会上的讲话》，《人民日报》2016 年 5 月 19 日，第 2 版。

设发展提供了科学理论指导。新中国成立后，人民民主思想得到进一步丰富和发展，“正确处理人民内部矛盾理论、基层群众自治理论”相继形成。

党的十一届三中全会之后，中国共产党在改革开放和社会主义现代化建设的伟大实践中，持续推进马克思主义中国化，先后形成了邓小平理论、“三个代表”重要思想、科学发展观、习近平新时代中国特色社会主义思想等重大理论创新成果，构成了中国特色社会主义理论体系。其中关于民主政治建设的“民主与社会主义”“民主的制度化、法制化”“政治体制改革”“四项基本原则”“一国两制”“依法治国”和“中国特色社会主义民主政治理论”等，为持续推进中国特色社会主义民主政治发展，更好地实现人民群众的根本利益，更好地维护人民群众当家作主的地位提供理论指导和动力支撑。特别是进入新时代以来，以习近平同志为核心的党中央立足新的历史方位，结合国内外形势变化和我国各项事业发展，探索形成了习近平新时代中国特色社会主义思想，对新时代中国特色社会主义民主政治建设应该坚持什么样的道路方向、什么样的建设原则、达到什么样的任务目标以及建设重点作了系统规划和部署，为新时代中国特色社会主义民主政治建设明确了方向，提供了行动指南。

（四）中国共产党领导中国人民建立了中国特色社会主义民主政治制度体系

中国特色社会主义民主政治制度体系是党和人民的伟大创造，是社会主义发展史、人类民主政治发展史上的一座丰碑。中国特色社会主义民主政治制度体系的形成和发展，绝不是一蹴而就、凭空产生的，而是经历了革命孕育、建国选择、建设探索、发展完善和全面创新等一系列的发展阶段。中国共产党自成立以来，一代代中国共产党人带领中国人民，在中国革命和社会主义革命、建设和改革的过程中，立足国情实际，扎根中国大地，吸取人类政治文明有益成果，逐步探索并形成了中国特色社会主义民主政治制度体系，并使之健全和发展。正如习近平总书记强调：“我们取得的一切成就，是一代又一代中国共产党人同中国人民接续奋斗的结果。”①新中国成立之后，党领导中国人民先是建

① 中共中央文献研究室编：《十八大以来重要文献选编》（下），中央文献出版社 2018 年版，第 344 页。

立了人民代表大会制度这一根本政治制度，建立了中国共产党领导的多党合作和政治协商制度、民族区域自治制度以及基层群众自治制度等基本政治制度，为中国特色社会主义民主政治制度体系奠定了制度基础。而后在改革开放时期，在坚持和完善基本政治制度的基础上，又进一步创新提出了“一国两制”“依法治国”等新制度。

党的十八大以来，以习近平同志为核心的党中央针对中国特色社会主义民主政治制度建设又根据新的时代条件变化，提出了一系列的新要求和新部署。最终形成了以“中国共产党的领导制度、马克思主义的指导思想地位制度、人民代表大会制度”为根本，以“中国共产党领导的多党合作和政治协商制度、民族区域自治制度和基层群众自治制度、中国特色社会主义法律体系”为重点，以“巩固和发展最广泛的爱国统一战线、党和国家监督制度、一国两制”等为重要补充的中国特色社会主义民主政治制度体系。这一制度体系将“人民当家作主”的政治理念贯彻于政治、经济、文化、社会等各个领域，充分彰显了这一制度体系的价值宗旨和制度优越性。党领导人民所创立的中国特色社会主义民主政治制度体系，符合中国国情，顺应时代潮流，将有利于进一步健全民主制度，丰富民主形式，拓宽民主渠道，保证人民当家作主地位；有利于保持党和国家活力，调动广大人民群众和社会各方面的积极性、主动性、创造性；有利于解放和发展社会生产力，推动经济社会全面发展；有利于维护和促进社会公平正义，实现全体人民共同富裕；有利于集中力量办大事，有效维护民族团结、社会稳定、国家统一。

可以看到，坚持以马克思主义为指导、坚持党的全面领导是党百年民主政治建设中最为突出的理论特征和实践特征。党的十九大报告指出：“我国社会主义民主是维护人民根本利益的最广泛、最真实、最管用的民主。”① 这种民主实现的前提是坚持和发展中国特色社会主义，而中国特色社会主义最本质的特征

---

① 习近平：《决胜全面建成小康社会 夺取新时代中国特色社会主义伟大胜利——在中国共产党第十九次全国代表大会上的报告》，《人民日报》2017 年 10 月 28 日，第 1 版。

是党的领导。因此，坚持马克思主义和中国共产党的领导不仅是判断中国特色社会主义性质的重要标志，亦是中国民主政治能否实现的根本保证。“民主政治的基本理论表明，在地域广阔、人口众多、民族多元、情况复杂的大国，民主政治的发展必须在坚强有力的政党领导之下，才能稳步有序地发展进步。民主政治的发展实践同样证明，新中国成立以来，坚持党的正确领导的时代，往往是民主政治扎实推进的时期；脱离党的正确领导的过程，必然是民主政治走向无序甚至内乱的进程。”① 百年来，党始终坚持用马克思主义以及马克思主义中国化理论成果武装自己，同时在政治、思想和组织方面对人民实行领导，为人民定目标、把方向、聚思想、凝力量，不断实现人民解放事业的新突破。因此，一方面要持续推进马克思主义中国化、时代化和大众化发展，实现马克思主义民主政治理论不断创新发展，为人民群众更好地发展和完善中国特色社会主义民主政治提供科学的理论武器；另一方面，要进一步加强和完善党的领导，不断改进党的领导方式和执政方式，努力提高执政能力和执政水平，全面从严治党，永葆自身先进性和纯洁性，为中国特色社会主义民主政治建设不断发展，人民当家作主地位的持续巩固，提供坚实可靠的领导核心。

① 张明军:《在新时代的实践中创新民主政治理论》,《政治学研究》2018 年第 2 期。

第二章　新民主主义革命时期中国共产党民主政治理论的初步形成和局部实践

1921年7月，中国共产党在上海成立。成立伊始的中国共产党，就将推翻资产阶级，建立劳动阶级的国家政权确立为自己的奋斗目标。[①]在二十八年的新民主主义革命历程中，中国共产党的政治际遇虽然不断变化，但以民主的方式重建国家，却是其贯彻始终的政治追求。

第一节　大革命时期和土地革命战争时期中国共产党民主政治建设的主张与实践

一、大革命时期和土地革命战争时期民主政治建设的背景

1840年爆发的鸦片战争，改变了中国历史的发展进程，中国社会从此进入了半殖民地半封建社会的状态。社会性质的变化使中国社会的主要矛盾发生改变。帝国主义和中华民族的矛盾，封建主义和人民大众的矛盾成为近代中国社会的主要矛盾。推翻帝国主义和封建主义的统治，实现民族的独立和人民的解放，建立新民主主义的社会，成了近代以来中国的首要历史任务。

为了实现民族的独立和人民的解放，鸦片战争之后的中国人进行了不断的

① 中央档案馆编：《中共中央文件选集》第1册，中共中央党校出版社1989年版，第5页。

探索和实践，向西方国家寻找救国真理成为一时的社会共识。但是在几十年的实践探索之后，随着帝国主义对中国侵略的不断加剧，进步的中国人终于发现，向西方学习的“理想总是不能实现”①。第一次世界大战和十月革命的爆发，改变了中国人的学习方向。中国无产阶级的先锋队，在学习马克思列宁主义的基础上建立了中国共产党，中国社会的面貌也由此焕然一新。

1921 年成立的中国共产党，明确将建立无产阶级专政的国家政权当作自己的革命目标。不过在当时的社会历史条件下，这个目标只能作为长期的革命理想，不能立即付诸实施。因为此时无论中国共产党的自身力量，还是中国社会的革命形势，都不具备建立无产阶级专政国家的条件。为此，在 1922 年 6 月中国共产党建立不满一年之际，中国共产党就在关于时局的公告中明确指出，建立民主政治虽然仍是其革命目标，但目标的实现要仰赖“由一个能建设新的政治组织应付世界的新环境之民主党或宗旨相近的数个党派之联合，用革命的手段完全打倒非民主的反动派官僚军阀，来掌握政权”②。于是，1923 年 6 月召开的中共三大，作出了与国民党进行合作的决定。③

国共合作开始后，中国共产党便全心投入到国民大革命之中。但是，1927 年 4 月 12 日蒋介石在上海发动震惊中外的反革命政变，三个月后，汪精卫又在武汉召开“分共”会议，这不仅意味着国共合作的终结，也宣告了大革命的失败。

大革命的失败虽然使中国共产党的生存环境瞬间恶化，但也为中国共产党独立探索中国革命的道路，践行自己的民主政治建设理念提供了可能。在短暂的革命高潮过去之后，如何在白色恐怖的包围下生存发展下去，成为中国共产党面临的首要任务。对此，毛泽东有着极为深刻的分析和清醒的认识。在他看来，中国国内白色政权间的长期分裂和战争，给中国共产党领导下的一小块或若干小块红色区域的生存留下了条件。④中国共产党也可以在此基础上将革命

---

① 《毛泽东选集》第 4 卷，人民出版社 1991 年版，第 1470 页。

② 中央档案馆编：《中共中央文件选集》第 1 册，中共中央党校出版社 1989 年版，第 36 页。

③ 中央档案馆编：《中共中央文件选集》第 1 册，中共中央党校出版社 1989 年版，第 147 页。

④ 《毛泽东选集》第 1 卷，人民出版社 1991 年版，第 49 页。

的星星之火燃成燎原之势。

在工农武装割据理论的影响下，革命的星星之火确实在中国的不同区域逐渐呈现燎原之势。1931 年底，在全国范围的苏维埃运动蓬勃发展的基础上，统一的中华苏维埃共和国临时中央政府正式建立。只是中华苏维埃共和国的建立，没有从根本上改变中国共产党面临的紧张革命形势。1933 年下半年，蒋介石调动了大批兵力，对革命根据地发动第五次“围剿”。① 在国民党极力“围剿”以及共产党自身指挥失当的背景下，中央苏区的生存空间被不断挤压。最终，从 1934 年 10 月开始，中共中央以及中央红军不得不开始了大范围的战略转移，中国共产党面临的社会形势也因此改变。

二、大革命时期和土地革命战争时期民主政治建设的目标

革命形势的变化会直接影响革命目标的设定，大革命和土地革命时期，中国共产党的民主政治建设目标，根据党在不同时期所处的社会历史环境，进行了反复的调整。

1921 年中共刚刚成立时，对自身力量以及国内革命形势尚无准确把握，虽然将争取言论、出版、集会自由当作自己重要的政治斗争目标，但在如何实现上述目标时，又秉持不同其他党派建立任何关系的立场。②

中国共产党对于革命纯洁性的坚持，虽然符合其建立无产阶级专政国家的长远目标诉求，但因脱离了当时中国的社会历史条件，很难在实践中得以落实。不过逐渐成长的中国共产党很快意识到了问题所在。1922 年 6 月，中国共产党在关于时局的主张中，已经放弃了不会与其他党派合作的立场，开始提出可与宗旨相近的党派联合起来，并倡议同国民党等革命的民主派及革命的社会主义各团体召开一个联席会议，以共同建立一个民主主义的联合战线。③ 同年召开的中国共产党第二次全国代表大会，也以决议案的形式，将建立“民主的联合

---

① 本书编写组：《中国共产党简史》，人民出版社、中共党史出版社 2021 年版，第 56 页。

② 中央档案馆编：《中共中央文件选集》第 1 册，中共中央党校出版社 1989 年版，第 8 页。

③ 中央档案馆编：《中共中央文件选集》第 1 册，中共中央党校出版社 1989 年版，第 45—46 页。

战线”作为党的方针政策正式提出。① 中共二大根据世界革命形势和中国的政治经济状况，将“建立劳农专政的政治，铲除私有财产制度，渐次达到一个共产主义的社会”当作最终的奋斗目标；同时为“工人和贫农的利益”，又将消除内乱，打倒军阀，建设国内和平；推翻国际帝国主义的压迫，达到中华民族完全独立；统一中国本部（东三省在内）为真正民主共和国等作为民主联合战线的重要奋斗目标。②

民主联合战线为国共合作以及国民革命运动的开展打开了大门。为了践行民主联合战线的主张，1923 年召开的中共三大，正式作出了与国民党合作的决定。1927 年国共合作的破裂以及大革命的失败，使中国共产党不得不重新调整自己的政治斗争目标。1928 年召开的中共六大，虽然强调国民党的背叛改变了革命形势，但还是认为中国革命仍然是资产阶级性质的民权革命。只是在新的形势下，资产阶级民权革命的动力变成了无产阶级和农民。革命的目标也相应调整为：一是驱逐帝国主义者，完成中国的真正统一；二是彻底的平民式的推翻地主阶级私有土地的制度，实行土地革命，中国农民（小私有者）要将土地制度之中的一切半封建束缚完全摧毁。为了实现上述革命目标，中国共产党将政治建设方向调整为力争建立工农兵代表会议（苏维埃）的政权，以工农兵民权独裁制的方式实现劳动群众参加管理国事的目标。③ 自此至整个土地革命时期，中国共产党民主政治建设的目标，始终都以苏维埃政权的建立和巩固为中心。

三、大革命时期和土地革命战争时期民主政治建设的任务

革命形势的变化以及民主政治建设目标的调整，必然会反映在相同时期的革命任务之中。

1921 年中共一大既然明确不同其他党派建立任何关系，而是与无产阶级

① 中央档案馆编：《中共中央文件选集》第 1 册，中共中央党校出版社 1989 年版，第 64 页。

② 中央档案馆编：《中共中央文件选集》第 1 册，中共中央党校出版社 1989 年版，第 115—116 页。

③ 中央档案馆编：《中共中央文件选集》第 4 册，中共中央党校出版社 1989 年版，第 299 页。

一起推翻资产阶级的政权。因此，中共一大确立的党的基本任务就是成立产业工会。[①]不过，这一任务很快随着中共二大时的革命目标调整而发生了变化。在充分认识革命形势和自身革命力量的基础上，中共二大决定联合国内的民主派共建革命的民主联合战线。为了建立革命的民主联合战线，中国共产党将自己的革命任务调整为如下三点：第一，先行邀请国民党及社会主义青年团在适宜地点开一代表会议，互商如何加邀其他各革新团体，及如何进行；第二，运动倾向共产主义的议员在国会联络真正民主派的议员结合民主主义左派联盟；第三，在全国各城市集合工会农民团体、商人团体、职教员联合会学生会妇女参政同盟团体、律师公会新闻记者团体等组织"民主主义大同盟"。[②]

1927 年大革命的失败，直接影响了中国共产党政治任务的设定。当年四五月间召开的中国共产党第五次全国代表会议，已经明确将土地问题的急进解决视为革命的主要任务。因为在此时的中国共产党看来，如果先完成北伐再开始进行急进的土改和创造民主政权，那无异于将革命的主导权拱手让与资产阶级，其结果就是中国将继续处于帝国主义统治之下，只是统治方式略有变化而已。不过鉴于此时国共合作尚未完全破裂，因此共产党还是希望能与国民党在一个共同的国民革命政纲上，共同担负革命之责、共同担负政权。[③]

1927 年 7 月国共合作的彻底破裂以及大革命的失败，使中国共产党与国民党共同担负政权的基础不再存在。此时的共产党开始认识到，只有工农的民权独裁，才能完成中国的民族解放及资产阶级民权革命之任务。具体而言，为了建立革命的民权独裁制度，中国共产党将自己的革命任务设定为如下几点：一是完全解放中国于外国资本压迫之下；二是在政治统一中国，消灭军阀割据和建立中央集权政府的基础上，建立全国的统一市场；三是肃清一切阻碍中国发展的封建遗毒；四是改良工人阶级的经济的法律的政治的地位。所有这些任务

① 中央档案馆编：《中共中央文件选集》第 1 册，中共中央党校出版社 1989 年版，第 6 页。

② 中央档案馆编：《中共中央文件选集》第 1 册，中共中央党校出版社 1989 年版，第 66 页。

③ 中央档案馆编：《中共中央文件选集》第 3 册，中共中央党校出版社 1989 年版，第 55—56 页。

的完成，都有赖于无产阶级农民领导的资产阶级民权革命之实现。① 以无产阶级的领导来完成资产阶级的民权革命，是大革命失败后中国共产党最为鲜明的政治主张，只是这样的主张随着土地革命的不断推进，最终让位于苏维埃政权的建立。

1928 年 7 月召开的中共六大认为，中国革命的中心任务，一是驱逐帝国主义者，完成中国的真正统一；二是彻底的平民式的推翻地主阶级私有土地的制度，实行土地革命，中国农民（小私有者）要将土地制度之中的一切半封建束缚完全摧毁。这两个任务，只有建立在工人阶级领导之下的苏维埃的工农民主专政才能实现。因此，中共六大认为，中国共产党的政治任务，是建立工农兵代表会议（苏维埃）的政权。为了指导地方更好地建设苏维埃政权，中共六大专门通过了《苏维埃政权的组织问题决议案》，从政权建立前的准备、苏维埃与革命委员会的关系、苏维埃与党的领导的关系等多个方面，规范了苏维埃的组织方式以及政权建立的原则。② 自此时起，以游击战争的方式不断扩大苏维埃区域，并相继组建苏维埃政权，成为土地革命时期中国共产党最为鲜明的民主政治建设任务。

四、大革命时期和土地革命战争时期民主政治建设的实践

大革命时期以及土地革命时期，中国共产党的民主政治建设主张，除了因为革命形势的变化不断调整外，还由于中国共产党在不同革命形势中的位置，使得其民主政治的实践重点有所差异。概而言之，在整个大革命时期，中国共产党虽然提出了诸多民主政治建设的主张，但在社会层面却难以付诸实践，只是在党内政治生活中不断探索并践行民主的实现方式。及至土地革命时期，中国共产党的自身力量不断壮大，党内民主的内容逐渐丰富。不仅如此，红军的创建以及苏区的建立，也使中国共产党有条件将其民主政治的理念在军队以及

① 中央档案馆编：《中共中央文件选集》第 3 册，中共中央党校出版社 1989 年版，第 330—331 页。

② 中央档案馆编：《中共中央文件选集》第 4 册，中共中央党校出版社 1989 年版，第 298—299、390—412 页。

苏区得以实践，从而形成了党内民主、军队民主和苏区民主三个层面的民主政治建设实践。

（一）党内民主政治建设的起步和发展

无论在大革命时期还是土地革命时期，党内民主都是中国共产党践行民主政治的出发点。讨论中国共产党的民主政治建设实践，党内民主在各个历史时期都应该被首先论及。1921年召开的中共一大，虽然就党员条件和党的地方组织作了初步的规定，但对党员和党组织之间的关系以及党组织的工作原则，尚无细致之规定。因之，初创之时的中国共产党尚未明确意识到如何贯彻党内民主问题。1922年中共二大召开时，中国共产党的革命纲领不仅被进一步明确，党内的组织建设和政治建设也被不断推进，最为明显的体现就是中共二大制定了中国共产党历史上第一份正式党章。党章不仅明确了中国共产党的性质以及党员条件，更为重要的是确立了党的组织工作原则。按照中共二大通过的《关于共产党的组织章程决议案》，中国共产党的内部必须有适应于革命的组织与“谏训”，因此，此时的中共特别强调了严密集权的重要性。①严密的集权与有组织的训练，虽为中共二大明确的组织工作原则，但并不意味着此时的中共没有意识到党内民主的重要性。如“二大”通过的党的章程规定，无论中央还是地方的执行委员会，委员的产生均应通过相应层级党的代表会议之推举或选举。②这即是中共践行党内民主的最早尝试。

不断丰富的革命实践历程，促进了党内民主的持续成长。1923年召开的中共三大，在党章修正中除了继续强调下级服从上级的集中原则之外，也规定“地方党员半数以上对于执行委员会之命令有抗议时，得提出上级执行委员会判决；地方执行委员会对于区执行委员会之命令有抗议时，得提出中央执行委员会判决；对于中央执行委员会有抗议时，得提出全国大会之（或）临时大会判决”③。这样的规定，无疑体现了鲜明的民主意识。不过，中共三大在党内民主

① 中央档案馆编：《中共中央文件选集》第1册，中共中央党校出版社1989年版，第90—91页。

② 中央档案馆编：《中共中央文件选集》第1册，中共中央党校出版社1989年版，第94页。

③ 中央档案馆编：《中共中央文件选集》第1册，中共中央党校出版社1989年版，第162页。

政治建设方面最为显著的成绩尚不在此处，而是以明确的规章制度规定了中央执行委员会的组成及其工作流程。按照章程，中央执行委员会由党的常年大会选出，其一切行动亦对大会负责，是两次大会之间党的最高指导机关，管理各区各地方之行动。中央执行委员会由九人组成，并选举其中五人组成中央局。在日常工作中，执行委员会的一切会议，虽由委员长与秘书召集，但无论中央委员会还是中央局的一切决定，都以“多数取决”，其中召集临时全党大会之议决，更须“三分之二的多数取决”。①很显然，相较于党章中党员与党组织之间、上下级之间更多强调的集中原则不同，中央执行委员会的组成和日常工作都更加突出了民主的色彩。

国共合作以及国民革命高潮的到来，也影响了党内民主政治建设。1925 年召开的中共四大，是国共合作开启后中国共产党召开的第一次全国代表大会。鉴于国民革命运动中的组织建设实际，中共四大明确指出组织问题是党生存和发展的最重要问题，并决定在中央及地方各级执行委员会均设立一“有力的”组织部，负责指导党的组织工作。在党内民主政治建设方面，中共四大明确将“民主的集权主义”作为党的组织工作原则。②专责组织部门的设立以及革命形势的发展，无疑会促进中共自身力量的壮大。为此，1925 年 8 月，中共专门通告各地规范地方党组织的组成及其任务。③同年 10 月召开的扩大的执委会进一步指出，党员增加后的中国共产党，不仅应当扩大中央委员会，还应在中央层面设置组织宣传妇女等专责部门，并明确他们之间的相互关系。④一年后召开的第二次中央执委扩大会议，指出了支部工作的重要意义，明确了支部的工作方法，确立了“一切工作归支部”的基层组织建设原则。⑤

---

① 中央档案馆编：《中共中央文件选集》第 1 册，中共中央党校出版社 1989 年版，第 156—157 页。

② 中央档案馆编：《中共中央文件选集》第 1 册，中共中央党校出版社 1989 年版，第 380—381 页。

③ 中央档案馆编：《中共中央文件选集》第 1 册，中共中央党校出版社 1989 年版，第 450—451 页。

④ 中央档案馆编：《中共中央文件选集》第 1 册，中共中央党校出版社 1989 年版，第 473 页。

⑤ 中央档案馆编：《中共中央文件选集》第 2 册，中共中央党校出版社 1989 年版，第 185—186、182 页。

而后，革命形势的恶化同样影响了中国共产党对于党内民主的认识。1927年中共五大召开之时，国民革命虽未彻底失败但已处于岌岌可危之势，此时的中共就强调了集中领导的重要性。中共五大通过的《组织问题议决案》指出，“中央应该强毅地实行集体的指导，从中央省委以至支部”，不唯党内如此，党外的各种工会、农会团体国民党及其他团体，应组织党团，也应该严密服从党的集中领导。① 尽管如此，中共五届中央政治局议决的第三次党章修正案，还是明确将民主集中制列为党的指导原则。按照民主集中制的要求，党部的执行机关一概由党员大会或其代表大会选举、上级机关批准为原则；但特殊情形之下，上级机关应该指定。而地方党部对于地方部分的问题也有自行解决的权利。② 1927年8月大革命的彻底失败，使中国共产党的生存形势急剧恶化。在此形势下，加强集中领导又成了现实的需求。1927年8月7日，中央紧急会议通过的《党的组织问题议决案》指出，由于大革命失败后党的工作大多转入秘密之中，因此严守党的纪律就成为必要条件，一切党员不论其地位如何，对于党部机关之一切决议及决定、调遣等，应当绝对的服从。之所以如此，是因为转入秘密状态之后，当需要“最大限度的集权”，不过议决案也强调“集权制度不应当变成消灭党内的民权主义”。为了落实这一点，议决案要求各级党的机关均应设法对党的决议进行慎密的党内讨论，以便在充分讨论的基础上改造各级党部的机关。③ 这说明，生存环境的恶化虽然迫使中共不得不强调集中领导的重要性，但在实际工作中尽可能地贯彻民主原则仍为中共所重视。

在不断强化集中领导的基础上继续坚守民主的成分，是1927年11月中央政治局临时扩大会议坚持的组织工作原则。会议通过的《最近组织问题的重要任务议决案》指出，过去党遭受失败的原因之一就是各省委在组织上未能坚持“集体化”，以致各个部门在处理本部门事务的同时干预到党的整个行动，结果

① 中央档案馆编：《中共中央文件选集》第3册，中共中央党校出版社1989年版，第88页。

② 中央档案馆编：《中共中央文件选集》第3册，中共中央党校出版社1989年版，第144页。

③ 中央档案馆编：《中共中央文件选集》第3册，中共中央党校出版社1989年版，第303、305页。

使得各地党部时常有工党、农党和军党之称。应建立“党的民主集权制”，使一切工作都集体化于省委委员会及其常委中。要建立各级党部的巡视指导制度，以使党成为斗争的组织，使一切斗争都变成为党的集体指导，消灭个人的英雄式的领袖和指导之弊病。不过这次会议虽然反复强调“民主集权制”的重要，且现实条件下不能实现党部机关自下至上全属选举、重要问题由全党党员讨论的党内民主主义，但还是要求各级党部要注意引进党的下层群众，使他们参加党的一切工作与政策的决定，并尽可能使支部书记由党员群众选举，甚至在产业工人集中的区域中，区委也由支部选举。① 1928 年 5 月的中央通告第四十七号指出，在白色恐怖的恶劣形势下，党内的民主主义应尽量的扩大，以使党的政策能够传达到每个同志，并使他们有充分讨论的可能。当然，扩大民主的同时也要坚持集中原则，一切问题经党部决定后任何同志都只能服从决议执行工作。② 这样的安排显示，中共虽然因为现实条件的变化不断调整党内的组织工作原则，但在党内践行民主始终是其不变的追求。

中国共产党基于革命形势变化对党内工作方式的调整，在 1928 年召开的中共六大上并未得到充分认可。中共六大在讨论党的组织问题时指出，既往下级群众无法讨论党的政策，没有发表意见的机会，没有选举过自己的支部干事会和委员会，是因为党内存在家长制的作风，但经过反对机会主义的斗争后，家长制作风又有转变为极端民主主义的危险。基于此，中共六大通过的《中国共产党章程》，再次强调民主集中制为党的组织原则，并从如下三个方面明确了民主集中制的根本原则：一是下级党部与高级党部由党员大会、代表会议及全国大会选举产生；二是各级党部对选举自己的党员，应作定期的报告；三是下级党部一定要承认上级党部的决议，严守党纪，迅速且切实的执行共产国际执行委员会和党的指导机关的决议。管辖某一区域的组织，是该区域各部分组织的上级机关。党员对党内某一个问题，只有在相当机关对这一问题的决议未通过

① 中央档案馆编：《中共中央文件选集》第 3 册，中共中央党校出版社 1989 年版，第 471、473、474 页。

② 中央档案馆编：《中共中央文件选集》第 4 册，中共中央党校出版社 1989 年版，第 205 页。

之前可以进行讨论。共产国际代表大会，或本党代表大会，或党内指导机关所提出的某项决议，党员应该无条件执行，即使某部分党员，或几个地方组织，对该项决议有异议的时候，也应该无条件地执行。[①] 中共六大党章对民主集中制根本原则的明确，是中国共产党首次在党的章程中详细阐述党的根本组织原则，为更好地践行党内民主提供了重要的制度保障。

1929 年的中共六届二中全会认为，“六大”以后党内对于反命令主义的重视，加剧了党内非布尔什维克化的极端民主化倾向，如何克服极端民主化就成为党的组织工作内容之一。极端民主化的主要表现是，不顾党的主观条件如何，不顾党的秘密存在与严厉的白色恐怖，要求无条件的实行党内民主化，甚至以此反对指导机关的决议和指示，闹党内纠纷，削弱指导机关的威权。甚至有些党员提出“党内极端平等，绝对自由”的口号，忽略了在白色恐怖的现实条件下，党内民主化的执行限度是有条件的，也忽略了党的民主集中制原则。按照中共六大二次全会的决议，秘密条件下的党内民主化，应以加强党内政治生活、巩固党的领导为目的。如政治问题可到支部去讨论，而一般事务问题则可集中到领导机关去决定。在集会不可能的条件下，也可由书面或个别谈话来讨论。即便是直达支部的政治讨论，也须在上级机关的正确指导下进行。党内的政治争论则应限定在一定原则范围内，不能是漫无限制的自由论战。决议同时指出，党内民主化的正确运用，地方党部是关键，因为党的政策能达到支部，民主选举能自支部起，都有赖地方党部的强力指导。[②]

1931 年 11 月，中央苏区第一次党的代表大会通过的《关于党的建设问题决议案》指出，虽然苏维埃政权下的党已经成为公开存在的政党，但在党的领导以及党内生活等方面尚有诸多不当之处。其中在组织领导中，最典型的是不了解党的领导作用，以为要保障党的领导就要由党来包办一切，结果是政权与群众组织都失去了独立系统的工作；在党内生活方面，最主要的表现是缺乏积

---

① 中央档案馆编：《中共中央文件选集》第 4 册，中共中央党校出版社 1989 年版，第 452、470 页。

② 中央档案馆编：《中共中央文件选集》第 5 册，中共中央党校出版社 1989 年版，第 216—217、227—228 页。

极性活跃的状态，家长制度、命令主义、委派制度、派别观念与党内和平主义等仍很浓厚。与此相应的是，党内民主化的运用和自我批评的执行很是缺乏，官僚主义腐化现象在党内与机关中滋长。为了克服上述现象，决议在强调保障党的领导决不是包办一切之后，更要求推行党内民主化，以适当的推行党内民主化来消灭委派制度的残余。

（二）军队民主政治建设的开启与演进

1927 年 8 月的南昌起义，开启了中国共产党直接领导武装的历程。自此时起，掌握武装力量的中共始终将自己的民主政治建设理念在军队内部实行，并不断探索军队民主的形式和方法。中国共产党在探索军队民主的过程中，首先要面对的就是如何处理党军关系问题。按照毛泽东的设想，党领导下的军队必须坚持党对军队的绝对领导，军队同样应该坚持民主集中制的原则。不过这样的设想在红军初建时期并未获得军队内部的普遍认可。如有些领导干部就强调要提高军官权威，主张取消士兵委员会，认为实行“从上而下的民主”就是实行“家长制”，主张事无巨细均应交下级讨论后才能作出决定，等等。① 这样的认识显然会弱化党对军队的绝对领导。

为了解决红军内部的党军关系问题，1929 年 9 月，中共中央去信红四军前委，明确要求红军中党的一切权力要集中于前委，不能机械引用“家长制”的称谓来作极端民主化的掩护。在军队民主化问题上，中央此信强调，红军不是与工会、农会同等的组织，他是经常与敌人在血搏状态中的战斗组织，他的指挥应该集中。即使需要以政治教育发动红军的兵士，但也决不能动摇指挥集中这个原则。军队民主化只能在集中指导下存在，实行的限度也必须根据客观条件决定，不能漫无限制，以避免妨害军纪的巩固。②

1929 年 12 月，中国工农红军第四军在闽西古田召开了党的第九次代表大会，史称“古田会议”。“古田会议”不仅明确了党指挥枪的建军原则，更对此

---

① 中共中央党史研究室：《中国共产党历史 · 第 1 卷（1921—1949）》上册，中共党史出版社 2011 年版，第 290 页。

② 中央档案馆编：《中共中央文件选集》第 5 册，中共中央党校出版社 1989 年版，第 486、484 页。

前红军内部普遍存在的极端民主化思潮提出了解决之法。按照会议决议，极端民主化的危险在于损伤以至完全破坏党的组织，削弱以至完全毁灭党的斗争力，使党担负不起斗争的责任，结果就是革命的失败以及反革命寿命的延长。之所以会有这样的结果，根源于极端民主化体现了小资产阶级的自由散漫性。为了在军事实践中克服极端民主化的倾向，“古田会议”要求红军内部的民主生活需要在如下五个方面作出改变：一是党的领导机关要有正确的指导路线，遇事要拿出办法，以建立领导的中枢；二是上级机关要明白下级机关的情况，及群众生活情况，成为正确指导的社会来源；三是党的各级机关解决问题不要太随便，一成决议，就须坚决执行；四是上级机关的决议，凡属重要一点的，必须迅速地传达到下级机关和党员群众中去；五是党的下级机关和党员群众对于上级机关的指示，要经过详尽的讨论，以求彻底地了解指示的意义，并决定对它的执行方法。① “古田会议”从根本上解决了困扰红军发展的党军关系问题，为红军的发展壮大奠定了坚实的制度基础。

（三）苏区民主政治建设的开始和进步

1927 年 9 月武汉国民政府和南京国民政府的合并，令中国共产党彻底放弃了对国民党的幻想。同月 19 日，中共中央通过决议，要求各地党组织在发动武装暴动时，不仅要宣传苏维埃，更要着力于建立苏维埃。② 随着各地武装暴动的增加以及革命形势的发展，建立苏维埃政权逐渐成为中共践行社会民主的主要方式。1928 年 7 月，中共中央专门通过了《苏维埃政权的组织问题决议案》，强调建立苏维埃政府的“神妙”事实，就是吸收劳动群众，吸收贫苦群众来管理国家的日常工作。③1930 年 2 月，中共中央以通告的形式宣布，在当年 11 月召开正式的全国苏维埃第一次代表大会，以建立全国的苏维埃政权。④

1930 年 8 月，共产国际东方部以决议案的形式发布了中国的苏维埃建设条

① 中央档案馆编：《中共中央文件选集》第 5 册，中共中央党校出版社 1989 年版，第 803—804 页。

② 中央档案馆编：《中共中央文件选集》第 3 册，中共中央党校出版社 1989 年版，第 370 页。

③ 中央档案馆编：《中共中央文件选集》第 4 册，中共中央党校出版社 1989 年版，第 392—393 页。

④ 中央档案馆编：《中共中央文件选集》第 6 册，中共中央党校出版社 1989 年版，第 170 页。

例，规定了苏维埃政权的选举方式及组织形式。① 同年 10 月，中共中央也在苏维埃区域的工作计划中，要求各地不能以少数先锋分子的组织代替广大群众政权的建立和运用，并要求已经建立苏维埃政权的地方实行自下而上的改选。在工厂作坊兵营以及城区和乡村这些最基本的选举区域，发动起最大多数以至全体的工农兵劳动群众来参加建立或改选自己的政权的选举。在选举县级苏维埃政权的基础上，还要选出各县参加特区苏维埃代表大会的代表，然后再由特区苏维埃代表大会选出出席全国苏维埃代表大会的代表。② 这些安排，都充分体现了中共的民主政治建设理念。

由于革命形势的变化，直至 1931 年 11 月，全国苏维埃第一次代表大会才得以召开，通过了《中华苏维埃共和国宪法大纲》。大纲明确，中国苏维埃政权所建设的是工人和农民的民主专政的国家，苏维埃政权是属于工人、农民、红军兵士及一切劳苦民众的，苏维埃政权下的所有工人、农民、红军兵士及一切劳苦民众都有权选派代表掌握政权的管理。为使工农兵劳苦民众真正掌握自己的政权，苏维埃选举法特规定：凡苏维埃公民在十六岁以上皆享有苏维埃选举权和被选举权，直接选派代表参加各级工农兵会议（苏维埃）的大会，讨论和决定一切国家的地方的政治事务；代表产生的方法是以产业工人的工厂和手工业工人、农民、城市贫民所居住的区域为选举单位；这种基本单位选出的地方苏维埃代表有一定的任期，参加城市或乡村苏维埃各种组织和委员会中工作，这种代表须按期的向其选举人做报告，选举人无论何时，皆有撤回被选举人及实行新选举的权利。③《中华苏维埃共和国宪法大纲》，以根本法的形式明确了苏维埃政权的性质、组织形式以及工农兵代表的选举方式，是中国共产党民主政治建设理念在实践中的首次系统展现。

1934 年 1 月，第二次全国苏维埃代表大会在中央苏区召开。相较于第一次

① 中央档案馆编：《中共中央文件选集》第 6 册，中共中央党校出版社 1989 年版，第 616—618 页。
② 中央档案馆编：《中共中央文件选集》第 6 册，中共中央党校出版社 1989 年版，第 437—438 页。
③ 中央档案馆编：《中共中央文件选集》第 7 册，中共中央党校出版社 1989 年版，第 773 页。

全国苏维埃代表大会着重于建章立制，第二次全国苏维埃代表大会更多地关注了苏维埃政权的实际运作，如苏维埃政权建设和运转中的民主问题。大会责成各级苏维埃竭尽所能吸收广大选民群众参加选举，使群众能够充分提出自己对于苏维埃工作的意见，有随时撤换工作不好的代表、执行召回代表的权利。与此相应，苏维埃必须领导群众最大限度的利用各种物质上的便利参加政治生活，尽量扩大群众的言论、出版、集会、结社各方面的活动。苏维埃的代表，则应该经常向选民群众作工作报告，征求群众对于苏维埃工作的批评，倾听群众的意见，解决群众的困难，消除苏维埃与工农劳苦群众之间的隔膜。[①] 第二次全国苏维埃代表大会的召开显示，此时中国共产党的生存环境虽然因为国民党的持续“围剿”而日趋恶化，但中共并未因此放弃其在社会践行民主的政治追求。

总的来说，在大革命以及土地革命时期，党内民主、军队民主以及苏区民主是中国共产党践行民主政治理念的三条主要路径。在早年的大革命时期，中国共产党因为没有自己的武装也不掌握政权，故其践行民主政治的主要方式就是不断推进党内民主。及至土地革命时期，民主集中制逐渐成为中国共产党的根本组织原则。此时的中国共产党，也因为红军的创建以及苏区的发展，逐渐有条件将自己的民主政治建设理念在军队和社会实践。在党领导下的军队之中，军队民主的核心就是如何处理党和军队的关系，经过不断的实践探索，中国共产党最终确立了党指挥枪的建军原则。与此同时，工农兵代表会议（苏维埃）也成为中国共产党践行社会民主的主要方式。

五、大革命时期和土地革命战争时期民主政治建设的成效

大革命和土地革命时期，是中国共产党从初创逐渐走向社会并开始探索中国革命道路的时期。在此过程中，如何通过民主的方式完善自身并动员更多的社会力量投身革命，就成为中国共产党的重要政治追求。为了实现这一目标，

① 中央档案馆编：《中共中央文件选集》第10册，中共中央党校出版社1989年版，第640—641页。

中国共产党在党内民主、军队民主以及苏区民主等几个方面，都进行了诸多民主政治建设的实践探索，初步确立了民主政治的基本活动方式，在此基础上，中国共产党对民主政治建设的认知也逐渐深化。这些成效，无论在党内民主、军队民主还是苏区民主中，都有所体现。

第一，党内民主政治建设初见成效。

党内民主是中国共产党践行民主政治的起始点，也是军队民主和苏区民主得以实现的重要基础。大革命时期和土地革命时期，中国共产党在党内民主建设中取得的成效，主要体现在党的主要领导人对党内民主的认识，逐渐从建党之初的普通认知转向后来的政治认同，并致力于推动党内民主的制度化实现。不仅如此，在政治认知逐渐深化以及党内民主制度化逐渐形成的背景之下，党内民主的政治活动模式也渐趋成形。

陈独秀作为新文化运动的旗手，曾经力倡“民主”救国。在接受马克思主义之后，陈独秀对于民主的认识开始有所变化，逐渐意识到了世上并无绝对之自由和民主。1921 年 8 月，陈独秀在答复欧声白关于无政府主义的讨论中，就强调了自由不能无所限制。在他看来，“联合无论大小，都要有一部分人牺牲自己的意见，才能够维持得比较的长久一点；若常常固执个人或小团体的绝对自由，自由退出，自由加入，东挪西变，仍是一堆散沙”①。陈独秀对自由不能无所限制的强调，虽然使其更容易接受列宁式政党的组织原则，但也阻碍了其在党内民主上的探索与实践。大革命后期中国共产党党内政治生活逐渐出现的“家长制”作风，就与其民主和自由的认知不无关系。

大革命的失败，使中国共产党认识到了“家长制”的危害。瞿秋白在八七会议上的报告中就指出，大革命失败的原因之一，就是“革命的指导机关犯了绅士的毛病，我们的党缺乏平民的精神”②。为了更好地践行党内民主，瞿秋白阐述了党内民主的要义，在他看来，党内民主就是“要一般党员、工农分子，

① 《陈独秀文集》第 2 卷，人民出版社 2013 年版，第 181 页。

② 《瞿秋白文集（政治理论编）》第 5 卷，人民出版社 2013 年版，第 1 页。

都参加政策的决定，了解政策的意义，并且能自己选择自己的指导机关（选举支部书记区委等）”，无论何人，其所认为的革命主张，都必须经过多数同志或上级党部的采纳，方能变成党的主张。[①]瞿秋白对党内民主的强调，消除了党内的“家长制”作风。不过在全面反思大革命失败的氛围中，与“家长制”对应的“极端民主化”作风又在党内逐渐滋生。这种思想倾向，既不利于党内民主的正确实行，也对革命无益。为此，有着更多革命实践经验的毛泽东，又在革命的实践中深化了中国共产党对于党内民主的认识。

1929 年 12 月，毛泽东为红四军九大撰写的《古田会议决议》，是其早期探索党内民主的纲领性文献。《古田会议决议》在批评党内存在的极端民主化思想以及非组织观点的基础上，提出了“厉行集中指导下的民主生活”的重要性。相较此前的“家长制”抑或“极端民主化”，毛泽东对党内民主的认识，更加注意了集中与民主的平衡问题，更符合民主集中制的组织原则。

与全党对党内民主理念认知逐渐深化相伴随的，是党内民主的逐渐制度化以及民主政治活动模式的初步形成。1925 年 1 月召开的中共四大，就明确中国共产党的组织原则是民主集中制。1927 年召开的中共五大，则首次在党章中明确民主集中制为党部的指导原则。不过中共四大和五大虽然明确了民主集中制的组织原则，但因为缺乏制度的保障，其在实践中并未得到真正执行，这也是“家长制”和“极端民主化”出现的重要原因。为此，1928 年召开的中共六大，再次强调了民主集中制的重要性，并从党部选举、党部职责以及党的纪律三个方面规定了民主集中制的根本原则。在中共六大探索党内民主制度化实现方式的基础之上，《古田会议决议》又从基层会议制度以及党内批评制度等多个方面，明确了党内民主的实现方式，如要求开会时要使到会的人尽量发表意见，开展党内批评时要注意避免进行个人攻击等。[②]这些都是中共早期探索党内民主以及其实现方式制度化取得的显著成效。

---

① 《瞿秋白文集（政治理论编）》第 5 卷，人民出版社 2013 年版，第 131—132 页。

② 中共中央文献研究室、中央档案馆编：《建党以来重要文献选编》第 6 册，中央文献出版社 2011 年版，第 730—731 页。

第二，军队民主政治建设初具雏形。

大革命时期和土地革命时期，中国共产党领导军队民主政治建设取得的成效，主要反映在军队民主政治建设指导思想的确立、组织的形成以及活动方式的成形等几个方面。其中，毛泽东于1927年9月领导开展的“三湾改编”，对中共早期的军队民主政治建设起到了关键作用。

1927年9月29日，毛泽东率领工农革命军进驻了江西永新县的三湾村，并在当晚主持召开了前委扩大会议。前委会议决定对部队进行改编，史称“三湾改编”。“三湾改编”除了组织整顿之外，最为重要的是明确了党指挥枪的建军原则。为了贯彻党指挥枪的原则，会议决定在军队内部建立党的各级组织和党代表制度，支部建在连上，班排设党小组，连以上设党代表，营、团建立党委，统一归前委领导。此次会议还要求在军队内部实行民主制度，让士兵有开会说话的自由，并通过在连、营、团三级建立士兵委员会的方式使军队民主制度化。①

在“三湾改编”明确党的领导为军队民主政治建设的指导思想，士兵委员会为军队民主政治建设的制度保障基础之上，1928年8月，毛泽东在写给中央的报告中，再次强调了在军队内部实行民主主义的重要性。根据毛泽东的报告，红军在物资菲薄情况下得以维持的原因之一，就是在军队内部实行了民主主义。而军队民主的主要实现方式，便是官长不打士兵，官兵待遇平等，士兵开会有说话的自由，并通过士兵管理伙食的方式实现了军队内部的经济公开。②这些都可视为中共早期探索军队民主取得的重要成效。

第三，苏区民主政治建设有序展开。

大革命时期以及土地革命时期的中国共产党，在建立和扩大苏维埃根据地的同时，开始有序推进苏区的民主政治建设。苏区民主政治建设的主要成效，则体现在民主政治价值的逐渐明确、苏区民主政权的建立以及苏区基层民主活

---

① 中共中央文献研究室编：《毛泽东年谱（1893—1949）》上卷，人民出版社、中央文献出版社1993年版，第219—220页。

② 《毛泽东选集》第1卷，人民出版社1991年版，第65页。

动的开展等几个方面。

土地革命时期，中国共产党在苏维埃政权的建立过程中，不断明确了其以维护工农民主权利为核心的价值追求。1928 年 1 月，毛泽东主持并由陈正人起草的《遂川工农兵政府临时政纲》就明确，工农兵政府的职责便是保障工人、农民、士兵及其他贫民参与政治的权利。[①] 同年 7 月，中共六大通过的《苏维埃政权的组织问题决议案》，不仅明确苏维埃即为中共领导武装暴动后在各地建立政权的一般形式，更指出苏维埃政权的实质，就是工农兵代表会议的政府。[②] 1931 年 11 月，中华苏维埃第一次全国代表大会通过的《中华苏维埃共和国宪法大纲》，不仅明确中国苏维埃政权所建设的是工人和农民的民主专政的国家，更规定了苏维埃的全部政权是属于工人、农民、红军士兵及一切劳苦民众。[③] 这些规定都鲜明地体现了中国共产党以工农政治权利保障为诉求的民主政治理念。

1931 年召开的中华苏维埃第一次全国代表大会，建立了中华苏维埃共和国，并成立了中华苏维埃共和国临时中央政府。临时中央政府的成立，也推动了地方各级苏维埃政权的建立。之后仅在中央根据地范围内，就先后成立了江西、福建、闽赣、粤赣、赣南等数个省级苏维埃政府。至 1935 年 1 月，仅中央根据地就先后建立过 250 个县级苏维埃政府。[④] 中央及地方苏维埃政权的普遍建立，为苏区民主政治活动的开展打下了坚实的基础。

1931 年中华苏维埃共和国成立后，苏区内的民主政治活动也开始有序展开，其中最为突出的就是工农选举权利的行使以及工农群众组织的建立。《中

---

① 中共中央文献研究室编：《毛泽东年谱（1893—1949）》上卷，人民出版社、中央文献出版社 1993 年版，第 249 页。

② 中共中央文献研究室、中央档案馆编：《建党以来重要文献选编》第 5 册，中央文献出版社 2011 年版，第 453 页。

③ 中共中央文献研究室、中央档案馆编：《建党以来重要文献选编》第 8 册，中央文献出版社 2011 年版，第 649—650 页。

④ 中共中央党史研究室：《中国共产党历史 · 第 1 卷（1921—1949）》上册，中共党史出版社 2011 年版，第 359 页。

华苏维埃共和国宪法大纲》规定，苏维埃共和国的公民在十六岁皆享有苏维埃选举权和被选举权，直接选派代表参加各级工农兵会议的大会，讨论和决定一切国家的地方的政治事务。① 为了落实苏维埃共和国公民的上述权利，从 1931 年 11 月至 1934 年 1 月，仅中央根据地就举行了三次选举。虽然这些选举大多都是在战争的环境下进行的，但参加选举的人数还是占到了选民人数的 80% 以上，有的地方更是高达 90% 以上。② 为了更好地组织工农开展民主政治活动，各根据地都普遍建立了工会和农会等群众性组织。这些都是中国共产党在推动苏区民主政治建设中取得的成效。

第二节 全民族抗日战争时期中国共产党民主政治建设的思想与成效

一、全民族抗日战争时期社会主要矛盾的变化与民主政治建设的调整

早在 1934 年 4 月，日本帝国主义不断侵犯华北的举动，让中国共产党意识到中国的民族危机已经到了最严重的阶段。③ 华北事变发生后，中国共产党很快认定，事变已经引起了“中国的新的危机”，其表现主要是日本帝国主义在“恢复对华外交常道与督促南京善处河北问题的掩饰之下”，开始计划提出解决中国一切悬案，并实行其对全中国政治经济总进攻的设想。④ 与日本加紧侵华相应的是，蒋介石的国民党政府则全数接受了日方的不合理要求。察哈尔事变之后，中国共产党再次敏锐地指出，名义自治的华北五省实际上已经处于日本的统治之下，即便如此，也未能满足其“帝国主义强盗们的贪欲”，因为日本的

① 中共中央文献研究室、中央档案馆编：《建党以来重要文献选编》第 8 册，中央文献出版社 2011 年版，第 650 页。

② 中共中央党史研究室：《中国共产党历史 · 第 1 卷（1921—1949）》上册，中共党史出版社 2011 年版，第 359 页。

③ 中央档案馆编：《中共中央文件选集》第 10 册，中共中央党校出版社 1989 年版，第 217 页。

④ 中央档案馆编：《中共中央文件选集》第 10 册，中共中央党校出版社 1989 年版，第 507 页。

目的就是要把全中国变为他们的殖民地[①]，中国社会的主要矛盾已经转化为中华民族与日本帝国主义的矛盾。

1935 年 12 月，中共中央政治局在瓦窑堡召开会议。此次会议对中国共产党面临的政治形势作出全新的判断，会议认为，华北事变之后的中国政治形势发生了基本变化，中国革命也由此进入了新时期。变化的最基本表现，就是日本帝国主义企图变中国为殖民地，中国革命正准备进入全国性的大革命，世界也处在战争与革命的前夜。具体而言，日本在吞并东北四省之后，又吞并了整个华北，并正准备吞并全中国，把中国从各帝国主义的半殖民地变为日本的殖民地，这是当时中国时局的最基本特点。[②]瓦窑堡会议在精确分析中日关系转变的同时，亦对新时局下的国内政治形势形成了全新的认识。根据毛泽东在瓦窑堡党的活动分子会议上所作的报告，在殖民地威胁的新环境之下，民族资产阶级的革命态度可能会发生变化。正因如此，在民族危机的严重关头，国民党营垒的内部是要发生破裂的。总体而论，"在日本帝国主义打进中国本部来了这一个基本的变化上面，变化了中国各阶级之间的相互关系，扩大了民族革命营垒的势力，减弱了民族反革命阵营的势力"[③]。

瓦窑堡会议对国内外形势变化的分析，直接带动了中国共产党的政策调整。会议之后，建立抗日民族统一战线就成为中国共产党的主要政治主张。1936 年 9 月，在日本帝国主义侵华步伐不断加快，全国民族革命运动不断发展的背景下，中国共产党为了实现全民族的利益，开始将此前的"抗日反蒋"政策调整为"逼蒋抗日"。[④]中国共产党的"逼蒋抗日"，既是适应时局发展需要的政策调整，同时也促动了国内政治形势的变化。在中国共产党的带动之下，抗日救亡逐渐成为全民族的共识。亦是受此氛围之影响，1936 年 12 月，东北军的张学良和西北军的杨虎城联合发动了西安事变，意图通过扣押的方式迫使蒋介石

---

① 中央档案馆编：《中共中央文件选集》第 10 册，中共中央党校出版社 1989 年版，第 572 页。

② 中央档案馆编：《中共中央文件选集》第 10 册，中共中央党校出版社 1989 年版，第 598 页。

③ 《毛泽东选集》第 1 卷，人民出版社 1991 年版，第 149 页。

④ 中央档案馆编：《中共中央文件选集》第 11 册，中共中央党校出版社 1989 年版，第 89 页。

作出抗日的决定。这点与中共“逼蒋抗日”的主张正不谋而合。西安事变爆发后，中共中央很快就对事变可能带来的国内政治局势变动作出了分析，并极力促使事变向着有利于形成抗日民族统一战线的方向去解决。按照中共中央的分析，西安事变是中国一部分民族资产阶级的代表，因为不满意南京政府的对日政策而要求停止内战一致抗日的结果。尽管如此，事变还是有可能产生两个截然相反的结果。一是全面内战的爆发，这样必会推迟全国抗战的发动，间接上便利日本的侵略；二是停止内战，使全国的抗日救亡统一战线更迅速地实际建立起来。① 在中国共产党的推动下，西安事变最终得以和平解决。西安事变的和平解决，在扭转国内政治局势走向的同时，也加速了全民族抗日统一战线的形成。

1937 年 7 月 15 日，周恩来代表中共中央向蒋介石提交了《中共中央为公布国共合作宣言》，宣言提出发动全民族抗战、实现民权政治、改善人民生活等主张。② 两天后，蒋介石在庐山图书馆发表谈话会，正式宣布对日抗战。9 月 22 日，国民党中央通讯社以《中国共产党为公布国共合作宣言》为题发表了中共两个月前提交的宣言。次日，蒋介石就国共合作宣言发表谈话，在承认中国共产党合法地位的同时，也宣告了抗日民族统一战线的正式形成。抗日民族统一战线形成后，为团结一切积极力量投身于抗日战争，争取全民抗战的伟大胜利，中国共产党在面临严重民族危机的情势下及时调整了民主政治建设的目标和任务。

二、全民族抗日战争时期民主政治建设的目标调整

1933 年下半年，在日军大举入侵华北之际，蒋介石不顾民族危亡之势，顽固坚持“攘外必先安内”的政策，对革命根据地发动了第五次“围剿”战争。在日军加紧侵华以及国民党对中央红军的突围转移进行围追堵截的形势下，中

① 中央档案馆编：《中共中央文件选集》第 11 册，中共中央党校出版社 1989 年版，第 127—128 页。

② 《周恩来选集》上卷，人民出版社 1980 年版，第 76—78 页。

国共产党没有将自己的目光囿限于自身的生存发展，而是从全民族生存的角度提出了“抗日反蒋”的口号，抗日反蒋成为红军长征初期最主要的政治诉求。在此诉求下，推动建立反日统一战线和反蒋统一战线，就成了中国共产党的主要政治目标。1934 年 7 月，中华苏维埃共和国中央政府、中国工农红军革命军事委员会联合发表北上抗日宣言，主张同全国民众和一切武装力量联合起来共同抗日。① 为落实此政治目标，第五次反“围剿”战争之时，朱德和周恩来就曾代表中国共产党和当时主政广东的陈济棠谈判，共商抗日反蒋问题。②1935 年七八月间，共产国际举行第七次代表大会，季米特洛夫在报告中提出，殖民地、半殖民地国家的共产党和工人阶级的首要任务，是建立广泛的反帝民族统一战线，为驱逐帝国主义和争取国家独立而斗争。8 月 1 日，中共驻共产国际代表团草拟了《中国苏维埃政府、中国共产党中央为抗日救国告全体同胞书》（即《八一宣言》），主张停止内战，组织国防政府和抗日联军，对日作战。10 月 1 日，宣言在法国巴黎出版的《救国报》上发表。10 月，中央红军顺利到达陕北之际，抗日反蒋仍然是中国共产党的核心诉求，此时的中国共产党已将抗日与反蒋相统一，明确统一战线就是抗日反蒋的总策略。为了建立最广泛的抗日反蒋统一战线，中国共产党的目标是不管什么阶级，只要他们不愿做亡国奴，尽一点救中国的义务，中国共产党都愿与之联合以共同筹谋抗日反蒋；无论什么政党，只要有一点救国救亡的情绪，中国共产党都愿意诚恳的与之建立统一战线以共同担负起救国的责任。③11 月，中共驻共产国际代表团派张浩由苏联回国到达陕北瓦窑堡，向中共中央传达了共产国际七大的精神和《八一宣言》的内容。11 月 28 日，中国共产党再次以中华苏维埃共和国中央政府和中国工农红军革命军事委员会的名义发表《抗日救国宣言》，表明“不论任何政治派别，任何武装队伍，任何社会团体，任何个人类别，只要他们愿意抗日反蒋者，我们不但愿意同他们订立抗日反蒋的作战协定，而且愿意更进一步地同他们组

① 中央档案馆编：《中共中央文件选集》第 10 册，中共中央党校出版社 1989 年版，第 348 页。

② 《朱德选集》，人民出版社 1983 年版，第 17 页。

③ 中央档案馆编：《中共中央文件选集》第 10 册，中共中央党校出版社 1989 年版，第 564—566 页。

织抗日联军与国防政府”，并提出抗日联军与国防政府的十大纲领。12 月 17 日至 25 日，在瓦窑堡召开政治局扩大会议，讨论全国政治形势和党的策略路线问题、军事战略问题。会议通过《中共中央关于目前政治形势与党的任务的决议》，指出：“目前政治形势已经起了一个基本上的变化”，“党的策略路线，是在发动，团聚与组织全中国全民族一切革命力量去反对当前主要的敌人：日本帝国主义与卖国贼头子蒋介石”。[①] 两天后，毛泽东根据会议精神，在党的活动分子会议上作了《论反对日本帝国主义的策略》的报告，报告以九一八事变以来民族资产阶级的政治代表人物政治态度的变化，充分地论证了和民族资产阶级在抗日的条件下重新建立统一战线的可能性和重要性。瓦窑堡会议决议和毛泽东的报告，分析了日本侵略者打进中国之后社会各阶级之间相互关系的变化，明确提出了党的基本策略任务是建立广泛的抗日民族统一战线。[②]

面对华北事变以及中日关系的变化，中国共产党及时调整了政策方针。从 1935 年底开始，在上海、南京、莫斯科等地，国共之间的秘密谈判已经陆续展开。[③] 国共谈判的展开以及民族危亡局势的加剧，影响着中国共产党的政治目标设定。从 1936 年初开始，中国共产党逐渐将自己的政治目标从此前的“抗日反蒋”调整为“逼蒋抗日”。从反蒋到逼蒋的政策转变，无疑会影响中国共产党对当时国内政治秩序的认知。在反蒋的政治诉求下，中国共产党的政策目标是联合国内一切有志于反蒋抗日的力量，重建一个新的政治秩序，如前文所提及的抗日联军与国防政府；而在逼蒋的政治诉求下，中国共产党的政策目标就是在承认既存政治秩序的前提下，团结包括蒋介石在内的国内所有政治力量，共建抗日民族统一战线。

---

① 中共中央党史和文献研究院：《中国共产党的一百年——新民主主义革命时期》，中共党史出版社 2022 年版，第 170 页。

② 中共中央党史和文献研究院：《中国共产党的一百年——新民主主义革命时期》，中共党史出版社 2022 年版，第 171 页。

③ 中共中央党史研究室：《中国共产党历史・第 1 卷（1921—1949）》上册，中共党史出版社 2011 年版，第 433—434 页。

1936 年 2 月，中华苏维埃人民共和国中央政府发布的召集全国抗日救国代表大会的通电显示，此时的中国共产党已经不再谋求推翻国民党政府，而只是要求结束并取消国民党的一党专政。①同年 4 月 9 日，毛泽东、彭德怀给张闻天的电报提出，中国共产党不再发布讨蒋令，只发布讨日令，以便在停止内战的旗帜下一致抗日。②同月，中共中央在号召全国各党派通力合作共建抗日人民阵线的宣言中，更明确将国民党放在了呼吁对象的首位。③由此不难看出，至少从此时开始，国民党已经成为共产党推动抗日救亡运动的首要合作对象。5 月 5 日，毛泽东和朱德更明确地向南京国民政府以及军事委员会发出了"停战议和一致抗日"的倡议通电。④

1936 年 6 月，中共中央致电国民党二中全会，在号召共同抗日的基础上，力促国民党实现民主自由，释放政治犯，颁布民主宪法，召集有全国各党派参加的救国会议，组织抗日的国防政府，进而团结全民族的力量，创立最有力的威权政府以战胜日本帝国主义。⑤两个月后，中国共产党又发表了《中国共产党致中国国民党书》，在承认国民党中央，希望统一与集中全国的救国力量，发动全国人民的最大抵抗力量，以取得抗战彻底胜利的基础上，再次提出召集抗日救国代表大会，成立国防政府以及抗日联军的政治目标诉求。⑥同年 9 月 1 日，中共中央专门发出指示，强调中共当时的政治目标是"停止内战一致抗日"，建立全中国统一的民主共和国，召集由普选权选出的全国的国会，拥护全中国统一的国防政府与抗日联军。⑦ 1936 年 9 月 15 日，中共中央政治局召开会议。会议通过《中共中央关于抗日救亡运动的新形势与民主共和国的决议》。

---

① 中央档案馆编：《中共中央文件选集》第 11 册，中共中央党校出版社 1989 年版，第 793 页。

② 中共中央党史研究室：《中国共产党历史 · 第 1 卷（1921—1949）》上册，中共党史出版社 2011 年版，第 434 页。

③ 中央档案馆编：《中共中央文件选集》第 11 册，中共中央党校出版社 1989 年版，第 17 页。

④ 中央档案馆编：《中共中央文件选集》第 11 册，中共中央党校出版社 1989 年版，第 20 页。

⑤ 中央档案馆编：《中共中央文件选集》第 11 册，中共中央党校出版社 1989 年版，第 46 页。

⑥ 中央档案馆编：《中共中央文件选集》第 11 册，中共中央党校出版社 1989 年版，第 81 页。

⑦ 中央档案馆编：《中共中央文件选集》第 11 册，中共中央党校出版社 1989 年版，第 89—90 页。

决议显示，为了尽可能推动统一的全国政府之成立，中国共产党已不再坚持苏维埃制度。在中国共产党的认识中，建立民主共和国是当时中国最适当的统一战线组织方式。因为民主共和国是“较之一部分领土上的苏维埃制度在地域上更普及的民主，较之全中国主要地区上国民党的一党专政大大进步的政治制度，因此便更能保障抗日战争的普遍发动与彻底胜利”①。由此，通过推动与组织抗日民族统一战线，召集全国抗日救国代表会议成立国防政府和抗日联军，进而建立民主共和国，也就成为此时中共最主要的政治目标诉求。

西安事变的发生及其最后的和平解决，既加快了国共二次合作的步伐，也推动了抗日民族统一战线的形成。中国共产党致电国民党三中全会，提出了停止内战、集中国力一致对外的诉求。为此，中共中央亦向国民党中央作出如下四点承诺：一是在全国范围内停止推翻国民政府的武装暴动；二是改苏维埃政府为中华民国特区政府，红军改名为国民革命军，接受南京中央政府及军事委员会之指导；三是在特区政府区域内实施普选的彻底的民主制度；四是停止没收地主土地政策，坚决执行抗日民族统一战线的共同纲领。②至此，中国共产党的政治目标再次发生转变，民主共和国的目标已不被提及，在既有南京国民政府的旗帜下与国民党合作共同抗日，成为中国共产党新的政治追求。为此，中国共产党的政治目标也从此前的停止内战、一致抗日转为扩大民主运动，在民主原则的基础上，改革国内政治，召集国民会议，开放言论自由，开放民众运动。③

为了实现全民族抗战的目标，西安事变后，中国共产党的政策开始由“逼蒋抗日”转到了“联蒋抗日”上。在此时的中国共产党看来，全国各政治势力，唯有同蒋介石的南京政府共同合作抗日，才能找到中华民族的出路。为此，中国共产党不仅自己坚持联蒋方针，通过推动南京政权的民主化来准备全国性的

① 中央档案馆编：《中共中央文件选集》第11册，中共中央党校出版社1989年版，第95页。

② 中央档案馆编：《中共中央文件选集》第11册，中共中央党校出版社1989年版，第157—158页。

③ 中央档案馆编：《中共中央文件选集》第11册，中共中央党校出版社1989年版，第172页。

对日抗战，还不断向反蒋的地方军阀解释联蒋抗日的重要性。[①]1937 年 7 月卢沟桥事变的爆发，在加剧民族危亡局势的同时，也加快了国共共同抗战的步伐。为了建立最广泛的抗日民族统一战线，卢沟桥事变后，中国共产党更明确地提出要使中央政府和地方政府的机构民主化，以便容纳各党派的代表参加国民会议与政府，实现国共两党的合作。[②]

卢沟桥事变的爆发以及国共二次合作的实现，再次改变了中国共产党的政治目标。按照中国共产党自身的描述，卢沟桥事变前的努力都是全面抗战的准备，事变的爆发意味着中国的政治形势开始进入实行全面抗战的新阶段。伴随新阶段而来的，是中国共产党的政治目标也从此前的推动建立抗日民族统一战线，变成扩大并巩固抗日民族统一战线。由此时开始，中国共产党政治目标设定的基本着眼点，就是如何巩固抗日民族统一战线。而在共产党看来，实现上述目标的关键，就是要把抗战变成为全面的全民族的战争。[③]1938 年 10 月，在抗日战争全面爆发一年之后，毛泽东甚至希望国民党通过组织形式的民主化变身为抗日建国的民族联盟，变为抗日民族统一战线的最好的组织形式。基于此，毛泽东指出，共产党的重要政治目标，就是坚决帮助国民党扩大与巩固其组织，实行党内民主化，并使其本身变为革命的民族联盟。[④]

三、全民族抗日战争时期民主政治建设的主要任务

政治目标的调整势必带动政治任务的同步转换。在整个抗日战争时期，中国共产党的民主政治建设任务经历了多次调整。

在初期的抗日反蒋旗帜下，中国共产党的政治任务是双重的，即反蒋与抗日，以反蒋为重。如 1934 年 4 月中共中央针对华北局势转发的紧急通知就指出，各级党组织需要结合华北形势“集中火力抨击国民党法西斯蒂的武断宣

---

① 中央档案馆编：《中共中央文件选集》第 11 册，中共中央党校出版社 1989 年版，第 176 页。

② 中央档案馆编：《中共中央文件选集》第 11 册，中共中央党校出版社 1989 年版，第 293 页。

③ 中央档案馆编：《中共中央文件选集》第 11 册，中共中央党校出版社 1989 年版，第 324—325 页。

④ 中央档案馆编：《中共中央文件选集》第 11 册，中共中央党校出版社 1989 年版，第 597—598 页。

传”，指示广大群众如何实际进行民族革命的战争，实现真正广泛的反帝国主义的统一战线，并在统一战线中巩固无产阶级的独立领导。① 由此不难看出，在此时中国共产党的政治认知中，反蒋和抗日是统一的，其在具体政治任务的设定中也是将二者合为一体的。

1935 年华北事变爆发，中国共产党政治目标开始转变，抗日在政治目标设定中已经渐居主导地位，因此组织国防政府与组建抗日联军就成了中国共产党的主要政治诉求。为了实现上述目标，中国共产党为各级党组织及党员确定的政治任务，就是从各方面努力去推动一切爱国的分子，团体，阶层，阶级，党派，生产的与商业的，文化的与教育的，学生的与教员的，工农的与小资产阶级民族资产阶级的，城市的与乡村的，新式的与旧式的，社会的与政治的，武装的等等力量，发起各种各样反日、反汉奸卖国贼的团体，组织各种各样反卖国贼的军队，政权，再把这些团体、军队、政权集合起来，加上苏维埃和红军的力量以成立国防政府与抗日联军。②

1936 年 12 月爆发的西安事变及其最终的和平解决，加快了国共合作的步伐。在国共合作抗日大局已定的形势下，中国共产党的政治目标和政治任务设定都开始围绕抗日来展开，也就是“环绕在抗日的问题上”。不过鉴于第一次国共合作的教训，建立抗日民族统一战线虽为中共的核心政治诉求，但此时的中共还是强调了坚持独立性的必要，主张善用一切适当的斗争方法，提出自己的正确主张。③

1937 年爆发的卢沟桥事变，在加剧民族危局的同时，也最终加速了国共之间的第二次合作。在此背景下，中国共产党的政治目标再次发生变化。按照毛泽东所述，国共合作之后的迫切任务，就是把限于两党的统一战线迅速扩展为全民族的抗日统一战线。为了扩展统一战线，实行革命的三民主义以及共产党提出的抗日救国十大纲领就成为必需，而这又有赖于政府的改组，即将国民党

① 中央档案馆编:《中共中央文件选集》第 10 册，中共中央党校出版社 1989 年版，第 217—218 页。

② 中央档案馆编:《中共中央文件选集》第 10 册，中共中央党校出版社 1989 年版，第 607—608 页。

③ 中央档案馆编:《中共中央文件选集》第 11 册，中共中央党校出版社 1989 年版，第 174 页。

一党专政的政府改组为民族民主的统一战线的政府。因为只有“有了这样一个政府，才能执行革命的纲领，也才能在全国范围内着手改造军队”①。由此可见，在国共合作之初，在建立抗日民族统一战线的旗帜下推动国民党政府的改组，成为中国共产党践行其民主政治理念的主要任务。

1945 年抗战胜利前夕召开的中共七大，在系统阐述中国共产党的新民主主义政治主张的同时，也列出了党为实现这一目标而需要作出的努力。根据毛泽东在中共七大所作的报告，抗战胜利后中国共产党在国家建设中的一般纲领，就是建立一个以全国绝大多数人民为基础而在工人阶级领导之下的统一战线的民主联盟的国家制度，我们把这样的国家制度称之为新民主主义的国家制度。为了实现这个最高纲领，中国共产党又拟定了需要在短期内实现的基本纲领，实则也就是全社会需要共同努力完成的政治任务。根据毛泽东的报告，中共七大召开之时中国共产党需要完成的首要任务就是彻底打败日本侵略者，除此之外最重要的一点就是立即取消国民党一党专政，建立一个包括一切抗日党派和无党派的代表人物在内的举国一致的民主的联合的临时的中央政府。②

1945 年 7 月，中国民主同盟会主要发起人、著名教育家黄炎培到访延安，他在访问期间不仅受到热情接待，而且也深切地感受到解放区崭新的面貌和人民的精神风貌。但是，黄炎培从深邃的历史视角提出了一个耐人寻味的问题，那就是如何跳出“其兴也勃焉，其亡也忽焉”的历史周期率。走进历史深处，我们不难发现，政权往往会经历一个“兴衰治乱”与“往复循环”的周期率现象，它从深层折射出政治治理和国家治理的核心问题。面对这个似乎已被数千年历史所证明的“客观性现象或者规律性问题”，中国共产党人一直以来也是在孜孜不倦的探索之中。毛泽东针对性地回答了黄炎培的疑问，他说：“我们已经找到新路，我们能跳出这周期率。这条新路，就是民主。只有让人民来监督政府，政府才不敢松懈。只有人人起来负责，才不会人亡政息。”③

① 《毛泽东选集》第 2 卷，人民出版社 1991 年版，第 371 页。

② 《毛泽东选集》第 3 卷，人民出版社 1991 年版，第 1056、1065 页。

③ 黄炎培：《八十年来》，文史资料出版社 1982 年版，第 149 页。

四、全民族抗日战争时期民主政治建设的实践

抗日战争时期中国共产党民主政治建设的实践，主要体现在党内民主制度的完善以及陕甘宁边区和其他抗日根据地的民主建政实践，其中尤以“三三制”政权建设为代表。

（一）党内民主政治建设的举措

战略转移中的中国共产党没有太多的精力，来完善党的组织领导体制、塑造党内民主生活秩序。1936 年西安事变的和平解决，大大缓解了中国共产党的生存压力，在国共合作的背景下，中国共产党开始有更多的时间和精力来完善自身的组织建设。1937 年 5 月召开的苏区党代表会议上，博古在党组织问题的报告中指出，全党为了实现新的任务，就必须大大地发展党内民主，也即是各级党组织都应该在民主集中制的基础上，实行党内生活的民主化。要实现上述目标，则需要做到如下几点：一是一切党的组织，从代表会议后，即行开始选举各级委员会；二是限制指派的方法，明确指派只能用于薄弱的组织，且需取得当地组织的同意；三是党的委员会必须按期开会，一切重要的问题必须经过全会讨论和决定；四是常委会应该是集体的工作，在严密的分工的和个人负责制的基础上，一切工作应该经过常委会的集体讨论与决定；五是各级委员会必须有系统地召集积极分子会议，保证每一个重大的政治问题及地方问题，都经过积极分子会议的讨论；六是一切会议必须在事前准备，会议的日程、文件、决案草案等都应该事先提供给参会者；七是会议上应该保证讨论的自由，但决议通过后必须严格的遵守少数服从多数的原则。①

国共第二次合作全面展开后，中国共产党开始进入公开活动状态。1938 年 10 月召开的中共六届六中全会，即对抗战时期中国共产党组织活动作了诸多较为详尽的规定。张闻天作了《关于抗日民族统一战线的与党的组织问题》的报告，系统梳理并规划了中共在抗日民族统一战线中的组织工作问题，在如何落

① 中央档案馆编：《中共中央文件选集》第 11 册，中共中央党校出版社 1989 年版，第 220—221 页。

实党内民主的问题上，从民主的好处以及集中的必要两个方面作了论述。党内民主需要在四个方面落实，一是召集必要的经常的会议、大会，集体讨论，共同决定问题，交换意见与总结经验，报告工作等；二是各级党委负责人的选举，及定期的改选；三是发展党内的自我批评，下级可越级控告；四是上级对下级多采用说服教育的工作方法。这样做的好处是，便利于动员党员同志执行党的任务；便利于给党员同志以党的教育，更能巩固党的团结一致；便利于交换经验，总结经验，更能提高党员的积极性。不过考虑到战争的环境以及工作的效率，张闻天的报告也强调，特殊情况下的集中仍然甚为必要，具体做法是由上级指定下级，命令下级的方法；给少数同志甚至个别同志以全权解决一切问题的办法，但只要情况允许，就应发展民主。① 这些规定，无疑是对抗日战争的特殊历史条件下，中央及地方党组织应该如何更好地贯彻落实民主集中制原则的阐释。

中共六届六中全会还通过了《关于中央委员会工作规则与纪律的决定》《关于各级党部工作规则与纪律的决定》《关于各级党委暂行组织机构的决定》，自上而下充实并完善了中国共产党领导体制和组织规程，从制度上完善了中央及地方党组织的工作规则。其中中央委员会的工作规则，明确了中央委员会的产生及其基本职责，中央政治局的组成方式及其工作规则，如明确政治局会议至少三个月左右开一次，需要半数以上政治局委员到会，会议决定及通过的文件，须经半数以上政治局委员同意方为有效，并立即通知未到会的委员。规则同时还明确了中央书记处以及各中央局和中央分局的组织方式及其工作流程。② 地方党部的工作规则，则规定了地方党委的产生方式以及党委组成人员的工作要求，并明确了个人服从组织，少数服从多数，下级服从上级，全党服从中央的民主集中制基本原则。③ 地方党委组织机构的决定，则规定了地方党委的组织构成以及各组成部门的工作职责。④ 上述这些规章制度，是中国共产党在战时

① 中央档案馆编:《中共中央文件选集》第 11 册，中共中央党校出版社 1989 年版，第 720—721 页。

② 中央档案馆编:《中共中央文件选集》第 11 册，中共中央党校出版社 1989 年版，第 760—765 页。

③ 中央档案馆编:《中共中央文件选集》第 11 册，中共中央党校出版社 1989 年版，第 766—769 页。

④ 中央档案馆编:《中共中央文件选集》第 11 册，中共中央党校出版社 1989 年版，第 770—773 页。

条件下，将党内民主规范化、制度化的重要尝试。

1939 年后，抗战进入相持阶段，国共摩擦不断增多，中国共产党开始强调秘密工作以及集中领导的重要性。1941 年爆发的皖南事变，使国共关系进一步恶化，强化集中领导和加强组织纪律性更为中国共产党所强调。1941 年 5 月，毛泽东在延安高级干部会议上作了《改造我们的学习》的报告，标志着延安整风运动的开始。次年 2 月，毛泽东又在中央党校开学典礼上作了《整顿党的作风》的报告，明确整风的目的就是解决党内存在的主观主义学风，宗派主义党风以及党八股的文风。其中谈及宗派主义的党风时，毛泽东指出，党内一部分同志由于只看见局部利益，看不见全体利益，结果总是不适当地强调他们自己所分管的局部工作，总希望使全体利益去服从他们的局部利益。他们不懂得党的民主集中制，不知道共产党不但要民主，尤其要集中。他们忘记了少数服从多数，下级服从上级，局部服从全体，全党服从中央的民主集中制。为此，毛泽东要求在全党反对个人主义和宗派主义，扫除党内的宗派主义残余，以党的利益高于个人和局部利益为出发点，使党达到完全团结统一。①

1945 年中共七大召开之时，中国共产党已相较前几年更为强调党内民主的重要性，其中最重要的一点就是如何理解并贯彻民主集中制的组织原则。刘少奇在中共七大所作修改党章的报告中，就系统阐述了民主集中制的内涵及其基本要求。

在内涵层面，党的民主集中制即是在民主基础上的集中和在集中指导下的民主。所谓民主基础上的集中，是指党的领导机关是在民主基础上由党员群众所选举出来并给予信任的，党的指导方针与决议是在民主基础上由群众中集中起来的，并且是由党员群众或者是党员的代表们所决定、然后又由领导机关协同党员群众坚持下去与执行的。因此，党的集中制是建立在民主基础上的，不是离开民主的，不是个人专制主义。所谓集中指导下的民主，则是指党的一切会议是由领导机关召集的，一切会议的进行是有领导的，一切决议和法规的制

① 《毛泽东选集》第 3 卷，人民出版社 1991 年版，第 812、821、825 页。

订是经过充分准备和仔细考虑的，一切选举是有审慎考虑过的候选名单的，全党是有一切党员都要履行的统一的党章和统一的纪律的，并有一切党员都要服从的统一的领导机关的。因此，党内民主制，不是没有领导的民主，不是极端民主化，不是党内的无政府状态。可见，民主集中制反映党的领导者与被领导者的关系，反映党的上级组织与下级组织的关系，反映党员个人与党的整体的关系，反映党的中央、党的各级组织与党员群众的关系。

在基本要求层面，按照刘少奇的报告，抗战胜利之际的中国共产党应该放手地扩大党内的民主生活，实行高度的党内民主。为此，中央要求凡是在游击战争中可以进行的会议和选举，都必须进行，不应借口战争环境，不必要地缩小党内民主；在解放区，在一切可以召集大会进行选举的地方，党的各级代表大会及党员大会，必须依照党章的规定来召集，并由大会来选举党的各级领导机关。在选举党的领导机关时，除大会主席团有权提出候选人名单外，必须保证各代表团及所有代表都有权提出候选人，并保证选举人有批评与调换每一个候选人的权利。候选人名单，须经过充分的讨论。选举时须按名单进行无记名投票或表决。

在方式层面，刘少奇认为，扩大党内民主最重要的环节，就是坚持批评与自我批评的优良作风。党的各级领导机关的负责人，对于自己领导下的工作中的缺点与错误，必须首先进行充分的自我批评，在党员和干部中以身作则，必须有充分的接受别人批评的精神准备，万不可在遇到别人批评时，即冲动暴躁，或采取压制打击等办法。只有如此，党内民主才可顺利发扬，否则，即使按期召集各种大会和会议，仍然可能是死气沉沉的、人云亦云的、照例听报告和举手的、没有生气、没有民主的大会与会议。①

刘少奇在中共七大上对民主集中制的系统阐述，是中国共产党对党内民主制度化及其实现方式的重要探索。相较于十几年前中共六大对民主集中制的认识，中共七大召开之时的共产党人，对于如何实现党内民主显然有了更多的经验。

---

① 《刘少奇选集》上卷，人民出版社 1981 年版，第 358—364 页。

（二）推进国家民主政治建设的行动

1937 年第二次国共合作实现后，为了更好地巩固抗日民族统一战线，推动南京国民政府的民主化转型不仅成为中国共产党的主要政治主张和目标，也是其在实践中践行民主政治理念的重要举措。推动国民大会的民主化，可谓中国共产党在国共合作实现后于国家层面践行其民主政治理念的初步尝试。

1937 年 4 月，为了推动国民大会的民主化，中共中央专门发出了修改国民大会组织法和选举法的通知。按照通知，国民大会的组织原则除按区域选举外，还应使各党、各派、各民众职业团体、各武装部队均能直接选派代表参加，以实现抗日的民主统一与决定民族统一战线的政治纲领。此外，中国共产党还就选民资格、不记名投票以及代表名额的分配等问题，提出了自己的意见。① 同年 9 月，中共中央虽然明确国民政府改组之前共产党不宜参加，但还是强调党应该力争自己的党员当选为国大代表，以便利用国民大会的讲台，宣传共产党的主张，用以达到动员人民与组织人民在共产党周围，推动统一战线的民主政府之建立。② 也是基于相同的政治追求，同年 11 月，中共中央才向国民党中央及国民政府提议召开临时国民大会。③

中国共产党提议的临时国民代表大会虽然未能召开，但被毛泽东称之为“开宪政之先河，启民意于初步”的国民参政会，于 1938 年 7 月在武汉召开，作为中共代表的毛泽东等七人更被选任为参政员。在中国共产党看来，国民参政会尽管还不是尽如人意的全权的人民代表机关，但是，并不因此而失掉国民参政会的作用与意义，即团结全国各种力量为抗战救国而努力，使全国政治生活走向真正民主化。基于此，中国共产党人积极地参加国民参政会的工作。④ 中共参与国民参政会的一年中，“虽自愧无多建树，但所敢自信者，乃是我们谨守着明确的团结抗战的原则立场，遵循着人民的意志与愿望，而未尝稍有逾

① 中央档案馆编:《中共中央文件选集》第 11 册，中共中央党校出版社 1989 年版，第 185—187 页。

② 中央档案馆编:《中共中央文件选集》第 11 册，中共中央党校出版社 1989 年版，第 346 页。

③ 中央档案馆编:《中共中央文件选集》第 11 册，中共中央党校出版社 1989 年版，第 382 页。

④ 中央档案馆编:《中共中央文件选集》第 11 册，中共中央党校出版社 1989 年版，第 527—529 页。

越”①。在中国共产党的参与和推动下，1939 年召开的第四次国民参政会，通过了提请政府召集国民大会实施宪政的议案。②此后，积极推动宪政运动，也成为中共践行民主政治的重要行动。同年 12 月，中共中央在推进宪政运动的第二次指示中，更提出了中共关于宪政运动的根本主张和临时办法。根本主张是真正实现新式代议制的民主共和国，临时办法是战时条件下对各项根本主张有利于抗战的折衷。③

抗战相持阶段国共关系的紧张，直接影响了共产党的民主政治参与。在宪政运动没有进展以及皖南事变的影响之下，共产党的民主政治建设实践重心逐渐转向了边区及根据地的政权建设中。此后直至 1944 年国民党决议于抗战胜利一年后实施宪政，中央政治局才又发出指示，要求各级党组织积极参与宪政运动，以期吸引一切可能的民主分子于自己周围。④但在认识到国民党的宪政承诺只在于欺骗人民的背景下，中国共产党此时对于宪政运动的热情，更多是出于统战的考虑，而非寄望于国民党能够真正实施宪政。

（三）解放区“三三制”政权建设的实施

抗战相持阶段到来后，虽然国共关系的紧张影响了共产党在国民政府层面的政治参与热情，但在共产党治下的陕甘宁边区以及各抗日根据地，以“三三制”政权建设为核心的民主政治建设实践，却引起了时人的普遍关注。

为了推动抗日民族统一战线的形成，在国共第二次合作谈判之中，中国共产党就庄严承诺，会在苏维埃区域实行与全国一致的民主制度。⑤1937 年 7 月 15 日，中共中央公布的国共合作宣言，亦明确承诺将取消苏维埃政权，实行民权政治，以实现全国政权的统一。⑥1937 年 9 月，中华苏维埃共和国中

① 中央档案馆编：《中共中央文件选集》第 12 册，中共中央党校出版社 1989 年版，第 161 页。
② 中央档案馆编：《中共中央文件选集》第 12 册，中共中央党校出版社 1989 年版，第 179 页。
③ 中央档案馆编：《中共中央文件选集》第 12 册，中共中央党校出版社 1989 年版，第 200—201 页。
④ 中央档案馆编：《中共中央文件选集》第 14 册，中共中央党校出版社 1989 年版，第 178 页。
⑤ 中央档案馆编：《中共中央文件选集》第 11 册，中共中央党校出版社 1989 年版，第 95 页。
⑥ 《周恩来选集》上卷，人民出版社 1980 年版，第 77 页。

央政府驻西北办事处改名为陕甘宁边区政府。陕甘宁边区政府成立后，中共中央即决定在次年一月召开特区大会，在中央的领导下，实施抗战和普选的民主政治。①

1938 年 7 月，时任陕甘宁边区政府主席的林伯渠在总结陕甘宁边区一年来的政况时，首先提及的就是边区实施的民主政治。按照林伯渠的总结，早在陕甘宁边区成立前的 1937 年 6 月，中共就领导成立了边区人民代表议会，选举了边区政府的负责人，并开展了自下而上的民主普选，由选民投票选举了各级政府的负责人。不仅如此，在实际施政过程中，边区选民还可以对少数不称职的行政人员实行罢免，由选民提出弹劾予以撤换。边区内的一切抗日救国的群众团体如民众抗敌后援会等，也都实行了自下而上的民主制度。边区内，国民党派有特派员，共产党尽一切可能帮助建立边区各县国民党的县区党部。这些民主政治实践，使边区成为抗日的各党派精诚合作的抗日民族统一战线的实验区。②

类似陕甘宁边区的民主政治实践，是中国共产党领导下的其他抗日根据地的通行做法。在晋察冀根据地，边区的高级行政机关以及边区行政委员会，也是由边区全体军、政、民代表会（国民党、共产党两党代表参加）选举出来，并转呈国民政府行政院批准的。在边区政府下，在冀中、冀西、晋东北和察南，又创为七个行政区，设有七个专员，专员下共有四十五个县政府，八个联合县政府（管辖十八个县）和八个县佐（管辖着八个不完整的县）。县以下区有民选的区长，村有民选的村长。在边区疆域内，政府给予了民众以抗日和集会、结社、言论等之绝对自由（汉奸除外），并且依靠边区和县行政会议，依靠着区、村长的真正民选，提高了群众对于政府的注意和关心。政府对于各种重大事项，以各种形式发动民众讨论，民众经过行政会议或其他自己的组织系统，可以自由向政府提出自己的意见，要求政府实行某些善政，或取消某些弊政，并可以

① 中央档案馆编：《中共中央文件选集》第 11 册，中共中央党校出版社 1989 年版，第 392 页。

② 中共中央文献研究室、中央档案馆编：《建党以来重要文献选编》第 15 册，中央文献出版社 2011 年版，第 498—499 页。

得到满意的实际的回答。①

为了保障陕甘宁边区以及其他抗日根据地民主政治实践的制度化和持续化，中国共产党逐渐在实践中摸索出边区政权组织的“三三制”原则。所谓“三三制”，也就是在边区或根据地政权的组成人员中，规定共产党员占三分之一，非党的左派进步分子占三分之一，不左不右的中间派占三分之一，其中共产党员占领导地位。

为了确保“三三制”的政权组织原则在实践中得以落实，毛泽东在1940年特意告诫担任政权工作的中共党员，必须克服不愿和不惯同党外人士合作的狭隘性，提倡民主作风，遇事先和党外人士商量，取得多数同意，然后去做。同时还要鼓励党外人士对各种问题提出意见，并倾听他们的意见。不能因为有军队和政权在手，就无条件地要求按照共产党的决定行事。②

1940年9月，李维汉以专文的形式详述了“三三制”的内涵以及推行办法。按照李维汉的论述，“三三制”政权的实质就是几个革命阶级联合起来对于汉奸反动派的民主专政，来代替任何党派的一党专政。它是统一战线在政权构成上的具体体现，是新民主主义政权在抗日统一战线阶段上的具体形式。“三三制”政权建设中需要注意以下三点。

一是作为三分之一的共产党员，应该是政治上、工作能力上、同群众关系上、统一战线作风上的优秀党员。因为他们需要以党的正确政策及自己的工作模范去影响和团结非党人士一致为抗战建国服务。

二是作为其他三分之二的人，包括着各党、各派、各军、各界及无党无派的人士。标准是凡是不投降不反共，赞成抗日与民主的人，都可以参加政府工作。他们当中又可分为进步分子和中间分子，所谓进步分子主要指真正拥护孙中山的革命三民主义和三大政策的人士，他们要求坚持团结、坚持抗战和实行

① 中共中央文献研究室、中央档案馆编：《建党以来重要文献选编》第15册，中央文献出版社2011年版，第656、657页。

② 中共中央文献研究室、中央档案馆编：《建党以来重要文献选编》第17册，中央文献出版社2011年版，第170页。

民主政治；中间分子大体上是中等资产阶级的人士和开明绅士，他们需要抗日，在抗日问题上赞成团结抗战，在国内政治生活上也要求自己的政治权力。

三是“三三制”政权的产生，也必须经由人民选举，它的组织原则是民主集中制。为了保障“三三制”经过选举可以真正推行，任何党派，只要不投降不反共，赞成抗日与民主的，即应使其在抗日政权下，有存在与活动之权，在选举运动时，有自由竞选之权。总之，共产党的任务，就是不但力求在政权机关中使自己参加三分之一，还要使进步分子和中间分子占三分之二。①

1941 年 4 月，邓小平在《党与抗日民主政权》一文中，着重谈及了“三三制”政权，强调“三三制”政权的实质就是民主。②他认为，“三三制”的抗日民主政权原则，之所以已经取得广大群众的拥护、应为全党同志所奉行，原因在于其表现为几个革命阶级对汉奸、亲日派、反动派的联合专政，既能合乎统一战线原则，团结大多数以与日寇、汉奸、亲日派、反动派进行斗争，又能保证由共产党员与进步势力结合起来的优势，这不仅是当时敌后抗战的最好政权形式，亦是新民主主义共和国应采取的政权形式。③同时，他进一步明确了“三三制”政权的具体内容。第一，在组织形式上，无论行政机关或民意机关，共产党员只占三分之一或少于三分之一，进步势力占三分之一，中间势力占三分之一。第二，在政策性质上，必须照顾一切抗日阶级和阶层的利益，必须放在争取多数、反对少数的基础上，对各个抗日党派都要保障其合法存在的自由权利。第三，既是几个革命阶级的联合专政，在政权中有各个抗日阶级抗日党派的代表参加，就必然在政权中反映出不同的利益、不同的政治立场、不同党派阶级的民主政治的斗争，这种民主政治斗争有利无害，中共不惧怕而且要发展。第四，既是几个革命阶级的联合专政，就必然产生政权中的优势问题。④共产党必须掌握这种优势，所以产生了党对政权的领导问题。“党的优势不仅在

---

① 中共中央文献研究室、中央档案馆编：《建党以来重要文献选编》第 17 册，中央文献出版社 2011 年版，第 554—556 页。

②③ 《邓小平文选》第 1 卷，人民出版社 1994 年版，第 8 页。

④ 《邓小平文选》第 1 卷，人民出版社 1994 年版，第 8—9 页。

于政权中的适当数量，主要在于群众的拥护。民主政治斗争可以使党的主张更加接近群众，可以使群众从自己的政治经验中更加信仰我党。所以，只有民主政治斗争，才能使我党取得真正的优势。”①

同时，邓小平强调，“三三制”政权的民主实质，要求共产党在领导政权工作时，必须贯彻民主的精神，反对“以党治国”的观念，采取指导与监督政策，即党对政权要实现指导的责任，使党的主张能够经过政权去实行，党对政权要实现监督的责任，使政权真正合乎抗日的民主的统一战线的原则。这是党对抗日民主政权的正确领导原则，明确党的领导责任是放在政治原则上，不是包办，不是遇事干涉，不是党权高于一切。②指导与监督政策在“三三制”层面的具体实践有：一是党切实保证“三三制”，在各级参议会、行政委员会的选举中，在各级政府行政人员的配备选拔中，切实发挥党的指导作用，以保证“三三制”的比例；二是党教育与责成政权中的党团和共产党员，坚持党的政治立场，团结非党干部，以自身模范作用去影响非党干部积极负责地工作；三是真正发展民主，大力开展民主政治斗争，纠正某些武断不民主的错误，使非党干部敢于讲话，敢于工作，不疑惧中共。③

虽然中国共产党在“三三制”政权设计之初，就强调了民主集中制的组织原则，但在实践推行中，地方还是对“三三制”产生了诸多认识误区。1944 年 3 月，林伯渠在总结陕甘宁边区“三三制”政权建设实践时，就指出边区参议会的召开，让不少人觉得边区政权组织可以采取二权论或二权半论的多元化方式。所谓二权论，主要指议行并列，二权半论则是再加上司法的半独立。在上述主张下，“三三制”政权建设实践中逐渐出现了三种错误认知：一是认为“三三制”与苏维埃制度之间存在“很大的实质上的不同”，这种不同不仅表现在阶级政策的变化上，还反映于改民主集中制为“县与边区两级议会与政府并列，与一般民主国家制度相同”，并将参议会视为权力机关，政府作为政权机关；二是

① 《邓小平文选》第 1 卷，人民出版社 1994 年版，第 9 页。

② 《邓小平文选》第 1 卷，人民出版社 1994 年版，第 9—12 页。

③ 《邓小平文选》第 1 卷，人民出版社 1994 年版，第 13—15 页。

认为参议会是政府的监督机关或制裁机关；三是主张常驻会是参议会的代表机关，其工作就是代表参议会完成其议事管理的工作。在林伯渠看来，上述认识都是典型的二元论思维，与中国共产党强调的民主集中制一元化原则相悖。

按照林伯渠的理解，“三三制”政权的民主集中制原则，意味着参议会和政府不仅都是政权机关，也都是人民的权力机关。对政府而言，参议会是最高权力机关（人民代表会议），而在参议会闭幕期间，由参议会选出并对参议会负责的政府就成为该级政权的最高权力机关。就此意义可以说，“三三制”政权的重要特点之一，是说了就做的“议行合一”。也因此，在林伯渠看来，它是在当时的中国行得通、集中一切权力的、最高度的民主的机关。①

五、全民族抗日战争时期民主政治建设的成效

抗日战争时期中国共产党的民主政治建设实践，无论对中国共产党自身的发展和壮大，还是对八路军以及抗日根据地的建设和巩固，都产生了极为显著的成效。具体主要体现在以下三个方面。

（一）党内民主制度化的继续推进

土地革命时期的中国共产党，虽然逐渐明确了民主集中制的组织原则，但在如何落实的问题上，缺少必要的制度保障。但是，从 1935 年 1 月的遵义会议开始，如何从制度上保障党内民主的实现，成为中国共产党开展党内民主政治建设的重要努力方向，逐渐确立的党内民主制度成为这一时期中国共产党践行党内民主的显著成效。

1937 年 5 月，在延安召开的中国共产党全国代表会议上，毛泽东应抗日战争的新历史形势，提出了加强党内民主的重要性。他认为，“在新时期，集中制应该密切联系于民主制。用民主制的实行，发挥全党的积极性”②。1938 年 10

① 中共中央文献研究室、中央档案馆编：《建党以来重要文献选编》第 21 册，中央文献出版社 2011 年版，第 123—124、129 页。

② 中共中央文献研究室、中央档案馆编：《建党以来重要文献选编》第 14 册，中央文献出版社 2011 年版，第 208 页。

月，在中共六届六中全会的报告中，毛泽东强调，“扩大党内民主，应看作是巩固党和发展党的必要的步骤”，而实行党内民主的重要保障就是党内生活的民主化，中国共产党应该在党内施行有关民主生活的教育，使党员懂得什么是民主生活，什么是民主制和集中制的关系，并如何实行民主集中制。①

践行党内民主，制度的保障不可或缺。为此，中共六届六中全会专门制定并通过了《关于中央委员会工作规则与纪律的决定》《关于各级党部工作规则与纪律的决定》《关于各级党委暂行组织机构的决定》等文件，确立了从中央至地方的党内民主制度规范。1945 年的中共七大上，刘少奇在修改党章的报告中，更为系统地阐述了民主集中制的问题，并明确指出了党内民主的实现方式，如要求“在一切可以召集大会进行选举的地方，党的各级代表大会及党员大会，必须依照党章的规定来召集，并由大会来选举党的各级领导机关”。与此同时，刘少奇还启发党员干部开展批评和自我批评，将其视为扩大党内民主的中心环节。这些都是中国共产党在党内民主政治建设中作出的有益探索。

（二）军队民主政治建设的持续发展

抗日战争时期中国共产党生存条件的变化，也改变了其对军队民主的认识。根据 1937 年的国共合作协定，红军需要改编为国民革命军，并归属于国民政府。在此背景下，如何处理好军队内部的政治工作，以保证中国共产党对于军队的单一领导不变，就成了中国共产党思考的重点。为了适应这种变化，国共合作之初，中共中央曾要求红军各部队在改编之后，不再保留政治委员制度，而是以更能体现集体领导原则的军政委员会代替，并明确军政委员会为党的组织，负责指导军队内部全部的军事和政治工作。② 这样的改变显然既是为了适应改编的需要，也是为了体现民主的作风。

为了更好地开展新形势下的军队政治工作，1937 年 8 月，总政治部专门作

① 《毛泽东选集》第 2 卷，人民出版社 1991 年版，第 529 页。

② 中共中央文献研究室、中央档案馆编：《建党以来重要文献选编》第 14 册，中央文献出版社 2011 年版，第 343 页。

出决定，要求各部队在健全和加强党组织作用的同时，也要通过改善党的生活，来发扬“军队中所能允许的党内民主，发展党内的自我批评”。此处谈及的“所能允许”，意在表明军队民主和一般意义上的党内民主不能等同而论。关于这一点，决定也作出了解释。在总政治部看来，在军队内部践行党的民主集中制和运用民主，都要有伸缩性，不仅要防止极端民主化，也要防止把党内民主运用到军事上去，从而影响到指挥员的威信。① 同年 9 月，毛泽东在阐述国共合作后的迫切任务时，也强调了军队民主的重要性。在毛泽东看来，国民党军队的最大问题就是没有坚持军队民主，没有做到官兵一致、军民一致，而这恰是红军的优长所在。②

毛泽东在强调官兵一致的同时，也认为军队内的民主需要有其限度。1938 年 5 月，毛泽东在延安抗日战争研究会上的演讲中指出，抗日战争胜利的重要保障之一就是革新军制，而其内容则是在军队内部实行一定限度的民主化，主要是废除封建主义的打骂制度，官兵生活同甘共苦。因为只有这样，才能增加军队的战斗力，支撑长期的艰苦战争。③ 同年 10 月，毛泽东在中共六届六中全会论及党的民主时再次明确，军队党组织的民主应少于地方党组织的民主。不过这并不意味着军队民主不重要，因为军队中的党组织，也只有增加必要的民主生活，才能提高党员的积极性，增强军队的战斗力。④

（三）抗日根据地的民主建政拓展

土地革命时期，中国共产党广泛建立的苏维埃政权，虽然保障了工农群众的民主权利，却因其受众面有限并不适用于全民抗战的新社会形势。早在 1935 年 12 月，毛泽东就强调，中国共产党应该在新的历史条件下，将过去的“工

---

① 中共中央文献研究室、中央档案馆编：《建党以来重要文献选编》第 14 册，中央文献出版社 2011 年版，第 425 页。

② 中共中央文献研究室、中央档案馆编：《建党以来重要文献选编》第 14 册，中央文献出版社 2011 年版，第 556 页。

③ 《毛泽东选集》第 2 卷，人民出版社 1991 年版，第 511 页。

④ 《毛泽东选集》第 2 卷，人民出版社 1991 年版，第 529 页。

人、农民和城市小资产阶级联盟的政府”，改变为除了工人、农民和城市小资产阶级以外，再加上一切其他阶级中愿意参加民族革命的分子的政府，概言之，就是把工农共和国改变为人民共和国。①

1937年国共合作达成后，为了更广泛地调动全社会的力量投入抗日战争，中国共产党不仅重组了陕甘宁边区政府，更在大量的抗日根据地建立了“三三制”的民主政权。“三三制”政权的基本要义是共产党员必须与党外人士实行民主合作，不得把持包办、独断专行。对此，1941年11月，毛泽东在陕甘宁边区参议会的演说中作了更为细致的说明，“三三制”政权中的共产党员必须倾听党外人士的意见，给别人以说话的机会。别人说得对的，我们应该欢迎，并要跟别人的长处学习；别人说得不对，也应该让别人说完，然后慢慢加以解释。②

“三三制”的民主建政理念，不仅在陕甘宁边区政府的组成中得到了充分体现，也是各抗日根据地基层政权建设的普遍原则。各抗日根据地的基层政权，大多由民众直接选举产生。为了照顾一些不识字的选民，各根据地都创造了一些颇具特色的选举办法，如广为人知的“豆选法”等。在这样的民主选举中，村政权中的贫雇农和中农虽然占据了优势，但是富农和开明地主也没有被排除在外。如晋冀鲁豫边区武乡、榆社、襄垣三县的598个村政委员会中，贫雇农占35.1%，中农占43%，富农占15.4%，开明地主占6.5%。③这样的基层政权结构，虽然不能完全等同于“三三制”，但也充分展现了村政权所具有的广泛群众基础。

“三三制”政权的普遍建立及实践，不仅为全民族抗日统一战线的维持和发展提供了重要的制度保障，也推动了中国共产党民主建政理念的转型。1940年1月，毛泽东在陕甘宁边区文化协会的演讲中，提出了新民主主义政治的概念。

① 《毛泽东选集》第1卷，人民出版社1991年版，第158页。

② 《毛泽东选集》第3卷，人民出版社1991年版，第809页。

③ 中共中央党史研究室：《中国共产党历史·第1卷（1921—1949）》下册，中共党史出版社2011年版，第593页。

按照毛泽东的解释，新民主主义政治的核心诉求是建立新民主主义的共和国，这个共和国的国体是各革命阶级的联合专政，政体是民主集中制，总之是个统一战线的共和国。从毛泽东此处对新民主主义政治的解释不难看出，“三三制”政权就是其新民主主义政治理念的具体实践。因此可以说，新民主主义政治亦是抗日战争时期中国共产党在民主建政理念及实践上取得的显著成效。

第三节　解放战争时期中国共产党民主政治建设的理论与成就

一、解放战争时期民主政治建设的背景

1945 年抗日战争胜利后，中国社会的主要矛盾再次发生转换。随着战后国际时局以及国内形势的变化，国内斗争开始成为中国社会的主要矛盾，斗争的主题则主要围绕建立一个什么样的国家，怎样建立这样一个国家来展开。在毛泽东看来，尽管蒋介石的南京国民政府期望通过内战的方式，建立一个大地主大资产阶级专政的半殖民地半封建的国家，但在国际国内的大势所趋以及人心所向的背景下，加之中国共产党人的奋斗，将内战限制在局部范围，甚至拖延爆发时间，也并非不可能之事。① 毛泽东对于战后国内形势的判断，有两点特别值得注意，一是在毛泽东的认识中，国共两党建国理念的差异使内战成为难以避免之事；二是在内战难以避免的大历史前提之下，中国共产党需要做的，就是尽可能利用国际国内的和平趋势，缩小内战的范围至少是拖延内战爆发的时间。这两点是战后初期中国共产党参与并推动民主政治建设的主要出发点。

1945 年 8 月 23 日，在中央政治局扩大会议上，毛泽东再次重申了战后的国内形势。不过此次毛泽东的讲话更多强调了如何争取和平的问题。按照毛泽

---

① 中共中央文献研究室、中央档案馆编：《建党以来重要文献选编》第 22 册，中央文献出版社 2011 年版，第 617 页。

东所述，抗战胜利后的中国已然进入了和平建设阶段，中国共产党的口号就是和平、民主、团结。虽然内战的威胁仍然存在，但因为国民党存在诸多现实的困难，因此至少年内爆发内战的可能性不大，这就为共产党争取和平留出了时间。① 两天之后，中共中央发表了时局宣言，再次重申抗战胜利后的中国迎来的是一个和平建设的新时期。②

在和平建设趋势的推动下，1945 年 8 月至 10 月，国共两党在重庆进行持续近两个月的谈判，并最终于 10 月 10 日签订了《政府与中共代表会谈纪要》，史称《双十协定》。《双十协定》接受了中国共产党提出的和平民主建国方针，是中国共产党在战后极力争取和平建国的重要阶段性成果。不过从协定签署后中共中央所发的指示看，虽然中共认为协定的签署奠定了和平建国的基础，但由于局部大规模的军事冲突仍然存在，加之“极端重要”的解放区问题也未能解决，全部和平建国的局面即不能出现。③ 由此来看，中共对战后国内形势存在战与和两种可能性的判断，并未因为协定的签署发生太大变化。

虽然和平建国亦有可能无法达成，但从中共的立场出发，极力争取和平建国目标的实现仍是其在战后初期的努力方向。国共和平协定签署不久，中共中央即将由此开始的六个月确定为从抗日阶段转至和平建设阶段的过渡时期，并决定为此付出努力。④ 为了在过渡时期积极推动和平建国目标的实现，1945 年 12 月，中共中央派出了以周恩来为首的代表团到重庆参加政治协商会议。重庆政治协商会议经过激烈的争论之后，最终决定改组政府，并通过施政纲领、宪草原则，又决定召开立宪国民大会，整编全国军队，实行军党分立、军民分治、

① 中共中央文献研究室、中央档案馆编：《建党以来重要文献选编》第 22 册，中央文献出版社 2011 年版，第 647—651 页。

② 中共中央文献研究室、中央档案馆编：《建党以来重要文献选编》第 22 册，中央文献出版社 2011 年版，第 655 页。

③ 中共中央文献研究室、中央档案馆编：《建党以来重要文献选编》第 22 册，中央文献出版社 2011 年版，第 727 页。

④ 中共中央文献研究室、中央档案馆编：《建党以来重要文献选编》第 22 册，中央文献出版社 2011 年版，第 755 页。

以政治军，以及议会制、内阁制、地方自治和民选省长等项原则。重庆政协会议不仅开启了国家民主化的进程，也使中国共产党及其所创立的军队和解放区走上了合法化之路，意味着和平民主建设新阶段的正式到来。①对中共来说，重庆政协会议的成功召开，使其开始意识到原来战和两分的国内形势开始发生倾斜，和平民主新阶段成了“更加确定”之事。直至1946年3月，国共两军在东北的冲突即将展开之时，中共中央仍然认为“和平局面业已确定”，并因此要求随时纠正各项过左过右的政策。②

由于国共两军的东北冲突以及国民党的积极备战，中共最终还是改变了对于和平即将到来的乐观判断。1946年5月，中共中央关于时局的指示即明确，在内战危险日增的情势下，中国共产党的努力方向之一就是尽量拖延全国内战的爆发时间。③事实上，在国民党一心发动内战的背景下，中国共产党尽量拖延内战时间的愿望也未能达成。1946年6月，国民党调集重兵进攻中原解放区，国共军事冲突终于从东北扩展至关内，全面内战正式爆发。此后半年间，中国共产党虽然在各种场合强调和平仍为其努力争取的目标，但在国民党屡次撕毁停战协定以及罔顾政协决议径自召开一党“国民大会”的背景下，中国共产党逐渐意识到和谈不过是国民党的阴谋。典型如1947年1月，中共中央在给董必武的一份指示中就明确，国民党倡议的和谈，只是为了便利其重整军队再度进攻，是粉饰太平的欺骗之举，中国共产党绝不信任。④至此，内战成为中国共产党实践其民主政治理念不得不考虑的主要社会背景。

---

① 中共中央文献研究室、中央档案馆编：《建党以来重要文献选编》第23册，中央文献出版社2011年版，第104页。

② 中共中央文献研究室、中央档案馆编：《建党以来重要文献选编》第23册，中央文献出版社2011年版，第146页。

③ 中共中央文献研究室、中央档案馆编：《建党以来重要文献选编》第23册，中央文献出版社2011年版，第262页。

④ 中共中央文献研究室、中央档案馆编：《建党以来重要文献选编》第24册，中央文献出版社2011年版，第36页。

二、解放战争时期民主政治建设的目标

实事求是的思想路线和工作作风，使中国共产党始终根据社会形势的变化随时调整自己的政治目标，解放战争时期亦如此。抗战胜利之初，在和平成为国内主流民意的整体背景下，中国共产党的民主政治建设目标就是尽力争取和平建国，并为此提出了和平、民主、团结的口号。在内战全面爆发后，如何通过战争的手段赢得最终的和平，并建立人民民主的新中国，又成为中国共产党的民主政治建设目标。不过尽管建立民主的新中国始终是中国共产党在解放战争时期的核心政治诉求，但和平与战争的手段差异，还是使不同阶段中国共产党的民主政治建设目标略有差异。

1945 年抗战胜利之初，由于中国共产党判定和平为国内局势的主流，因此为和平建国而努力，就成了中国共产党在此阶段的重要政治目标。为此，1945 年 8 月底，以毛泽东为首的中共代表团赴重庆与国民党开展了和平建国的谈判。重庆谈判期间，中国共产党力求实现的民主政治建设目标，核心就是政治民主化和军队国家化。其中政治民主化的目标又被细化为政治协商会议的召开、省制的建立以及地方自治的实施等诸项内容。① 最终经过一月有余的谈判，国共两党签署了会谈纪要。纪要从和平建国方针、政治民主化、国民大会、人民自由、党派合法等十二个方面，明确了和平建国的民主政治要求。② 协定的签署，是对中共抗战胜利之初民主政治建设目标的全面展示。

为了积极推动和平建国方针的落实，1946 年 1 月，中国共产党在重庆政协会议上又提出了一份更为详尽的和平建国纲领草案。草案总则列出了三条中国共产党提出的政治建设目标：一是确认国内各民主党派，应实行长期合作，坚决避免内战，国内任何政治的、民族的纠纷，均应以政治方法寻求解决；二是

---

① 中共中央文献研究室、中央档案馆编：《建党以来重要文献选编》第 22 册，中央文献出版社 2011 年版，第 667—668 页。

② 中共中央文献研究室、中央档案馆编：《建党以来重要文献选编》第 22 册，中央文献出版社 2011 年版，第 728—732 页。

以和平、民主、团结、统一为基础，在蒋主席领导下，迅速结束训政，实施宪政，彻底实行三民主义，建设独立、自由和富强的新中国；三是蒋主席所倡导之政治民主化、军队国家化及党派平等合法，为达到和平建国必由之途径。草案另在人民权利、中央机构、国民大会、地方自治等方面提出了诸多具体建议。① 政协会议最后通过了以中共建议草案为蓝本的和平建国纲领，这增强了中国共产党以和平方式建立新国家的信心。在此背景下，参加政府和议会，并通过议会的方式推动政治民主化就成为中国共产党的主要目标。

中国共产党的和平建国目标，最终因为全面内战的爆发而难以达成。全面内战爆发之初，战略防御成为中国共产党的主要工作重心；在防御战争中力主通过和平的方式解决政治纷争，仍然为中国共产党所强调。但是随着国民党始终不愿将已经签署的协定付诸实施，以及战场形势的变化，以和平方式建立新中国的设想逐渐为共产党所放弃。至 1947 年 7 月至 9 月，解放战争从防御转为反攻之后，中国共产党的政治目标也开始逐渐发生转变。以战争的方式解放全中国，并在此基础上建立新民主主义国家，开始成为中国共产党的新政治追求。

1948 年 1 月，在解放战争形势渐趋有利的背景下，毛泽东在 1940 年提出的新民主主义的政治又重新成为中国共产党的政治建设目标。按照中共中央于 1948 年初发出的指示，中共解放战争后的政治建设目标就是建立新民主主义的政权。而新民主主义的政权就是工人阶级领导的人民大众的反帝反封建的政权。人民大众组成自己的国家并建立代表国家的政府，工人阶级通过自己的先锋队中国共产党实现对于人民大众的国家及其政府的领导。其他同样被国民党反动政府压迫和损害的中产阶级、民主党派、人民团体，在中国共产党领导的统一战线中居于被领导地位。② 与此前中国共产党提议的和平建国纲领相比，新民

① 中共中央文献研究室、中央档案馆编：《建党以来重要文献选编》第 23 册，中央文献出版社 2011 年版，第 51—63 页。

② 中共中央文献研究室、中央档案馆编：《建党以来重要文献选编》第 25 册，中央文献出版社 2011 年版，第 58—60 页。

主主义政治明显突出了中国共产党的领导地位。

为了团结国内进步势力共建新中国，1948 年 4 月 30 日，中共中央向各民主党派发出号召，提议召开政治协商会议，讨论并实现召集人民代表大会，成立民主联合政府。① 中共中央随即向沪局港分局发出指示，令其分别征询各民主人士对于召开新政治协商会议的意见。② 由此时开始，召开新政治协商会议，以建立新民主主义的国家，正式成为中国共产党的政治目标。对于这个新国家的政权组织形式，董必武在 1948 年 10 月，作了更为清晰的解释。按照董必武的解释，新民主主义国家，就是以无产阶级领导的，以工农联盟为基础的，包括民主爱国人士共同组成的人民民主政权。实质就是无产阶级领导的，工农联盟为基础的人民民主专政。③1949 年 3 月，在解放战争胜利前夕召开的中共七届二中全会，再次重申召集政治协商会议以成立联合政府是中国共产党的政治目标。④

三、解放战争时期民主政治建设的任务

解放战争期间国内形势的转变，以及中国共产党随之调整的政治奋斗目标，同时导致了党的民主政治任务的变化。在抗战胜利之初，鉴于中国共产党的政治目标主要是力求和平建国，党的工作任务也主要以和平建国为中心来展开。全面内战爆发后，中国共产党很快确立了通过战争建立新民主主义国家的政治目标，中国共产党的工作重心也随之转移。1948 年中共中央“五一”口号发布后，召开新政协建立民主联合政府成为新的政治奋斗目标，怎样建设新国家也就逐渐成为中国共产党的工作重心。

---

①② 中共中央文献研究室、中央档案馆编：《建党以来重要文献选编》第 25 册，中央文献出版社 2011 年版，第 283—284 页。

③ 中共中央文献研究室、中央档案馆编：《建党以来重要文献选编》第 25 册，中央文献出版社 2011 年版，第 574—575 页。

④ 中共中央文献研究室、中央档案馆编：《建党以来重要文献选编》第 26 册，中央文献出版社 2011 年版，第 168 页。

（一）推进国家政治民主化

1945 年 8 月，毛泽东在中央政治局的会议上指出，抗战胜利后中国共产党的两项重要工作就是城市工作和军队工作。① 同月，中国共产党在关于时局的宣言中指出，中国共产党愿意与国民党及其他民主党派，努力达成协议，以使得各项紧急问题得到迅速的解决，并长期团结一致，彻底实现孙中山先生的三民主义。② 由此可见，通过各种方式以实现和平建国的政治目标，就是中国共产党在抗战胜利之初的最主要政治任务。在此背景之下，部分区域的军事行动，也是为了增强人民的力量，以争取和平民主及国共谈判的有利地位。③

1945 年 10 月签署的《双十协定》，使国内局势开始由抗日阶段转向和平建设的新阶段。在此新形势下，中国共产党在国统区的主要工作任务，顺势调整为扩大民族民主的统一战线工作，与广大友好的及可能争取的中外人士合作，组织广大群众，发动要求民主、惩治汉奸、挽救经济恐慌、救济失业人民与援助还乡人民等多项运动，解放区的中心任务则是反对顽军并尽量扩大解放区。④ 紧随重庆谈判召开的重庆政协会议，使国共间的两党协议开始上升为国家政策。为了适应这种新的变化，1946 年 2 月，中共中央所发的指示就强调，在政协决议付诸实施后，中国共产党的主要任务就是把全党的工作转变到非武装的群众的与议会的斗争中去，用心去学习与组织合法斗争及上层统一战线与下层统一战线工作的配合，在全国范围内推进党的工作，尤其要推进到一切大城市中去，并在广大范围内，参加全国经济建设，在全国范围内动员与组织广大群众进行

---

① 中共中央文献研究室、中央档案馆编：《建党以来重要文献选编》第 22 册，中央文献出版社 2011 年版，第 650 页。

② 中共中央文献研究室、中央档案馆编：《建党以来重要文献选编》第 22 册，中央文献出版社 2011 年版，第 656 页。

③ 中共中央文献研究室、中央档案馆编：《建党以来重要文献选编》第 22 册，中央文献出版社 2011 年版，第 685 页。

④ 中共中央文献研究室、中央档案馆编：《建党以来重要文献选编》第 22 册，中央文献出版社 2011 年版，第 755 页。

斗争，以保证中国的民主化与一切协议的实行。[①] 中国共产党的和平努力，最终未能阻止全国性内战的爆发。全面内战爆发后，中国共产党的政治任务也随政治目标的变动而调整。

（二）建设民主联合政府

全面内战爆发之初，中国共产党一方面通过与国民党的继续和谈，以求得和平建国目标之实现，另一方面也通过积极防御战略，力图通过战场上的胜利来阻止内战的进一步扩大。不过随着国民党擅自召开一党“国民大会”，以及不断撕毁停战协定，和平逐渐成为奢望。在此背景下，中国共产党的战争策略逐渐随战场形势的变化而改变。战略反攻阶段的到来，改变了中国共产党的工作重心与任务。其中在民主政治建设中，中国共产党的任务已经由抗战胜利之初的争取和平建国，转变成为联合工农兵学商各被压迫阶级、各人民团体、各民主党派、各少数民族、各地华侨和其他爱国分子，组成民族统一战线，打倒蒋介石独裁政府，成立民主联合政府。[②] 自此之后，为召开新政治协商会议建立民主联合政府而努力，也就成了中共各级党组织的重要政治任务。

在全国人民的支持下，解放战争的进展远超中国共产党的最初预期。1949年初，随着解放战争在全国范围内的逐渐胜利，中国共产党的工作重心也开始由乡村转向城市。此时，联合国内各革命阶级建立一个新民主主义的国家，就成为中国共产党最为迫切的任务。为了实现这一目标，毛泽东要求全党将工作重心转向城市，开启由城市领导乡村的新历史时期。同时也要在学会管理和建设城市的过程中，学会同在城市的帝国主义者、国民党、资产阶级作政治斗争、经济斗争和文化斗争，并向帝国主义者作外交斗争。[③] 只有如此，才能维持新生的新民主主义政权。

---

① 中共中央文献研究室、中央档案馆编：《建党以来重要文献选编》第 23 册，中央文献出版社 2011 年版，第 107 页。

② 中共中央文献研究室、中央档案馆编：《建党以来重要文献选编》第 24 册，中央文献出版社 2011 年版，第 535 页。

③ 中共中央文献研究室、中央档案馆编：《建党以来重要文献选编》第 26 册，中央文献出版社 2011 年版，第 160 页。

四、解放战争时期民主政治建设的实践

随着国内局势从争取和平到全面内战的转变，中国共产党在党内民主、军队民主和政权民主三个方面的实践愈加深入。

（一）积极推进党内民主政治建设

抗战胜利前夕召开的中共七大，基本确立了中国共产党的领导体制和党内民主规范，因此抗战胜利后中国共产党的党内民主建设，主要是体现在相关制度的完善和实践。

解放战争时期中国共产党在民主集中制的组织原则之下，强化集中统一领导，重要举措是请示报告制度。1948 年 1 月，为了改正全党各级领导机关对上级事前不请示、事后不报告的不良习惯，毛泽东代中央起草了《关于建立报告制度》的党内指示。指示要求，各中央局和分局，以及各野战军和军区，都要建立请示报告制度。其中中央局或分局，由书记负责每两个月向中央和中央主席作一次综合报告，野战军或军区则由各自首长负责，除作战方针必须随时报告和请示以及每月作战事报告外，还要每两个月作一次综合报告和请示。① 两个月后，毛泽东又代中央起草了《关于建立报告制度的补充指示》，更为细致地规定了请示报告的内容，同时赋予中央委员和候补委员单独向中央或中央主席随时反映情况的义务和权利。②1948 年 4 月，鉴于部分军事首长未经请示中央，即自行宣布对罪大恶极、为广大人民痛恨的反革命分子既往不咎的做法，中共中央再次发文强调，革命形势的变化要求中央缩小各地方兵团的自治权，将全国一切可能和必须统一的权力统一于中央，以克服战后党内存在的地方主义和经验主义，事前不请示、事后不报告，以及多报成绩、少报甚至不报错误缺点的作风。③

---

① 中共中央文献研究室、中央档案馆编：《建党以来重要文献选编》第 25 册，中央文献出版社 2011 年版，第 3—4 页。

② 中共中央文献研究室、中央档案馆编：《建党以来重要文献选编》第 25 册，中央文献出版社 2011 年版，第 240 页。

③ 中共中央文献研究室、中央档案馆编：《建党以来重要文献选编》第 25 册，中央文献出版社 2011 年版，第 261—263 页。

党在加强集中统一领导的同时，健全党组织内部的集体领导制度。1948 年 9 月，毛泽东代中央起草了健全党委制度的决定，主要是为了解决领导机关中个人包办和个人解决重要问题的习气，以保证集体领导制度的落实。按照决定要求，从中央局至地委，从前委至旅委以及军区（军分会或领导小组）、政府党组、民众团体党组、通讯社和报社党组，都必须建立健全党委会议制度，一切重要问题均需提交委员会讨论，由到会委员充分发表意见，做出明确决定，然后分别执行。地委、旅委以下党委亦应如此。① 为了更好地发挥党委会的领导作用，1949 年 3 月的七届二中全会上，毛泽东还从党委书记的职责、党委会的工作方式以及委员间的关系等方面，详细阐述了党委会的工作方法。② 这些都为党内民主制度的完善和落实，奠定了坚实的基础。

（二）深入开展军队民主政治建设

解放战争时期中国共产党军内民主建设的实践，主要反映在争取军队国家化以及在军队内部完善民主制度两个方面。

在抗战胜利之初，由于中国共产党的主要政治目标是和平民主建国，因此倡议军队国家化成为落实军队民主的主要举措。1945 年 8 月，毛泽东转给刘少奇的电报显示，实现军队国家化是其赴重庆和国民党谈判的重要政治诉求之一。③ 同年 10 月 10 日国共两党签署会谈纪要，军队国家化确属达致和平建国的重要途径之一。④ 1946 年 1 月，重庆政协会议通过的和平建国纲领明确，国家化之后的军队应该符合国防需要，依民主政制与国情改革军制，实行军党分立，军民分治，改进军事教育，充实装备，健全人事、经理制度，以建设现

---

① 中共中央文献研究室、中央档案馆编：《建党以来重要文献选编》第 25 册，中央文献出版社 2011 年版，第 497—498 页。

② 中共中央文献研究室、中央档案馆编：《建党以来重要文献选编》第 26 册，中央文献出版社 2011 年版，第 189 页。

③ 中共中央文献研究室、中央档案馆编：《建党以来重要文献选编》第 22 册，中央文献出版社 2011 年版，第 667 页。

④ 中共中央文献研究室、中央档案馆编：《建党以来重要文献选编》第 22 册，中央文献出版社 2011 年版，第 729 页。

代化之国军。① 作为中共代表的周恩来也在政协会议发言中强调，军队国家化和政治民主化必须同步推进。国家化的目的就是使军队不属于个人，不属于派系，不属于地方，而是属于整个国家，由代表国家的民主政权机构来统率。在军队内部，也要建立民主的军事制度，用以改善军民关系、军政关系以及官兵关系。②

全面内战的爆发使重庆政协决议最终未能付诸实施，军队国家化的倡议自然也被束之高阁。在严酷的战争形势之下，中国共产党虽然在党内民主中强调了野战军以及军区首长的请示汇报制度，但在军队内部，民主仍然为中共所强调。1948 年 1 月，毛泽东代中央军委起草的党内指示强调，军队内部的政治工作方针，就是放手发动士兵群众、指挥员和一切工作人员，通过集中领导下的民主运动，达到政治上高度团结、生活上获得改善、军事上提高技术和战术的三大目的。按照毛泽东的理解，军队民主既包括政治民主，也包括经济和军事民主。其中经济民主主要指士兵选出的代表有权协助连队首长管理连队的给养和伙食；军事民主则主要指练兵时的官兵互教、兵兵互教以及作战时的会议讨论等。③ 同月 31 日，毛泽东在转发朱德关于军事民主给中共中央来信的批语中，再次强调军队中的民主生活，有益无害，一切部队均应实行。④

为了落实毛泽东在军队内部实行民主的要求，1948 年 2 月，中央军委总政治部专门发出通知，要求在各个部队的连队中普遍建立士兵委员会，以便更好地贯彻军队民主。通知要求，士兵委员会建立之后，连队党的支部完全公开，使与士兵委员会的民主生活结合起来。支部开会时，应邀请士委会的非党战士

---

① 中共中央文献研究室、中央档案馆编：《建党以来重要文献选编》第 23 册，中央文献出版社 2011 年版，第 59 页。

② 中共中央文献研究室、中央档案馆编：《建党以来重要文献选编》第 23 册，中央文献出版社 2011 年版，第 64—68 页。

③ 中共中央文献研究室、中央档案馆编：《建党以来重要文献选编》第 25 册，中央文献出版社 2011 年版，第 76 页。

④ 中共中央文献研究室、中央档案馆编：《建党以来重要文献选编》第 25 册，中央文献出版社 2011 年版，第 78 页。

参加，保证他们在会议上对党员有自由批评与建议之权，达到不仅确立士兵委员会的一定民主生活，并在党内也建立一定的民主生活。[①]1948年5月，朱德在华东野战军第一兵团团以上干部会上的讲话，也从宏观层面强调了军事民主的重要性及其实施方式。他认为，军事民主是红军历来就有的，典型就是士兵委员会制度。不过民主要与领导相结合，要实行民主集中制。发扬民主，就是下面要经常对上级提意见，上面要经常倾听下面的意见和建议，并加以研究，把所有好的意见和建议集中起来，再拿到下面去实行。[②]

（三）逐渐拓展解放区局部政权的民主政治建设

与军事民主的实践相似，解放战争时期政权民主的实践，也经历了两个历史阶段。

在抗战胜利之初的和平建国目标下，积极推动国家的政治民主化以及国民政府的改组，成为共产党践行民主政治的重要实践方式。1945年8月，中共中央拟定的重庆谈判十一条意见中，10月10日，在中共与国民党共同签署的重庆会谈纪要中，政治民主化均是内容之一。重庆政协会议通过了中共提出的和平建国纲领，为了使已经成为国家政策的和平建国方案尽快付诸实施，中国共产党随即开始向非武装的议会斗争转型。不过最终全面内战的爆发，使中国共产党的如上努力未能实现。中国共产党以及同期的其他民主党派也都意识到，在国民党的一党独裁制度下，国家的政治民主化难以实现。

因此，全面内战爆发之初，国共两党的和平谈判虽然仍在进行，但是中国共产党的民主政治诉求已经从在现有秩序下推动国家政治的民主化，转向在中国共产党治下的解放区逐步建立新民主主义政权，直至在全国解放的基础上建立统一的民主政权。也正是由此时开始，解放区民主逐渐成为共产党实践民主政治的最主要方式。

---

① 中共中央文献研究室、中央档案馆编：《建党以来重要文献选编》第25册，中央文献出版社2011年版，第156—157页。

② 中共中央文献研究室、中央档案馆编：《建党以来重要文献选编》第25册，中央文献出版社2011年版，第305页。

1947年11月，中共中央转发的中央工委关于政权形式问题给冀东区党委的指示显示，此时中国共产党在解放区践行民主政治的主要方式，是建立从下至上的人民代表会议制度，并将其作为解放区各级政府的最高权力机关。指示明确，各级代表会的代表，县以下由区、村人民直接选举，县以上由区、县代表会间接选举。① 人民代表会议制度，是中国共产党在解放区探索民主政治实现方式的重要尝试。同月28日，刘少奇代中央工委起草的给东北局的指示再次明确，在一切群众业已充分发动的乡村和城市，都应该自下而上建立人民代表会，并使代表会成为解决各种重要问题的权力机关。人民代表会实行少数服从多数，下级服从上级，上级政府委员会及代表会有权改变下级代表会的决议，解散下级代表会重新选举召集的组织原则。刘少奇认为，这种人民代表会议制度，可以在实际斗争中大胆试验。②

在解放区的大胆试验探索之后，1948年10月，董必武在新民主主义政权问题的讲话中，明确将人民代表大会确定为新民主主义的政权组织形式。按照董必武的论述，在新民主主义时期，全国的政权机关就是全国人民代表大会，代表大会，就是一切权力都要归它。由人民代表大会选举政府，政府的权力是由人民代表大会给的；它的工作要受人民代表大会限制，规定了才能做，没有规定就不能做；如果有紧急措施，做了要向人民代表大会作报告，错了要受到批评，甚至受到罢免的处分。③

人民代表大会虽然被共产党明确为新民主主义的政权组织形式，但在各地的政权建设实践中，中国共产党也发现由于党与群众的联系较少，因此正式的人民代表大会之组织并非易事。在正式的人民代表大会尚未建立的形势下，为了更好地激发社会各阶层共同参与新国家建设的热情，各界代表会被视为党和

① 中共中央文献研究室、中央档案馆编：《建党以来重要文献选编》第24册，中央文献出版社2011年版，第474—475页。

② 中共中央文献研究室、中央档案馆编：《建党以来重要文献选编》第24册，中央文献出版社2011年版，第492—493页。

③ 中共中央文献研究室、中央档案馆编：《建党以来重要文献选编》第25册，中央文献出版社2011年版，第578页。

政权机关联系群众的最好组织形式。1948 年 11 月，中共中央规定，在新解放的城市中，一概由军管会及临时市政府出面邀请若干人为各界代表，组成各界代表会，成为军管会和临时市人民政府在军管初期传达政策、联系群众的协议机关。虽然各界代表会议不同于人民代表会议，但规定亦明确，各界代表会可以被视为人民代表会议的雏形。[①] 由此即见，各界代表会是中共在政权初建时践行社会民主的重要制度形式。

五、解放战争时期民主政治建设的成效

1945 年召开的中共七大，使中国共产党无论在革命理论还是在革命实践上，都变得更为成熟。中国共产党自身的成熟，亦为其在解放战争时期深化民主政治的认知，丰富民主政治的实践奠定了坚实的基础。正是在此背景之下，解放战争时期的中国共产党，在党内民主、军队民主、协商民主等实践方面，都取得了显著的成效。

（一）党内民主制度的完善

1945 年中共七大通过的党的章程，在明确民主集中制为党的基本组织原则的基础上，更从民主基础上的集中和集中领导下的民主两个方面，阐述了民主集中制的基本要义。虽然民主集中制内涵的明确，意味着中共党内民主认知理念的成熟，但就实践而论，民主集中制的落实仍然需要相应的制度支撑。为此，解放战争时期党内民主政治建设重点，就集中于相关制度的补充完善。从民主和集中两个方面完善党内民主制度，就是解放战争时期中国共产党继续探索党内民主实现方式的重要成效。

一是请示报告制度。1948 年 1 月，为了更好地坚持民主集中制，反对党内的无纪律无政府倾向，毛泽东代中央起草了《关于建立报告制度》的党内指示。3 月，中共中央发出补充指示，明确地方党组织上下级之间的工作汇报和指导需要同时报中央，以及中央委员会和候补委员可单独向中央或中央主席反映情

① 中共中央文献研究室、中央档案馆编：《建党以来重要文献选编》第 25 册，中央文献出版社 2011 年版，第 670—672 页。

况的规定，进一步拓宽了请示报告的内容以及实现方式。①6 月，中共中央又专门作出规定，明确了宣传工作中的请示报告内容。②9 月，中央政治局会议正式通过的《中共中央关于各中央局、分局、军区、军委分会及前委会向中央请示报告制度的决议》，进一步明确了地方需要向中央请示报告的事务范围、方式等。③决议的发出，意味着请示报告制度的正式建立。请示报告制度的逐步建立，为党的领导中集中原则的落实提供了有效的制度保障。

二是党委会制度和党的代表大会制度。如果说请示报告制度意在解决民主集中制原则中的集中如何落实的问题，那么健全党委会制度和完善党的代表大会制度，就更多关注了民主原则如何实现的问题。1948 年 9 月，毛泽东代中央起草的健全党委制决定，开篇就明确党委制是保证集体领导，防止个人包办的重要制度。④同月中央政治局会议通过的《关于召开党的各级代表大会和代表会议的决议》，也强调其目的就是为了扩大和建立党内正常的民主生活。按照决议所述，在此前的战争环境下，党和政府中正规的民主生活，不能不有所限制。但在解放战争的形势改变之后，党和政府就有可能实现正规的民主生活了。过去党内存在的民主生活不足的状况，也就必须要加以改变。⑤

（二）军队民主制度的健全

1937 年全民族抗战爆发后，中国共产党为了加快推进国共两党的合作，以实现全民族的抗战，曾经在红军改编中调整了军队内部的民主制度体系，如废除政委改设军政委员会等。解放战争爆发后，为了激发部队的战斗积极性，中

① 中共中央文献研究室、中央档案馆编：《建党以来重要文献选编》第 25 册，中央文献出版社 2011 年版，第 240 页。

② 中共中央文献研究室、中央档案馆编：《建党以来重要文献选编》第 25 册，中央文献出版社 2011 年版，第 332—334 页。

③ 中共中央文献研究室、中央档案馆编：《建党以来重要文献选编》第 25 册，中央文献出版社 2011 年版，第 520 页。

④ 《毛泽东选集》第 4 卷，人民出版社 1991 年版，第 1340 页。

⑤ 中共中央文献研究室、中央档案馆编：《建党以来重要文献选编》第 25 册，中央文献出版社 2011 年版，第 515—516 页。

国共产党在逐渐完善军队现有民主制度的同时，也不断恢复了红军时期一些行之有效的军队民主制度，其中最具代表性的就是恢复重建了士兵委员会。

1948 年 1 月，毛泽东为中央军委起草的党内指示，明确了军队内部的政治工作方针，通过集中领导下的民主运动，实现政治、生活、军事上三大目的。[①]2 月，总政治部就发出通知，要求各部队普遍建立士兵委员会，并使其成为保障军队民主生活的经常性制度。[②]3 月 8 日，周恩来在为中共中央起草的指示中也明确，各军区政治部可于数月内试建士兵委员会制度，以探索部队内部集中领导下的民主生活的经常性制度。[③] 重建士兵委员会，并从政治、经济、军事三个方面，明确军队民主的实现方式，成为解放战争时期中国共产党领导军队民主政治建设的显著成效。

（三）协商民主制度的创新

1945 年抗日战争胜利之初，为了尽可能赢得国内和平，中国共产党的民主政治建设诉求，主要是通过政治协商的方式建立民主联合政府。1945 年 8 月，毛泽东关于重庆谈判意见给刘少奇和中共中央的电报，明确政治民主化的实现方式，就是由国民政府召开各党派和无党派人士参加的政治会议，协商国事。[④]同年 10 月，中共与国民党签署的重庆会谈纪要，就明确将政治协商会议的召开视为政治民主化的重要保障。[⑤] 在中国共产党的坚持之下，1946 年 1 月召开的重庆政协会议，通过了和平建国纲领。不过随后全面内战的爆发，使重庆政协会议的建国纲领成了一纸空文，尽管如此，中共并未就此放弃以政治协商实现

---

① 中共中央文献研究室、中央档案馆编：《建党以来重要文献选编》第 25 册，中央文献出版社 2011 年版，第 76 页。

② 中共中央文献研究室、中央档案馆编：《建党以来重要文献选编》第 25 册，中央文献出版社 2011 年版，第 156 页。

③ 中共中央文献研究室编：《周恩来年谱（1898—1949）》（修订本），中央文献出版社 1998 年版，第 764 页。

④ 中共中央文献研究室、中央档案馆编：《建党以来重要文献选编》第 22 册，中央文献出版社 2011 年版，第 667 页。

⑤ 中共中央文献研究室、中央档案馆编：《建党以来重要文献选编》第 22 册，中央文献出版社 2011 年版，第 728 页。

民主政治的诉求。

1948年4月30日，在解放战争由战略防御转入战略反攻的背景下，中共中央又向各民主党派及社会贤达人士发出了召开政治协商会议，以建立民主联合政府的号召。①随后，中国共产党就积极动员全国各地的民主人士前往解放区，以实现尽快召开政治协商会议的目标。经过一年有余的筹备，新政协会议的筹备会议在1949年6月开幕。毛泽东在筹备会议开幕的讲话中指出，中共召开新政协会议的号召，获得了各民主党派、各民主团体、各民主人士、国内少数民族和海外华侨的响应，大家一致认为，只有通过召开政治协商会议建立中华人民共和国并成立民主联合政府，才是解决中国一切问题的正确方向。②

1949年8月，董必武在华北人民政府科长以上党员干部的讲话中指出，新政协不仅是一种会议，并且有执行机构和日常办事的机构，实际上是全国各界人民代表会议，同时也是全国革命统一战线的组织形式。③ 9月召开的中国人民政治协商会议第一届全体会议通过的《中国人民政治协商会议组织法》，正式将政协定性为中国人民民主统一战线的组织。④政协会议正式成为中国共产党践行协商民主制度的载体。

---

① 中共中央文献研究室、中央档案馆编：《建党以来重要文献选编》第25册，中央文献出版社2011年版，第283页。

② 中共中央文献研究室、中央档案馆编：《建党以来重要文献选编》第26册，中央文献出版社2011年版，第463—464页。

③ 中共中央文献研究室、中央档案馆编：《建党以来重要文献选编》第26册，中央文献出版社2011年版，第659页。

④ 中共中央文献研究室、中央档案馆编：《建党以来重要文献选编》第26册，中央文献出版社2011年版，第745页。

第三章　社会主义革命和建设时期民主政治理论的探索与曲折发展

新中国成立至改革开放前，中国共产党人不断探索具有中国特色的民主政治理论和实践。不可否认，尽管这一时期我们的民主政治理论和实践出现偏差，甚至遭受挫折，但总体上我国民主政治理论和实践的探索，仍具有很多突破性进展和独特性亮点。

第一节　社会主义革命和建设时期民主政治理论探索的背景

“意识在任何时候都只能是被意识到了的存在，而人们的存在就是他们的现实生活过程。”[①]民主政治理论的探索和发展，也不可能脱离现实的社会生活和生产关系而获得独立性存在，它的生成和演化过程具有自身的辩证法，即新中国成立之后的民主政治理论探索固然有其内在规律，马克思主义理论固然对其提供了思想先导和理念指引，但是它仍然不可避免地受到中国主要矛盾变化和国内国际形势的影响。这意味着，我国民主政治建设的探索并不是线性式的发展，而是被嵌入整个社会大环境之中，它随着主要矛盾的变化和国内国际形势的风云变幻而呈现不同的样态。特别是此时社会主义的主要矛盾对于民主政治

① 《马克思恩格斯文集》第1卷，人民出版社2009年版，第525页。

理论探索有着重要影响，成为我国民主政治建设目标与任务转变的关键因素。毛泽东指出："在社会主义社会中，基本的矛盾仍然是生产关系和生产力之间的矛盾，上层建筑和经济基础之间的矛盾。"① 在此基础上，中国共产党第八次全国代表大会正确分析了社会主义改造完成后的社会主要矛盾变化，即"已经是人民对于建立先进的工业国的要求同落后的农业国的现实之间的矛盾，已经是人民对于经济文化迅速发展的需要同当前经济文化不能满足人民需要的状况之间的矛盾"②。事实上，新中国成立至改革开放前，我国在不同时期面临着不同的主要矛盾和任务，以及纷繁复杂的国内国际形势，这些因素对于民主政治理论和实践的探索有着至关重要的影响。因而，深入阐述新中国成立至改革开放前我国民主政治理论和实践的探索过程，有必要对上述因素与民主政治之间的关联进行剖析。

一、"过渡时期"（1949—1956 年）与民主政治理论的初步探索

从新中国成立到"三大改造完成"，在新中国的历史上被称为"新民主主义社会向社会主义社会过渡时期"。这一时期在时间序列上一般被分为两个时期：从 1949 年 10 月至 1952 年底的国民经济恢复期和从 1953 年至 1956 年底的"三大改造时期"。而且，在上述两个阶段，我国面临着不同的主要矛盾和国内国际形势，并在民主政治建设的探索上产生不同的影响。

在国民经济恢复期，错综复杂的国内国际形势以及主要矛盾与民主政治发展之间呈现出双重的互构逻辑。从国内看，新中国成立初期，我国面临的是国民党留下的烂摊子和连年战争造成的巨大损害，人民面对的是一穷二白、满目疮痍的现实情况，各行各业百废待兴。正如毛泽东所说："现在我们能造什么？能造桌子椅子，能造茶碗茶壶，能种粮食，还能磨成面粉，还能造纸，但是，一辆汽车、一架飞机、一辆坦克、一辆拖拉机都不能造。"③ 也就是说，我们几

① 《毛泽东文集》第 7 卷，人民出版社 1999 年版，第 214 页。

② 《中国共产党第八次全国代表大会关于政治报告的决议》，《人民日报》1956 年 9 月 28 日。

③ 《毛泽东文集》第 6 卷，人民出版社 1999 年版，第 329 页。

乎没有基本的工业基础，更没有重工业，还是一个落后的农业国。我们废除地主阶级封建剥削的土地所有制，实行农民的土地所有制，让广大农民分得应有的土地，从而迅速发展农业生产，为新中国的工业化开辟道路。而且，由于新中国刚刚成立，帝国主义和国民党反动派残余势力，依然通过各种方式威胁新政权，镇压反革命成为中国共产党在新中国成立初期面临的紧迫任务。更为重要的是，我们的革命干部也在新形势下出现丧失理想信念、滋生腐败等现象和问题。因而，结合“三反”（反贪污、反浪费、反官僚主义）、“五反”（反行贿、反偷税漏税、反盗窃国家财产、反偷工减料、反盗窃国家经济情报）运动，打击隐藏较深的反革命分子，才能为我国民主政治建设提供良好的社会环境和政治氛围。

从国际上看，欧美帝国主义国家对刚刚诞生的新中国虎视眈眈、伺机而动，对我国进行经济封锁和政治孤立，企图将新中国扼杀在摇篮里。所以，我们需要相对和平的“喘息时间”，以恢复经济和稳定局势。这个时候能够为我国的经济增长、政治建设和社会发展提供帮助的只有苏联。问题在于，苏联在优先考虑自身利益的前提下，愿意为新中国提供力所能及的帮助，却也在政治上、经济上和军事上提出了一系列苛刻甚至不合理的要求。更为关键的是，朝鲜战争突然爆发，这也给我们带来一定影响。

从整体上看，这个时期我们要集中精力解决人民大众与帝国主义、封建主义和国民党反动派残余势力之间的矛盾，并且着力进行镇压反革命、没收官僚资本和进行土地改革等工作。上述国内国际形势的发展变化是我们这个时期探索符合中国国情的民主政治理论的前提和背景。不过，上述背景并没有成为我国民主政治理论初步探索的掣肘因素，限制中国共产党人找寻符合中国实际情况的民主政治模式。也就是说，中国共产党人跳出了社会大背景的制约因素，没有被之所惑，而是在不变中应万变，结合中国历史和现实的具体情况，顺应人民呼声，确保人民的权利得到保障，为中国民主政治模式发展提供了思想指引，并且架构了民主政治的基本框架。这意味着，我们的民主政治理论的探索，既打破了资本主义民主政治模式的迷思，又没有完全照搬和模仿苏联的民主政治形式，而是根据自身实际需要进行了卓有成效的探索。事实上，中国人民政治协商会议就是民主政治理论探索的集中体现，也是中国共产党人为打破“历史周期率”迷思而进行的艰苦努力。在这次会议筹备与召开过程中，社会主义社会的民主政治理念得到彰显，中国共产党与各个民主党派和无党派民主人士共商国是、精诚合作，最大程度地保障了人民的切身利益得到维护。应该看到，中国共产党领导的多党合作和政治协商制度在政党制度维度突破西方政治制度弊端和克服苏联政党制度模式不足，是我国开创的具有中国特色的民主政治形式，它为我国之后的民主政治理论形成与完善奠定了基础。

从历史上看，新中国成立初期，我国的民主政治理论的探索成果宣告了帝国主义、封建主义和官僚资本主义统治时代的结束，这就是将人民民主专政鲜明地写在自己的旗帜上，通过人民民主统一战线的组织形式让全国人民的意志得以表现和彰显。而且，在《中国人民政治协商会议共同纲领》中，我们还确立了民族区域自治制度，确保各民族一律平等，反对各种形式的民族歧视、民族压迫、民族分裂等行为，突出少数民族行使自己权利的重要性。我们可以看到，即使在纷繁复杂的国际国内形势下，甚至是在朝鲜战争爆发的复杂背景下，中国共产党人也没有打乱自己的民主政治建设的节奏，始终将民主政治建设置放于重要位置，把马克思主义民主政治观同我国历史和现实情况相结合，开创了具有中国特色的民主政治模式。

在“三大改造时期”，我们拉开社会主义探索的序幕，通过对农业、手工业和资本主义工商业的改造，从新民主主义向社会主义过渡。这一阶段的主要问题域，是要在国内解决无产阶级与资产阶级的矛盾和在国际上处理中国与帝国主义的矛盾，而且前者又是我们必须集中力量完成的事情，目的是顺利过渡到社会主义。从表面上看，“三大改造”聚焦于经济层面，为把中国从一个落后的农业国变为一个先进的工业国创造先期条件。但是，如果我们进一步追问，那么不难发现，从新民主主义社会向社会主义社会过渡本身就是我国民主政治建设的基础和前提。这是因为，当时中国的民族资本主义经济状况、兼具分散性和脆弱性的个体经济以及农民生产经营困境等成为突出问题。假如不能对之进行有效的改造，那么我们自身不但无法实现由农业国转变为工业国的愿望，而且也难以为民主政治建设提供持续的社会动力。从某种意义上说，“三大改造”本身就是民主政治建设的展开过程。从农业的社会主义改造看，土地改革完成后，虽然农民分得了土地，但是由于经营问题和自然灾害频发，他们并未获得明显的生活改善，农村的贫富分化现象开始凸显，进而导致农民参与民主政治建设的热情和意愿受到影响，亟须通过自愿与互助的形式改善农民生活，让他们深刻认同民主政治建设的进程。更为重要的是，我们通过对农业的社会主义改造，提高了一直以来受到压迫的贫下中农的政治地位，极大发挥了他们的政治参与热情，特别是实现了由限制到逐步消灭富农剥削的农村阶级政策，从而为社会主义民主政治建设奠定了坚实基础。从手工业的社会主义改造看，手工业本身的分散性、脆弱性状况，限制了手工业者对社会主义建设的积极性。我们通过对手工业的社会主义改造，充分调动了手工业者的积极性，让他们在按劳分配的机制下获得自主性，这也直接为手工业者积极参与社会主义民主政治建设提供了经济保障。从资本主义工商业的社会主义改造看，其主要是通过循序渐进的方式将私营企业改变为国营企业，以和平赎买这个独具特色的形式将资本主义私有制改变为社会主义公有制。而且，为了充分调动私营企业在职人员参与民主政治建设的积极性和主动性，国家并没有忽视资本主义工商业者的实际需求和政治地位，而是根据“量才录用、适当照顾”的原则将之改造为自食其力的社会主义劳动者。这样一来，资本主义工商业者也能作为社会主义劳动者的一部分参与到民主政治建设上来，并在制定经济政策、增强企业管理能力等方面发挥至关重要的作用。

中国共产党人正是在“过渡时期”缜密分析了国内国际形势和各种问题域的变化，才在民主政治理论探索上获得了广泛的群众支持。特别是社会主义制度的确立，结束了中国历史上长达数千年的阶级剥削制度，广大劳动人民摆脱了被剥削和被奴役的地位，不仅掌握了生产资料，而且在政治上第一次真正成为国家的主人，真正掌握自己的命运，并且为我国民主政治理论和实践的探索提供基本前提和根本保障。最具标志性的事件是，1954 年我国制定并颁布了

《中华人民共和国宪法》(以下简称“五四宪法”)，确立了社会主义基本政治制度。如何以制度设计特别是宪法性文件确保广大人民的政治地位成为摆在我国民主政治探索中一个至关重要的问题。从这个意义上说，“五四宪法”在民主政治建设探索上至少涵括三重逻辑。一是以正式宪法性文本彰显了中国共产党人的民主政治理念。“五四宪法”序言中就鲜明地指出：“我国人民在建立中华人民共和国的伟大斗争中已经结成以中国共产党为领导的各民主阶级、各民主党派、各人民团体的广泛的人民民主统一战线。”①而且，这个“人民民主统一战线”在以后的国家政治生活中将继续发挥作用。“五四宪法”在总纲中凸显了“人民民主”“平等行使权力”“民族平等”等理念，充分彰显了民主政治建设的目标和任务。二是以正式宪法性文本确立了中国共产党人民主政治理念探索的可行路向。“五四宪法”明确了“中华人民共和国的一切权力属于人民。人民行使权力的机关是全国人民代表大会和地方各级人民代表大会”②，从而让人民能够通过这种能够代表人民意愿的形式行使权力，从根本上解决了西方民主政治的资本逻辑诱导的弊端，以免民主政治内核受到损害。对于民族区域自治制度，“五四宪法”规定，“各民族一律平等。禁止对任何民族的歧视和压迫，禁止破坏各民族团结的行为”③，在少数民族聚居的地方实现民族区域自治制度，通过民族自治地方的自治机关确保少数民族的意愿得到维护。三是以正式宪法性文本确保作为公民个体的基本权利和义务。中国共产党的民主政治理念还集中体现在公民平等参与国家建设和表达自身意愿等方面。“五四宪法”规定，“中华人民共和国公民在法律上一律平等”，并且“年满十八岁的公民，不分民族、种族、性别、职业、社会出身、宗教信仰、教育程度、财产状况、居住期限，都有选举权和被选举权”④。同时，其规定了公民在言论、出版、结社、游行、示威方面的自由，这为公民积极主动参与民主政治建设提供了宪法保障，特别是

① 周安平等：《新中国宪法的历程——问题、回应和文本》，人民出版社2017年版，第94页。
② 周安平等：《新中国宪法的历程——问题、回应和文本》，人民出版社2017年版，第94—95页。
③ 周安平等：《新中国宪法的历程——问题、回应和文本》，人民出版社2017年版，第95页。
④ 周安平等：《新中国宪法的历程——问题、回应和文本》，人民出版社2017年版，第107页。

还强调了妇女在民主政治建设中同男子享有同样的权利，不能以各种理由损害妇女合法的政治权利。由此可见，“五四宪法”鲜明地体现了中国共产党人的民主政治理念，是一部科学、民主的宪法，是我国在民主政治理论探索上的结晶。

二、“全面建设社会主义时期”（1956—1966年）与民主政治理论的曲折发展

社会主义改造基本完成，标志着社会主义制度确立，这为我国民主政治建设奠定了制度基底。但问题是，它并不意味着社会主义民主政治建设能够自行成熟和趋于完善。相反，如果我们忽视民主政治建设，不能将之提升到与社会主要矛盾变化相一致的状态，那么就可能出现破坏民主，阻碍社会主义政治建设的问题。从历史上看，中国共产党第八次全国代表大会对于社会主要矛盾及其主要任务的判断是完全正确的，特别是对社会主义民主政治理论进行了相适应的艰苦探索，也在思想上取得了共识性认识。然而，党的八大之后我们开始慢慢背离先前提出的民主政治目标和任务，指导思想上出现偏差，发生“左”倾错误，以至于在政治上出现反右派斗争严重扩大化的错误，人为拔高阶级斗争形势，在经济上盲目追求规模和速度，最终导致了“大跃进”和人民公社化运动，社会主义民主政治建设遭受挫折。但值得肯定的是，党的八大对于民主政治理论的探索以及之后的纠偏努力和七千人大会在民主政治上的深刻反思，拓展了社会主义民主政治理念。

从历史背景上看，国内和国际上双重问题域的变化影响着社会主义民主政治理论的继续探索。一方面，国内的主要问题是社会主义改造基本完成后“如何建设社会主义中国”。在这之中，除了从经济范式上继续推进社会主义工业化之外，政治层面的民主政治建设也成为当时热议的核心议题，这就为后续党的八大拓展社会主义民主政治理念提供了问题先导。另一方面，以1956年苏共二十大召开为起始，质疑乃至否定高度集中的“斯大林模式”成为一种不可忽视的政治倾向。特别是西方资本主义国家借“去斯大林模式”之机掀起反苏反共浪潮，致使国际共产主义运动面临巨大压力。在此境况下，上述倾向不可避

免地传导到国内，这对于我国民主政治建设的正常进程产生不可忽视的影响。这是因为，以往我们的社会主义民主政治建设或多或少可以借鉴乃至模仿苏联政治建设模式，但是“去斯大林模式”让我们在塑造自身民主政治建设的理念上出现“失去参照”的窘境。因而，如何摆脱对苏联政治建设的参照，探索适合中国国情的民主政治理论成为我们不得不面对的问题。

以毛泽东为代表的中国共产党人对上述国内外现实背景有着清晰和深邃的思考，并且明确提出要继续推进马克思主义民主政治思想与中国实际相结合，努力探索适合我国现实情况的民主政治建设道路。毛泽东指出：“特别值得注意的是，最近苏联方面暴露了他们在建设社会主义过程中的一些缺点和错误，他们走过的弯路，你还想走？过去我们就是鉴于他们的经验教训，少走了一些弯路，现在当然更要引以为戒。”①在《论十大关系》中，毛泽东对于“中央和地方的关系问题”“汉族与少数民族的关系问题”“党和非党的关系问题”“革命和反革命的关系问题”“是非的关系问题”等方面的论述体现出中国共产党人的民主政治理念，有助于调动一切可以调动的力量推进社会主义民主政治建设。

同时，社会主义制度确立后，社会矛盾和阶级关系发生重大变化，人民内部矛盾开始凸显出来，国际上的帝国主义也不断掀起“反苏反共”的浪潮，这些因素妨碍了人们对于社会主义社会矛盾的认识和理解。正因为如此，正确理解社会主义社会的矛盾成为摆在人们面前亟待解决的问题。毛泽东等党和国家领导人对于社会主义社会矛盾学说与民主政治之间关系进行了艰苦探索。在《关于正确处理人民内部矛盾的问题》报告中，毛泽东深刻阐述了社会主义社会的基本矛盾问题。他指出：“在社会主义社会中，基本的矛盾仍然是生产关系和生产力之间的矛盾，上层建筑和经济基础之间的矛盾。”②这样的基本矛盾，决定了探索社会主义过程中必须处理好经济发展与阶级斗争之间的关系。中国共产党人强调，要正确处理“敌我矛盾”和“人民内部矛盾”这两类不同性质的

① 《毛泽东文集》第7卷，人民出版社1999年版，第23页。

② 《毛泽东文集》第7卷，人民出版社1999年版，第214页。

矛盾，它也直接决定了我们是采取“专政”还是“民主”的方式去灵活应对。毛泽东指出：“人民内部的问题和党内问题的解决的方法，不是采用大民主而是采用小民主。要知道，在人民方面来说，历史上一切大的民主运动，都是用来反对阶级敌人的。”[①]也正是在如何对待“人民内部矛盾”的论述中，以毛泽东为主要代表的中国共产党人艰苦探索我国的民主政治理论。特别是毛泽东在对待政治思想领域的人民内部矛盾要实行“团结——批评——团结”方针、在人民群众和政府机关矛盾中坚持“民主集中制原则”、在共产党与民主党派的矛盾中坚持“长期共存、互相监督”方针，以及在对待各个民族之间的矛盾中实行“平等和团结互助”方针等方面，都是中国共产党人将马克思主义民主政治观同中国实际相结合的典范。特别是中国共产党第八次全国代表大会正确分析了我国进入社会主义社会之后的主要矛盾变化。众所周知，社会主义改造完成后，资产阶级作为剥削阶级已经不存在了，“无产阶级同资产阶级之间的矛盾已经基本上解决，几千年来的阶级剥削制度的历史已经基本上结束，社会主义的社会制度已经基本上建立起来了”[②]，这为社会主义社会的民主政治理论探索奠定了基础和前提。这是因为，对于社会主义社会主要矛盾新的科学判断决定了我们在国家进入全面的大规模的社会主义建设时期应该关注的重点领域，以及应该在民主政治理念上的相应探索。更重要的是，由于“我们国内的主要矛盾，已经是人民对于建立先进的工业国的要求同落后的农业国的现实之间的矛盾，已经是人民对于经济文化迅速发展的需要同当前经济文化不能满足人民需要的状况之间的矛盾”[③]，这要求我们必须在民主政治理念上进行卓有成效的探索，目的是团结国内外一切可以团结的力量，为解决这个主要矛盾提供政治支撑。由上述分析可以看出，正是因为社会主义主要矛盾的变化，中国共产党人创造性地将马克思列宁主义的民主政治观同我国实际相结合，探索独具中国特色的民主政治理论，从而为新时期社会主义社会主要矛盾解决以及党的建设指明了方

① 《建国以来毛泽东文稿》第6册，中央文献出版社1992年版，第245—246页。

②③ 《中国共产党第八次全国代表大会关于政治报告的决议》，《人民日报》1956年9月28日。

向，团结国内外一切可以团结的力量，为建设伟大的社会主义中国而奋斗。

毋庸置疑，党的八大确立的路线和方针是正确的，中国共产党人基于对社会主义社会主要矛盾科学判断而在民主政治理论的探索上也是符合历史发展的趋势。问题在于，囿于受到国内外不利因素的影响，党的八大之后我们在指导思想上发生了“左”倾错误，相应的民主政治理念也出现偏差，没有在实践中受到应有的重视。这突出地表现在，我们对政治领域中的阶级斗争问题产生了非理性认识，出现了反右派斗争严重扩大化的错误。由于民主政治理论并未真正在国家政治生活中发挥应有的作用，经济生活也在指导思想“左”倾错误下暴露出很多问题。尤其是在社会主义建设的规模和速度上，不顾实际需求和资源承载状况的所谓盲目求快的“左”倾冒进错误集中表现出来，在后期也发生了“大跃进”和人民公社化运动。从互动影响上看，民主政治理念的忽视与经济建设上的盲目求快不是单线条的彼此割裂现象，而是以勾连方式结合在一起，二者相互依存、彼此影响。一方面，原本社会主义民主政治理论上的艰辛探索，为社会主义经济建设提供了科学决策和政治保障。但是，它自身在指导思想“左”倾错误影响下未能得到应有的确认与坚持，因而也就难以保证科学的经济政策融入国家经济建设之中，并且容易导致错误的经济政策活动在政治上的动力支持。另一方面，社会主义经济建设上盲目求快的“左”倾冒进错误，反过来也又挤压了民主政治建设步伐，让符合时代要求的民主政治理论难以在经济生活中得到应有反映。客观来说，这个阶段民主政治建设所遭遇的挫折，存在复杂的社会原因，也反映了党和人民想早日建成社会主义的良好愿望。然而，正是这种脱离实际的美好愿望，可能过于强调人的主观能动性而在某种程度上违背了包括民主政治建设在内的客观规律，以至于政治维度上原本正确的原则、决策、方针等没有坚持下来，同时滋生了以高指标、瞎指挥、浮夸风为标志的各种问题。

面对国民经济比例严重失调和人民的积极性受到严重打击的状况，中国共产党人也在民主政治建设上进行反思，目的是对于违背实事求是的问题进行某种程度的调整，从而能够应对从1959年至1961年发生的经济困难。这包括了在各个民主党派人士建议下对国民经济制定了“调整、巩固、充实、提高”的八字方针。特别是在七千人大会上，中国共产党人也在民主政治上进行自我批评，并且为“反右倾”受到错误批评的大多数人平反，为经济逐渐恢复和国民经济调整提供了政治保障。

三、“文化大革命时期”（1966—1976 年）与民主政治理论的艰难探索

虽然指导思想上的“左”倾错误对我们民主政治理论探索带来不可低估的冲击，但中国共产党人在此过程中经历了不断调整和深刻反思，社会主义民主政治建设仍然在曲折中发展。但是，包括民主政治在内的社会主义各个领域建设并没有被推上正轨。事实上，政治领域的阶级斗争依然被严重高估，以至于在国民经济经过合理调整以及政治建设刚刚露出令人欣喜的变化时，一场波及大范围的“文化大革命”爆发了。“文化大革命”使我国民主政治建设遭受挫折，这突出地表现在，社会主义的民主和法制被肆意践踏。

尽管如此，社会主义民主政治理论仍在艰难的探索之中。“文化大革命”使党和国家的政治生活受到极大冲击，一些领导干部、民主党派负责人等也受到诬陷和迫害，党和政府的各级机构、各级人民代表大会等长期陷于瘫痪和不正常状态，公安、检察、司法等机关也无法正常运转。① 这个时期的民主政治的探索不仅包括了周恩来、邓小平、叶剑英、李先念、聂荣臻等老一辈革命家积极推动国家政治生活走上健康轨道，抵制“四人帮”集团“砸烂公检法”的政治企图，而且更重要的是推进社会主义法制建设不断前进。例如，这一时期重新制定和颁布了《中华人民共和国宪法》（即“七五宪法”）。问题在于，从民主与法制建设视角看，虽然“七五宪法”彰显出党和国家在特殊历史时期探索民主政治理论的艰苦努力，但它本身存在许多问题，甚至一些表述也违背了现代民主政治理念。

---

① 周安平等：《新中国宪法的历程——问题、回应和文本》，人民出版社 2017 年版，第 109—110 页。

第二节　社会主义革命和建设时期民主政治理论探索的目标

新中国成立后，民主政治是中国共产党人孜孜以求的目标。尽管面临纷繁复杂的国内国际形势，甚至在特定历史时期，我们在社会主义探索过程中出现偏差和遭受严重挫折，但是我们党对民主政治理论的探索却并未止步。相反，即使在民主与法制遭受破坏、政治生活受到冲击的社会背景下，中国共产党人还是通过各种方式探索民主政治理论，维护广大人民群众的合法权益。事实上，世界上任何一个国家和政权在民主政治建设上不可能一帆风顺，或多或少要经历难以避免的羁绊和挫折。究其原因，民主政治建设本身就是一个理论和实践相互结合、相互适配的过程，并且它在目标实现的过程中也不可能一蹴而就，而是需要一代又一代人的长期坚持和不懈探索。即使已经确立了具有明确指向的民主政治建设目标，具备科学理论的指导，也并不必然意味着探索民主政治理论就会无往不利。这是因为，作为上层建筑的民主政治理念存在于现实的社会生活之中，它本身要受到经济、社会、文化等领域的影响。从历史事实看，新中国成立至改革开放前民主政治理论探索也经历了曲折发展过程，出现过贬低乃至忽视民主政治的现象和问题，但是中国共产党人对民主政治理论探索的目标仍然具有重要指导意义和现实价值，特别是对于搭建民主政治的框架和运行机制以及改革开放之后的政治建设进程起到重要作用。具体而言，新中国成立至改革开放前民主政治理论探索的目标和特征表现如下。

一、将“民主”视为我国民主政治建设的核心

其一，将民主政治视为政治文明的核心议题。实际上，早在1945年毛泽东在回答黄炎培提出的“历史周期率之问”时，就已经阐明了中国共产党人探索民主政治理论的决心和信心，那就是通过“民主”和“人民监督”来跳出“其兴也勃焉，其亡也忽焉”的周期率。同时，在西柏坡召开的中国共产党第七届

中央委员会第二次全体会上，毛泽东提出值得关注的问题："因为胜利，党内的骄傲情绪，以功臣自居的情绪，停顿起来不求进步的情绪，贪图享乐不愿再过艰苦生活的情绪，可能生长。"①而且，"可能有这样一些共产党人，他们是不曾被拿枪的敌人征服过的，他们在这些敌人面前不愧英雄的称号；但是经不起人们用糖衣裹着的炮弹的攻击，他们在糖弹面前要打败仗。我们必须预防这种情况"②。如果没有民主监督，不注重民主政治建设，那么一些共产党人就会自我膨胀，日益脱离群众，最终可能会失去来之不易的人民民主政权。中国共产党人认识到民主政治的重要性，毛泽东在从西柏坡动身前往北平时说："我们进北平，可不是李自成进北平，他们进了北平就变了。我们共产党人进北平，是要继续革命，建设社会主义，直到实现共产主义。"③中国共产党人将进驻北平比喻为"进京赶考"，并把以人民监督为核心的民主政治作为交上满意历史答卷的秘诀。新中国成立后，党和国家领导人首先关注到民主本身的重要价值及其对社会主义建设的意义。毛泽东指出："在我们国家，如果不充分发扬人民民主和党内民主，不充分实行无产阶级的民主制……没有高度的民主……就不可能建立社会主义经济。"④由此可以看到，中国共产党人在新中国成立后，就已经将民主政治视为社会主义政治建设的核心议题，开始进行艰苦探索。

其二，从"民主化"视角探索社会主义民主政治的目标指向。刘少奇鲜明地指出："我们国家的民主化，和新民主主义的经济建设，人民经济事业的发展，我们国家的工业化，是不能分离的……。因此，我们的基本口号是：民主化与工业化！"⑤他将"民主化"置于我国民主政治建设的重要位置。"没有真正的民主，也就没有真正的集中，一切同志的意见和权利不被尊重，一切好的意见不被采纳，自然就不能集中全党的力量，团结得像一个人一样去战斗。"⑥

①② 《毛泽东选集》第4卷，人民出版社1991年版，第1438页。

③ 金冲及：《毛泽东传（1893—1949）》，中央文献出版社1993年版，第917页。

④ 《毛泽东著作选读》下册，人民出版社1986年版，第822页。

⑤ 《刘少奇选集》下卷，人民出版社1985年版，第60页。

⑥ 中共中央文献研究室：《刘少奇论党的建设》，中央文献出版社1991年版，第25页。

而且，越是在社会主义建设的关键时期，就越应该重视民主政治建设，特别是对于党内民主进行规范。刘少奇指出：“党内相当多的一部分干部滋长着一种极端危险的骄傲情绪，他们因为工作中的若干成绩就冲昏了头脑，忘记了共产党员所必须具有的谦逊态度和自我批评精神，夸大个人的作用，强调个人的威信，自以为天下第一，只能听人奉承赞扬，不能受人批评监督，对批评者实行压制和报复，甚至把自己所领导的地区和部门看作个人的资本和独立王国。”①因而，我们可以看到“民主”在我国社会主义探索阶段居于重要位置，受到党和国家领导人的高度重视。更为重要的是，正是由于我们将“民主”视为我国政治建设的目标，所以社会主义民主政治建设并不是抽象的，而是具体的。也就是说，我们在探索社会主义民主政治过程中，聚焦于具体的政治生活，能够从问题视角审视我们自身存在的不足，从而为推进社会主义民主政治建设指明方向。

二、奠定人民民主专政政权的民主政治保障

如何确保新中国政权的人民性特色，是中国共产党人孜孜以求的目标和理想。进一步追问，不难发现，维护人民民主专政政权的合法性就必须高度重视新中国的民主政治建设。同时，周恩来、刘少奇、董必武等都强调民主政治对于人民民主政权的保障作用，指出通过民主化建设调动人们建设社会主义的积极性和主动性。我们可以看到，我们党正是认识到民主政治对于人民民主专政政权的维护和保障作用，才注重将马克思列宁主义民主政治观同中国实际相结合，在思想作风上继承和发扬艰苦奋斗、谦虚谨慎的优良传统，始终保持为人民服务的宗旨，通过加强民主政治建设让我们党经受住执政考验。

面对新中国刚刚成立之初的经济状况，中国共产党人提出要深刻认识到当时面临的一穷二白、百废待兴的局面，要求广大党员干部继续保持艰苦奋斗和谦虚谨慎的作风。但是，由于受到资产阶级的享乐主义、利己主义等思想的影响，一些贪图享乐、贪污腐败、追求特权等现象暴露出来，官僚主义、命令主

① 《刘少奇选集》下卷，人民出版社1985年版，第126页。

义和个人主义等倾向日益严重，甚至还有个别在革命中经受过严峻考验的领导干部将自身权威凌驾于法律之上。这些问题在党内的滋生蔓延，违背了我们党跳出历史周期率的“民主之路”的期盼和目标，也与我们“进京赶考”所推崇的主张相悖。本质上看，上述以权谋私、谋取私利、腐化堕落、追求特权、贪图安逸等现象和问题是逃避人民监督，甚至是将个人权威凌驾于民主监督之上的行为，突出表现出一些党员干部脱离群众、忽视民主的问题，最终可能致“许多人陷入了贪污、浪费和官僚主义的泥坑”①。而且，“没有广泛的民主，无产阶级专政不能巩固，政权会不稳”②。刘少奇还指出民主政治与经济建设之间具有紧密的内在关联，“新民主主义的经济建设必须有新民主主义的政权来领导和保障”，“以社会主义的国营经济为领导的新民主主义经济，就只有在以工人阶级为领导的新民主主义的国家政权建立之后，才能加以组织并使之发展”。③因而，“新民主主义的政权建设，人民民主政权的发展，我们国家的民主化，和新民主主义的经济建设，人民经济事业的发展，我们国家的工业化，是不能分离的。没有我们国家的民主化，没有新民主主义政权的发展，就不能保障新民主主义经济的发展和国家的工业化”④。正因为如此，中国共产党人开始进行“自我革命”，割除党的肌体中各种违背人民民主政治理念的“毒瘤”。特别是通过“三反”和“五反”运动，以及处决刘青山、张子善并严肃处理一批贪图安逸、享受特权的腐化分子，净化了党内政治风气，重新树立了民主与法制的权威，夯实了人民民主专政政权的合法性。

社会主义改造完成后，社会主要矛盾已经发生显著性转变，这首先需要在探索民主政治建设的前提下维护新民主主义革命的成果。党的八大关于政治报告的决议指出：“为了有效地担负起伟大的经济文化建设任务，必须继续加强我国的人民民主专政。”⑤它意味着，这个阶段社会主义政治建设的首要目标，就

---

① 《毛泽东文集》第6卷，人民出版社1999年版，第191页。

② 《建国以来毛泽东文稿》第10册，中央文献出版社1992年版，第26页。

③④ 《刘少奇选集》下卷，人民出版社1985年版，第60页。

⑤ 《中国共产党第八次全国代表大会关于政治报告的决议》，《人民日报》1956年9月28日。

是通过民主与法制等方式继续加强我国的人民民主专政。只有如此，才能为社会主义经济建设以及其他各方面的建设提供稳定的政治环境。正如毛泽东所言，我们跳出历史周期率的“新路”就是“民主”，就是让人民来监督政府。实质上，进入社会主义建设时期以后，我们还需要在经济建设上继续推进改革。如果独断专行，忽视民主政治的作用，广大人民群众的意愿得不到及时反映，那么人民民主专政政权本身就可能受到威胁，甚至出现不可逆转的颠覆性事件，最终导致我们通过浴血奋战所取得的革命成果毁于一旦。

三、构建同解决社会主义社会主要矛盾相适应的民主监督观

新中国成立后，由于我们处在“过渡时期”，社会主要矛盾在国内的表现是无产阶级同资产阶级之间的矛盾，在国际上是中国人民同帝国主义之间的矛盾。“这是社会主义革命所要解决的矛盾。我们对农业、手工业和资本主义工商业的社会主义改造，就是要变革资产阶级所有制，变革产生资本主义的根源的小私有制。”①随着社会主义的社会制度在我国得以建立，社会主要矛盾发生了质的变化，它表现为“已经是人民对于建立先进的工业国的要求同落后的农业国的现实之间的矛盾，已经是人民对于经济文化迅速发展的需要同当前经济文化不能满足人民需要的状况之间的矛盾”，而且“这一矛盾的实质，在我国社会主义制度已经建立的情况下，也就是先进的社会主义制度同落后的社会生产力之间的矛盾”②。正是由于社会主要矛盾的显著性变化，我们的民主政治建设目标已经进入社会主义社会的崭新阶段，已经具备了确立的依据。换言之，对社会主义民主政治理论的探索，应该围绕当前解决社会主要矛盾所蕴含的目标指向。这种目标指向，是通过政治领域的理论和实践的艰苦探索，建立与解决社会主义社会主要矛盾相适应、相匹配的观念支撑，从而团结一切可以团结的力量，为建设伟大的社会主义中国而奋斗。从这个意义上说，《中国共产党第八次全国代表大会关于政治报告的决议》结合中国社会主要矛盾的历史性变化，对

①② 《中国共产党第八次全国代表大会关于政治报告的决议》，《人民日报》1956 年 9 月 28 日。

社会主义民主政治理论进行了卓有成效的探索。

一是通过“民主监督”增强广大人民群众参与国家政治生活的积极性和主动性，反对党内存在的官僚主义倾向。党的八大关于政治报告的决议指出，扩大国家的民主生活，开展反对官僚主义的斗争，是十分重要的。刘少奇深刻揭示了“权力”与“腐化”之间的关系，如果权力得不到约束，那么就必然导致党员干部的腐化问题，“好的干部如果没有经常的监督也可能变坏。因此，对一切国家机关工作人员都应实行监督”①。邓小平在《关于修改党的章程的报告》中指出：“我们需要实行党的内部的监督，也需要来自人民群众和党外人士对于我们党的组织和党员的监督。无论党内的监督和党外的监督，其关键都在于发展党和国家的民主生活。”②陈云也一针见血地指出，新中国成立后党员干部的思想认识发生很大变化，在资产阶级思想影响下很容易催生“腐化”问题。我们可以看到，这种民主监督本质在于遏制官僚主义作风，始终保持党同人民群众的血肉联系。由上述分析可知，新中国成立后，一些党员干部在和平环境下滋生了隐形变异、形式多样的官僚主义，贪图享乐、追求特权、命令主义等现象。由此产生的问题是，广大人民群众在官僚主义倾向面前，逐渐失去了参与国家民主政治生活的积极性和主动性，参与意愿受到抑制。所以，在社会主义社会主要矛盾发生显著性变化的背景下，我国民主政治理论的探索要适应这种变化，铲除官僚主义及其所衍生的形式主义等问题的根源。尤其需要指出的是，这个时期我国民主政治理论的探索始终依靠人民群众的监督来实现，它在方法上和目标指向上都是将人民群众置放于首要位置。这是因为，进入社会主义建设时期以后，官僚主义倾向最集中的表现，就是出现了领导干部与人民群众之间的紧密关系的断裂，甚至在某种程度上呈现为尖锐的对立。这也就需要我们通过民主监督的方式，割除这个附着在党的健康肌体上的“毒瘤”，始终保持党同人民群众的血肉联系，从而让广大人民群众有意愿、有能力参与国家民主政

① 《刘少奇选集》下卷，人民出版社1985年版，第174页。

② 《邓小平文选》第1卷，人民出版社1994年版，第215页。

治生活。

二是通过“民主监督”增强党员领导干部建设社会主义的热情。在我们已经完成对农业、手工业和资本主义工商业的社会主义改造以后，社会主义制度已经确立起来了，此时的工作重心应该是聚焦于经济建设，在相应方针上既要“反保守”，又要“反冒进”，需要在综合平衡中稳步前进。但是，经济建设方针需要通过国家政治生活的民主手段和方式予以推进，尤其是借助广大人民群众的民主监督来催动经济建设的步伐，并且依靠民主监督衡量和检验经济建设的各项成就的效果。如果在经济建设中没有形成对党员干部的有效约束力量，也缺少广大人民群众的民主监督，那么就可能出现懒政怠政、消极颓废、不思进取、裹足不前、怠慢群众等问题，对经济建设及其他方面建设带来危害。从这个意义上讲，广大群众的民主监督能够增强党员干部建设社会主义的热情，同时有助于将人民的意愿反映在经济生活及社会生活之中，提升社会主义经济建设的效果。客观来说，新中国成立至改革开放前，我国在经济建设以及其他方面取得一系列成就的重要推动力之一就在于民主监督。

三是“民主监督”在政治生活中具有重要意义。党的八大之后，我们党在指导思想上发生的“左”倾错误及其在实践中出现的盲目追求社会主义建设的规模和速度问题，恰恰是因为广大人民群众在民主监督维度上出现了被弱化倾向，或者说忽视了民主监督在政治生活中的作用。刘少奇针对“大跃进”和人民公社化运动进行反思时指出：“这几年，我们吃了不调查研究的亏，吃了不讲民主的亏。我们不发扬民主，不善于听人家的意见，不充分在人民中间讨论，不认真取得他们的同意，这是一条很大的经验教训。”① 同时，也正是因为我们积极构建同解决社会主义社会主要矛盾相适应的民主监督观念，才在20世纪60年代初国家针对国民经济制度制定了“调整、巩固、充实、提高”的方针，调整国民经济任务，使之能够得以实现，这充分说明了民主监督目标的重要性和必要性。

---

① 《刘少奇论党的建设》，中央文献出版社1991年版，第716页。

四、民主政治建设应该切实反映人民群众的根本利益

探索社会主义过程中，继续加强我国的人民民主专政，离不开广大人民群众。甚至可以这样说，人民群众是我们扩大国家民主政治生活的动力和目的。毛泽东指出："没有民主，没有把群众发动起来，没有群众监督，就不可能对反动分子和坏分子实行有效专政，也不可能对他们进行有效的改造。"① 邓小平则将以民为本视为民主政治建设的基石，倡导一切为了群众、一切依靠群众，并且具体指出我们在民主政治生活中的具体问题。"执政党的地位，很容易使我们同志沾染上官僚主义的习气。脱离实际和脱离群众的危险，对于党的组织和党员来说，不是比过去减少而是比过去增多了。"② 归根结底，我们的民主政治建设要紧紧依靠人民，并且最终目的也是为了人民群众，从而"使国家机关经常保持同群众的密切联系，正确地反映群众的意志"③。

中国共产党第八次全国代表大会的政治报告中提出："必须在全体干部和党员中反复地进行全心全意为人民服务的教育。"④ "因为我们是全民所有制，东西是大家有份的，群众敢于讲话，有权利讲话，有权利对分配问题提出意见。"⑤ 如果我们的民主政治建设脱离了人民群众，那么就会影响到社会主义社会探索的目标指向，也就是说，我们探索社会主义到底是为了什么就会成为一个值得反思的问题。正是在这个意义上，党和国家领导人才如此重视民主政治建设的"人民性"原则。"为了党的、无产阶级的、民族解放和人类解放的事业，能够毫不犹豫地牺牲个人利益，甚至牺牲自己的生命，这就是我们常说的'党性'或'党的观念'、'组织观念'的一种表现。这就是共产主义道德的最高表现，就是无产阶级政党原则性的最高表现，就是无产阶级意识纯洁的最高表现。"⑥

① 《建国以来毛泽东文稿》第10册，中央文献出版社1992年版，第26页。
② 《邓小平文选》第1卷，人民出版社1994年版，第214页。
③ 《刘少奇选集》下卷，人民出版社1985年版，第159页。
④ 《刘少奇选集》下卷，人民出版社1985年版，第275页。
⑤ 《刘少奇选集》下卷，人民出版社1985年版，第304页。
⑥ 《刘少奇选集》上卷，人民出版社1985年版，第131页。

实际上，我们党确立的民主集中制原则，就是强调了民主政治建设中“人民群众的利益”这个根本宗旨，它“是党的领导骨干与广大党员群众相结合的制度，即是从党员群众中集中起来，又到党员群众中坚持下去的制度，即是反映党内的群众路线”①。而且，越是在困难时期，我们越应该在民主政治建设中反思是否将人民群众根本利益作为指引。例如，在看到“大跃进”和人民公社化运动中忽视人民群众利益问题，特别是忽视民主政治生活作用时，党和国家领导人就对此进行了深入反思。刘少奇在七千人大会上说：“不错，我们党是国家的领导党，但是，不论何时何地，都不应该用党的组织代替人民代表大会和群众组织，使它们徒有其名，而无其实。如果那样做，就违反了人民民主制度，就会使我们耳目闭塞，脱离群众，这是很危险的。”②

五、构筑符合马克思列宁主义基本原则与我国国情的民主集中制

毛泽东在总结“大跃进”和人民公社化运动等经验教训时，特别是纠正工作中的“左”倾错误过程中深刻阐述了民主集中制的重要价值。民主集中制的理念对于我国民主政治建设具有指导意义，它是党和国家领导人将马克思列宁主义运用到我国实践之中而提倡的重要原则。我们正是通过“民主”与“集中”这二者的彼此互动、相辅相成的关系构建我国的领导制度，极大推进了社会主义民主政治建设。邓小平指出：“民主集中制是我们党的列宁主义的组织原则，是党的根本的组织原则，也是党的工作中的群众路线在党的生活中的应用。”③刘少奇也指出：“我们的党，不是许多党员简单的数目字的总和，而是由全体党员按照一定规律组织起来的统一的有机体，而是党的领导者被领导者的结合体，是党的首脑（中央）、党的各级组织和广大党员群众依照一定规律结合起来的统一体。这种规律，就是党内的民主的集中制。”④

① 《刘少奇选集》上卷，人民出版社 1985 年版，第 359 页。

② 《刘少奇选集》下卷，人民出版社 1985 年版，第 402—403 页。

③ 《邓小平文选》第 1 卷，人民出版社 1994 年版，第 225 页。

④ 《刘少奇选集》上卷，人民出版社 1985 年版，第 358 页。

社会主义民主政治建设的重要目标之一，就是探索民主集中制的理论。“我们的国家制度是高度的民主和高度的集中的结合。这个制度已经在我国过去几年的历史中表现了它的优越性。这当然不是说，我们的国家工作就是完全健全的了。我们的许多国家机关和工作人员在工作中常常脱离我们的国家制度的正确原则，不是发挥了而是妨碍了我们的国家制度的生动力量。当然也不是说，我们的国家制度已经一切都完备了，它还需要相当的时间使自己逐步地成熟和完善起来。”① 这意味着，社会主义民主政治理论的探索，就是要根据我国国家制度的运行情况，不断在实践的基础上丰富“民主”与“集中”理论的内涵，并且使其运行机制更加完善，从而为社会主义建设服务。

第三节　社会主义革命和建设时期民主政治理论探索的任务

从内在逻辑看，新中国成立至改革开放前我国民主政治理论探索的目标决定了其任务设定及其努力的方向。如果我们进一步追问这个阶段我国民主政治理论探索任务的前置性影响因素，那么还是回到我们党对于社会主要矛盾变化的判断上。原因在于，随着社会主义制度在我国确立，社会主要矛盾集中到“工业国”与“农业国”、“经济文化发展”与“人民需要”两个层面，这就意味着民主政治理论探索也应该服从于这个矛盾变化的状况，为探索社会主义提供政治保障。中共八大决议对于社会主义民主政治理论探索的任务进行了详细论述，我们也侧重从其提供的路向展开剖析。具体而言，新中国成立至改革开放前我国民主政治理论探索的主要任务表现为如下四个方面。

一、进一步扩大民主生活，开展反对官僚主义的斗争

这是刘少奇在中国共产党第八次全国代表大会所作的政治报告中集中论述

① 刘少奇：《中国共产党中央委员会向第八次全国人民代表大会的政治报告》，《人民日报》1956 年 9 月 17 日。

的内容。社会主义制度在中国确立后，国家民主生活与经济建设之间的关系问题，成为迎面而来的重要议题。因为国家展开大规模的社会主义建设，需要民主政治层面的理念及其架构的政治保障，从而能最大限度地激发出建设社会主义生产力的内在活力，推动整个国家的发展和进步。从当时情况看，这个任务的具体表现如下。

第一，扩大民主生活必须开展反对官僚主义的斗争。客观地讲，扩大民主生活与反对官僚主义之所以成为此阶段的首要任务，就是因为脱离群众和脱离实际的官僚主义现象已经影响到国家政治生活的顺利开展，并且在事实上对社会主义探索带来危害。刘少奇一针见血地指出："这种脱离群众、脱离实际的官僚主义，严重妨碍着国家的民主生活的发展，妨碍着广大群众的积极性的发挥，妨碍着社会主义事业的前进。"①它实际上是将反对官僚主义的斗争，上升到整个国家民主生活和经济建设的高度进行阐述。从本质上看，以扩大民主生活为旨归的反对官僚主义的斗争，是对国家机关阻碍"上下级"与"上级和群众"之间意见交流问题的反思。究其原因，"在我们的许多国家机关中，存在着高高在上、不了解下级和群众的意见、对于下级和群众的意见加以压制、对于群众生活漠不关心的官僚主义现象。"②邓小平在中国共产党第八次全国代表大会所作的《关于修改党的章程的报告》中也指出，健全党和国家的民主生活至关重要，因为它能够保证下级组织可以根据自己的感受、调查、访问等将人民群众所反映的情况提供给上级，并且可以无所顾忌地批评上级机关中的不足和问题，从而能够保证正确的意见得到应有的重视。③

第二，反对官僚主义的斗争必须加强对于国家工作的监督。反对官僚主义的斗争不是短期内可以实现的，它需要我们充足的心理准备与长时间的坚持，只有久久为功才能达到良好的治理效果。从当时我们党和国家面临的问题来看，反对官僚主义的斗争最重要的是需要加强对于国家工作的监督。1956 年

①② 刘少奇：《中国共产党中央委员会向第八次全国人民代表大会的政治报告》，《人民日报》1956 年 9 月 17 日。

③ 《邓小平文选》第 1 卷，人民出版社 1994 年版，第 223—224 页。

毛泽东在《对中共八大政治报告稿的批语和修改》一文中强调：“我们要加强党内的自我批评和依靠广大劳动人民的监督来克服缺点和错误，这是主要的一面。但是我们还应当借助于各民主党派和无党派民主人士的批评来克服缺点和错误。不管他们的批评有许多常常是从右的方面出发的，但是能够引起注意问题的所在，使我们能够及时地解决这方面发生的问题。这也是监督的一个方面。这对于我们党，对于社会主义事业是有益无害的。”① 党和国家领导人对于这个问题的探索，又表现在四个方面。② 一是我们“党对于国家机关的领导和监督”。从内容看，它主要包括了“党的各级委员会必须经常检查各级政治中党组织的工作”，“党委的各个工作部门应当负责建立起对于有关的政府工作部门中党组织和党员的经常的监督”。③ 二是发挥人民代表大会对政府机关的监督功能。毛泽东早在这个问题上有过深刻论述：“召开人民代表大会，可以更加发扬人民民主”，这“对全国人民都有利的”。④ 刘少奇也指出，人民代表大会制度是适合我国国情和特点的基本制度，它之所以具有“伟大的功效的制度”，是因为它是“人民民主政权的最好的基本的组织形式”⑤，并且能够发挥自身的监督功能，保证人民的意愿得到及时反映。而且，为了保证这个功能得以正常发挥，还要加强“人民代表的视察工作”，建立“视察制度”，目的是“广泛地收集人民群众的意见”。⑥ “一定要有人民代表大会，要吸收各方面的意见。人民代表要能够反映各方面的声音。现在党的代表大会代替人民代表大会，党的委员会代替人民委员会，党委代替一切，在党内也代替了党代表大会，这是个大错误。如何实现无产阶级专政，如何实行人民民主专政，这是个大问题。”⑦ 事实上，人民代表的“视察”就是要保持我们党和人民群众之间的

① 《建国以来毛泽东文稿》第6册，中央文献出版社1992年版，第146—147页。

② 以下这四个方面的内容在结构上和思路上主要来自“中共八大决议”。

③⑥ 刘少奇：《中国共产党中央委员会向第八次全国人民代表大会的政治报告》，《人民日报》1956年9月17日。

④ 《建国以来毛泽东文稿》第4册，中央文献出版社1992年版，第20页。

⑤ 《刘少奇选集》下卷，人民出版社1985年版，第56—57页。

⑦ 《刘少奇论党的建设》，中央文献出版社1991年版，第716页。

双向沟通，既要保证党的各项方针、政策能够让人民群众及时了解，增强其本身的普及度和执行力，又要耐心听取广大人民群众的意见，通过人民信任的代表反映到国家政治机构中去，并且促使各个政府机关在制定具体的政策中能够体现人民的意志。三是充分发挥监察机关的作用和功能，通过政府机关的“由上而下的监督”和“由下而上的监督”这种双向逻辑来反对官僚主义现象与问题。邓小平指出：“必须加强党的和国家的监察工作，及时发现和纠正各种官僚主义现象，对于违法乱纪和其他严重地损害群众利益的分子，及时地给以应得的处分。”①传统认识的误区在于，认为监察工作只是国家机关自上而下的检查和督导。但是，这只是问题的一个方面，更重要的还有自下而上的批判和反馈。只有将“由上而下的监察”和“由下而上的反馈”打通，并且使之形成协同共进效应，才能更好发挥监察的作用和功能。四是着重加强人民群众和机关中下级工作人员对国家机关的监督。邓小平指出：“在党的组织和国家机关的许多工作人员中，正在滋长着形形色色的官僚主义倾向。不少领导机关和领导干部，高高在上，不接近群众，不重视调查研究，不了解工作中的真实情况。”②在社会主义探索过程中，人民群众最有发言权。因为人民群众最接近火热的现实生活，也能够在具体实践中发现“真问题”。所以，要加强人民群众对国家机关的监督，从而能够及时地给国家机关提出各种意见和建议，使之能够真正反映广大人民群众的意愿和意志。同时，“由下而上”的批评和反馈，特别还需要发挥机关中下级工作人员的积极性。这突出地表现为，“上下级关系中的缺点，从总的方面说来，主要地还是对于发扬下级组织的积极性创造性注意不足。不适当的过分的中央集权，不但表现在经济工作、文化工作和其他国家行政工作中，也表现在党的工作中”③。而且，“官僚主义也表现在有一些干部有严重的骄傲自满情绪。他们夸大个人的作用，强调个人的威信，只能听人奉承赞扬，不能受人批评监督，甚至有些品质恶劣的人，还对批评者实行压制和

① 《邓小平文选》第 1 卷，人民出版社 1994 年版，第 224 页。
② 《邓小平文选》第 1 卷，人民出版社 1994 年版，第 221 页。
③ 《邓小平文选》第 1 卷，人民出版社 1994 年版，第 227 页。

报复”①。因而，只有让机关中的下级工作人员能够顺畅反馈意见，能够及时提出批评意见，并且在此过程中受到鼓励而不是遭受报复和压制，才能遏制脱离群众、脱离实际的官僚主义问题。

二、适当调整中央和地方的行政管理职权，增强地方积极性和创造性

一是动态调整中央和地方的行政管理职权。中央和地方行政管理职权的划定及其比例是国家政治生活中一个至关重要的问题。一般而言，二者应该在动态调整中保持平衡，通过合理性和适配性的划界共同促进国家各项工作得以顺利开展。如果中央的行政管理职权过多，甚至出现将各种事务都集中到中央层面的问题，不成比例地限制地方的行政管理职权，那么最终就可能会出现中央职权“过载”现象。虽然中央集中管理能够提高效率，掌控全局工作，但也会在大包大揽中导致效率低下、灵活性不足等问题。例如，苏联高度集中的政治体制，就在它作用发挥过程中逐渐走进了“僵化封闭”的陷阱，以至于造成中央集权及其机构臃肿，地方被限制“过死”，失去了创造活力，甚至沦为单向反应的“僵化执行机构”。同样，如果地方的行政管理职权过多，过度“分权”，甚至承担一些原本不属于自身的职权，那么就会降低中央行政管理职权的权威性和有效性，很容易造成地方“各自为政”，而且会降低中央的宏观审视和整体把控能力。当然，这也不意味着中央和地方的行政管理职权具有固定、永恒的比例关系，似乎达到一个固化的比例关系就会促进国家的迅猛发展。事实上，只有根据具体情况和实际需要，在不同时期动态调整中央和地方的行政管理职权，才能增强二者之间的适配性。也就是说，中央和地方的行政管理职权要保持一个动态平衡状态，体现权威性与灵活性的辩证关系。

二是不能错误配置甚至颠倒中央和地方的行政管理职权。毛泽东在《论十大关系》中就集中谈到“中央和地方的关系”。他指出：“为了建设一个强大的社会主义国家，必须有中央的强有力的统一领导，必须有全国的统一计划和统

① 《邓小平文选》第1卷，人民出版社1994年版，第222页。

一纪律，破坏这种必要的统一，是不允许的。同时，又必须充分发挥地方的积极性，各地都要有适合当地情况的特殊。”[①]而且，“目前要注意的是，应当在巩固中央统一领导的前提下，扩大一点地方的权力，给地方更多的独立性，让地方办更多的事情。这对我们建设强大的社会主义国家比较有利”[②]。邓小平在中国共产党第八次全国代表大会上作的《关于修改党的章程的报告》中也谈到了类似问题，关于中央和地方的职权范围应该增加这样的条文，“党的中央组织和地方组织的职权应当有适当的划分。凡属于全国性质的问题和需要在全国范围内作统一决定的问题，应当由中央组织处理，以利于党的集中统一；凡属于地方性质的问题和需要由地方决定的问题，应当由地方组织处理，以利于因地制宜”[③]。刘少奇则从历史视角审视了中央和地方的职权在不同时期的范围划定及其作用。他说，我们在新中国刚刚成立之初为了巩固人民民主专政，突破帝国主义的孤立和封锁，中央扩大职权和反对分散主义有其历史必然性，也是符合特定时期的具体情况，应该值得肯定。“但是，近年来中央有些部门把过多的事务抓到自己手里，对地方限制得过多过死，忽视地方的特殊情况和特殊条件，应当同地方商量的事也不同地方商量；有些部门还发出许多形式主义的公文和表格，给地方压力很大。这样，既不利于地方的工作，也分散了中央的精力，发展了官僚主义。”[④]

三是当前调配中央与地方职权关系过程中应增强地方的积极性和创造性。党和国家领导人对于中央和地方的行政管理职权问题进行了比较全面而系统的阐述，并且察觉到当前在二者关系上的种种问题，提出要根据现实情况调整中央和地方的职权范围，特别是增强地方的积极性和创造性。正因为如此，要适当增加地方的行政管理职权。例如，对于“农业、小型和中型的工业、地方的

① 《毛泽东文集》第 7 卷，人民出版社 1999 年版，第 32 页。

② 《毛泽东文集》第 7 卷，人民出版社 1999 年版，第 31 页。

③ 《邓小平文选》第 1 卷，人民出版社 1994 年版，第 228 页。

④ 刘少奇：《中国共产党中央委员会向第八次全国人民代表大会的政治报告》，《人民日报》1956 年 9 月 17 日。

运输事业、地方的商业、中小学教育、地方的卫生事业和地方的财政等等”，要让“因地制宜、因时制宜地去部署办理”，相应地，“省、市、县、乡都应当有一定范围的行政管理职权”，从而“既能够发挥中央机关的积极性，也能够发挥地方的积极性，使中央和地方都有必要的机动，又便于实行相互的监督。这对于促进我国社会主义建设的普遍高涨具有重要的意义”。[①] 从这个意义上说，党和国家领导人对于正确处理中央和地方的行政管理职权，特别是增加地方的积极性和创造性等方面，进行了系统探索，为我国民主政治建设和经济建设提供了理论支撑。

三、正确处理汉族与少数民族关系，保障少数民族的民主权利

新中国成立后，如何处理各个民族之间的关系也成为摆在中国共产党面前的一道问题。事实上，中国革命目的本身就是追求国家独立和民族解放。我国是一个统一的多民族国家，汉族和少数民族都是中华民族大家庭的平等一员。正确处理汉族与少数民族关系，切实保障少数民族的平等权利，是社会主义民主政治建设中的关键议题。

一是关注大汉族主义的错误倾向，搞好汉族与少数民族关系。毛泽东十分重视各民族之间的和谐统一关系，他强调“对于汉族和少数民族的关系，我们的政策是比较稳当的，是比较得到少数民族赞成的。我们着重反对大汉族主义。地方民族主义也要反对，但是那一般地不是重点”，而且“我们必须搞好汉族和少数民族的关系，巩固各民族的团结，来共同努力于建设伟大的社会主义祖国”[②]。邓小平也较早对于汉族与少数民族关系以及保障少数民族民主政治权利问题进行论述，他指出由于历史原因汉族与少数民族之间的隔阂是很深的，“少数民族要经过一个长时间，通过事实，才能解除历史上大汉族主义造成的他们同汉族的隔阂。我们要做长期的工作，达到消除这种隔阂的目的。要使他们相

---

① 刘少奇：《中国共产党中央委员会向第八次全国人民代表大会的政治报告》，《人民日报》1956 年 9 月 17 日。

② 《毛泽东文集》第 7 卷，人民出版社 1999 年版，第 33—34 页。

信，在政治上，中国境内各民族是真正平等的”[①]。正确处理汉族与少数民族关系，最关键的是要克服大汉族主义，“继续改进汉族人民和少数民族人民、汉族干部和少数民族干部之间的关系”，特别是在少数民族地区工作的汉族干部，必须正确地宣传和执行党的民族政策，在具体工作中按照民族平等的理念处理各种事务，并且真心实意地听取少数民族干部的意见，允许他们在法律框架内行使职权，既要“耐心地帮助少数民族当家作主”，鼓励他们进行自我治理，又要看到少数民族地区取得的成就，虚心学习少数民族的经验。[②]

二是我们要坚持民族团结和民族互助，特别是坚持民族区域自治制度。在1954年一届全国人大一次会议上，刘少奇在《关于中华人民共和国宪法草案的报告》中指出：“我们的国家是工人阶级领导的人民民主国家，所以我们的国家能够用彻底的民主主义和民族平等的精神来解决民族问题，建立国内各民族之间的真正合作。我们坚决地认定，必须让国内各民族都能积极地参与整个国家的政治生活，同时又必须让各民族按照民族区域自治的原则自己当家作主，有管理自己内部事务的权利。”[③]民族区域自治制度是我国的一项基本政治制度，并以宪法条文的形式固定下来。这种政治制度不仅创造性解决了复杂的民族问题，而且有利于少数民族人民当家作主，充分行使自治权，调动他们建设社会主义的积极性和主动性。实际上，新中国成立后少数民族地区的状况发生了翻天覆地的变化，他们经过民主改革和社会主义改造也焕发出建设社会主义的巨大热情。随着社会主义制度在中国确立，我们在对待少数民族问题上，最重要的任务就是“要在他们的地区发展现代工业”，并且“根据客观上可能和经济上合理的原则，在少数民族地区逐步地举办一些地方工业……都必须注意帮助少数民族形成自己的工人阶级，培养自己的科学技术干部和企业管理干部。只有这样，少数民族在各方面的发展才能比较快地达到现代的

① 《邓小平文选》第1卷，人民出版社1994年版，第162页。

② 刘少奇：《中国共产党中央委员会向第八次全国人民代表大会的政治报告》，《人民日报》1956年9月17日。

③ 《刘少奇选集》下卷，人民出版社1985年版，第163页。

水平”。[1]因而，汉族和少数民族同属中华民族，都是社会主义建设中的平等一员，需要彼此协作，为建设伟大的社会主义中国而共同奋斗。

四、通过加快民主与法制建设步伐确保国家政治生活有序推进

1956年，刘少奇指出：“为了巩固我们的人民民主专政，为了保卫社会主义建设的秩序和保障人民的民主权利，为了惩治反革命分子和其他犯罪分子，我们目前在国家工作中的迫切任务之一，是着手系统地制定比较完备的法律，健全我们国家的法制。”[2]社会主义民主政治建设离不开法律，需要通过法制建构良好的社会秩序。

一是通过法制建设推进民主政治建设。人民当家作主的民主权利只有借助完备和健全的法制，才能获得制度性保障，而社会主义法制建设只有能够切实推动民主建设，保障广大人民群众的民主权利，才会得到认同与执行。民主的法制化和法制的民主化，是社会主义民主政治建设必须直面的问题。新中国成立后，我们通过加快民主与法制建设步伐确保国家政治生活有序推进。“就立法工作而言，从1949年9月到1957年底，我国先后制定的法律、行政法规、行政规章，共计873件之多。这些法律法规的制定和实施，有力地促进和维护了经济的恢复和发展，使民主监督有了法律依据。”[3]特别是“五四宪法”的制定和颁布过程，集中体现了社会主义民主政治建设的艰苦探索，彰显出中国共产党人的法制观。毛泽东在《关于中华人民共和国宪法草案》的说明中指出：“我们的民主不是资产阶级的民主，而是人民民主，这就是无产阶级领导的、以工农联盟为基础的人民民主专政”[4]，这就决定了“我们制定的宪法当然只能是人民民主的宪法”[5]。正是基于这样的民主与法制理念，我国形成了一个以宪法为

---

①② 刘少奇：《中国共产党中央委员会向第八次全国人民代表大会的政治报告》，《人民日报》1956年9月17日。

③ 吴超：《陈云民主监督思想探析》，《前沿》2008年第4期。

④ 《建国以来毛泽东文稿》第4册，中央文献出版社1992年版，第502页。

⑤ 《刘少奇选集》下卷，人民出版社1985年版，第133页。

中心，以各种具体性法令、条例和规章共同组成的法制体系，并且要求“我们的一切国家机关都必须严格地遵守法律，而我们的公安机关、检察机关和法院，必须贯彻执行法制方面的分工负责和互相制约的制度”①。

二是采取“刚柔”并济的方式打击反革命分子和其他犯罪分子。就这一时期的重点工作而言，“反革命分子是要破坏我们的国家、破坏我们的建设、危害人民的安全的，因此，我们的国家机关必须镇压和肃清反革命分子”②。这意味着，我们的公安机关、检察机关和法院应该通过完备的法制严厉打击反革命分子，防止他们通过各种渗透方式和暴力方式“搞破坏”，严重危害广大人民群众的生命财产安全。而且，在具体工作中并不是对反革命分子和其他犯罪分子采取“一刀切”的严格“惩办”方式，我们党还依据法律制度对于那些已经认识到自身错误行为，愿意改过自新的人给予宽大处理，变消极因素为积极因素，这也为彻底肃清反革命分子铺平了道路。

第四节　社会主义革命和建设时期民主政治建设的实践

从 1949 年中华人民共和国成立到 1978 年党的十一届三中全会的召开，是社会主义革命和建设时期。这一时期，伴随着新生的人民政权的建立和巩固，我国的民主政治建设实践也取得了重要进展，一系列基本制度得以形成，虽然部分制度在“文化大革命”时期遭受挫折，但总体上为我国后来的民主政治建设奠定了基础并提供了可资参鉴的经验教训。

一、党内民主建设的新探索

党内民主是党的生命。加强党内民主建设，一直是中国共产党加强自身建

---

①② 刘少奇：《中国共产党中央委员会向第八次全国人民代表大会的政治报告》，《人民日报》1956 年 9 月 17 日。

设的一个关键点。在新民主主义革命时期，中国共产党始终将党内民主建设作为凝聚全党思想共识、激发党员政治活力、确保党组织生机盎然的重点工作来抓。新中国成立初期，中国共产党结合新的形势、要求和任务，对党内民主建设进行了新的探索与实践，取得了一些富有成效的成果。

新中国成立后，中国共产党加强党内民主建设有其内在的历史必然性。第一，加强党内民主建设，是新中国成立后中国共产党政治角色转换的内在要求。1949 年 10 月 1 日中华人民共和国的成立，标志着中国共产党的政治地位和政治角色发生了重大变化，即中国共产党由领导人民以开展革命斗争夺取全国政权为核心任务的党，转变为以领导全国人民巩固和建设新生政权并实现从新民主主义到社会主义转变为核心任务的在全国范围执政的党。这一政治角色转换，也给党的领导能力和执政水平带来了许多新的挑战。如何通过党内民主建设，使广大党员干部尽快适应全国执政环境、提高各种领导能力应对复杂局面以及坚决地抵御各种诱惑不腐败变质，成为了重要课题。第二，加强党内民主建设，是新中国成立后基于中国共产党发展状况得出的应然结论。新中国成立后，党员干部的队伍不断壮大。据统计，从 1948 年 7 月至 1950 年底，共产党员的数量由 280 万人发展到 580 万人，整整增加了 300 万人。随着党员干部队伍的扩大以及党内骄傲自满情绪的滋生，一些党员干部衍生了命令主义、官僚主义以及贪污腐化问题，对党的先进性和战斗力造成了严重的挑战。因此，如何加强党内民主建设，使广大党员干部树立起正确权力观，防止腐败现象的滋生，就成为了一个紧迫性任务。第三，加强党内民主建设，也是新中国成立后国内外政治形势促动的必然结论。新中国成立初期，中国共产党面临的国内外政治氛围复杂而艰险。从国际来看，世界出现美苏“两极”对峙格局，以美国为首的帝国主义在政治、外交和经济上封锁新中国；从国内来看，新中国经济上百废待兴，反革命颠覆和破坏活动相当猖獗，民主改革的许多任务也尚未完成。在这样的国内外政治氛围下，中国共产党迫切需要加强党内民主建设，以扩大党的群众基础、巩固党的阶级基础、夯实党的执政根基，充分调动广大党员干部和人民群众的积极性、主动性和创造性，提升我们党对新中国各项事业的领导能力，推动社会主义革命和建设事业取得新突破。

具体来看，新中国成立后至改革开放之前，党内民主建设的新探索主要体现在以下几个方面。

一是健全党的代表大会制度的新探索。党的代表大会制度，是党内民主建设的基本制度依托。新中国成立后，党的主要负责同志对于健全党的各级代表大会制度非常重视。1951 年 12 月，中共中央印发了《关于党、政、军系统各级直属党委每年至少召开一次党的代表大会的指示》，要求党、政、军各级党的组织，必须每年至少召开一次党的代表大会。1952 年 7 月，薄一波在纪念建党 31 周年大会上所作的《为巩固“三反”“五反”运动的伟大胜利而斗争》的报告中，提出为了克服党内的贪污、浪费、官僚主义等现象，必须充分地发扬民主，必须按照党章定期召开党的代表大会。1955 年 3 月，毛泽东在中国共产党全国代表大会上发表总结讲话时指出：“党的代表大会，十年没有开了。”“有人建议一年或者两年开一次这样的会议，使同志之间互相监督，我认为可以考虑。”① 1956 年 9 月党的八大在北京召开，邓小平在会上作了《关于修改党的章程的报告》，指出“必须健全党的和国家的民主生活，……使党和国家的各种会议，特别是各级党的代表大会和人民代表大会，成为充分反映群众意见、开展批评和争论的讲坛”②。该报告还对如何完善党的代表大会制度提出了新的设想，提出“把党的全国的、省一级的和县一级的代表大会，都改作常任制”③。党的八大结束后不久，1956 年 11 月，中共中央印发了《关于党的第八次全国代表大会以前召开的地方各级党的代表大会实行常任制问题的决定》。1957 年 10 月 31 日，中共中央又下发了《关于党的地方各级代表大会的代表名额和代表改选、补选问题的规定》，并附《中央组织部关于地方各级党代表大会实行常任制问题向中央的报告》。这些文件基本上明确了各级党代表大会实行常任制的要求。遗憾的是，由于当时条件的不具备，党的代表大会常任制只是进行了初

① 《毛泽东文集》第 6 卷，人民出版社 1999 年版，第 406 页。

② 《邓小平文选》第 1 卷，人民出版社 1994 年版，第 223 页。

③ 《邓小平文选》第 1 卷，人民出版社 1994 年版，第 233—234 页。

步的探索，未能在实践中得到全面贯彻实施。但是，新中国成立初期建立党代会常任制的探索和实践，为中国共产党之后改革党和国家领导体制提供了重要的思路。

二是健全民主集中制的新探索。新中国成立后，中国共产党把完善民主集中制作为党内民主建设的重要一环，进行了许多新探索。1954 年 2 月 6 日，在七届四中全会上，刘少奇受中央政治局委托作了报告，阐述了维护和增强党的团结的必要性。会议通过了《关于增强党的团结的决议（草案）》，要求党员干部特别是高级干部在自己的工作中必须遵守民主集中制的原则。健全民主集中制的一个重要举措就是推行党委制，加强党的集体领导。在新中国成立初期，党委制的推行范围不单单局限在党政机关和军队之中，在企业中也开始实行党委集体领导的制度即党委集体领导下的厂长负责制或经理负责制，在学校中也开始推行党委领导下的校长负责制。一些地区还制定了专门的制度，保证党委制的全面推行。如 1955 年 3 月，中共上海市委发出了《关于健全党委制、改善领导的决定》。1956 年 9 月通过的《中国共产党章程》（即中共八大党章）对健全党委制进行了集中阐述："按照党的民主集中制，任何党的组织都必须严格遵守集体领导和个人负责相结合的原则。"这为党委制的发展提供了重要制度保障。实际上，党的八大对无产阶级执政党民主集中制实践的经验教训进行了深刻总结，既大大发展了党内民主集中制理论，也有效地推动了党内民主集中制的各项具体制度创新。党的八大后，中央和地方、上级和下级的职权得到了较为科学的划分；党的集体领导制度的重要性得到了进一步强调，明确健全党委制是保证党的集体领导的根本制度，各级党委会也得到了定期性地召开；等等。尽管党的八大后民主集中制的实践成果未能持续很久，但这些有益的探索无疑是党内民主建设史上的宝贵财富。

三是健全党内监督制度的新探索。发展党内民主与实行党内监督，二者是密切相关的。从某种意义上说，实行党内监督的过程亦是发展党内民主的过程，发展党内民主内在蕴含着要实行党内监督。新中国成立后，健全党内监督的一个有益探索就是在党内建立专门的党内监督机构。1949 年 11 月 9 日，中共中央印发了《中共中央关于成立中央及各级党的纪律检查委员会的决定》，对成立中央及各级党的纪律检查委员会的目的、任务、职权等都作了明确规定。中央及各级纪律检查委员会的成立，既大大强化了广大党员干部的纪律意识，又切实为党内监督机制的完善提供了重要组织保证。为了保证中央及各级党的纪律检查委员会良性运转、正常工作，中共中央先后批准通过了《中央纪律检查委员会工作细则》《关于加强纪律检查工作的指示》《关于处理控告、申诉案件的若干规定》《关于中央纪律检查委员会的组织机构和任务范围的规定》等，为在全党有效开展纪律检查工作提供了制度保障和实践依据。1955 年 3 月，党的全国代表会议通过了《关于成立党的中央和地方监察委员会的决定》，决定在原党的中央及各级纪律检查委员会的基础上成立党的中央及各级监察委员会。1956 年通过的中共八大党章对监察委员会设立的构成、职权、任务和领导体制等都进行了具体规定。同时，中共八大党章还对加强党内监督进行了规定，例如，“任何党员和党的组织都必须受到党的自上而下的和自下而上的监督”；“在机关中的党的基层组织，由于机关工作的特殊条件，不能领导和监督机关的工作，但是应当对于机关中每一个党员（包括行政负责人）的思想政治情况进行监督，并且应当经常关心机关工作的改进，加强工作纪律，同官僚主义作斗争，及时地把机关工作的缺点通知本机关的行政负责人和报告党的上级组织”；等等。这些有益探索，对于促进党内民主建设具有重要意义。

四是批评与自我批评制度的新探索。新中国成立初期，中国共产党把在党内开展大规模的定期不定期的批评与自我批评，作为党内民主建设的重要举措。1950 年 4 月 19 日，中共中央印发了《关于在报纸刊物上展开批评和自我批评的决定》，在全国人民当中引起了广泛的反响。同年 4 月 23 日，《人民日报》发表了《坚决展开批评与自我批评》的社论，号召全党认真学习《关于在报纸刊物上展开批评和自我批评的决定》，并加以坚决的贯彻与执行。此后，各级报纸上发表的各种批评性文章逐渐多了起来，主要指向党内存在的违法乱纪、贪污浪费和官僚主义等不良现象。以《人民日报》为例，其 1949 年发表的批评性文章有 347 篇，1950 年发表的批评性文章达到了 757 篇，1951 年发表的批评性文章则进一步猛增到了1 749篇。[①]在报刊上公开地进行批评与自我批评，使得人民群众的意见和建议能够经常被党和政府听到，形成对广大党员干部强有力的监督合力，促进党的工作中的缺点和错误能够得到及时纠正。“高饶事件”发生后，在与“高、饶反党联盟”进行斗争中，我们党也充分应用了批评与自我批评的方法。通过批评与自我批评，既对“高、饶反党联盟”的错误进行了深刻揭露和严肃批判，也活跃了党的民主生活，及时发现和纠正了党内存在的一些问题错误和不良倾向，使得广大党员干部特别是党的高级干部的思想行为得到了深刻的洗礼。1956年，在党的八大上，邓小平作《关于修改党章的报告》，指出各地区各部门党的组织，必须运用过去整党工作的经验，采取群众性的批评和自我批评的方法，每隔一定时期，对全体党员进行一次工作作风的整顿，特别着重检查群众路线的执行情况。[②]随后通过的《中国共产党章程》在总纲中明确规定：“中国共产党和它的党员必须经常用批评和自我批评的方法揭露和消除自己的缺点和错误，以教育自己和人民。鉴于党在国家和社会生活中的领导地位，党更加需要向党的一切组织和党员提出严格的要求，更加需要展开批评和自我批评，特别是鼓励和支持党内的自下而上的批评和人民群众对党的批评，禁止压制批评的行为。”中共八大党章在规定基层组织一般任务时明确要求：“开展批评和自我批评，揭露和消除工作中的缺点和错误，同一切违法乱纪、贪污浪费和官僚主义的现象进行斗争。”这是党章第一次将批评和自我批评作为党员的义务和党组织的一般任务。此后，中国共产党在多次开展的整党整风运动中，都积极地运用批评与自我批评的锐利武器。

总之，在新中国成立至改革开放前这段时间，我们党对党的代表大会制度、民主集中制、党的监督制度、批评与自我批评制度等都进行了有益的探索，促进了党内民主的发展；此外，在党内民主建设的其他方面，以及人民民主和协商民主等方面，亦取得了重要进展。

---

① 徐巧月：《新中国成立初期中国共产党党内民主建设研究》，东北师范大学博士学位论文，2016年，第39页。

② 《邓小平文选》第1卷，人民出版社1994年版，第224页。

二、人民代表大会制度的确立与运行

建立人民代表大会制度的设想，可以追溯到全国解放之前。毛泽东早在1940年发表的《新民主主义论》中，就提出了创建人民代表大会制度的想法。其后，在《论联合政府》《论人民民主专政》等重要文章中，毛泽东从理论上对之作了进一步的探讨。1948年前后，全国的革命形势和政治局面发生了巨大的变化，解放战争的胜利曙光逐步临近，这使得建立新型国家政权和新的政治组织形式被提上了重要议事日程。1948年春，毛泽东在中央会议上与刘少奇、朱德、周恩来、任弼时等进行讨论时谈及了邀请中间党派及相关民众团体来共同商讨召开人民代表大会并成立临时中央政府的问题。不久之后，中共中央发布了《纪念“五一”劳动节口号》(史称“五一口号”)，其中明确提出：“各民主党派、各人民团体、各社会贤达迅速召开政治协商会议，讨论并实现召集人民代表大会，成立民主联合政府。”① 召开政治协商会议的提议一经提出，很快便得到了许多爱国民主人士的积极呼应。

1949年9月，中国人民政治协商会议顺利召开。会议通过的具有临时宪法性质的《中国人民政治协商会议共同纲领》(以下简称《共同纲领》)正式确认中华人民共和国的政权组织形式是人民代表大会制度。《共同纲领》明确规定：“中华人民共和国的国家政权属于人民。人民行使国家政权的机关为各级人民代表大会和各级人民政府。各级人民代表大会由人民用普选方法产生之。各级人民代表大会选举各级人民政府。各级人民代表大会闭会期间，各级人民政府为行使各级政权的机关。”然而，在新中国成立之初，由于各方面的条件尚不成熟完善，还不太可能在短期之内召开普选性的人民代表大会。因此，一方面，全国人大的职权暂由中国人民政治协商会议来代为履行。换言之，中国人民政治协商会议履行着全国人民代表会议的职权，由其来选举产生中央人民政府委员会，后者既是国家最高权力机关，亦是国家最高执行机关。另一方面，在各

① 《周恩来年谱（1898—1949）》，中央文献出版社1998年版，第790页。

级地方，当时采取了人民代表会议制度来替代人民代表大会制度。中央人民政府先后颁布了《省各界人民代表会议组织通则》《市县各界人民代表会议组织通则》《县各界人民代表会议组织通则》《大城市区各界人民代表会议组织通则》《区各界人民代表会议组织通则》《乡（行政村）人民代表会议组织通则》等，来指导各地建立各界人民代表会议，以逐步向人民代表大会制度过渡。随着群众民主意识的提高和组织经验的成长，1951 年 4 月，作为中央人民政府的政务院发布了《关于人民民主政权建设工作的指示》，要求各级政府必须按期召开人民代表会议；各级人民政府的一切重大工作，应向同级人民代表会议提出报告，并在代表会议上进行讨论与审查；一切重大问题应经人民代表会议讨论并作出决定。

到了 1951 年 10 月，全国大多数省、市、县都召开了人民代表会议。其中，有 17 个省、69 个市、186 个县的人民代表会议代行人民代表大会的职权，通过民主选举的方式，选出政府负责工作人员。[①] 到了 1952 年底，人民代表会议便作为一项经常化的制度，在全国得到了普遍实施和推行。虽然，各界人民代表会议并不属于完全的国家政权机关，但是各界人民代表会议也是实现人民民主专政的一种重要组织形式，是人民代表大会的重要过渡形式。通过人民代表会议这一组织形式，广大群众的民主意识得到萌发，他们开始学习如何行使自己的民主权利，各级人民政府也在民主建政实践上提高了行政效率和组织管理能力。毛泽东对于召开各级人民代表会议十分重视，认为其“对于我党联系数万万人民的工作，对于使党内外广大干部获得教育，都是极重要的”[②]。

伴随着国家政权的巩固、国民经济的逐步恢复以及各项建设工作的顺利开展，召开全国人民代表大会的条件也逐渐成熟了。1953 年 1 月，毛泽东主持中央人民政府委员会第 20 次会议，一致通过了《关于召开全国人民代表大会及地方各级人民代表大会的决议》。1954 年 9 月，第一届全国人民代表大会召开，

---

① 中共中央党史研究室：《中国共产党的九十年》，中共党史出版社 2016 年版，第 400 页。

② 《毛泽东文集》第 6 卷，人民出版社 1999 年版，第 4 页。

通过了具有重大历史意义的《中华人民共和国宪法》。根据《宪法》规定："中华人民共和国的一切权力属于人民"，"人民行使国家权力的机关是全国人民代表大会和地方各级人民代表大会"，"全国人民代表大会、地方各级人民代表大会和其他国家机关，一律实行民主集中制"。[①] 这就从正式的根本大法的层面把人民代表大会制度正式确认为我国的基本政治制度，在我国的民主政治建设史上具有里程碑的意义。至此，中国人民代表大会制度正式在全国范围内从中央到地方系统地建立起来了。第一届全国人民代表大会的召开，标志着中国人民政治协商会议全体会议代行全国人大职权的时期已经结束。从此之后，中国人民政治协商会议将只是作为人民民主统一战线的一个组织形式继续存在和发挥作用。

第一届全国人民代表大会还选举了中央各国家机构负责人，制定了中央和地方国家机关组织法等。根据这些法律，全国人大常委会、国务院、最高人民法院和最高人民检察院得以产生和建立，一系列国家机构的权责得到合法有效的确认和划分，相关国家职能部门也开始了和谐有效的运转。其中，最典型的就是中央人民政府的权责勘定问题。第一届全国人民代表大会召开前的中央人民政府，其实是一个广义的政府，由中央人民政府委员会及其所属的政务院、人民革命军事委员会、最高人民法院、最高人民检察署等共同组成，即实际上是涵盖多个机构的整个中央政权组织之总和。第一届全国人民代表大会召开和"五四宪法"公布后，中央人民政府的内涵实际上就变成了狭义的政府，特指国务院。换言之，第一届全国人民代表大会召开和"五四宪法"公布后，我国确立了国务院即中央人民政府的体制，改变了原中央人民政府下辖政务院的二级政府体制。

人民代表大会制度的全面推行，推动了新中国民主政治建设多方面的发展进步。从 1954 年 9 月到 1957 年 6 月，全国人大召开了 4 次大会，讨论决定了"一五"计划报告，根治黄河水害、开发黄河水利的综合规划等事关人民福祉和

① 《建国以来重要文献选编》第 5 册，中央文献出版社 1993 年版，第 522 页。

国民经济发展的重大事项，制定了 20 多个法令；全国人大常委会举行了 89 次会议（平均每月 2—3 次），仅周恩来总理向人大常委会报告工作或就提请审议的议案作说明就达 17 次之多。人民代表大会制度在确立之后的 3 年里，显示出作为国家根本政治制度的巨大优越性和强大生命力，被广大人民群众所踊跃拥护和支持，制度运行正常，各项工作得到顺利开展。在这期间，人民代表大会制度的根本原则得到了普遍认同，一切权力属于人民的价值原则和民主集中制的组织原则得到广泛执行；人大制度的规则体系得到了普遍遵守，营造了严肃认真、民主活泼的政治氛围，人大代表们的工作开展得非常顺利；人大的应有权力也得到了充分行使，为人民群众当家作主提供了重要保障，也使国家的民主政治秩序渐趋和谐。

自 20 世纪 50 年代中后期开始，伴随着国际形势的风云变幻以及受到党内不良政治生态的影响，人民代表大会制度开始在曲折中发展。“文化大革命”期间（1966—1976 年），人民代表大会制度曾一度遭受严重破坏。但不容否认的是，人民代表大会制度的确立和运行，对于健全社会主义民主法制、推动社会主义民主政治建设和实现人民当家作主等，都起到了不可磨灭的重大作用。

三、中国共产党领导的多党合作和政治协商制度的形成与发展

中国共产党领导的多党合作和政治协商制度，作为我国民主政治建设的一项基本政治制度，实际上酝酿和发轫于新民主主义革命时期。抗日战争时期，在根据地建立的抗日民主政权在人员组成上，我们党就创造性地提出了“三三制”原则。关于“三三制”原则，毛泽东明确指出，“是党的真实政策，不能敷衍塞责”，目的是为了“提倡民主作风，遇事先和党外人士商量”，克服共产党人“不愿和不惯同党外人士合作的狭隘性”。[①] 周恩来还对“三三制”原则的基本特点进行了概括：“一个就是共产党不一定要在数量上占多数，而争取其他民主人士与我们合作。任何一个大党不应以绝对多数去压倒人家，而要容纳各方，

① 《毛泽东选集》第 2 卷，人民出版社 1991 年版，第 742 页。

以自己的主张取得胜利。第二个特点就是要各方协商，一致协议，取得共同纲领，以作为施政的方针。”① 抗日根据地政权建设的“三三制”原则，是我们党创造性地实行民主政治建设的重要体现，有利于巩固抗日民族统一战线中的无产阶级领导权，有利于发展进步势力、争取中间势力和孤立顽固势力。“三三制”原则的成功实践，对于夺取抗日战争的胜利起到了重要推动作用，同时还为中国共产党领导的多党合作和政治协商制度的形成进行了初步探索并积累了有益经验。1948 年 4 月，中共中央发布的“五一口号”明确提出了“各民主党派、各人民团体、各社会贤达迅速召开政治协商会议，讨论并实现召集人民代表大会，成立民主联合政府”② 的民主建国方针。“五一口号”得到了民主党派、无党派民主人士的积极响应，他们先后通过发表宣言、通电和谈话来予以回应，表达了对筹建新中国的积极拥护和强烈支持，协商建国就此正式被提上议事日程。

1949 年 9 月，中国人民政治协商会议第一届全体会议举行。参加这次会议的共计 662 人，其中各民主党派、无党派民主人士和特邀代表等党外人士约占 56%。经过充分的民主讨论，代表一致通过了《中国人民政治协商会议共同纲领》《中华人民共和国中央人民政府组织法》和《中国人民政治协商会议组织法》(以下简称《组织法》)。《共同纲领》规定：“中国人民政治协商会议为人民民主统一战线的组织形式。其组织成分，应包含有工人阶级、农民阶级、革命军人、知识分子、小资产阶级、民族资产阶级、少数民族、国外华侨及其他爱国民主分子的代表。”这就从临时宪法的层面确立了人民政协的合法地位，使其成为一个经常化、常态化、制度化的组织形式。《组织法》分别从人民政协的地位与作用、人民政协的主客体、人民政协的议事规则和会议制度等方面对人民政协进行了法律设计和制度化限定。第一届全国政治协商会议召开，从一定意义上说，实际上正式确立了中国共产党领导的多党合作和政治协商制度。《共同

① 《周恩来选集》上卷，人民出版社 1980 年版，第 253 页。

② 《中共中央文件选集》第 17 册，中共中央党校出版社 1992 年版，第 146 页。

纲领》和《组织法》的通过，为中国共产党领导的多党合作和政治协商制度的实践运作提供了法律上的保障。

中国共产党领导的多党合作和政治协商制度，伴随着新中国的诞生而形成，又在新中国的建设实践中不断地得到巩固和发展。1949 年底至 1950 年初，在中国共产党的帮助之下，各民主党派相继召开了各自的全国代表大会，进一步明确了要接受中国共产党的领导，并以《共同纲领》作为各自的政治纲领。1950 年 3 月，中国共产党召开了第一次全国统一战线工作会议，周恩来作了《发挥人民民主统一战线积极作用的几个问题》的报告，谈及了民主党派的性质、作用和发展等问题。1951 年 1 月，在中国共产党召开的第二次全国统一战线工作会议上，帮助民主党派发展组织成为了一个重要会议议题。与此同时，各民主党派自身也进行了组织上的重要调整：由新中国刚刚成立时的 11 个民主党派，逐渐发展成为了 8 个民主党派。

在新中国成立的头几年里，中国共产党领导的多党合作和政治协商制度得到了较快的发展，有不少民主党派代表直接参与了中央和地方各级人民政权机关的工作。例如，在中国人民政治协商会议第一届全体会议选出的中央人民政府组成人员中，各民主党派、民主人士占有相当大的比重。具体来看，在中央人民政府副主席和政务院副总理中，各民主党派人士占了一半；在 34 个部委负责人中，担任正职的民主党派的人士有 14 人；在 56 名中央人民政府委员中，属于民主党派的人士有 27 名。可以说，中国人民政治协商会议第一届全体会议选出的中央人民政府，完全是一个中国共产党领导的多党合作和协商民主的政府。1954 年 9 月，在召开的第一届全国人民代表大会上，1 226 名代表中党外人士有 558 人，绝大部分为民主党派成员；在大会选举的 13 名副委员长之中，民主党派和无党派人士有 8 人。中国共产党多次通过政治协商会议、双周座谈会等，围绕国家大政方针制定、经济文化建设以及统一战线等问题，与各民主党派进行深入的讨论协商。各个民主党派也积极地参与到土地改革、镇压反革命、抗美援朝、“三反五反”、社会主义改造等新生国家政权的巩固以及社会主义革命事业之中，组织得到了发展，成员的思想也得到了提升和锻造。

在社会主义改造基本完成后，毛泽东、周恩来等党和国家主要领导人多次肯定了中国共产党领导的多党合作和政治协商制度的积极价值，也多次肯定了各民主党派在新中国建设事业以及社会主义改造过程中的突出贡献。1956年4月，毛泽东指出："究竟是一个党好，还是几个党好？现在看来，恐怕是几个党好。不但过去如此，而且将来也可以如此，就是长期共存、互相监督。"[①]1956年9月，党的八大进一步明确了中国共产党同民主党派"长期共存、互相监督"的方针。"长期共存、互相监督"的方针，也极大地鼓舞了各民主党派的斗志，充分调动了各民主党派为社会主义建设服务的积极性。总之，新中国在成立后的较长一段时间里，在中国共产党领导的多党合作和政治协商制度的塑造下，形成了良好的政治格局：中国共产党帮助各民主党派组织团结、进步和发展，在国家民主政治建设以及经济社会文化建设领域与各民主党派真诚合作；各民主党派也自愿接受中国共产党领导，积极参与一些国家大政方针的制定，并推动了具体政策的执行。

1957年4月，我们党决定在全党进行一次以正确处理人民内部矛盾为主题的以反对官僚主义、宗派主义和主观主义为主要内容的整风运动。中央和地方各级党委相继召开了多次党外人士座谈会，请各民主党派成员帮助我们党整风。在各类座谈会上，民主党派成员和无党派爱国人士提出了大量的具体的意见和建议，其中大部分是正确的、建设性的，对党的整风运动是有价值的。但也有极少数资产阶级右派分子伺机发表反党反人民反社会主义的错误言论，对中国共产党、社会主义制度、社会主义建设事业肆意指责、刻意抹黑甚至发起进攻。这导致中共中央的一些领导人对形势进行了误判，发生了反右派斗争扩大化，使民主党派受到了一定的负面冲击，影响了一些民主党派工作的实践展开，也一定程度上损害了中国共产党领导的多党合作和政治协商制度。此后，一直到"文化大革命"时期，中国共产党领导的多党合作和政治协商制度在曲折中发展。

---

① 《毛泽东文集》第7卷，人民出版社1999年版，第34页。

四、民族区域自治制度的贯彻实施

中国是一个统一的多民族国家，民族关系的处理是国家建设中一项至关重要的内容，事关国家稳定和社会发展全局。实行民族区域自治制度，是中国共产党解决国内民族问题的一项基本国策，也是我国民主政治建设的基本制度之一。中国共产党自成立之日起，就积极探索在我们这样一个多民族的国度里如何有效地解决民族问题。从《中华苏维埃共和国宪法大纲》到《陕甘宁边区宪法原则》，从1936年10月“陕甘宁省豫海县回民自治区政府”的建立到1947年5月“内蒙古自治区”的成立，在各个历史时期中国共产党都积极探索和推进民族区域自治的地方实践。可以说，民族区域自治制度的贯彻实施，既是中国共产党几十年实践探索的成果，更是历史和人民的选择。

1949年9月29日，中国人民政治协商会议第一届全体会议通过的具有临时宪法性质的《共同纲领》中专门设有“第六章　民族政策”一章。其中明确规定：“各少数民族聚居的地区，应实行民族的区域自治，按照民族聚居的人口多少和区域大小，分别建立各种民族自治机关。凡各民族杂居的地方及民族自治区内，各民族在当地政权机关中均应有相当名额的代表。”“各少数民族均有发展其语言文字、保持或改革其风俗习惯及宗教信仰的自由。人民政府应帮助各少数民族的人民大众发展其政治、经济、文化、教育的建设事业。”这些重要规定为新中国成立后实施民族区域自治制度提供了重要的政治基础和法律依据。此后，民族区域自治便成为一项重要国家制度，具有了宪法性的地位。

新中国成立之后，为了尽快实施民族区域自治的民族政策，中央人民政府和相关地方政府在全国范围内做了许多推进性工作。一是派遣访问团前往各少数民族地区进行慰问活动。自1950年7月起，中共中央先后四次派遣访问团前往各少数民族地区进行慰问，不少地方政府也向所辖少数民族地区派出了多个慰问团、访问团或工作团。一方面，慰问活动传达了党中央对少数民族的慰问，加深了对少数民族生产生活状况的关心了解；另一方面，慰问活动也增进了各民族之间的了解，促进了对各少数民族状况的调查，宣传了党的民族政策。二是推动建立民族自治地方。从1950年开始，中央人民政府积极推进民族自治地方的建立。1950年5月所建立的甘肃省天祝藏族自治区是新中国成立后第一个县级民族自治地方，1950年11月建立的四川省西康藏族自治区是新中国成立后第一个地区级民族自治地方。紧接着，中国的西北、西南、中南、东北等少数民族聚居的地区开始陆续建立了民族自治地方。①三是制定和颁布了保障少数民族权利、尊重少数民族风俗的系列政策指示和法律法规。例如，1951年中央人民政府政务院发布了《关于处理带有歧视或侮辱少数民族性质的称谓、地名、碑碣、匾联的指示》，明确指出为加强民族团结，禁止民族间的歧视与侮辱，对于历史上遗留下来的加于少数民族的称谓及有关少数民族的地名、碑碣、匾联等，如带有歧视和侮辱少数民族意思者，应分别予以禁止、更改、封存或收管。

1952年8月，中央人民政府委员会颁布了《中华人民共和国民族区域自治实施纲要》(以下简称《纲要》)。《纲要》总结了新中国成立初期我国实施民族区域自治的经验，对民族区域自治的实施做出了具体的要求，明确规定了民族区域自治的性质和地位、自治地方和自治机关的设立、自治地方内的民族关系以及上级人民政府的领导原则等。《纲要》规定："各民族自治区统为中华人民共和国领土的不可分离的一部分"，"各民族自治区的自治机关统为中央人民政府统一领导下的一级地方政权，并受上级人民政府的领导"，"各民族自治区自治机关须保障自治区内的各民族都享有民族平等权利；教育各民族人民互相尊重其语言文字、风俗习惯及宗教信仰；禁止民族间的歧视和压迫，禁止任何煽动民族纠纷的行为"，"上级人民政府应尊重民族自治区的自治权利，并帮助其实现"，等等。这些规定，有力地推动了民族区域自治的施行和发展。1953年9月，中央人民政府发布了《关于推行民族区域自治经验的基本总结》(以下简称《基本总结》)。《基本总结》针对推行民族区域自治提出了五条意见，包括：必须充分考虑估计各少数民族的特殊性和具体发展情况，必须巩固和加强民族间、民族内部的团结关系，必须逐步实现自治机关的民族化，必须帮助民族自治地

① 郑信哲：《论我国民族区域自治制度的确立与实施》,《学术界》2018年第1期。

方行使自治权，必须在尽可能条件下尽力促进民族自治地方政治、经济、文化事业的发展。这些意见，对于当时推行民族区域自治工作起到了很好的指导和推动作用。

1954 年 9 月，第一届全国人民代表大会第一次会议通过了《中华人民共和国宪法》，“民族区域自治制度”被写入了宪法条文，这标志着当代中国民族区域自治制度的正式建立。《宪法》吸收了《共同纲领》和《纲要》的相关精神和条例，从法律上更加明确了民族区域自治制度性质、内容和要求。《宪法》在“总纲”中规定：“中华人民共和国是统一的多民族国家。……各少数民族聚居的地方实行区域自治。各民族自治地方都是中华人民共和国不可分离的部分。”这就以国家根本大法的方式，将民族区域自治作为一项制度固定下来。另外，《宪法》还规定了民族自治地方自治机关的各项职权，取消了县以下的民族区域自治，确立了自治区、自治州、自治县的三级自治体制。《宪法》进一步确立了民族区域自治制度的宪治地位，并开启了民族区域自治法制体系不断完善化的进程。1958 年 6 月，国务院公布了《民族自治地方财政管理暂行办法》，对民族自治地方的财政制度作出了明确规定，进一步充实了民族区域自治制度的内涵。

民族区域自治，是马克思主义民族理论与中国实际相结合的重要创造，是中国共产党民族平等政策的重要体现，是我国各民族多元一体格局形成的牢固纽带，是中国特色民族发展道路的核心标志。新中国成立初期民族区域自治制度的建立，是中华人民共和国史上的重要一页，它所产生的影响和发生的作用都是十分巨大的。民族区域自治制度通过有效的制度供给，“调节并从根本上理顺了国内的民族关系，构筑了国内民族关系的新秩序；为在少数民族中建立人民政权创造了条件，把国家权力直接深入到了少数民族地区，有效地提升了国内各民族政治整合的程度，增进了民族认同；促成了少数民族地区的社会变革，促进了少数民族地区的发展，为边疆的稳定、国家的统一及民族的融合和团结奠定了坚实的政治基础”①。民族区域自治制度的建立，也是我国民主政治建设

① 周平：《民族区域自治制度在中国的形成和演进》，《云南行政学院学报》2005 年第 4 期。

基本制度的一项重要内容，它以创造性解决我国民族问题的方式巩固了国家的统一，促进了我国少数民族地区的繁荣、发展与进步，也为国际社会解决民族问题树立了光辉典范。

1956 年全国范围内的社会主义改造基本完成之后，我国开始进入社会主义建设的崭新阶段，各少数民族地区的民主改革基本完成，民族区域自治制度在此后的发展中也进一步得到了巩固。但是，从 1957 年下半年反右派斗争扩大化开始，“左”倾思潮开始在中国的政治生活中不规则地摆动，相关“人治”实践对民主政治制度造成了巨大冲击，民族区域自治也受到了严重的影响。20 世纪 50 年代中后期至 1978 年，民族区域自治制度开始在曲折中发展。

第五节　社会主义革命和建设时期民主政治建设的成效

新中国成立至改革开放前中国共产党对民主建设的新探索，是中国共产党民主政治建设理论和实践发展史上的重要阶段。认真总结这一历史时期民主政治建设的实践成效，对于我们科学认识这一历史时期民主政治建设的理论与实践具有重要的意义。

一、党内民主建设呈现新气象

新中国成立至改革开放前中国共产党对党内民主建设的新探索，是中国共产党领导民主政治建设实践的重要组成部分。这些新探索，与当时特定的历史背景相联系，虽然存在一些历史局限性和不足之处，但是也取得了一定的成绩和成效。具体来看，新中国成立至改革开放前党内民主建设的成效体现在以下几个方面。

一是完善了党内民主制度。加强党内民主建设，相关制度的建立和完善乃是基本保障。党内民主制度是党内政治生活的准则，具有规范性、约束性、强制性、相对稳定性等特征。新中国成立后，中国共产党在推进党内民主建设过程中，围绕加强党内民主制度建设这一目标，健全和完善了党的代表大会制度、民主集中制、党内监督制度、批评与自我批评制度等各方面制度。与这些制度相配套的，党内的一些具体制度如党的集体领导制度、党委制、党代会常任制、党的选举制度、党的纪律检查和监察委员会制度、基层党组织的民主生活制度等也得到了优化和完善。这一时期党内民主制度体系的完善，对党内民主建设起到了积极的推进作用。党内民主制度的完善，以及随之相伴的“党章”“准则”“决定”“条例”等党内法规的健全，使得广大党员参与党内民主活动如民主选举、民主决策、民主管理、民主监督等有了基本准则和行为标尺，有效地推动了党内政治生活的规范化、有序化、程序化。党内民主制度的完善，还有利于提升党内民主氛围，有利于“造成一个又有集中又有民主，又有纪律又有自由，又有统一意志、又有个人心情舒畅、生动活泼，那样一种政治局面”①。

二是尊重和保障了党员权利。党员权利的保障实现离不开党内民主的实践，党内民主实践也必须以党员权利的行使为重要前提。落实党员权利与发展党内民主二者其实是密不可分的。新中国成立至改革开放前中国共产党对党的代表大会制度、民主集中制、党的监督制度、批评与自我批评制度等进行的有益探索，都有利于尊重、保障和实现广大党员的基本权利。新中国成立初期，我们党在进行重大决策、制定重要政策前，基本上都能够广泛征求广大党员的意见和建议，充分尊重和保障广大党员对党内重大事务的知情权、参与权和批评建议权等。例如，在中共八大政治报告的起草过程中，我们党通过各种形式的会议广泛征求了广大党员干部多方面的意见。中共八大政治报告的起草过程，就是尊重和保障党员民主权利的典范。在中共八大上，广大党员的选举权也得到了充分而集中的彰显。中共八大的选举程序是：中央事先没有提出一个候选人名单，也没有提出中央委员会人数，而是由各位代表自由提名，再经过反复酝酿和预选，最后确定候选人人数和名单。这样的选举程序体现了实在的民主，

① 《建国以来毛泽东文稿》第6册，中央文献出版社1992年版，第543页。

能够有效地保证选举人自由表达意志。整个“八大”期间，有 68 人在大会上作了发言，还有 45 人作了书面发言。这些发言者的代表面很广泛，有中央领导人，有地方各级党委负责人，有中央和国家各部委负责人，还有基层党组织负责人和普通党员代表。这些代表发言的内容涉及经济、政治、文化、科学、教育、外交、国防、法制、民族、统一战线、党的建设等各方面的工作，集中反映了各个层面和各个领域党员们的诉求。中共八大通过的党章在关于党员民主权利的行使方面，也进行了具体规定，使得党员权利的实现有了制度保障。

三是巩固了党的团结统一。新中国成立后，随着党的领导地位、政治角色的重大变化，根据应对国内外形势的客观需要，我们党的队伍也得到了迅猛扩张和急剧壮大。据统计，1949 年底全国共有党员 450 万人，到 1956 年底全国共有党员 1 076 万人，在 7 年时间里党员数量增长了一倍多。同时，与党员数量迅猛增长相伴随的是，党员的成分也更加复杂化。新中国成立初期，党员结构中的出身于工人阶级的党员只占小部分，以农民党员、知识分子党员和其他成分的党员为主。党员数量的迅速扩张，尤其是党员成分的复杂化，使得党内的团结统一面临着严峻挑战。例如，农民阶级出身的党员中有些人小团体思想及宗派主义比较严重，知识分子出生的党员中有些人自由主义、个人主义思想比较浓厚，这些都会影响党的团结统一。新中国成立至改革开放前的党内民主建设实践，使广大党员干部大大地提升了对党的主张以及路线方针政策的认同，使广大党员干部大大地实现了思想上、政治上、组织上、行动上的统一，使全党上下更加齐心协力、同心同德，使党变得更加富有组织纪律性、更加团结统一、更加坚强有力。

四是遏制和解决了党内的一些不良倾向和问题。新中国成立后，伴随着新的民主改革和社会主义制度的建立，全国呈现欣欣向荣的良好景象，绝大多数党员干部也都能够谦虚谨慎、不骄不躁、兢兢业业、踏踏实实地投入伟大的新中国建设事业之中。然而，由于数千年封建主义遗毒的深刻影响、国民党时期留存下来的旧作风、资产阶级糖衣炮弹的疯狂攻击，再加上我们党进行全国性执政以及领导国家建设的经验相对不足，党内的一些不良倾向与问题开始出现。

例如，不少党员干部滋长了贪污腐败、享乐主义、官僚主义、“一言堂”、家长制、个人崇拜等问题。新中国成立至改革开放前党内民主建设的新探索，特别是党的代表大会制度、民主集中制、党内监督制度、批评与自我批评制度等各方面制度的完善，较好地遏制和解决了这些问题。

五是带动了人民民主的发展。虽然党内民主与人民民主在主体指向、实施层次、实现形式等方面存在不同之处，但二者却具有密切的统一性和互动性。一方面，党内民主建设乃是人民民主建设的重要先导手段和驱动引擎；另一方面，人民民主建设乃是党内民主建设的外部保障和根本目的。新中国成立至改革开放前党内民主建设的新探索，对于人民民主的发展具有重要的推动作用。这突出地表现在，党内民主建设对人民民主建设的典型示范和实践带动作用。新中国成立后，中国共产党成为中国的唯一执政党，主导着整个国家的政治运行和社会建设。中国共产党党内民主建设的生动实践，对人民民主实践产生了良好的示范和导向作用。同时，广大党员干部作为人民群众中的先进代表，他们的民主素养和水平，也深刻地影响和决定着人民民主的质量和水平。例如，党的代表大会制度、民主集中制、党内监督制度、批评与自我批评制度等各方面制度的健全和完善，都对人民民主相关制度的建立健全起到了很好的推动作用。

二、人民民主建设展示新格局

新中国成立至改革开放前，中国共产党对如何实现人民当家作主进行了不懈的探索。这些新探索，是我国社会主义民主政治建设的重要组成部分，对于保障人民主人翁地位具有重要意义。具体来看，这一历史时期人民民主建设的成效主要体现在以下几个方面。

一是建立了人民民主制度的基本框架，保障了人民当家作主。新中国成立至改革开放前，人民民主建设的成效首先就体现在人民民主基本制度架构的建立上。新中国成立后，经过充分的酝酿和准备，中国共产党领导人民迅速建立了人民民主制度的基本框架，即人民代表大会制度。1954 年 9 月，《中华人民共和国宪法》的颁布实施，标志着人民代表大会制度在我国正式确立，也标志着社会主义民主政治的基本架构正式形成。人民代表大会制度是保证人民当家作主的根本政治制度，它将占中国人口绝大多数的劳动人民推上了国家主人翁的地位，与以往历代统治者的政治制度革新截然不同，揭开了中国政治制度史上崭新的一页，具有重大的历史意义。人民代表大会制度的建立，意味着各级人民代表大会的代表由人民选出、对人民负责和受人民监督，这不仅极大地调动了人民群众参与管理国家事务和建设社会主义新中国的积极性，而且有利于保障人民当家作主的权利。人民代表大会制度的建立，为人民民主管理国家事务奠定了扎实的制度基础、创造了崭新的政治机制、提供了有效的实践进路，从而有利于将国家的政治生活引向规范化、法治化、民主化的轨道。人民代表大会制度也是联系广大人民群众的重要桥梁，既有利于充分发挥和激发人民群众的智慧和创造力，也有利于党和国家机关真正了解人民群众的利益诉求，从而增强各项法律法规的人民性。

二是初步建立了以宪法为核心的法律体系，为践行人民民主提供了基本法律依据。新中国成立后，我国法制建设的进程明显加快，保障人民民主的法律体系逐渐完善。其中，最重要的事件，就是1954年全国人大正式通过了《中华人民共和国宪法》，以根本大法的形式保障了人民民主专政。根据《宪法》规定："中华人民共和国的一切权力属于人民"，"人民行使国家权力的机关是全国人民代表大会和地方各级人民代表大会"。此后，为进一步落实好宪法赋予人民群众的广泛而真实的民主权利，全国和地方人大等机关掀起了一个法律制定的高潮。据统计，1949年10月至1954年9月，中央一级制定的法律法规只有48件，而1954年9月下旬至1957年，全国人大制定的法律法规多达430多件[①]。新中国成立至改革开放前，中国共产党领导人民所推进的新中国法制建设的努力，使得人民民主的实现有了基本的可靠的法律依据。

三是开辟了多层次的人民政治参与渠道，使人民享有了广泛而真实的民主

① 叶孟波:《建国初期我国民主政治建设的实践和反思》,《理论月刊》2003年第12期。

权利。新中国成立至改革开放前，伴随着一系列与人民民主建设相关的方针政策和法律法规的颁布实施，我国开辟和形成了多层次、宽领域、立体性的民主政治参与渠道，使得广大人民群众真正享有了广泛而真实的民主权利。具体来看，人民政治参与渠道的途径主要有以下几种。一是民主选举。选举是人民群众最广泛、最普遍、最重要的政治参与形式。人民通过选举人大代表进入国家机关，参与国家法律法规的制定，投票选举、任命、罢免或撤换国家及地方机关工作人员，保证人民当家作主和法律法规的有效执行。二是政治协商。人民可以通过中国共产党领导的多党合作和政治协商制度，在政协通过民主协商、多党合作，对宪法和法律实施发挥监督作用，也可以就国家的大政方针提出自己的意见、建议，从而为人大和政府各级机关的决策提供有益参考。三是信访。自 1953 年中央办公厅发布了《关于北京各中央机关接见群众工作问题向中央的报告》后，人民群众的来信和来访日益成为政治参与的重要形式。人民群众可以以国家主人翁的姿态，通过写信和上访的形式直接向党和国家机关及领导人反映相关情况。四是基层自治。在企事业单位以及工会、农会、共青团、妇联等群众性团体和组织，人民群众可以通过直接参与基层管理和生产生活来行使民主权利。此外，人民群众还可依《宪法》规定的公民有言论、出版、集会、结社、通信等政治权利，通过合法形式来表达自己的政治权利，等等。总之，通过这些渠道，人民群众可以自由地表达自己的意见、建议、申诉、控告等，多角度地参与到国家的政治生活中。

四是通过民主政治建设大大提高了人民群众的民主意识。中国数千年的封建专制社会，是缺乏民主制度和民主实践的，广大人民普遍地缺乏民主意识和民主素养。新中国的成立，是翻天覆地的大事件，它使得人民翻身作了主人。从新中国成立至改革开放前，伴随着民主政治建设的不断探索和发展，长期束缚人民自由参与国家政治生活的桎梏被解除了，人民群众以极大的热情以及空前广泛深入的政治参与实践加入党领导的各项政治活动中。在广泛深入的政治参与实践中，人民群众的民主意识也得到了大大提升。其中一个典型性的事例就是宪法的制定。新中国成立后，为制定好新中国第一部宪法，在中国共产党的领导下，全国上下通过层层选举，产生了乡、县、省以及全国人大代表，他们积极参与到宪法草案的讨论之中。此外，广大人民群众也积极参加到宪法草案的制定和修改之中。据统计，宪法草案公布后，全国有1.5亿多人参加了讨论，占全国选民的约50%。仅仅上海市，就有270万人听取了有关宪法草案的报告，其中约6万人参与了讨论，所提出的修改、补充、完善意见多达1.65万多条。新中国成立至改革开放前，通过民主政治建设的各类实践，广大人民群众以主人公的姿态积极参与到党和国家的各种政治活动中，深刻体会到了民主政治的伟大力量。总之，这一历史时期，通过参与民主政治建设实践，广大人民群众的民主意识得到了明显提高。

三、协商民主建设体现新局面

新中国成立至改革开放前，在中国共产党的领导下，我国协商民主建设取得了显著的成效，这突出地体现为中国共产党领导的多党合作和政治协商制度所发挥出来的制度效能和治理优势。新中国成立至改革开放前协商民主建设的实践探索表明，中国共产党领导的多党合作和政治协商制度是符合中国国情的、能够促进中国民主政治发展和实现人民当家作主的政治制度。具体来看，这一历史时期协商民主建设的成效主要体现在以下几个方面。

一是扩大和巩固了人民民主统一战线。中国近代以来的屈辱历史深刻地表明，要想在中国这个人口多、底子薄的国家实现繁荣富强，就必须要建立和巩固最广泛的人民民主统一战线，团结一切可以团结的力量。统一战线是中国共产党在新民主主义革命时期的三大法宝之一。新中国成立后，中国共产党成为了唯一的执政党，仍然需要继续巩固和扩大人民民主统一战线。正如毛泽东所指出的："全国胜利以后怎么办？那时还要不要统一战线？是不是'一朝权在手，便把令来行'，下一个命令不要统一战线了？不是的。那时的问题是巩固胜利，没有全民族绝大多数人口参加的民族统一战线，胜利就不能巩固。"[①] 新中

① 《毛泽东文集》第5卷，人民出版社1996年版，第25—26页。

国成立至改革开放前，中国共产党领导的多党合作和政治协商制度是协商民主实践的主要制度平台，发挥着至关重要的价值，对于扩大人民民主统一战线具有重要作用。“我国人民民主统一战线的内部关系是经过协商来调整的，国家事务中的重要问题是协商成熟而后决定的，国家的选举也是经过协商提名的。正是由于在协商过程中反复地交换了意见，展开了争论，从而辨明了是非，达成了协议，在进行选举和通过议案的时候，就自然而然地常常出现最大多数一致以至全体一致的赞同和决议。”① 通过以中国共产党领导的多党合作和政治协商制度为基础的协商民主实践，各个阶层的关系得到了有效的调整和理顺，人民民主统一战线从而得到有效的扩大和巩固。

二是促进了人民当家作主的真正实现。在中国传统的政治文化体系中，治理天下乃是君王的特权，广大人民其实是外在于政治体系的。新中国成立后，这种状况开始从根本制度的层面得到彻底的改变。正如毛泽东所言：“是跟人民商量办事的，是跟工人、农民、资本家、民主党派商量办事的，可以叫它是个商量政府。”② 新中国成立后，伴随着人民政协、各界人民代表会议以及协商委员会等各种形式协商民主的有效运作，“参与”“合作”“协商”“监督”等民主精神通过新中国的民主政治架构向社会有机体内部渗透，使得“民主”从一种制度规范逐渐成为全民的内在精神与生活方式，促进了整个国家的政治文化向“民主型”转变。具体的协商民主实践，既是实现人民当家作主的重要形式，也是提高人民民主意识的重要路径。传统的封建中国一直是君主的家天下，人民普遍缺乏民主意识和民主实践，政治事务被视为统治阶级的专利，广大人民群众不敢过问也不想过问。新中国成立后，“我们的国家制度是人民民主专政，民主是商量办事，不是独裁”③。通过协商民主的生动实践，广大人民群众在深入细致地讨论“办自己的事和国家的事”的过程中，民主意识也不断提高。

三是奠定了中国协商民主的基本制度架构。协商民主乃是中国特色的民主

① 李维汉：《统一战线问题与民族问题》，人民出版社 1981 年版，第 160 页。

② 《毛泽东文集》第 7 卷，人民出版社 1999 年版，第 178 页。

③ 《毛泽东文集》第 6 卷，人民出版社 1999 年版，第 387 页。

形式，而其基本制度架构正是新中国成立至改革开放前这段历史时期所奠定的。新中国成立后，在中国共产党的领导下，各民主党派、各人民团体、各少数民族和社会各界的代表，以中国人民政治协商会议、各界人民代表会议以及协商委员会、县常务委员会为组织形式，经常就国家大政方针进行民主讨论、协作商议的做法，逐渐形成了一种具有长期性、稳定性和规范性的制度形式。新中国成立后，在《中华人民共和国中央人民政府组织法》《中国人民政治协商会议组织法》以及《共同纲领》的基础上，中国人民政治协商会议相继通过了《中国人民政治协商会议全国委员会工作条例》《中国人民政治协商会议全国委员会暨省、市协商委员会关于处理人民意见的试行办法》《中国人民政治协商会议全国委员会关于各省、市各界人民代表会议协商委员会工作的意见》《省、市各界人民代表会议协商委员会组织通则》《中国人民政治协商会议全国委员会关于省、市协商委员会代行本会地方委员会职权的通知》《中国人民政治协商会议章程》等。1949 年 12 月 2 日，中央人民政府委员会通过了《各界人民代表会议组织通则》。1954 年 9 月，第一届全国人民代表大会第一次会议通过了《中华人民共和国宪法》。与此同时，中国共产党也制定了相应的有关协商民主的指导性意见和规范性文件。这些法律法规、章程、通则、规则、意见、指示、通知等制度性文件，规定了协商民主的实体性问题、组织性问题和运作性问题，构建了中国特色协商民主的基本制度架构。尽管这些制度还不完善和不健全，但却促进了新中国成立初期协商民主的正常运转，也为改革开放后我国协商民主的发展奠定了基本的制度基础。

四是促进了中国共产党的自身建设。新中国成立之后，伴随着中国共产党成为全国性的执政党，党内也出现了一些错误的倾向和问题，不少共产党员身上滋生了骄傲自满、主观主义、官僚主义和宗派主义等问题。如果不接受来自人民的监督，不发扬民主精神，那么中国共产党就很难跳出历史周期率，就会失去执政党的地位。“我们需要实行党的内部的监督，也需要来自人民群众和党外人士对于我们党的组织和党员的监督。”[①] 新中国成立至改革开放前，以中国

① 《邓小平文选》第 1 卷，人民出版社 1994 年版，第 215 页。

共产党领导的多党合作和政治协商制度为核心的协商民主建设实践，能够保证社会各界人士都能平等地参与党和国家的重大事务的讨论过程，并自由充分地表达各种意见，从而有利于中国共产党在进行重要决策前后接受各民主党派和无党派人士的批评建议和民主监督。“为什么要让民主党派监督共产党呢？这是因为一个党同一个人一样，耳边很需要听到不同的声音。大家知道，主要监督共产党的是劳动人民和党员群众。但是有了民主党派，对我们更为有益。”[①] 新中国成立后的协商民主的建设实践，有利于促进中国共产党的自身建设。另外，新中国成立后，我们党也面临着一个合法性的建构问题。通俗地说，就是中国共产党在全国执政后，其执政地位能否以及如何能获得广大人民群众发自内心的认同和支持。新中国成立至改革开放前协商民主建设的探索，充分体现了中国共产党以“合作”“协商”“民主”“共和”的执政理念来领导国家建设，对于构建中国共产党的执政合法性具有重要意义。换言之，新中国成立至改革开放前协商民主建设的探索，使中国共产党有效地规避了“党天下”的系列问题和风险，并获得了广泛的社会认可、信任与支持。

第六节　社会主义革命和建设时期民主政治建设的问题

新中国成立至改革开放前，为适应当时国内外环境的深刻变化，我们党领导人民进行了丰富多彩的民主政治建设实践，围绕党内民主、人民民主和协商民主，探索了多样的民主政治实现形式，取得了显著成效。在这一历史时期的民主政治建设实践过程中，我们党积累了宝贵的民主政治建设的实践经验，同时也存在着一些问题，留下了一些较为深刻的教训。认真分析总结这一历史时期民主政治建设的问题，对于新时代开展中国特色社会主义民主政治建设大有裨益。

---

① 《毛泽东文集》第 7 卷，人民出版社 1999 年版，第 235 页。

具体来看，新中国成立至改革开放前民主政治建设存在的主要问题体现在以下几个方面。

一、相关制度及其机制不够健全

新中国成立后，在党的领导下，我国的民主政治建设的制度体系逐渐建立，初步形成了以党内民主制度、人民代表大会制度、中国共产党领导的多党合作和政治协商制度、民族区域自治制度为基本内容的民主政治制度体系。但是，需要指出的是，由于缺乏与这些民主政治制度相配套的具体的选举制度、人事制度、会议制度、管理制度、执行制度、监督制度、考评制度等及其配套保障机制，这些民主政治制度在实践中常常难以运行或者运行走样，导致民主政治的原则无法得到有效贯彻。例如，新中国成立初期，我们党就提出要完善党的代表大会制度，要求各级党代会应该定期召开；在 1956 年党的八大上，决定实行党代会常任制。然而，党的八大后，党代会常任制并没有得到很好的执行。其原因固然很多，但一个重要原因就是没有建立起与实行党代会常任制相配套的体系化、规范化、程序化和具体化的制度体系及其运行的配套保障机制。又如，新中国成立后，我们党对民主集中制进行了积极的探索。但是，正如邓小平在党的八大上所指出的："不适当的过分的中央集权，不但表现在经济工作、文化工作和其他国家行政工作中，也表现在党的工作中。"[①] 从 20 世纪 50 年代中后期至改革开放前，民主集中制的原则很多时候并没有得到有效的贯彻。其中一个重要的缘由就是民主集中制的相关具体制度设计及其运行的配套保障机制不够健全。

二、法治化程度不高

新中国成立后，我们党领导人民完成了对旧社会法制体系的废除和改造，颁布实施了一系列新的法律法规，初步建立起了社会主义的法律体系。但是由

① 《邓小平文选》第 1 卷，人民出版社 1994 年版，第 227 页。

于国内外环境的复杂化以及党全国执政的经验和理论准备不足，这一时期民主政治建设的法治化程度还不是很高。首先，民主政治建设的法律保障体系不够健全。例如，“五四宪法”虽然规定了我国公民享有最广泛的民主权利，但《民法》《刑法》《诉讼法》等具体法律法规的缺乏，导致公民的合法权益受到非法侵害时，有时候无法通过有效的程序诉诸相关机关获得救济；又如，我国党政部门应有明确的分工，而这一历史时期缺乏党政部门之间具体的工作权限、工作程序、工作方式的法律法规，导致党政不分、以党代政等现象经常发生；再如，我国的民意反映和表达相关的具体法律也比较缺乏，导致民意表达的渠道常常不畅，人民群众的民主政治诉求时常得不到合理的表达和解决，这严重影响着民主政治建设的成效。其次，民主政治建设中法律的权威性建设有待完善。总体上看，这一历史时期，党员干部还没有普遍养成依法办事的理念，很多人民群众对待法律也持轻视态度。在此种情况下，应时而出的有关文件、指示、政策等就常常冲击着法律的权威。这些都为“文件”“指示”“政策”来指导民主政治建设创造了条件，也为领导者的个人主观意志替代法律的规范埋下了隐患。再次，人治思维对民主政治建设实践具有深刻影响。早在中央人民政府华北事务部1951年9月召开的华北第一次县长会议上，董必武就批判了“人民代表会议不如干部会顶事”等具有浓厚人治色彩的错误观点。这一历史时期，作为封建主义遗毒的人治思维，对民主政治建设实践产生了严重的不良影响，导致了民主政治建设在曲折中发展。

三、民主政治实践中的非制度化政治参与现象较为突出

民主政治建设蕴含着人民群众政治参与的要求，人民群众的政治参与乃是民主政治建设不可或缺的构成要素。新中国成立后，我们党通过一系列对民主政治建设方面的探索推动民主政治建设制度的日益完善化，在推进人民群众的政治参与方面也取得了良好的成效。但与此同时，大量的非制度化甚至是无序的非理性政治参与充斥在民主政治实践中，给民主政治建设带来了消极的影响，甚至产生了破坏性作用。具体来看，一方面，这一历史时期，我们党十分重视

对人民群众政治参与的激发，但相对忽视对人民群众政治参与热情的理性引导，也缺乏对人民群众政治参与知识和技术等方面的培养教育，尤其是对民主权利的实质是什么、民主权利的功用何在、如何关心国家大事和行使民主权利、怎样通过合适手段表达自己的政治诉求和满足自己的政治利益等一系列问题缺乏必要的教育引导。这导致了一些人仅仅凭借心中的激情就进入了政治进程，极易走向极端化、狂热化。例如，"文化大革命"中"异化"的"大民主"的政治参与模式即无序化、非理性甚至常常伴随着暴力色彩的"狂欢"式的政治参与模式，这既背离了政治参与的应然价值，也与社会主义民主精神格格不入。另一方面，由于这一历史时期对政治参与渠道的建设没有予以应有的重视，制度化的参与渠道十分有限，使得人民群众的政治参与欲望被梗塞受阻。所以，当诸如"大跃进""文化大革命"发动时，这种受阻的政治参与热望和压力便骤然倾泄而出，产生了巨大的破坏性作用，对民主政治建设造成了巨大的负面冲击。①

总之，新中国成立至改革开放前，我们党在民主政治建设方面取得了一些卓有成效的新探索，同时党内民主、人民民主、协商民主建设等方面也存在着一些问题，留下了一些深刻的教训，为新时代中国特色社会主义民主政治建设提供了重要的历史启迪。

---

① 参见张明军:《20世纪五六十年代我国社会主义民主政治建设的教训》,《北京党史》2003年第2期。

第四章　改革开放和社会主义现代化建设新时期中国共产党民主政治理论的再探索与实践

第一节　改革开放和社会主义现代化建设新时期中国共产党民主政治建设的背景

民主是促进一个国家各项事业良性发展的动力源泉。多年来，党中央在反思国内社会主义民主政治建设曲折发展的基础上，面对国际形势的风云剧变和国内改革开放事业的发展需求，带领全党和全国人民不断完善和发展社会主义民主政治。

一、对国内社会主义民主政治建设的反思

1976 年“文化大革命”结束后，针对社会主义民主和法制建设遭受的严重挫折，以邓小平同志为核心的党的第二代中央领导集体进行了深刻的反思。在社会主义建设时期，民主政治建设为什么会接连遭遇挫折，最终酿成“文化大革命”这样一场内乱？其最关键的原因在于我国制度层面存在弊端。邓小平认为：“制度是决定因素，那个时候的制度就是那样。那时大家把什么都归功于一个人。有些问题我们确实也没有反对过，因此也应当承担一些责任。当然，在那个条件下，真实情况是难于反对。”① 毋庸置疑，我国的根本政治制度是符合

① 《邓小平文选》第 2 卷，人民出版社 1994 年版，第 308—309 页。

我国国情的，是一种优越于资本主义制度的政治制度。但是，党和国家的具体政治体制存在一些弊端，邓小平在 1980 年 8 月的《党和国家领导制度的改革》讲话中阐明："从党和国家的领导制度、干部制度方面来说，主要的弊端就是官僚主义现象，权力过分集中的现象，家长制现象，干部领导职务终身制现象和形形色色的特权现象。"① 这些弊端"多少都带有封建主义色彩"②。这种思想政治方面的封建主义残余不仅助长个人专断，严重阻碍了党内民主的健康发展，而且还抑制人民的民主意识，造成了人民民主观念的缺失，妨碍了广大群众有效行使民主权利。

二、对国际社会主义运动挫折的思考

中国改革开放之后不久，20 世纪 80 年代末 90 年代初，世界政治舞台上演了苏东剧变、苏联解体，国际共产主义运动和世界社会主义事业遭遇空前严重的挫折。

十月革命成功，建立了人类社会历史上第一个社会主义国家，开创了人类历史的新纪元，为世界各国无产阶级革命、殖民地和半殖民地的民族解放运动指明了新道路。但革命本身只能解决社会主义国家的立国问题，并不能解决社会主义建设的模式问题。列宁逝世后，苏联经过多年的实践逐渐形成了政治、经济、文化高度集中的"斯大林模式"。这种政治体制与民主发展存在着内在紧张关系，权力高度集中，片面强调统一意志，抑制民主发展，忽视党内民主和人民民主的建设。其后果是党和国家逐渐丧失发展的活力，苏共逐渐成为一个脱离群众的"精英党"，党与人民渐行渐远，勃列日涅夫时期官僚特权阶层走到了人民群众的对立面，斯大林授意下的"大清洗"运动严重破坏了民主法制，这些都为苏联日后的悲剧埋下了隐患。

20 世纪 80 年代中期，苏联的发展已是沉疴积弊缠身，苏联社会已经处于经济、社会、精神道德和政治等方面的严重危机之中。"临危受命"的戈尔巴乔

① 《邓小平文选》第 2 卷，人民出版社 1994 年版，第 327 页。

② 《邓小平文选》第 2 卷，人民出版社 1994 年版，第 334 页。

夫上台后立即推行经济改革，但其对改革的主要内容、进程、方式、方向等缺乏整体考虑，从而使改革仓促铺开，改革不仅没有取得实效，反而使人民的生活状况恶化，怨声载道。在经济体制改革受挫之后，其转而以政治体制改革为突破口，但在具体的改革指导思想、进程及方式上出现错误。在改革指导思想上，1988 年 6 月在苏共中央第十九次代表会议上，“人道的、民主的社会主义”理论出台，标志着戈尔巴乔夫民主化改革的取向定位是民主社会主义。民主社会主义的改革目标，背弃了科学社会主义原则，其中隐含了否定苏共及其对苏联统治的合法性地位，从根本上动摇了苏共领导地位的合法性。在改革进程上，戈尔巴乔夫当时并非依靠党员干部先搞党内民主化，而是依靠全体民众，掀起全社会的民主化，以激进民主化的方式推进政治体制改革。在苏联官僚阶层固化、党群矛盾积压的情况下，这种泛滥的、无限的民主化方式导致了思想的混乱，社会上反共、反社会主义势力层出不穷。同时，其承认“多元化”和“多党制”，以选择放弃苏共执政地位换取所谓民主，使苏共领导权不断削弱直至丧失，最终导致苏联政治、经济、社会、民族的全面失控和危机，酿成了苏共垮台、苏联解体的悲剧。

东欧社会主义国家长期受到苏联模式的影响，到 20 世纪 80 年代陷入严重的经济困难，国民经济比例严重失调，人民生活水平无法提高，和西欧形成了鲜明对比。这引起了人民群众的极大不满，政治局势和社会形势发生了激烈动荡。苏联原本自顾不暇，仍将错误的经济和政治体制改革方案推行到东欧社会主义国家，各国执政党领导人转而将“民主社会主义”作为目标，实行政治多元化，放松了对社会的控制，减弱了对反对派的打压，导致各国反对势力大增，并取代共产党而获得政权。1989 年 8 月，波兰人民共和国出现战后东欧的第一个非共产党领导的政府，同年 10 月之后，匈牙利、罗马尼亚、波兰、阿尔巴尼亚、捷克斯洛伐克、东德、保加利亚、南斯拉夫纷纷在动乱和改革中改旗易帜。东欧各国的改革方式和进程不尽相同，但都朝着放弃共产党的领导、放弃社会主义道路的方向发展，最终这些东欧国家的改革以共产党丧失领导权、资本主义复辟而告终。

三、中国改革开放的开启

1978 年 12 月，我国全国范围大规模地揭批林彪、“四人帮”的群众运动已经基本胜利完成，全国出现了安定团结的政治局面，国民经济得到了一定程度的恢复和发展。但是，思想的僵化以及经济管理体制的落后，限制了我国经济建设的进一步发展，也阻碍了社会主义现代化的实现。党的十一届三中全会胜利召开，使党的工作重心和全国人民的注意力转移到以经济建设为中心的社会主义现代化建设上来，实现了我国经济社会发展的伟大转折。“没有民主就没有社会主义，就没有社会主义的现代化。”① 社会主义民主政治建设亟须提上议程。

1964 年 12 月，周恩来在第三届全国人民代表大会第一次会议上提出“四个现代化”，要在不太长的历史时期内实现这一奋斗目标。这一目标，为国家经济社会发展确定了宏伟蓝图。然而，“文化大革命”中断了我国四个现代化的建设进程，扰乱了民主政治建设，破坏了经济建设所需的民主法制环境，极大限制了经济发展。1975 年 1 月，周恩来又在第四届全国人民代表大会第一次会议上重申了四个现代化的建设目标，会后即着手研究编制了《1976—1985 年发展国民经济十年规划纲要草案》。党中央于 1976 年着手重启四个现代化，并于 1977 年决定重启十年经济规划，试图通过大规模的经济建设，实现四个现代化。

但是，当时“左”倾错误思潮的影响仍然存在。1977 年 2 月，《人民日报》刊发的“两个凡是”错误方针，限制了人们对解放思想、发展经济的尝试。加之我国过度集中的计划经济体制并未改变，十年经济规划推行的效果并不理想。为了加快经济体制改革，实现社会主义现代化，1978 年，我国开启了“外交年”，访问考察日本、新加坡、加拿大、法国、瑞士等发达资本主义国家和南斯拉夫、波兰等社会主义国家，了解国外经济社会发展状况和企业技术、管理经验。中外经济发展的差距、国内经济发展的瓶颈，使党和国家领导人认识到，

① 《邓小平文选》第 2 卷，人民出版社 1994 年版，第 168 页。

思想僵化以及民主法制缺乏权威严重制约了国家发展，高度集权的计划经济体制极大限制了经济发展活力。解放思想、加强民主法制建设、推动经济体制改革，成为我国社会主义现代化建设必须解决的问题。邓小平在党的十一届三中全会上对真理标准问题和民主法制问题进行了解答。他指出，发展生产力，就是主要的政治标准，要发展生产力，就必须解放思想，必须改变过去只讲集中不讲民主的做法，必须加强法制建设。具体到经济管理体制上，他认为，“现在我国的经济管理体制权力过于集中，应该有计划地大胆下放，否则不利于充分发挥国家、地方、企业和劳动者个人四个方面的积极性，也不利于实行现代化的经济管理和提高劳动生产率。应该让地方和企业、生产队有更多的经营管理的自主权”①。他继而强调，必须解放思想，改革创新，坚持民主法制理念，改变计划经济体制和僵化的管理方法，增强企业自主性，使企业创造更多的社会财富。

党的十一届三中全会拉开了改革开放的序幕。保障农民自主权的家庭联产承包责任制，刺激企业发展的放权让利改革，以及充分利用外资、外部技术发展经济的特区建设纷纷开启，我国改革开放伟业不断取得新突破，社会主义现代化建设不断取得新成就。然而，改革开放并非一帆风顺，由于旧思想、旧习惯的影响，加上民主法制建设还不够完善，经验不够成熟，我国出现了改革开放要不要继续的争议，影响了人们对改革开放事业的信心和发展经济、建设现代化的决心。此时亟须进一步推进民主法制建设，确保改革开放事业顺利进行。

针对此类情况，1982 年党的十二大指出，要继续推进民主法制建设，防止我国重新走上阶级斗争的错误道路，并提出了“计划经济为主、市场调节为辅”的经济体制。1984 年 10 月，党的十二届三中全会通过了《中共中央关于经济体制改革的决定》，对经济体制改革进行了科学、详细的论证，奠定了经济领域民主法制基础。1987 年党的十三大正式将改革开放确立为我国基本国策。随着党的十四大的召开，社会主义市场经济成为我国经济体制改革的目标，标志着我国改革开放进入新的阶段，民主政治建设也迎来了新的征程。

---

① 《邓小平文选》第 2 卷，人民出版社 1994 年版，第 145 页。

第二节　改革开放和社会主义现代化建设新时期中国共产党民主政治建设的目标

民主是人类政治文明的发展成果，是世界各国人民的普遍要求，是国家孜孜追求的政治目标。从国际到国内，民主是社会主义始终追求的理想目标。从理论到实践，人民民主是社会主义的生命，发展社会主义民主政治是中国共产党始终不渝的奋斗目标，保证人民当家作主是我国民主政治建设的根本目标。改革开放后，围绕这一根本目标，根据国内外形势发展变化，党中央从不同维度提出了民主政治建设的目标，形成了发展社会主义民主政治的目标体系，并带领全国人民为实现这些目标而不懈奋斗，在理论和实践上都取得了令人瞩目的民主政治发展成就，进而推进建设社会主义现代化强国的总体性目标。

一、长期目标：继续努力发扬民主

毛泽东作为一位伟大的马克思主义者，运用马克思主义的历史唯物主义观，在理论上提出“人民民主”，来打破历代统治者由兴而亡的历史周期率，以巩固和发展人民政权。在实践中，以毛泽东同志为核心的第一代中央领导集体初步确立我国人民民主专政国体和基本民主政治制度，奠定政治体制的基本框架，从而在民主政治建设方面取得了重大成就。但是，民主发展道路并非一帆风顺，从 1957 年阶级斗争扩大化开始，民主政治进程变缓，大民主观触发大规模的群众运动，党和国家的正常民主生活遭到破坏，尤其是后来的“文化大革命”，使社会主义民主与法制受损，导致国家秩序和社会思想都踱入极大的混乱之中，引发了严重的政治危机和社会危机，中国的民主政治建设经历了严重挫折、留下了沉痛教训。

邓小平坚持把马克思主义基本原理与中国具体实践相结合，深刻总结了新中国成立以来民主政治建设正反两方面的经验教训，特别是“文化大革命”的沉痛历史教训，强调民主政治建设的极端重要性，重新恢复和确立民主政治在社会主义发展中的价值和地位。党的十一届三中全会之后，民主成为工具价值和目标价值的有机统一体，我国民主政治建设进入一个新时期。

一是强调民主。1978 年，党的十一届三中全会决定，把全党工作的着重点和全国人民的注意力转移到社会主义现代化建设上来，并指出社会主义现代化建设需要集中统一的领导，必须有充分的民主，才能做到正确的集中，所以当前时期特别需要强调民主。邓小平也曾言："当前这个时期，特别需要强调民主。因为在过去一个相当长的时间内，民主集中制没有真正实行，离开民主讲集中，民主太少。"①

二是继续努力发扬民主。1979 年，邓小平进一步指出："我们过去对民主宣传得不够，实行得不够，制度上有许多不完善，因此，继续努力发扬民主，是我们全党今后一个长时期的坚定不移的目标。"② 同时，他提出"没有民主就没有社会主义，就没有社会主义的现代化"③ 之论断，科学论证了民主与社会主义、民主与社会主义现代化之间不可分割的辩证关系，从而突出民主是社会主义及其现代化建设的目标。之前主要目标就是搞经济建设，更注重经济现代化，把经济建设的成果作为衡量现代化的标准。但是我国曾经的社会主义建设挫折实践表明，片面强调经济发展，忽视民主政治建设，不仅无法发展经济，反而可能造成社会动荡。所以，民主政治是社会主义现代化整体目标中不可或缺的领衔部分。在此，邓小平的民主政治理论有两大突破。其一是在坚持毛泽东人民民主理论的基础上，肯定民主的工具价值，但着重赋予民主以目标价值，将民主作为社会主义现代化建设的关键目标，将"继续努力发扬民主"作为中国共产党的长期目标，使民主成为工具价值和目标价值的有机统一体。这是对民主价值属性的重新思考和认知飞跃。其二是第一次把民主政治建设提到与社会主义及其现代化共存亡的高度，确立了民主作为社会主义本质要求而应有的战略地位。

① 《邓小平文选》第 2 卷，人民出版社 1994 年版，第 144 页。

② 《邓小平文选》第 2 卷，人民出版社 1994 年版，第 176 页。

③ 《邓小平文选》第 2 卷，人民出版社 1994 年版，第 168 页。

三是建设高度的社会主义民主。1982 年，党的十二大提出，要把我国建设成为高度文明、高度民主的社会主义国家。以往的民主与现代化之关系，强调通过民主推动现代化建设，最终落脚点是实现现代化；转变后民主与现代化之关系，突出民主是现代化建设的目标，最终落脚点是发展民主。那么，民主政治应该发展到什么水平呢？党的十二大作出了回答：建设高度的社会主义民主，从而对民主政治建设的发展水平和实现程度提出了更高的要求。

二、总体目标：建设有中国特色的社会主义民主政治

一是探索和提出目标。1986 年 9 月，邓小平在会见波兰统一工人党中央第一书记、国务委员会主席雅鲁泽尔斯基时谈道："我们政治体制改革总的目标是三条：第一，巩固社会主义制度；第二，发展社会主义社会的生产力；第三，发扬社会主义民主，调动广大人民的积极性。"① 围绕政治体制改革这一"总目标"，11 月他在会见日本首相中曾根康弘时提出政治体制改革要向着三个目标进行：一是始终保持党和国家的活力；二是克服官僚主义，提高工作效率；三是调动基层和工人、农民、知识分子的积极性。② "领导层有活力，克服了官僚主义，提高了效率，调动了基层和人民的积极性，四个现代化才真正有希望。"③ 可见，民主仍是政治体制改革目标的核心议题。

同时，邓小平强调，我国提出的政治体制改革，是根据我国的实际情况决定的。1987 年 8 月，邓小平在《一切从社会主义初级阶段的实际出发》重要讲话中提出："社会主义本身是共产主义的初级阶段，而我们中国又处在社会主义的初级阶段，就是不发达的阶段。一切都要从这个实际出发，根据这个实际来制订规划。"④ 同年 10 月，党的十三大正式明确：我国正处在社会主义的初级阶段，特指我国在生产力落后、商品经济不发达条件下建设社会主义必然要经历

① 《邓小平文选》第 3 卷，人民出版社 1993 年版，第 178 页。
② 《邓小平文选》第 3 卷，人民出版社 1993 年版，第 179—180 页。
③ 《邓小平文选》第 3 卷，人民出版社 1993 年版，第 180 页。
④ 《邓小平文选》第 3 卷，人民出版社 1993 年版，第 252 页。

的特定阶段，这是很长的历史发展过程。正确认识我国社会所处的历史阶段和历史坐标，是建设有中国特色的社会主义的首要问题，是制定民主政治建设之阶段性目标的根本依据。当时经济体制改革的展开和深入，对政治体制改革提出了日益紧迫的更高要求。发展社会主义商品经济的过程，应该是建设社会主义民主政治的过程，若不进行政治体制改革，经济体制改革亦不能深化且无法取得成功。所以，在此逻辑上，党的十三大进一步类化政治体制改革的目标，长远目标即建立高度民主、法制完备、富有效率、充满活力的社会主义政治体制，近期目标即建立有利于提高效率、增强活力和调动各方面积极性的领导体制，从业已成熟的问题着手，克服具体领导制度、组织形式和工作方式上的一些重大缺陷，如权力过分集中、官僚主义严重、封建主义的影响。总而言之，就是兴利除弊，建设有中国特色的社会主义民主政治，这是进行政治体制改革的总体目标。建设有中国特色的社会主义民主政治，要求在党的领导下和社会主义制度下，更好地发展社会生产力，充分发挥社会主义的优越性，在政治上实现比发达资本主义国家更加高、更切实的社会主义民主。

二是坚持和完善目标。党的十三届四中全会前后，国际局势惊天巨变，国内形势出现动荡。其一是苏东剧变。1988 年起，戈尔巴乔夫把改革的重点从经济领域转向政治领域，实行政治多元化和多党制，削弱和放弃了苏共的领导地位。1990 年 3 月，立陶宛率先宣布独立，其他共和国随后纷纷效仿。1991 年 3 月，戈尔巴乔夫没有把握好全民公投赞成保留联盟的舆论优势，支持分裂的反对派在政治斗争中取得优势，“八一九事件”后苏联共产党完全失去了执政党地位。1991 年 12 月，苏联正式解体。其二是西方“和平演变”。以美国为首的西方资本主义国家不遗余力地对社会主义国家实施“和平演变”战略，苏联解体之后，更是将矛头对准了中国，打着“民主”“自由”“人权”等幌子，肆无忌惮地实施政治意识形态渗透，企图动摇马克思主义在我国的政治指导地位，妄图颠覆我国国体和政体，将人民民主专政国家纳入西方资本主义世界体系之中。在国内外环境变化的冲击下，我国社会思想状况不免出现困扰。尤其是苏东剧变，苏联曾经是实力足以与美国相抗衡的社会主义超级大国，一夜之间苏共丧失执政地位，联盟最终解体，从而使国际社会主义运动处于挫折和低潮之中。“马克思主义是不是过时了？”“社会主义制度到底行不行？”“中国目前道路是否走得通？”种种悲观情绪和思想疑虑困扰着中国民众，多元社会思潮盛行并发生激烈碰撞，影响最为明显的是资产阶级自由化思潮重新抬头。

对此，邓小平其实早已明确：“中国在粉碎‘四人帮’以后出现一种思潮，叫资产阶级自由化，崇拜西方资本主义国家的‘民主’、‘自由’，否定社会主义。这不行。中国要搞现代化，绝不能搞自由化，绝不能走西方资本主义道路。”①在此决定党和国家前途命运的重大历史关头，他一再强调：发展社会主义民主，但匆匆忙忙地搞不行，搞西方那一套更不行。②中国坚持社会主义，不会改变。只要中国社会主义不倒，社会主义在世界将始终站得住。③同时他认为，动乱平息之后首要向人民作出的交代是——组成一个实行改革的有希望的领导集体，使人民放心。“第三代的领导要取信于民，要得到人民对这个集体的信任，使人民团结在一个他们所相信的党中央领导集体周围。反对资产阶级自由化，坚持四项基本原则，这不能动摇。”④总而言之，坚持社会主义道路，坚持无产阶级专政，坚持共产党的领导，坚持马列主义、毛泽东思想，是发展社会主义民主不可动摇的政治根基。第二、三代中央领导集体牢牢稳固了政治根基，带领全国人民驱散了悲观情绪，打消了思想疑虑，坚定了道路选择。

1989年党的十三届四中全会之后，以江泽民同志为核心的党的第三代中央领导集体，不负党和人民的重托，继承并坚持了邓小平关于建设中国特色社会主义民主政治的理论和目标，努力恢复和发扬党密切联系群众的优良传统和作风。在1992年党的十四大上，江泽民同志重申“建设有中国特色的社会主义民主政治”这一目标，强调绝不搞西方的多党制和议会制。在1997年党的十五大上，他对社会主义民主政治建设的目标设计和方针策略进行了详细阐述，进一

---

①《邓小平文选》第3卷，人民出版社1993年版，第123页。

②《邓小平文选》第3卷，人民出版社1993年版，第285页。

③《邓小平文选》第3卷，人民出版社1993年版，第345—346页。

④《邓小平文选》第3卷，人民出版社1993年版，第299页。

步深化了目标的内涵——建设有中国特色社会主义的政治，就是在中国共产党领导下，在人民当家作主的基础上，依法治国，发展社会主义民主政治。我们党将党的领导、人民当家作主和依法治国有机联系在一起，并统一到民主政治建设的目标之中，形成独具特色的社会主义民主政治建设的政治纲领。这是对社会主义初级阶段民主政治理论的深化，是有步骤、有秩序地推进社会主义民主政治建设实践的目标指引。

三、重要目标：建设社会主义政治文明

跨入 21 世纪，国际局势发生深刻变化，世界多极化和经济全球化的趋势增强，科技发展日新月异，综合国力竞争激烈。我国进入全面建设小康社会、加快推进社会主义现代化的新的发展阶段。2002 年，党的十六大确立全面建设小康社会的目标，这是中国特色社会主义经济、政治、文化全面发展的目标，同时又将“发展社会主义民主政治、建设社会主义政治文明”作为全面建设小康社会的重要目标。

“政治文明”是社会主义民主政治建设中的新概念，是江泽民在邓小平提出社会主义物质文明和精神文明的基础上概括出来的。经济发展与物质文明紧密相连，文化发展与精神文明密切相关，那么，民主政治发展对应的是什么呢？2001 年 1 月，江泽民在全国宣传部长会议上，首次使用“政治文明”的概念，认为“法治属于政治建设、属于政治文明，德治属于思想建设、属于精神文明”①。2002 年 5 月，他在中央党校省部级干部进修班毕业典礼上指出，发展社会主义民主政治，建设社会主义政治文明，是社会主义现代化建设的重要目标。同年 7 月，他在考察中国社科院时进一步强调，建设中国特色社会主义，是物质文明、政治文明、精神文明全面建设的进程。这是其第一次将物质文明、政治文明、精神文明三者结合起来。党的十六大正式明确“社会主义政治文明”作为“全面建设小康社会之重要目标”的定位，及其与社会主义物质文明、精

① 江泽民：《论“三个代表”》，中央文献出版社 2001 年版，第 135 页。

神文明协调发展的整体文明格局。

从“政治文明”与“民主政治”的关系而言，“政治文明”比“民主政治”的内涵更丰富、范畴更广泛、层次更高阶，“民主政治建设”是“政治文明建设”的核心内容和主要路径，“政治文明”是“发展民主政治”的高阶目标。江泽民把“社会主义政治文明”作为全面建设小康社会的重要目标，作为社会主义现代化建设的重要目标，纳入社会主义文明体系。这将社会主义民主政治建设提升到一个崭新高度，是对邓小平社会主义文明理念的继承创新，是对马克思主义民主政治理论的创造性发展，意义十分重大。一则通过政治文明直接将民主政治建设纳入人类文明体系的范畴，对建设有中国特色的社会主义民主政治提出了更高的目标追求和实践标准，可见党对社会主义民主政治建设规律的认知不断深化。从社会主义政治文明的高度来认识、指导社会主义民主政治建设，是以江泽民同志为核心的党的第三代中央领导集体具有特色的重要贡献。二则立足于邓小平强调的社会主义物质文明和精神文明，将“两个文明”发展到“三个文明”，作为社会主义现代化全面发展的三大基本目标，对社会主义现代化建设进程具有重大战略指导意义，可见党对社会主义现代化内涵的理解更为全面。

四、具体目标：扩大社会主义民主

进入 21 世纪之后，世界发生广泛而深刻的变化，中国也在发生广泛而深刻的变革，机遇和挑战并存，但机遇大于挑战。以胡锦涛同志为总书记的党中央坚定不移地高举中国特色社会主义伟大旗帜，带领人民从新的历史起点出发，抓住重要战略机遇期，加快推进社会主义民主政治建设。随着我国改革开放的不断推进和经济社会的快速发展，人民群众参与政治的积极性不断高涨，尤其是互联网的飞速发展为民主参与提供了更多机会和便捷渠道。我们党紧扣时代脉搏，回应广大民众对社会主义民主的更多需求和更高期待，2007 年党的十七大强调，确保到 2020 年实现全面建成小康社会的奋斗目标，在民主政治建设方面提出新的更高要求——扩大社会主义民主，更好保障人民权益和社会公平正义。

其实，党的十六大已经开始关注扩大社会主义民主的必要性，要求在坚持四项基本原则的前提下，继续积极稳妥地推进政治体制改革，扩大社会主义民主。党的十七大则把“扩大社会主义民主”提升到中国特色社会主义政治建设之总体要求的地位，使其成为民主政治建设过程中回应当时社会发展现实的具体目标，以指导发展社会主义民主政治的实践，尤其是政治体制改革。首先，党的十七大提出“人民民主是社会主义的生命”，所以，政治体制改革必须与人民政治参与积极性不断提高相适应，必须坚持正确政治方向，以保证人民当家作主为根本，以增强党和国家活力、调动人民积极性为目标，扩大社会主义民主，建设社会主义法治国家，发展社会主义政治文明。然后，其指出“人民当家作主是社会主义民主政治的本质和核心”，故而必须扩大人民民主，保证人民当家作主。接着，其强调发展基层民主，保障人民享有更多更切实的民主权利。社会主义愈发展，民主也愈发展，以胡锦涛同志为总书记的党中央在实践中探索规律，不断推进有中国特色社会主义民主政治的发展，使其在21世纪展现出更加蓬勃的生命力。

概而言之，在社会主义民主政治建设进程中，“继续努力发扬民主”是“文化大革命”结束之后，为了重新恢复和确立民主政治的价值和地位，确定的全党必须坚持的长期目标；“建设有中国特色的社会主义民主政治”是基于社会主义初级阶段的发展定位，应对国际局势惊天巨变和国内形势思想动荡，探索、坚持和深化的总体目标；“建设社会主义政治文明”是跨入21世纪，从政治文明的崭新高度认识、指导民主政治建设的重要目标；“扩大社会主义民主”是紧扣时代脉搏，回应广大民众对民主有更多需求和更高期待的具体目标。由此，党中央形成了发展社会主义民主政治的目标体系，引领全党和全国人民全面深入地开展民主政治建设实践，从而在理论和实践上都取得了令人瞩目的民主政治发展成就。

第三节　改革开放和社会主义现代化建设新时期中国共产党民主政治建设的任务

在1978年改革开放之始至新时代的历史阶段，国际局势波诡云谲、国内发展任务艰巨，同时，政治民主化、经济全球化、文明交融化渐成世界潮流，如何在一个经济实力相对落后、民主政治文化稀薄、发展不充分不平衡问题集聚的社会主义国家，探索出一条既符合政治文明发展规律，又着眼于中国现实国情，且彰显社会主义优势的民主发展道路，以实现经济、政治、文化等各领域全面协调发展，是中国共产党面临的重大课题。以邓小平同志、江泽民同志为核心的党的第二代、第三代中央领导集体和以胡锦涛同志为总书记的党中央科学化、系统化地确立了中国共产党民主政治建设的目标体系，并以此为导引，在遵循马列基本原理、坚持社会主义方向和立足中国实际的基础上，稳步渐进地开展各个时期的民主政治建设任务，既回答了什么是中国特色社会主义民主政治，也求解了如何发展中国特色社会主义民主政治。

一、首要任务：民主的制度化、法制化

以毛泽东同志为核心的党的第一代中央领导集体为使党的执政跳出历史周期率，进行了孜孜不倦的努力探索，确定了人民当家作主的政治地位，秉承人民主权的政治理念开展民主政治建设工作，民主的价值得到确证。以邓小平同志为核心的党的第二代中央领导集体从社会主义现代化的战略高度重新认识民主的意义，这一时期的主要任务是要找到实现人民民主的根本途径，使民主既不因价值层面的过度倡扬而在实践中遭遇虚置，也不是仅作为集中的一种手段而被偏狭地推崇和运用。

一是确立任务方向：民主必须制度化、法制化。党的十一届三中全会以来，以邓小平同志为核心的党的第二代领导集体以深邃的政治眼光，科学总结了社

会主义民主政治建设的历史经验，尤其是鉴于十年“文化大革命”所带来的惨痛教训，提出“为了保障人民民主，必须加强法制。必须使民主制度化、法律化，使这种制度和法律不因领导人的改变而改变，不因领导人的看法和注意力的改变而改变”①，从而确立了社会主义民主政治建设任务的法制化方向，即抛弃过去那种阶级斗争为纲的民主路线和“大民主”实践形式，通过制度改革和法制护航来保障社会主义民主的实现。党的十一届三中全会公报强调：“为了保障人民民主，必须加强社会主义法制，使民主制度化、法律化。使这种制度和法律具有稳定性、连续性和极大的权威。”这就将民主政治建设任务与社会主义法制紧密联系在一起，要求将社会主义民主纳入制度化、法制化的发展轨道，把人民当家作主的各项权利以法律制度的形式明确化、系统化和规范化，说明在中国“没有广泛的民主是不行的，没有健全的法制也是不行的”②。“发扬社会主义民主，健全社会主义法制，两方面是统一的。”③党的十一届六中全会通过的《关于建国以来党的若干历史问题的决议》重申了“健全社会主义民主和加强社会主义法制”的任务方向。1987 年邓小平更是多次指出，“在发扬社会主义民主的同时，还要加强社会主义法制”④，“我们的民主同法制是相关联的”⑤，“中国的民主是社会主义民主，是同社会主义法制相辅相成的”⑥。

二是锚定任务主线：有计划、有步骤而又坚决彻底进行政治体制改革。制度化、法制化是党领导民主政治建设的任务方向和世界政治文明的发展趋向，但却未能在改革开放之前的历史阶段中得到一以贯之的坚持，正如《关于建国以来党的若干历史问题的决议》所指出，“我们没有能把党内民主和国家政治社会生活的民主加以制度化、法律化，或者虽然制定了法律，却没有应有的权

① 《邓小平文选》第 2 卷，人民出版社 1994 年版，第 146 页。
② 《邓小平文选》第 2 卷，人民出版社 1994 年版，第 189 页。
③ 《邓小平文选》第 2 卷，人民出版社 1994 年版，第 276 页。
④ 《邓小平文选》第 3 卷，人民出版社 1993 年版，第 210 页。
⑤ 《邓小平文选》第 3 卷，人民出版社 1993 年版，第 244 页。
⑥ 《邓小平文选》第 3 卷，人民出版社 1993 年版，第 249 页。

威”，进而在新中国成立后沿袭革命年代的历史经验，形成了党政不分、以党代政、高度集中的政治体制，这与社会主义民主政治的本质要求难相适应。由于没有坚持好的传统，也没有形成严格的权威的制度，“党和国家的民主生活逐渐不正常，一言堂、个人决定重大问题、个人崇拜、个人凌驾于组织之上一类家长制现象，不断滋长”①。因此，“为了适应社会主义现代化建设的需要，为了适应党和国家政治生活民主化的需要，为了兴利除弊，党和国家的领导制度以及其他制度，需要改革的很多”②。政治体制改革作为使民主制度化、法制化的任务内容被提上议事日程。邓小平首先从原有政治体制的弊端入手，阐释了推进政治体制改革的必要性，认为例如官僚主义、权力过分集中、家长制、干部领导职务终身制以及形形色色的特权现象等，这些体制制度弊端“妨碍甚至严重妨碍社会主义优越性的发挥”③。唯有改变原有体制的诸多弊端才能使民主政治焕发生机，并为社会主义现代化建设提供坚实的政治保障。1986 年，党中央成立政治体制改革研讨小组，对国家政治体制的历史形成及其现实弊端和政治体制改革的内容、步骤、原则等进行深入分析，提出了体制改革的总体设想。1987 年，党的十三大强调“进行政治体制的改革，就是兴利除弊，建设有中国特色的社会主义民主政治”，对政治体制作出系统部署，逐渐形成了“总目标”“长远目标”“近期目标”三个任务模式，政治体制改革全面启动。

三是强调任务重心：党内民主也必须制度化。从近现代民主政治的实践特点来看，民主政治自诞生以来就与政党这一社会政治组织密切联系在一起，民主政治需要通过政党政治来运作和实现。而从中国特殊的政党与国家关系来看，有无党的领导是社会主义民主区别于资本主义民主最根本的标志之一。中国特色社会主义民主政治的发展方向、任务目标、具体实现都仰赖于党的坚强领导，民主的制度化、法制化要靠党的领导来系统规划，政治体制改革仍然要通过党的领导来全盘部署。在一党领导并长期执政的现实情势下，党内民主

① 《邓小平文选》第 2 卷，人民出版社 1994 年版，第 330 页。

② 《邓小平文选》第 2 卷，人民出版社 1994 年版，第 322 页。

③ 《邓小平文选》第 2 卷，人民出版社 1994 年版，第 327 页。

问题直接关系到国家民主政治建设方向能否有效坚持，社会主义民主的制度化、法制化任务能否稳步推进。正如邓小平在总结民主政治建设经验教训时指出："我们过去发生的各种错误，固然与某些领导人的思想、作风有关，但是组织制度、工作制度方面的问题更重要。"① "不是说个人没有责任，而是说领导制度、组织制度问题更带有根本性、全局性、稳定性和长期性。"② 因此，为推进民主政治建设，提高社会主义民主制度化、法制化水平，党内民主也必须制度化且应当率先制度化。这一时期，以邓小平同志为核心的党的第二代中央领导集体高度重视党内民主问题，要求恢复和发展民主集中制，不断健全党的代表大会制度、党的各级委员会的全委会和常委会制度、党的集体领导和个人分工负责相结合制度、党的组织生活制度、党内监督制度等党内民主制度体系。

二、中心任务：党的领导、人民当家作主和依法治国有机统一

以邓小平同志为核心的党的第二代中央领导集体从社会主义现代化的战略高度，解决了民主政治发展的方向问题，将制度化、法制化作为社会主义民主政治建设的根本途径。而以江泽民同志为核心的党的第三代中央领导集体则在坚持民主法制化任务道路的基础上，积极推进我国民主政治建设和政治体制改革，提出了建设中国特色的民主政治的基本政治纲领。在党的十五大报告中，江泽民首次提出社会主义初级阶段的基本纲领，民主政治领域的基本纲领"就是在中国共产党领导下，在人民当家作主的基础上，依法治国，发展社会主义民主政治"，并对三者在民主政治建设中的重要地位和内在关系进行了深刻阐述。而后，在党的十六大上他又进一步科学系统地论述三者的辩证关系，指出"发展社会主义民主政治，最根本的是要把坚持党的领导、人民当家作主和依法治国有机统一起来。党的领导是人民当家作主和依法治国的根本保证，人民当家作主是社会主义民主政治的本质要求，依法治国是党领导人民治理国家的基

①② 《邓小平文选》第 2 卷，人民出版社 1994 年版，第 333 页。

本方略”①。总体而言，以江泽民同志为核心的党的第三代中央领导集体将党的领导、人民当家作主和依法治国统合于政治体制改革的目标任务之中，新世纪新阶段中国特色社会主义民主政治的中心任务是要实现党的领导、人民当家作主、依法治国的有机结合和辩证统一。

首先，坚持党的领导是任务前提。中国共产党是中国特色社会主义事业的领导核心，民主政治建设必须遵循当代中国政治发展的基本逻辑，坚持正确的政治文明发展方向，在党的领导之下推进民主政治进程。“建设社会主义民主政治，是逐步发展的历史过程，需要从我国的国情出发，在党的领导下有步骤、有秩序地推进。”②党的十五大指出：“共产党执政就是领导和支持人民掌握管理国家的权力，实行民主选举、民主决策、民主管理和民主监督，保证人民依法享有广泛的权利和自由，尊重和保障人权。”江泽民在1998年曾提出，必须处理好党的领导、发扬民主和依法办事的关系，党的领导是基本前提和核心关键，不能割裂三者之间的内在联系，更不能将党的领导与二者对立起来。“以为发扬民主、强调法制就不需要党的领导，这是错误的。”③党的领导是实现人民当家作主和顺利推进依法治国的根本保证，中国共产党代表了中国先进生产力的发展要求、中国先进文化的前进方向和中国最广大人民的根本利益，党领导民主政治建设就是为了使人民真正当家作主；同时，宪法和法律是党的主张和人民意志相统一的体现，由党领导人民所制定、执行和遵守。因此，在积极维护人民民主权利、全面落实依法治国战略的过程中，要始终坚持党的领导地位不动摇、不松懈。

其次，人民当家作主是任务本质。坚持人民当家作主、维护人民切身利益既是社会主义民主的核心要义，也是中国特色社会主义民主政治建设的本质要求。中国共产党历来以发展人民民主、维护人民利益为根本宗旨，自成立之日起就为人民民主的实现而不懈斗争、努力和奋斗。“党的一切工作和方针政策，

① 《江泽民文选》第3卷，人民出版社2006年版，第553页。

② 《十五大以来重要文献选编》(上)，人民出版社2000年版，第34—35页。

③ 《十五大以来重要文献选编》(上)，人民出版社2000年版，第489页。

都要以是否符合最广大人民群众的利益为最高衡量标准。”①江泽民指出：“社会主义民主政治的本质，就是人民当家作主。”②他强调：“我们的社会主义民主，是全国各族人民享有的最广大的民主，它的本质就是人民当家作主。”③“在中国共产党的领导下，实行人民民主，充分保障人民当家作主的民主权利，是我国政权建设和政治体制改革的根本出发点和归宿。”④人民当家作主是党领导下的中国特色社会主义民主政治优势之体现，该时期的民主政治建设要在坚持党的领导下，通过制度改革和完善，充分调动各方面的积极因素，充分发挥人民群众的主动性和创造力，充分反映民情民意民愿，广泛集中民智，使党和国家的各项事业充满生机和活力。

再次，依法治国是基本方略。实行和坚持依法治国，“就是广大人民群众在党的领导下，依照宪法和法律的规定，通过各种途径和形式参与管理国家、管理经济文化事业、管理社会事务”⑤。依法治国作为一种治国方针是由以江泽民同志为核心的党的第三代中央领导集体所确立的，体现了从“法制”到“法治”的历史发展，对于发展社会主义民主而言具有重要意义，表明在推进中国特色社会主义民主政治建设过程中，党领导人民治理国家的方式进步。早在1989年，江泽民在中外记者招待会上就提出，“我们绝不能以党代政，也绝不能以党代法。这也是新闻界讲的究竟是人治还是法治的问题，我想我们一定要遵循法治的方针”，这是以江泽民同志为核心的党的第三代中央领导集体形成后首次向外界宣示党的治国理政方略。1996年，江泽民第一次明确提出依法治国的思想，并在次年党的十五大上提出“依法治国，建设社会主义法治国家”。根据党中央的建议，八届全国人大四次会议将“依法治国”作为一个根本方针写入了“九五”计划和2010年远景目标纲要。

---

① 《江泽民文选》第2卷，人民出版社2006年版，第262页。

② 《江泽民论有中国特色社会主义（专题摘编）》，中央文献出版社2002年版，第303页。

③ 《江泽民文选》第2卷，人民出版社2006年版，第257页。

④ 江泽民：《阔步前进中的中国与世界》，《人民日报》1995年7月14日。

⑤ 《江泽民论有中国特色社会主义（专题摘编）》，中央文献出版社2002年版，第326页。

三、现实任务：丰富民主形式、拓宽民主渠道

党的十六大之后，中国特色社会主义民主政治建设进入新的历史时期，以胡锦涛为总书记的党中央在坚持党的领导、人民当家作主和依法治国有机统一基本纲领的基础上，提出“人民民主是社会主义的生命”①，将民主法治置于和谐社会建设的首要位置，强调要以保障公民知情权、参与权、表达权、监督权为着眼点推进民主政治制度建设。在此阶段，为了发展社会主义民主，保障人民依法行使民主权利，必须将丰富民主形式、拓展民主渠道作为民主政治建设的现实任务，以切实体现“人民当家作主是社会主义民主政治的本质和核心”②。具体地来看，其主要包括以下几个方面的内容。

第一，将发展基层民主作为基础性工程。党的十六大在基层民主建设方面进行了重要的制度探索，党的十七大进一步提出要推进基层民主政治建设，以保障“人民依法直接行使民主权利”③，首次在党的全会报告中把发展基层民主、保障人民享有更多更切实的民主权利作为社会主义民主政治建设的一项重大任务，并要求把它作为发展社会主义民主政治的基础性工程重点推进。其实，早在 1998 年 6 月，胡锦涛在全国农村基层组织建设经验交流会议暨表彰会议上就指出：扩大农村基层民主，实行民主选举、民主决策、民主管理和民主监督，是落实党的十五大提出的依法治国方略的重要基础工作，也是加强农村基层组织建设、密切干群关系、调动广大农民群众积极性的有效措施。④进入新世纪之后，胡锦涛认为：“扩大基层民主，保证人民群众直接行使民主权利，依法管理自己的事情，是社会主义民主最广泛的实践，是社会主义民主政治建设的基础性工作。必须深刻认识发展社会主义基层民主政治的重大意义，推动社会主

① 《中国共产党第十七次全国代表大会文件汇编》，人民出版社 2007 年版，第 27 页。

② 《中国共产党第十七次全国代表大会文件汇编》，人民出版社 2007 年版，第 28 页。

③ 《十七大报告辅导读本》，人民出版社 2007 年版，第 29 页。

④ 胡锦涛：《适应跨世纪发展需要把农村基层党组织建设得更加坚强有力》，《人民日报》1998 年 6 月 29 日。

义基层民主政治建设不断取得新进展。”① 到了党的十七大时，胡锦涛更加强调：“发展基层民主，保障人民享有更多更切实的民主权利。人民依法直接行使民主权利，管理基层公共事务和公益事业，实行自我管理、自我服务、自我教育、自我监督，对干部实行民主监督，是人民当家作主最有效、最广泛的途径，必须作为发展社会主义民主政治的基础性工程重点推进。”②

第二，以党内民主带动人民民主为基本路径。人民民主和党内民主是中国特色社会主义民主政治建设相互联系的两个方面。相较而言，党内民主对于人民民主起表率作用，对于人民民主的实现具有重要的推动和牵引功效；在实践方面的难度也比直接推行人民民主要小得多，往往更容易实行，更能取得成效，因此率先发展党内民主、以党内民主带动人民民主就成了发展社会主义民主政治的基本选项。改革开放以来，尤其是党的十六大时期，党内民主建设已有多方面的积极探索，党中央根据新时期的新情况，又对此展开新的任务部署，旨在“以扩大党内民主带动人民民主，以增进党内和谐促进社会和谐”③。党的十七大在总结过去党内民主实践经验的基础上，明确了党内民主建设的基本思路、重要举措，为新的历史条件下加强党内民主建设系统谋划。关于如何发展党内民主，胡锦涛指出要完善党的代表大会制度，实行党的代表大会代表任期制，选择一些县（市、区）试行党代表大会常任制；推行地方党委讨论决定重大问题和任用重要干部票决制；建立健全中央政治局向中央委员会全体会议、地方各级党委常委会向委员会全体会议定期报告工作并接受监督的制度；逐步扩大基层党组织领导班子直接选举范围，探索扩大党内基层民主多种实现形式等新思路。④

---

① 胡锦涛：《提高社会主义基层民主政治建设水平保证基层人民群众直接行使民主权利》，《人民日报》2006年12月2日。

② 胡锦涛：《高举中国特色社会主义伟大旗帜，为夺取全面建设小康社会新胜利而奋斗》，人民出版社2007年版，第30页。

③ 《十七大报告辅导读本》，人民出版社2007年版，第49—50页。

④ 朱祥全：《建设中国特色社会主义民主政治的创新之路》，《四川师范大学学报（社会科学版）》2008年第6期。

第三，坚定不移地深化政治体制改革。政治体制改革既是全面改革的重要内容，又是社会主义民主政治建设的关键构成。相较于早前“积极稳妥地推进政治体制改革”，党的十七大指出要“深化政治体制改革”，因为伴随着民主政治建设的实践发展，为了丰富民主形式、拓宽民主渠道，使社会主义民主政治更具旺盛生命力，政治体制改革既要“稳妥”推进，更要“深入”发展，从而更好地“随着经济社会发展而不断深化，与人民政治参与积极性不断提高相适应”①。这也说明，随着经济社会的发展和人民民主诉求的高涨，政治体制改革不能迟滞缓进，必须纵深推进，相应地，政治体制改革的任务也就愈加繁重。在该历史阶段，胡锦涛指出，行政改革是政治体制改革的重要内容，必须加快行政管理体制改革、积极建设服务型政府，并对其作出了整体部署，即“抓紧制定行政管理体制改革总体方案，着力转变职能、理顺关系、优化结构、提高效能，形成权责一致、分工合理、决策科学、执行顺畅、监督有力的行政管理体制”，同时要求“加大机构整合力度，探索实行职能有机统一的大部门体制，健全部门间协调配合机制”。②

第四节　改革开放和社会主义现代化建设新时期中国共产党民主政治建设的实践

党的十一届三中全会把全党工作的着重点和全国人民的注意力转移到社会主义现代化建设。经济基础决定上层建筑，实现四个现代化要求大幅度提高生产力，亟须改革与经济体制转变不适应的政治体制，变革制约着社会主义现代化建设事业的思维方式、领导方式和管理方式。以邓小平同志为核心的党的第二代中央领导集体，分步骤、有领导、有秩序地进行了政治体制改革。随着社

① 《十七大报告辅导读本》，人民出版社 2007 年版，第 27 页。

② 《十七大报告辅导读本》，人民出版社 2007 年版，第 31 页。

会主义市场经济的形成和发展对政治上层建筑提出新的要求，同时面对苏东剧变的国际局势和国内的动荡形势，以江泽民同志为核心的党的第三代中央领导集体，在强调坚持四项基本原则的前提下，继续积极稳妥地推进政治体制改革。当社会主义市场经济走向不断完善的阶段，需要对政治体制进行全方位的深刻变革时，以胡锦涛同志为总书记的党中央紧扣人民群众利用互联网络积极参与政治的时代脉搏，坚定不移地深化政治体制改革。可见，改革开放以来，党和国家始终把政治体制改革摆在发展全局的极其重要位置，不断推进社会主义民主政治建设，成功开辟、坚守、深化有中国特色的社会主义民主政治发展道路。本节将从政治体制改革的四大核心内容——民主制度建设、法制与法治建设、领导管理体制改革、党内民主建设，呈现社会主义民主政治建设的实践图景。

一、民主制度建设

发展社会主义民主政治是中国共产党一以贯之的奋斗目标和价值追求，其核心是保障人民当家作主，而制度保障更具有根本性、全局性、稳定性、延续性和长期性。改革开放初至新时代，以人民代表大会制度为根本政治制度，以中国共产党领导的多党合作和政治协商制度、民族区域自治制度和基层群众自治制度为基本政治制度，所组成的具有中国特色的民主制度体系，经历几十年的不断发展和完善，在实践中充分发挥了人民当家作主的地位和作用。

（一）发展人民代表大会制度

人民代表大会制度是建设中国特色社会主义民主政治的核心和基础，作为我国人民民主专政的政权组织形式，是国家的根本政治制度，是人民当家作主管理国家的制度。

1981 年 6 月，党的第十一届六中全会通过的《关于建国以来党的若干历史问题的决议》指出：“逐步建设高度民主的社会主义政治制度，是社会主义革命的根本任务之一。建国以来没有重视这一任务，成了‘文化大革命’得以发生的一个重要条件，这是一个沉痛教训。必须根据民主集中制的原则加强各级国家机关的建设，使各级人民代表大会及其常设机构成为有权威的人民权力机关。”以邓小平同志为核心的党的第二代中央领导集体，致力于人民代表大会制度的恢复和发展。首先，党的十一届三中全会以后，人民代表大会制度的重大突破是在县级以上地方各级人大设立常委会。1979 年 7 月，第五届全国人大第二次会议通过《关于修正 1978 年宪法若干规定的决议》和《地方组织法》，规定县和县级以上地方各级人民代表大会设立常务委员会。到 1979 年底，有 21 个省、自治区、直辖市的人大设立了常委会，其他省以及自治州、设区的市的人大常委会基本在 1980 年设立。到 1981 年底，全国 2 015 个县、旗，76 个自治县、自治旗，121 个不设区的市，508 个市辖区，共 2 756 个县级人大建立了常委会。① 根据 1982 年宪法和有关法律的规定，各级人大及其常委会重点加强组织建设，由此，其工作开展进入崭新阶段。其次，把立法工作摆到重要议程上。1978 年党的十一届三中全会强调：“为了保障人民民主，必须加强社会主义法制，使民主制度化、法律化，使这种制度和法律具有稳定性、连续性和极大的权威，做到有法可依，有法必依，执法必严，违法必究。从现在起，应当把立法工作摆到全国人民代表大会及其常务委员会的重要议程上来。”1979 年 2 月，全国人大常委会设立专事立法的工作机构——法制委员会（1983 年改名为法制工作委员会）。同年，第五届全国人大第二次会议出台了《刑法》《刑事诉讼法》《地方各级人民代表大会和地方各级人民政府组织法》《全国人民代表大会和地方各级人民代表大会选举法》《中外合资经营企业法》《人民法院组织法》和《人民检察院组织法》7 部法律，这是改革开放后第一批法律硕果，标志着社会主义法制建设步入正轨。1982 年，第五届全国人大第五次会议通过新宪法，此后又于 1988 年、1993 年、1999 年和 2004 年对宪法进行了四次修改，使宪法更加完备。再次，逐步加强人大工作的制度化、程序化。重点是选举制度，1979 年第五届全国人大第二次会议通过了新的选举法，将直接选举从人民公社、镇、市辖区和不设区的市扩大到县和自治县一级，改变原来的等额选举，推行落实差额选举。1982 年、1986 年又对选举法进行了两次修改。同时，1982 年制定

① 程湘清：《地方人大常委会发展历程中重大事件点评（之一）》,《法制与社会》2012 年第 4 期。

《全国人大组织法》，规定了人大及其常委会的议事程序和工作制度。1989 年制定《全国人大议事规则》，对全国人大会议的举行、议案的提出和审议、听取和审议政府工作报告、听取和审查国家计划和国家预算等事项作了系统的规定。

党的十三届四中全会之后，以江泽民同志为核心的党的第三代中央领导集体，继续推动人民代表大会制度的快速发展。一是继续加强各级人大及其常委会的组织建设。为了顺利开展工作，全国人大相继增设了一些专门委员会，如 1993 年第八届全国人大第一次会议增设环境保护委员会，1998 年第九届全国人大第一次会议增设农业与农村委员会等。1995 年修订的地方组织法规定，人大常委会根据工作需要设立办事机构和其他工作机构。二是继续推进人大工作的制度化。2000 年第九届全国人大第三次会议通过《立法法》，为各级人大立法工作确立了制度规范。1993 年制定《关于加强对法律实施情况检查监督的若干规定》，1999 年作出《关于加强中央预算审查监督的决定》，2000 年作出《关于加强经济工作监督的决定》，均对人大监督工作作出了具体规定。三是完善人大代表制度。1992 年第七届全国人大第五次会议通过了《代表法》，对全国人大和地方各级人大代表的性质、地位、权利、义务、工作方式等诸多事项，作了详细的规定。1999 年，最高人民法院发布《关于严格执行未经人大许可不得对人大代表采取强制措施规定的通知》，以防止不依法定程序拘禁人大代表的事件发生。

党的十六大以后，以胡锦涛同志为总书记的党中央，着眼于人民代表大会制度的体系化发展。首要建立中国特色社会主义法律体系。胡锦涛在首都各界纪念全国人民代表大会成立 50 周年大会上的讲话中指出："改革开放以来，……这一时期，全国人民代表大会制定了现行宪法和 4 个宪法修正案，全国人民代表大会及其常务委员会制定了 200 多件现行有效的法律，国务院制定了 650 多件现行有效的行政法规，地方人民代表大会及其常务委员会制定了 7 500 多件现行有效的地方性法规，民族自治地方的人民代表大会制定了 600 多件自治条例和单行条例，以宪法为核心的中国特色社会主义法律体系初步形成，有力地推动和保障了改革开放和社会主义现代化建设的顺利进行。"经过不断制定、修订、完善法律制度，2010年底，全国人大常委会宣布如期形成中国特色社会主义法律体系。二则完善人大监督体系。2006年全国人大常委会第二十三次会议通过《中华人民共和国各级人民代表大会常务委员会监督法》，以专门法的形式保障全国人大及地方各级人大对同级“一府两院”的监督效力，并对人大常委会实施监督的形式和程序作出了具体规定，有利于人民代表大会更好地履行监督职能，维护最广大人民的根本利益。将人大的监督工作提到与立法工作同等重要的位置，各级人大及其常委会逐步加强对宪法和法律实施的监督，以及对行政、审判、检察等机关的工作监督，保障了宪法和法律、法规的贯彻实施，推动了党和国家路线、方针、政策的贯彻执行。三则健全人大代表制度体系。2005年5月，中共中央转发《中共全国人大常委会党组关于进一步发挥全国人大代表作用，加强全国人大常委会制度建设的若干意见》，同年6月，全国人大常委会办公厅出台《关于加强和规范全国人大代表活动的若干意见》《全国人民代表大会代表议案处理办法》《全国人民代表大会代表建议、批评和意见处理办法》等5个配套文件，以规范人大代表行为，提高人大代表素质，支持和保障人大代表依法行使职权。

（二）推进中国共产党领导的多党合作和政治协商制度

中国共产党领导的多党合作和政治协商制度（以下简称“多党合作制度”）是我国一项基本政治制度。这项制度是中国共产党在中国革命、建设、改革的伟大实践中，将马克思主义政党学说和统一战线理论与中国具体实际相结合，创造的具有中国特色的政党制度。改革开放初至新时代，这一制度的内容更加丰富、机制日趋完善、功能逐步发挥。

改革开放之后，以邓小平同志为核心的党的第二代中央领导集体着手恢复和巩固多党合作制度。首先，中共恢复与各民主党派的合作关系。“四人帮”粉碎之后，中共开始正本清源、拨乱反正，为“文化大革命”中被批斗的各民主党派人士进行平反，支持和推动民主党派组织的恢复，重新塑造与各民主党派的合作关系。同时，深化对多党合作的认识。1979年10月，邓小平首次使用了“多党派的合作”的提法。党的十二大将多党合作“长期共存、互相监督”的“八字方针”拓展为“长期共存、互相监督、肝胆相照、荣辱与共”的“十六字方针”，深化了中共与各民主党派之间的亲密合作关系。1987年党的十三大报告，第一次使用了“共产党领导下的多党合作和政治协商制度”这个规范概念，此制度的内核精神和外在雏形开始形成。此外，注重加强政协自身的组织建设。党的十三大明确人民政协是“包括各民主党派、各人民团体和社会各方面代表的爱国统一战线组织”，进一步完善多党合作制度的具体制度，确保事关党、国家和人民的重大问题的政治协商和民主监督常态化，进一步发挥民主党派和无党派爱国人士在国家政治生活中的作用，充分发挥工会、共青团、妇联等群众团体作为党和政府联系人民群众的桥梁和纽带作用。

以江泽民同志为核心的党的第三代中央领导集体，进一步提升了多党合作制度的地位和作用。一是明确民主党派在多党合作制度中的地位。1989年，中共中央发布《关于坚持和完善中国共产党领导的多党合作和政治协商制度的意见》，这是多党合作制度化、规范化的开端，确定了民主党派在中国政党体系中的参政党地位。二是将多党合作制度上升为国家意志。1993年，第八届全国人大第一次会议将多党合作制度载入了宪法。1997年，党的十五大将多党合作制度纳入社会主义初级阶段的基本纲领。三是丰富了多党合作制度的相关理论。2000年，江泽民在中共中央召开的第十九次全国统战会议上系统阐述了多党合作制度，提出我国多党合作中“七个坚持”的重要原则和四条衡量标准，概括了多党合作制度的特征优势，阐述了民主党派进步性和广泛性的内涵。四是发挥人民政协的职能作用。江泽民多次在党的代表大会上强调，要加强同民主党派合作共事，支持民主党派和无党派人士在国家机关担任领导职务，发挥多党合作制度的优势，推进人民政协工作的规范化、制度化，发挥人民政协政治协商、民主监督和参政议政的作用。

跨入21世纪，多党合作制度在以胡锦涛同志为总书记的党中央领导下，发展得更为完善。一是发展方向更加明确。2005年颁发的《中共中央关于进一步加强中国共产党领导的多党合作和政治协商制度建设的意见》，总结了改革开放以来多党合作制度的理论发展和实践探索，进一步明确了多党合作制度的原则、任务、内容、方式、程序等，为健全完善中国特色社会主义政党制度指明了方向。二是政治协商更加规范。党中央推动政治协商逐步制度化和规范化，对民主协商的形式、内容和程序等作出明确要求和规定。在2003—2004年两年时间里，中共领导人亲自或委托有关部门召开的各种协商会、座谈会、通报会等共有36次，其中由中共中央总书记主持的有13次。①三是作用发挥更加广泛。推动民主党派成员、无党派人士在全国人大代表、全国人大常委会及专门委员会中占适当比例，如2003年换届后，他们有17.6万人担任全国各级人大代表，其中，全国人大常委会副委员长有7人，全国人大常委有50人。②支持其在人民代表大会、国家机关、人民政协等各类部门发挥政治协商、民主监督、参政议政的重要作用，积极参与改革开放和社会主义现代化建设事业，为推动祖国统一大业和社会全面进步建言献策。

（三）巩固民族区域自治制度

民族区域自治制度是将各民族人民纳入民主范畴的基本政治制度。历届党中央都十分重视对其进行巩固和发展，以有效解决民族问题，保障各族人民的民主权利。

改革开放之后，一方面，加强民族区域自治制度的法制化建设。1981年党的十一届六中全会通过的《中国共产党中央委员会关于建国以来党的若干历史问题的决议》明确提出："必须坚持实行民族区域自治，加强民族区域自治的法制建设，保障各少数民族地区根据本地实际情况贯彻执行党和国家政策的自主权。"1984年，根据"八二宪法"精神颁布《中华人民共和国民族区域自治法》，全面规定了民族区域自治的基本问题，是我国第一部正式的民族区域自治法律，标志着我国民族区域自治制度进入法制化的新阶段。另一方面，大力培养少数民族干部。党中央通过加强教育培训，提升他们的文化素质和管理能力，从而认真执行党的民族政策，努力做好民族工作。

党的十三届四中全会之后，在制度层面，明确民族区域自治制度的地位。

①② 国务院新闻办公室：《中国的民主政治建设白皮书》，《人民日报》2005年10月20日。

1997年，党的十五大将民族区域自治制度与人民代表大会制度、多党合作制度并列为我国三大民主政治制度；2001年，第九届全国人大常委会第20次会议通过的《中华人民共和国区域自治法》(修正案)，将民族区域自治制度定为“国家的一项基本政治制度”。在实践层面，推动落实民族区域自治政策。党和国家出台一系列推动性的政策，规范实施机制，明晰政策框架，着重落实民族区域自治权，保障少数民族人民当家作主的权利。截至1998年底，全国共建立了155个民族自治地方，其中有自治区5个、自治州30个、自治县（旗）120个，还有1 256个民族乡；在全国55个少数民族中，有44个民族建立了自治地方；实行自治的少数民族人口占少数民族人口总数的75%，民族自治地方行政区域的面积占全国总面积的64%。①

跨入21世纪之后，胡锦涛在党的十七大上提出新世纪新阶段民族工作的主题——各民族共同团结奋斗、共同繁荣发展，紧扣民族关系的时代性，不断推动民族区域自治制度的深化与发展。首先，完善民族区域自治法律体系。2005年颁布实施的《国务院实施〈中华人民共和国民族区域自治法〉若干规定》，推动国务院各部门制定民族区域自治法律，基本形成了我国民族区域自治法律体系。同时，明确民族工作的指导原则。民族平等是解决民族问题的根本原则，实现各民族一律平等要求切实贯彻民族区域自治法律，从而保证民族自治地方依法行使自治权，切实尊重和保障少数民族的合法权益。

（四）深化基层群众自治制度

基层群众自治实践始于城市，早在新中国成立之初，城市居民委员会便开始出现，但在“文化大革命”中遭到破坏。党的十一届三中全会之后，城市居民委员会开始恢复和发展。1980年，广西壮族自治区罗城县和宜山县的一些乡村建立了村民委员会，之后村民委员会、村民自治会、村管会等自治性质的组织在多地出现。

---

① 国务院新闻办公室：《中国的少数民族政策及其实践》，《中华人民共和国国务院公报》2000年第3期。

以邓小平同志为核心的党的第二代中央领导集体面对基层自治的新情况，及时开展调研考察并采取措施，重点是将这一民主现象制度化、法制化。1980年，全国人大常委会重新公布了《居民委员会组织条例》《人民调解委员会暂行通则》《治安保卫委员会暂行通则》。“八二宪法”将村民委员会和居民委员会一同写入其中，使两者成为基层民主的主要形式，同时要求建立村民委员会以代替生产队，并对村民委员会的性质、任务和组织原则作了具体规定。1987年全国人大常委会通过《村民委员会组织法（试行）》。1988年通过的《全民所有制工业企业法》，规定了职工代表大会的性质和职权，以维护职工的民主权益。于是，城市居民自治制度、农村村民自治制度、企业职工代表大会制度以及其他企事业民主管理制度，共同构成了基层群众自治制度体系。

以江泽民同志为核心的党的第三代中央领导集体，在之前的基础上，进行了一系列努力探索。首先，继续加强基层自治的法制化建设。1989年12月通过并于1990年实施的《城市居民委员会组织法》，对城市居委会的性质、地位以及主要职责作出规定，明确城市居民委员会是居民自我管理、自我教育、自我服务的基层群众性自治组织。1998年全国人大常委会修订通过并施行《村民委员会组织法》。1993年、1994年先后制定实施的《公司法》《劳动法》以及2001年修正的《工会法》，都为职工代表大会以及广大职工的各项权利提供了法律依据、制度保障和具体实践指导。其次，明确基层民主的地位。党的十五大提出，扩大基层民主，保证人民群众直接行使民主权利，是社会主义民主最广泛的实践。党的十六大强调，扩大基层民主，是发展社会主义民主的基础性工作。再次，致力于推动基层群众自治实践。一则建立健全配套的相关具体制度，如民主选举制度、政务和财务公开制度、公开办事制度、民主管理制度等。二则推动居（村）民委员会的改革，让群众对干部实行民主监督，加强基层党组织和干部队伍建设，培养高素质的基层干部队伍，以大力推行基层群众自治。三则健全村民自治机制，建设城市新型社区。1999年，在全国26个城区开展社区建设的试点工作，之后在全国开展社区建设示范活动。截至2001年底，全国有近70万个村民委员会，300多万村民委员会成员；国家级村民自治模范县

（市、区、旗）95个，省级村民自治模范县（市、区、旗）792个，约35%的乡镇、村被命名为示范乡镇、示范村。[①]

以胡锦涛同志为总书记的党中央，从多维度深化发展基层群众自治制度。认知维度上，提升了发展基层民主的地位。党的十七大指出，人民依法直接行使民主权利，管理基层公共事务和公益事业，实行自我管理、自我服务、自我教育、自我监督，对干部实行民主监督，是人民当家作主最有效、最广泛的途径，必须作为发展社会主义民主政治的基础性工程重点推进。制度维度上，健全村民自治机制，完善民主管理制度，落实村务公开和民主议事制度，以拓展基层群众自治的范围和领域；完善以职工代表大会为基本形式的企事业单位民主管理制度，支持广大职工参与改革和管理，维护其合法权益。实践维度上，支持居（村）民委员会协助政府做好公共服务和社会管理工作，将驻区单位、社区民间组织、物业管理机构、专业合作经济组织等纳入自治过程，扩大自治主体的范畴，实现政府行政管理与基层群众自治的良性互动；建立健全村民“一事一议”筹资筹劳办法和机制，引导其开展公益性设施建设。凡此种种，都扩大了基层民主，从而保障人民享有更多更切实的民主权利。

二、法制与法治建设

加强社会主义法治建设，是发展社会主义民主政治的必由之路。改革开放初至新时代，党中央带领全党和全国人民，在法治建设方面进行了努力探索和丰富实践。

（一）恢复和加强社会主义民主法制

“左”倾错误和“文化大革命”，使社会主义民主法制遭到破坏。改革开放之初，邓小平从重建权威、重启立法、加强执法、重建司法机构与开展普法教育等方面推动社会主义民主法制建设重归正轨。

① 刘章福、罗昭义：《发展农村基层民主：建设社会主义民主政治的突破——学习江泽民关于发展农村基层民主的思想》，《湖湘论坛》2003年第4期。

第一，理顺民主与法制的关系，重建民主和法制的权威。民主集中制是我们党和国家各项事业的制胜法宝。但是过去我们党过于强调集中，导致民主得不到保障，民主集中制在一段时间内被搁置，给党和国家各项事业带来损失。民主被忽略，原因在于“没有能把党内民主和国家政治社会生活的民主加以制度化、法律化，或者虽然制定了法律，却没有应有的权威”①。要避免类似问题再发生，必须加强法制。党的十一届三中全会强调：“为了保障人民民主，必须加强社会主义法制，使民主制度化、法律化，使这种制度和法律具有稳定性、连续性和极大的权威，做到有法可依，有法必依，执法必严，违法必究。”“要保证人民在自己的法律面前人人平等，不允许任何人有超于法律之上的特权。”这一论述，一方面，强调了法制对民主的重要性；另一方面，正式确定了我国法律至上、人人平等的法制精神，树立了法制权威。自此，民主与法制的关系得到理顺，法制作为工具价值和目标价值的双重理性得到认同，民主建设、党和国家管理重新回归到依靠法律权威的轨道上来。

第二，重启立法工作，加快法制建设。1978 年邓小平指出：“现在的问题是法律很不完备，很多法律还没有制定出来。往往把领导人说的话当做‘法’，不赞成领导人说的话就叫做‘违法’，领导人的话改变了，‘法’也就跟着改变。”②因此，我国必须加快法制建设。此后，我国重启中断了 20 年的立法工作，推进社会主义法制建设。一是完善宪法。1982 年修订的宪法重申了“人民民主专政”，明确了人民享有言论自由、选举权等 18 项基本权利，规定了人民代表大会的民主功能和产生办法。二是根据改革开放、社会主义现代化建设和民生需要，加快推进普通法立法工作。1979 年，第五届全国人大第二次审议通过了刑法、地方组织法等七部法律，拉开了立法序幕，立法工作进入快车道。民族区域自治法（1984 年）、相关民事法律（1986 年）、行政诉讼法（1989 年）和环保法（1989 年）相继出台，社会主义民主法制初步实现有法可依。

① 中共中央文献研究室：《关于建国以来党的若干历史问题的决议》，人民出版社 1983 年版，第 39 页。

② 《邓小平文选》第 2 卷，人民出版社 1994 年版，第 146 页。

第三，严格执法，维护法制权威。针对改革开放之后，贪污腐败等违法犯罪案件增多的问题，邓小平指出："如果我们党不严重注意，不坚决刹住这股风，那末，我们的党和国家确实要发生会不会'改变面貌'的问题。这不是危言耸听。"[①]所以，国家采取系列措施，严格执法。一是推动行政管理法制化。《地方各级人民代表大会和地方各级人民政府组织法》（1979 年）、《国务院组织法》（1982 年）明确规定了政府的职权、工作方式，将政府行政活动纳入了法制轨道。以《治安管理处罚条例》（1986 年）为代表的行政法规，为政府依法行政提供了依据。二是完善行政救济机制，强化行政监督。《民事诉讼法（试行）》（1983 年）规定："法律规定由人民法院审理的行政案件，适用本法规定。"从事实上确立了行政诉讼制度。全国人大于 1989 年通过了《行政诉讼法》，使行政诉讼有了专门的法律。为确保行政诉讼顺利进行，到 1990 年 6 月，全国人民法院开设了行政审判庭 2 638 个，[②]1990 年全年受理行政诉讼案 13 006 件。[③]行政诉讼的发展，有效地约束了政府行为，推动了政府行政管理法制化。三是加大力度打击贪污腐败。1983 年和 1986 年国家分别设立了审计署和监察部，同时加强信访工作，重视举报，强化对政府的监督。四是加强社会治安建设，比如从 1983 年启动的"严打"运动，震慑和制裁了一批违法犯罪分子，维护了法制权威。

第四，重建司法系统，推动司法民主。为了维护法制权威与社会公正，我国重建"文化大革命"时遭到破坏的司法制度和律师制度。1978 年，我国重建人民检察院；1979 年，"两院"组织法被审议通过，人民检察院和人民法院的组织地位、设置方式和职权有了法律规定；同年，司法部和律师制度得以恢复；1986 年，全国律师资格考试开考。自此，在"文化大革命"中被破坏的司法系

① 《邓小平文选》第 2 卷，人民出版社 1994 年版，第 403 页。

② 江必新：《行政诉讼三十年发展之剪影——从最高人民法院亲历者的角度》，《中国法律评论》2019 年第 2 期。

③ 应松年、薛刚凌：《行政诉讼十年回顾——行政诉讼的成就、价值、问题与完善》，《行政法学研究》1999 年第 4 期。

统重建完成并开始发挥作用。同时，为了扩大司法参与，确保司法民主，保证司法公正，我国设置了辩护制度。

第五，进行普法教育，树立法制意识。加强社会主义民主法制建设，必须提高人民群众的法制观念。1986 年邓小平指出："加强法制重要的是要进行教育，根本问题是教育人。"① 此后，形式多样的普法教育全面铺开。国家通过公开审判、法制进生活进课堂等方式进行普法教育。其中，1980 年对林彪和江青集团的公开审判与直播，表明了党实行法制的决心，也对全国人民进行了深刻的普法教育。1985 年 11 月 22 日，第六届全国人大常委会第十三次会议审议通过《全国人民代表大会常务委员会关于在公民中基本普及法律常识的决议》，我国普法进入全民教育阶段。系列普法运动的开展，使群众法制观念有了很大提升。

（二）坚持党的领导、人民当家作主和依法治国有机统一

以江泽民同志为核心的党的第三代中央领导集体，针对改革开放带来的新挑战，不断加速社会主义民主法制建设，实现了从社会主义民主法制向社会主义民主法治的转变，开创了依法治国的新局面。

其一，明确提出依法治国基本方略。随着改革开放的深入、社会主义现代化建设的发展，党对治国方略有了新认识。1989 年，江泽民在党的十三届四中全会召开前夕，接受采访时提出了"法治"理念。1996 年，其在中共中央举办的法制讲座上指出："加强社会主义法制建设，依法治国，是邓小平建设有中国特色社会主义理论的重要组成部分，是我们党和政府管理国家和社会事务的重要方针。"② 同时，其对依法治国作了进一步的阐述，"依法治国"的理念逐步明晰。1997 年党的十五大报告指出："发展民主必须同健全法制紧密结合，实行依法治国。依法治国，就是广大人民群众在党的领导下，依照宪法和法律规定，通过各种途径和形式管理国家事务，管理经济文化事业，管理社会事务，保证

① 《邓小平文选》第 3 卷，人民出版社 1994 年版，第 163 页。

② 《江泽民文选》第 1 卷，人民出版社 2006 年版，第 511 页。

国家各项工作都依法进行，逐步实现社会主义民主的制度化、法律化，使这种制度和法律不因领导人的改变而改变，不因领导人看法和注意力的改变而改变。依法治国，是党领导人民治理国家的基本方略。”①至此，党的治国理念实现了两点突破：一是关于民主与法治的论述，出现党的领导、人民当家作主和依法治国的关系雏形。党的十六大则对三者辩证关系进行了科学阐述，即发展社会主义民主政治，最根本的是要把坚持党的领导、人民当家作主和依法治国有机统一起来。党的领导是人民当家作主和依法治国的根本保证，人民当家作主是社会主义民主政治的本质要求，依法治国是党领导人民治理国家的基本方略。二是明确依法治国基本方略，从“法制”转向了“法治”。1999年，第九届全国人民代表大会第二次会议将“依法治国”方略写入宪法。

其二，高度重视法制建设，满足社会发展需要。党的十四大报告指出，要“高度重视法制建设。加强立法工作，特别是抓紧制订与完善保障改革开放、加强宏观经济管理、规范微观经济行为的法律和法规，这是建立社会主义市场经济体制的迫切要求”②。为满足经济领域对法制建设的需求，我国持续推进立法工作：一是宪法重申国家走法制路线，弘扬了法制理念。二是将“国家发展社会主义市场经济”写入宪法，使市场经济得到国家根本大法的保护。三是从三个方面加强经济与民生领域立法。第一，根据市场经济发展要求，不断推进市场经济与公民权利的立法，审议通过了包括合同法、劳动法、公司法、刑事诉讼法、行政处罚法在内的法律法规，我国立法工作进入新高潮。第二，立法工作与国际接轨。为加入世贸组织，根据国情、国际通行规则与WTO的要求，我国必须先完成“海关法、进出口商品检验法、三部外资企业法、著作权法等14部法律、37部行政法规”③的修订。同时，修订或废止了大量法规、规章和文件。第三，审议通过《立法法》，完善立法程序。任何修订的法律都经过起

① 《江泽民文选》第2卷，人民出版社2006年版，第28—29页。

② 《江泽民文选》第1卷，人民出版社2006年版，第236页。

③ 李适时：《加入世贸组织与我国法制建设——写在纪念我国加入世贸组织十周年之际》，《求是》2012年第1期。

草、2—3 次审议、表决、公布、解释等程序，立法活动实现了制度化。

其三，依法行政，落实依法治国。为落实依法治国的方略，维护法律尊严，我国继续强化执法工作，首要是依法行政。江泽民指出："干部依法决策、依法行政是依法治国的重要环节。"① 政府依法开展行政管理，是实现依法治国的关键。为此，党和国家采取了一系列措施。一是出台《关于加强政府法制工作的决定》（1993 年）、《全面推进依法行政的决定》（1999 年），要求政府立法、执法等工作必须严格遵守法律规定。同时，进一步完善行政法体系，修订《国家赔偿法》《行政监察法》《行政复议法》《行政处罚法》等法律法规，加强对政府行为的约束。二是强化行政监督体系建设，如加强行政监察机制建设，完善群众信访、举报、评议制度，健全新闻媒体舆论监督机制，形成较为全面的监督体系。三是继续加大打击各类贪污腐败行为的力度，进行强力反腐，打击了李乘龙、成克杰等一批腐败分子，破获了厦门远华特大走私案等一批大案要案，净化了党政干部队伍。四是强化社会治安整治。通过 1996 年和 2001 年发动的"严打"整治斗争，集中力量打击了违法犯罪增多的势头。

其四，推进司法体制改革，保障司法民主。为满足社会主义市场经济发展和人民群众对通过法律程序解决纠纷、维护权利的需要，党和国家决定推进司法体制改革。一是完善两院建设。1999 年起，根据《人民法院五年改革纲要》，我国以坚持审判独立为前提，对法院审判方式、组织形式、院内机构、人事制度、办公现代化、组织层次等进行了改革。2000 年，我国最高检发布了《检察改革三年实施意见》，对各级检察院的业务工作机制、组织机构、办案机制、人事制度、技术手段等进行改革。二是推进司法队伍建设。2002 年开启全国统一的司法考试，进入司法队伍的法官、检察官更为专业化。同时，通过《法官法》《检察官法》等法律以及配套的考核机制、管理办法，加强司法队伍人才的选拔、淘汰机制，全面提升司法队伍素质。三是通过完善人民陪审员制度，建立立审、审执和审监分立的庭审方式，加强司法监督，确保司法民主与公正。

---

① 《江泽民论有中国特色社会主义（专题摘编）》，中央文献出版社 2002 年版，第 334 页。

其五，开展普法教育，培育法治观念。人民知法、懂法、守法，形成法治观念，才能更好地建立社会主义法治国家。为提高人民的法治观念，党和国家采取了如下措施。一是领导干部带头学习。1994 年起，党中央领导集体率先听取十多场法治知识讲座，1998 年 6 月起，全国人大常委会每月安排一场法治讲座。二是继续开展普法运动，1992 年到 2002 年间，我国开展了第二、三个五年普法运动。央视《今日说法》（1999 年）等法治节目的开播，进一步推动了普法教育的发展。一系列普法教育的开展，提高了人民群众的法治观念和权利意识，使遵纪守法、依法办事的观念深入人心，有力地推动了社会主义法治国家的建设。

（三）全面深入落实依法治国基本方略

依法治国理念的提出，使国家治理走向了新的历史阶段。从 2002 年到 2012 年，以胡锦涛同志为总书记的党中央，从完善法制、加强执法、深化司法改革和培育法治理念四个角度扎实贯彻依法治国方略，将社会主义法治建设推向新高度。

第一，加强立法，完善中国特色社会主义法律体系。随着治国理念从“法制”向“法治”的转变，建立和完善社会主义法律体系极为紧迫。党的十六大指出，要“适应社会主义市场经济发展、社会全面进步和加入世贸组织的新形势，加强立法工作，提高立法质量，到二〇一〇年形成中国特色社会主义法律体系”①。此后，我国从七个方面推进立法工作。一是继续完善宪法及其配套法律建设。第十届全国人大二次会议将保障人权和私有财产纳入宪法，从根本大法的角度保障了社会主义市场发展的需要。我国制定《反分裂国家法》（2005 年）、《中华人民共和国各级人民代表大会常务委员会监督法》（2006 年）等，使宪法体系更加完善。二是完善民商法。我国根据社会发展需要修订银行法、公司法、票据法、保险法、证券法等，同时审议通过电子签名法、企业破产法、物权法等市场经济建设与社会发展急需的法律。三是完善行政法。我国修订了

① 《江泽民文选》第 3 卷，人民出版社 2006 年版，第 555 页。

律师法、城市房地产管理法等法律法规，审议通过了行政许可法、公证法、身份证法、治安管理处罚法、交通安全法、公务员法等一系列法律。四是完善经济法。我国主要修订了个人所得税法、渔业法、进出口法等法律，审议通过了政府采购法、反洗钱法、企业所得税法、反垄断法等法律。五是完善社会法。我国主要修订了未成年人保护法和妇女权益保护法，审议通过了促进就业法、安全生产法、劳动合同法等涉及人权、民生的法律。六是对刑法进行了四次修订，使其更能满足社会发展需要。七是修正了民事诉讼法。这些法律的出台，使社会主义法制更加完备，为保障人权与经济发展提供了法律依据。2011 年，我国已经形成以宪法为统帅，以宪法相关法、民法商法等多个法律部门的法律为主干，由法律、行政法规、地方性法规等多个层次的法律规范构成的中国特色社会主义法律体系。①

第二，强化依法行政，做到严格规范公正文明执法。依法治国，关键在于依法执政、依法行政。社会主义法制体系的完善，初步解决了我国“有法可依”的问题。依法执政、依法行政方面也同步强化。一是推进依法行政，构建法治政府。2003 年《国务院工作规则》和 2004 年《全面依法行政实施纲要》，要求行政管理活动必须坚持法治理念，坚持依法行政原则，健全决策机制，理顺执法体系，完善监督机制，提高执法人员法治观念，做到“有法必依”。二是进一步完善行政监督和救济制度。2009 年、2010 年我国分别对《行政处罚法》《国家赔偿法》《行政监察法》进行了修订，2011 年审议通过《中华人民共和国行政强制法》等法律，强化了制度监督效力。三是健全行政问责制。《党政领导干部辞职暂行规定》(2004 年)、《公务员法》(2005 年)、《关于实行党政领导干部问责的暂行规定》(2009 年) 等法律法规对干部失职、失误行为及其责任后果进行了严格的规定，将我国依法行政推向了新高度。四是加大打击党员干部违法行为。2011 年，胡锦涛同志在庆祝中国共产党成立九十周年大会上指出，坚决惩

① 吴邦国:《全国人民代表大会常务委员会工作报告》,《中华人民共和国全国人民代表大会常务委员会公报》2011 年第 3 期。

治和有效预防腐败，关系人心向背和党的生死存亡。为此，有关部门通过信访、网络反腐等方式继续推动反腐工作，严厉打击贪污腐败、违法违规的行为，有效地维护了法律的权威和人民的利益。

第三，深化司法体制改革，维护司法民主和公正。依法治国追求社会公正，公平正义是法治的生命线，是司法的灵魂，公正司法是维护社会公平正义的最后一道防线。一是围绕保持司法独立、提升司法效能推进司法体制改革。2004年，我国对司法机关设置、管理制度、职权划分制度进行了改革。2008年，我国启动以满足社会发展需要、维护人民利益为目标的司法改革，主要解决体制、机制、保障等方面的问题，对职权配置、人才队伍、经费保障等方面进行了改革。人民法院于2005年和2009年分别出台了《二五改革纲要》和《三五改革纲要》，对审判方式、审判技术、人民陪审员制度、审判监督制度、执行机制、未成年人司法制度等进行了改革。检察系统则发布了人才队伍建设规划、深化检察改革的三年意见、基层人民检察院建设规划等文件，不断完善检察系统人才队伍、制度、组织建设。二是继续完善司法民主制度。2003年，我国探索建立人民监督员制度，2010年，将其在全国推行。2004年，我国印发《关于完善人民陪审员制度的决定》，对人民陪审员的来源、职权、培训等进行了规定，使人民陪审员制度有了进一步发展。两项制度的推行，极大地完善了我国司法民主建设。三是加强人权保障，主要是禁止刑讯逼供，保障犯罪嫌疑人、被告人的辩护权，保障律师执业权利，限制适用羁押措施以及保障被羁押人的合法权益等。四是提高司法能力。自2002年起，国家司法考试每年举办一次，由国家统一组织实施，实现了法律职业准入制度由分散到统一的转变。到2011年底，全国共有近50万人通过国家司法考试，[①] 取得法律职业资格，大批拥有扎实专业知识的人才进入司法队伍。随着司法人员专业知识技能和职业道德的提升，司法队伍的综合素质有了极大提高，对推进我国司法进步发挥了重要作用。

---

① 《〈中国的司法改革〉白皮书》，中央人民政府网，http://www.gov.cn/jrzg/2012-10/09/content_2239771.htm。

第四，加强宣传教育，强化法治理念。一是增强党员干部的法治理念。胡锦涛在中共中央政治局第十二次集体学习时强调："全党同志特别是各级领导干部都要切实增强法制观念，带头学法守法，在全党全社会营造依法执政、依法治国、依法办事的良好氛围。要进一步加大以宪法为核心的法制宣传教育的力度，提高全民特别是各级领导干部和国家机关工作人员的宪法意识和法制观念。"① 此后，党和国家有关部门举办了各类法制学习讲座、培训等活动，提升领导干部和国家机关工作人员的法治意识和法治能力。二是推进法学教育。到2011年，我国共在620所高校设置了法学本科专业，118所高校开设法学硕士教育，② 为我国法治事业的发展培育输送了大批人才。三是进一步推动普法运动。我国于2001年和2006年启动了第四、第五个五年普法教育，向社会大众推出一批优质的普法教材、节目、活动。中央电视台普法节目《今日说法》也于2002年和2010年两次延长时间，以满足普法教育需要。经过大规模的普法教育，以宪法为核心的法律知识得到较为广泛的普及，人民群众的法律意识和法律素质明显提高。③

三、领导管理体制改革

1978年，党的十一届三中全会主要从解决党政不分、大胆下放权力、精简经济行政机构、加强人员管理等方面提出了领导管理体制改革的方向。1986年9月，邓小平指出："政治体制改革包括什么内容，应该议一下，理出个头绪。我想政治体制改革的目的是调动群众的积极性，提高效率，克服官僚主义。改革的内容，首先是党政要分开，解决党如何善于领导的问题。这是关键，要放在第一位。第二个内容是权力要下放，解决中央和地方的关系，同时地方各级

---

① 《始终坚持依法治国依法执政，提高全社会法制化管理水平》，《人民日报》2004年4月28日，第1版。

② 李其瑞、冯飞飞：《中国法学教育70年：发展历程、问题反思和未来展望》，《法学教育研究》2020年第2期。

③ 《中共中央、国务院转发〈中央宣传部、司法部关于在公民中开展法制宣传教育的第五个五年规划〉并发出通知》，《政文献辑览》2007年，第114—121页。

也都有一个权力下放问题。第三个内容是精简机构，这和权力下放有关。”[①] 这不仅明确了当时政治体制改革的目标，还搭建了领导管理体制改革基本内容的大体框架，而后江泽民、胡锦涛又在此框架上不断完善、丰富、深化领导管理体制改革的具体内容。下文从党的领导、权力下放、机构改革、人事管理、民主决策和权力监督六个方面，梳理党中央带领全党和全国人民在领导管理体制改革方面的实践。

（一）党的领导

首先，理顺党政关系，实行党政分开。改革开放以前，我国借鉴苏联经验实行一元化领导制度，这种高度集中的政治体制的长期影响，导致党和立法、行政、司法等政府机关之间出现严重的党政不分、以党代政的问题。党政不分的领导制度和方式限制了党和政府发挥各自功能，严重阻碍了经济体制改革的进程和四个现代化的实现，同时分散了党把握政治方向和重大决策的精力，实际上削弱了党的领导作用。所以，1978 年党的十一届三中全会针对性提出解决党政不分的问题。邓小平一再强调党的领导地位、党政分开的重要性和实践方向，“党的领导是不能动摇的，但党要善于领导，党政需要分开”[②]。通过党政分开解决党如何善于领导的问题，是政治体制改革的关键，必须放在第一位。[③] “党委如何领导？应该只管大事，不能管小事。党委不要设经济管理部门，那些部门的工作应该由政府去管。”[④] 1987 年党的十三大明确指出，党政分开即党政职能分开，应该理顺党组织与人民代表大会、政府、司法机关、群众团体、企事业单位和其他各种社会组织之间的关系，做到各司其职。党进行政治领导，并保证政权组织充分发挥职能，凡是政府职权范围内的工作，党不能干预太多，从而将党从具体的国家行政事务中解脱出来，集中精力制定大政方针发挥领导作用。中央和地方因情况不同，实行党政分开的具体实践也有所不同。党中央对内政、外交、经济、国防等各个方面的重大问题进行决策，实行政治领导；省、市、县地方党委，在执行中央路线和保证全国政令统一的前提下，

①②③④ 《邓小平文选》第 3 卷，人民出版社 1993 年版，第 177 页。

对本地区的工作实行政治领导；各级党委不再设立不在政府任职却分管政府工作的专职书记、常委，撤销与政府机构重叠对口的部门，所管行政事务转交政府有关部门。企业党组织的领导职权交给厂长和经理，事业单位党组织的领导职权交给行政首长，其自身职能都转向保证监督。党的纪律检查委员会不再处理法纪和政纪案件，而是集中力量管好党纪；国家司法机关和行政监察部门在党的领导下，独立行使检察权、司法权和行政监察权。这些实践，逐渐改善和加强了党的领导。

其次，改革和完善党的领导方式和执政方式。江泽民认为，这对于推进社会主义民主政治建设，具有全局性作用。由于苏东剧变和国内风波，1989 年党的十三届四中全会之后，江泽民在进一步深入推进之前党政分开实践的基础上，侧重于强调和践行党的领导。一是党的领导不只是政治领导，还有思想领导和组织领导，三个方面缺一不可。党通过制定大政方针，提出立法建议，推荐重要干部，进行思想宣传，发挥党组织和党员的作用，坚持依法执政，对国家和社会进行领导。二是在“加强党的领导与发挥国家权力机关的作用是一致的”①论断下，实行党对国家政权机关的统一领导。各级政权机关中，包括人大、政府、法院、检察院，凡属方针、政策的重大问题，要经过党委讨论。三是按照党总揽全局、协调各方的原则，发挥党委在同级各种组织中的领导核心作用，集中精力抓好大事，支持人大、政府、政协以及人民团体独立负责、步调一致地开展工作。从而“改进了党的领导方式和执政方式，以党代政、党政不分的现象得到很大改变，党的领导得到了加强和改善”②。

再次，加强党的执政能力建设。这是进入新世纪新阶段，时代和人民的要求，在机遇和挑战并存的国内外环境中，党必须大力加强执政能力建设。2004 年党的十六届四中全会通过《中共中央关于加强党的执政能力建设的决定》，要求党在实践中长期坚持科学执政、民主执政、依法执政，明确加强党的执政能

① 《江泽民文选》第 1 卷，人民出版社 2006 年版，第 112 页。

② 《江泽民文选》第 2 卷，人民出版社 2006 年版，第 536 页。

力建设的主要任务：按照推动社会主义物质文明、政治文明、精神文明协调发展的要求，不断提高驾驭社会主义市场经济的能力、发展社会主义民主政治的能力、建设社会主义先进文化的能力、构建社会主义和谐社会的能力、应对国际局势和处理国际事务的能力。决定指导全党在经济、政治、文化、社会、外交等全方位领域提升实践能力，从而使党的执政方略更加完善、执政体制更加健全、执政方式更加科学、执政基础更加巩固。

（二）权力下放

邓小平认为，对权力过分集中的问题长期没有足够的认识，是发生“文化大革命”的一个重要原因。“权力过分集中的现象，就是在加强党的一元化领导的口号下，不适当地、不加分析地把一切权力集中于党委，党委的权力又往往集中于几个书记，特别是集中于第一书记，什么事都要第一书记挂帅、拍板。党的一元化领导，往往因此而变成了个人领导。全国各级都不同程度地存在这个问题。”① 这滋生了严重的官僚主义和家长制作风，极大阻碍了民主政治和社会主义建设的发展。为了解决这一问题，调动广大干部和人民群众的积极性，党的十一届三中全会提出有领导地大胆下放权力，十三大要求进一步下放权力，十四届五中全会坚持发挥中央和地方两个积极性，十六届三中全会强调合理划分中央和地方经济社会事务的管理权责，党中央带领全党和全国人民在“权力下放”过程中进行了诸多创造性实践。

第一，调整中央和地方的关系。逐步划清中央和地方的职责，地方的事情地方管，中央提出大政方针并进行监督。典型实践之一是经济特区的开辟和发展，20 世纪 70 年代末期，贫穷的深圳成为空前严重非法移民的首选之地，数以万计的居民偷渡香港，许多人溺水罹难。广东省委为了杜绝非法移民，努力探索缩小深圳与香港两地经济鸿沟的路径，酝酿着将整个广东省作为实验室，对成就香港和台湾繁荣的一些市场化措施进行试验。1979 年 4 月，广东代表冲破了当时意识形态的偏见和阻挠，在北京的一次经济工作会议上提交了提案，

① 《邓小平文选》第 2 卷，人民出版社 1994 年版，第 328—329 页。

邓小平非常认可并提出“经济特区”。1979 年 7 月，中共中央、国务院联合发布了正式批准广东和福建两省发展经济特区的决议。深圳、珠海、汕头和厦门成为首批经济特区，中央合理下放权力，让其自主开展了大刀阔斧的改革，最终取得了极大成功。1984 年中央又开放了 14 个沿海城市，1990 年上海浦东新区开发开放。[①] 典型实践之二是 1994 年实行的分税制改革，重新划分中央与地方的财政收支权限，除了两者共享的税收，消费税、关税及从金融机构中收取的企业所得税划归中央政府征收，其他税种则划分至地方政府。1995 年，江泽民在党的十四届五中全会上要求，抓紧合理划分中央和地方经济管理权限，明确各自的事权、财权和决策权，做到权力和责任相统一，发挥中央和地方两个积极性。

第二，调整政府与企事业单位的关系。将经营管理权下放到企事业单位，逐步做到单位的事情单位管，政府按照法规政策为企业服务并进行监督。1980 年，《党和国家领导制度的改革》指导推行“有准备有步骤地改变党委领导下的厂长负责制、经理负责制，经过试点，逐步推广、分别实行工厂管理委员会、公司董事会、经济联合体的联合委员会领导和监督下的厂长负责制、经理负责制”[②]。1984 年，党的十二届三中全会通过《中共中央关于经济体制改革的决定》，确立国家和全民所有制企业之间的正确关系，推行政企职责分开，扩大企业自主权。1987 年党的十三大之后，按照所有权经营权分离的原则，全民所有制企业依据产业性质、企业规模、技术特点选择实行哪种经营责任制。1992 年党的十四大之后，国企改制轰轰烈烈，通过理顺产权关系，实行政企分开，转换国有企业特别是大中型企业的经营机制，把企业推向市场，落实企业自主权，企业真正成为自主经营、自负盈亏、自我发展、自我约束的法人实体和市场竞争主体。

第三，调整上级领导机关与基层的关系。赋予基层更多自主权，农村农业

---

① ［英］罗纳德·哈里·科斯、王宁：《变革中国：市场经济的中国之路》，徐尧、李哲民译，中信出版社 2013 年版，第 88—93 页。

② 《邓小平文选》第 2 卷，人民出版社 1994 年版，第 340 页。

改革就是最好的实践例证。1978年，安徽省小岗村摸索“包产到户”取得成效之后，国家解除禁令并号召农村地区实行家庭联产承包责任制；20世纪90年代中期民营企业得到正式认可，大多数乡镇企业基本完成民营化进程。

（三）机构改革

1982年，邓小平强调，“精简机构是一场革命”，“如果不搞这场革命，让党和国家的组织继续目前这样机构臃肿重叠、职责不清，许多人员不称职、不负责，工作缺乏精力、知识和效率的状况，这是不可能得到人民赞同的，包括我们自己和我们下面的干部。这确是难以为继的状态，确实到了不能容忍的地步，人民不能容忍，我们党也不能容忍”①。所以，从改革开放初至新时代，我国先后进行了六次政府机构改革。

1982年机构改革，是由国务院率先开始，历时约一年，之后地方各级党政机构相继开展，历时三年有余。一是精干领导班子。按照干部革命化、年轻化、知识化、专业化的方针，选拔一批能够开创新局面的干部，减少各级各部门领导副职。国务院副总理由13人减为2人，设置国务委员职位；明确规定各级各部门正副职数。②二是精简机构。国务院工作机构从100个裁并为60个；省级政府、城市政府、县级政府的机构分别精简33%、25%、37%。③三是紧缩编制。国务院缩减25%，从5.1万人减到3.8万人；分类设定地方各级党政机构的编制依据，按照编制标准进行缩减。④四是地、市合并，实行市领导县的体制。五是修改宪法，改变“政社合一”体制，各地建立乡政府。

1988年机构改革，是由1987年党的十三大指出，为了避免重走过去“精简——膨胀——再精简——再膨胀”的老路，机构改革必须抓住转变职能这个

① 《邓小平文选》第2卷，人民出版社1994年版，第396页。

② 张志坚：《见证：行政管理体制和劳动人事制度改革》（上），国家行政学院出版社2012年版，第16页。

③ 张志坚：《见证：行政管理体制和劳动人事制度改革》（上），国家行政学院出版社2012年版，第17页。

④ 夏海：《政府的自我革命：中国政府机构改革研究》，中国法制出版社2004年版，第33—35页。

关键。所以，这次改革突破了以往简单地裁并机构和压缩编制的思路，而是以转变职能为关键，着重理顺政府与企事业单位的关系，重点是与经济体制改革密切相关的经济管理部门。首先，职能由直接管理、部门管理、微观管理转向间接管理、行业管理、宏观管理。其次，合并裁撤了一批专业经济管理部门，加强了监督、调控和咨询部门。再次，完成了关于部门主要职责、内设机构、人员编制及领导职数等内容的“三定”方案，根据职能转变，撤销了大多数部门的专业司局，有些部门裁减了人员，有些部门增加了编制。

1993 年机构改革，是先中央后地方，先省、自治区、直辖市一级，后地市县乡各级，历时四年有余。1992 年党的十四大下决心进行行政管理体制和机构改革，要求切实做到转变职能、理顺关系、精兵简政、提高效率，充分发挥中央和地方两个积极性。此次改革中，行政管理体制改革与机构改革配套进行。一则以政企分开为根本途径，加快政府职能转变。捋顺综合经济部门之间及其与专业经济部门之间的职权，综合经济部门重点加强宏观调控，多数专业经济部门转为经济实体、服务实体或行业协会。二则精简机构和人员。国务院设置 59 个工作部门，人员编制减少 20% 左右；① 省、自治区、直辖市党政机构平均减少 13—24 个，② 市县政府机构较大幅度精简，同时采用系统分析和分类排序的方法，裁减地方各级机关人员编制。三则妥善安置精简人员，使富余人员走向生产、服务和基层的第一线。

1998 年机构改革，有三个方面。第一，通过明确细化宏观调控部门、专业经济管理部门的主要职责，克服部门交叉重叠、政出多门的问题，同时促进政府职能转变，政府限期脱钩并解除与国有企业的行政隶属关系。第二，按照精简、统一、效能的原则，调整政府机构设置。重点是国务院组成部门，部委由 40 个减为 29 个；③ 地方各级逐步撤销地区建制。第三，大幅度精简人员。国务

---

① 夏海：《政府的自我革命：中国政府机构改革研究》，中国法制出版社 2004 年版，第 40 页。

② 夏海：《政府的自我革命：中国政府机构改革研究》，中国法制出版社 2004 年版，第 42 页。

③ 张志坚：《见证：行政管理体制和劳动人事制度改革》(上)，国家行政学院出版社 2012 年版，第 17 页。

院司局级机构人员由3.2万减到1.6万，全国各级机关行政编制由739万减到624万。①

2003年机构改革，是由2002年党的十六大强调，深化行政管理体制改革。2003年十六届三中全会要求，切实把政府经济管理职能转到主要为市场主体服务和创造良好发展环境上来。因此，这次不是全面改革，而是着重加强宏观调控和监督管理职能，重点解决行政管理体制中的突出问题，主要包括：深化国有资产管理体制改革，完善宏观调控体系，健全金融监管体制，继续推进流通管理体制改革，加强食品安全和安全生产监管体制建设。

2008年机构改革，是由2007年党的十七大提出，加快行政管理体制改革，建设服务型政府。所以，这次改革有所侧重，其一，加快推进政企分开、政资分开、政事分开、政府与市场中介组织分开，规范行政行为，加强行政执法部门建设，减少和规范行政审批。其二，健全政府职责体系，完善公共服务体系，推行电子政务，强化社会管理和公共服务。其三，加大机构整合力度，建立大部门体制，组建五个大部，增强控制协调能力。其四，精简和规范各类议事协调机构及其办事机构，加快推进事业单位分类改革。

（四）人事管理

邓小平从长远考虑，改革干部制度，解决干部队伍“青黄不接”的问题。“在‘文化大革命’期间，我们的大批干部遭到林彪、‘四人帮’的迫害，干部工作遭到严重破坏。这就造成了现在各级领导人员普遍老化的状况。”②1980年，省委主要干部平均年龄比1977年提升了4.55岁，人均61.35岁，60岁以上的干部占65.62%，而40岁到50岁的干部仅占7.86%。③邓小平强调：“人才问题，主要是个组织路线问题。”④“从组织上发挥社会主义的优越性，自觉地更

① 夏海：《政府的自我革命：中国政府机构改革研究》，中国法制出版社2004年版，第43—45页。

② 《邓小平文选》第2卷，人民出版社1994年版，第323页。

③ 中共中央组织部、中共中央党史研究室、中央档案馆：《中国共产党组织史资料》第7卷·下，中共党史出版社2000年版，第1236页。

④ 《邓小平文选》第2卷，人民出版社1994年版，第323页。

新各级党政领导机关，逐步实现领导人员年轻化、专业化的问题。”① 陈云也忧心地指出：“我们搞革命、搞建设，搞得热热闹闹，切莫忘了要后继有人。”② 所以，一方面，坚持党管干部的原则和干部革命化、年轻化、知识化、专业化的标准，发现、提拔以至大胆破格提拔中青年优秀干部，到 1985 年底，全国已有 46.9 万中青年干部走上县级以上领导岗位。③ 另一方面，邓小平十分重视新老干部的合作与过渡，在县级以上单位设置顾问，设立中央顾问委员会，中央还颁布了《关于中央顾问委员会工作任务和工作方法的暂行规定》(1982 年)。中央顾问委员会“目的是使中央委员会年轻化，同时让一些老同志在退出第一线之后继续发挥一定的作用”④。其成立十年间，做了大量卓有成效的工作。1992 年党的十四大决定不再设立中央顾问委员会。

党的十三大指出，当时干部人事制度改革的重点，是建立国家公务员制度；抓紧建设相应配套措施，组建国家公务员管理机构，筹办国家行政学院。1993 年，国务院颁布了《国家公务员暂行条例》，在党政机关全面推进公务员制度。党的十四大之后，深化干部人事制度改革。一是建立健全分类管理体制、用人机制和激励机制。二是以干部工作的科学化、民主化、制度化为目标，⑤ 以选拔任用和管理监督为重点完善公务员制度，实行党政领导干部职务任期制、辞职制和用人失察失误责任追究制。三是扩大党员和群众对干部选拔任用的知情权、参与权、选择权和监督权。四是打破选人用人中论资排辈的观念和做法，促进人才合理流动。党的十七大之后，着重加强公务员队伍建设。一是完善公务员管理配套制度和措施，建立能进能出、能上能下的用人机制。二是强化对公务员的教育、管理和监督。三是加强政风建设和廉政建设，严格执行党风廉政建设责任制，扎实推进惩治和预防腐败体系建设。

---

① 《邓小平文选》第 2 卷，人民出版社 1994 年版，第 323 页。

② 《陈云文选》第 3 卷，人民出版社 1995 年版，第 324 页。

③ 陈立媛：《邓小平发展社会主义民主政治若干思想探析》，中国人民大学博士学位论文，2007 年。

④ 《邓小平文选》第 3 卷，人民出版社 1993 年版，第 5 页。

⑤ 江泽民：《论“三个代表”》，中央文献出版社 2001 年版，第 173 页。

（五）民主决策

民主决策是人民当家作主的核心环节，是社会主义民主政治的内在要求。只有完善民主决策机制，扩大人民群众的知情权、参与权，才能保证决策符合民意。

党的十三大在加强党的建设方面，正式提出“决策的民主化和科学化”，在政治体制改革方面，要求建立社会协商对话制度，在国家、地方、基层三个层次上开展对重大问题的协商对话，发挥已有协商渠道的作用，努力开辟新的渠道。

党的十四大将“决策的科学化、民主化”作为实行民主集中制的重要环节、社会主义民主政治建设的重要任务。实践中，党中央要求领导干部认真听取群众意见，充分发挥各类专家和研究咨询机构的作用，建立一套科学民主的决策制度；加强基层民主建设，发挥职工代表大会、居民委员会和村民委员会在决策中的作用。

党的十六大之后，党中央进一步改革和完善决策机制，推进决策科学化民主化。各级决策机关完善重大决策的规则和程序，通过多种渠道和形式集中民智；建立社情民意反映制度，广泛收集民众意见；完善专家咨询制度，尤其是对专业性、技术性较强的重大事项，进行专家论证、技术咨询、决策评估；建立与群众利益密切相关的重大事项社会公示制度和社会听证制度，扩大人民群众参与度；实行决策的论证制和责任制，健全纠错改正机制。

（六）权力监督

权力是人民赋予的，必须受到人民和法律的监督。在领导管理体制中，对权力进行监督和制约，是保证权为民所用的有效途径，是民主政治建设的重要环节。

党的十一届三中全会之后，国家主要是通过强化法律监督机关和行政监察机关的职能，制约权力。关于民主监督，党的十三大之后，党和政府开始借助各种现代化的新闻宣传工具，增加党务和政务活动的报道，发挥舆论监督的作用。

直到党的十五大，明确提出完善民主监督制度。在监督方式上，把党内监督、法律监督、群众监督结合起来，发挥舆论监督的作用；建立健全依法行使权力的制约机制，完善监督法制；坚持公平、公正、公开的原则，直接涉及群众切身利益的部门实行公开办事制度。在监督对象上，加强对宪法和法律实施的监督，维护国家法制统一；加强对党和国家方针政策贯彻的监督，保证政令畅通；加强对各级干部特别是领导干部的监督，建立健全干部的考察、离任审计、谈话、诫勉、廉政鉴定等制度，严惩执法犯法、贪赃枉法。1997 年 10 月至 2002 年 9 月，全国纪检监察机关共立案 861 917 件，结案 842 760 件，给予党纪政纪处分 843 150 人。①

党的十六大之后，民主监督制度渐成体系。其一，建立结构合理、配置科学、程序严密、制约有效的权力运行机制，从决策和执行等环节加强监督。其二，重点加强对领导班子特别是主要领导干部的监督：建立健全领导干部个人重大事项报告、述职述廉、民主评议、谈话诫勉、经济责任审计等制度，依法实行质询制、问责制、罢免制；改革党的纪律检查体制，加强党内监督，建立和完善巡视制度。其三，人大、政府监督部门、司法机关、政协依法履行监督职能。其四，完善政务公开制度，加强新闻舆论监督和人民群众监督。

四、党内民主建设

党的十一届三中全会之后，党中央基于不同阶段的具体国情，考量瞬息万变的国际形势，带领全党不断探索、深化党内民主实践。

（一）恢复和落实党内民主的路径

“没有民主就没有社会主义，就没有社会主义的现代化。”② 以邓小平同志为核心的党的第二代中央领导集体，坚决与“左”倾错误以及破坏党内民主的行为进行斗争，并通过多重路径恢复和落实党内民主。

---

① 《中共中央纪律检查委员会向党的第十六次全国代表大会的工作报告》，中央人民政府网，http://www.gov.cn/test/2008-08/11/content_1069273.htm。

② 《邓小平文选》第 2 卷，人民出版社 1994 年版，第 168 页。

第一，努力恢复民主集中制。民主集中制是党的生命力之保证，也是党和国家事业取得成功之保证。思想上，邓小平不断强调民主集中制的重要性。民主集中制是党和国家最基本的制度，“在过去一个相当长的时间内，民主集中制没有真正实行，离开民主讲集中，民主太少”①，导致党和国家建设遇到了很大挫折。因此，“这个时期，特别需要强调民主”②。1979 年 3 月，邓小平进一步强调，“民主集中制是社会主义制度的一个不可分的组成部分”③，党内生活必须坚持民主集中制。1980 年，中央印发的《关于党内政治生活的若干准则》将民主集中制确定为党的根本原则，使民主集中制的地位得到恢复，并成为日后党内生活和国家政治生活的基本原则。行动上，以邓小平同志为核心的党的第二代中央领导集体在改革开放的系列重大决策过程中，坚决落实民主集中制原则，比如，在家庭联产承包责任制的改革过程中，充分发挥民主集中制，认真倾听各方声音，最终于 1980 年 4 月集中进行决策支持改革，使家庭联产承包责任制得到承认和推行。在其他重大决策，如发展民营经济，建立经济特区，实施政治、经济体制改革，党都坚持既民主又集中的方法，不仅使党作出了正确决策，也使党内有了民主集中制的氛围。

第二，推动干部管理规范化。干部队伍建设是党内民主建设的基础。改革开放初期，党的干部队伍存在不规范的问题。“从党和国家的领导制度、干部制度方面来说，主要的弊端就是官僚主义现象，权力过分集中的现象，家长制现象，干部领导职务终身制现象和形形色色的特权现象。”④所以，改革开放之后，干部队伍建设加快。首先，邓小平明确提出继续肃清思想政治方面的封建主义残余影响的任务，党政干部要秉承实事求是的科学态度，运用马克思列宁主义、毛泽东思想，对于封建主义遗毒的表现，进行具体的、准确的、如实的分析，划清社会主义同封建主义的界限，划清文化遗产中民主性精华同封建性糟粕的

①② 《邓小平文选》第 2 卷，人民出版社 1994 年版，第 144 页。

③ 《邓小平文选》第 2 卷，人民出版社 1994 年版，第 175 页。

④ 《邓小平文选》第 2 卷，人民出版社 1994 年版，第 327 页。

界限，划清封建主义遗毒同我们工作中由于缺乏经验而产生的某些不科学的办法、不健全的制度的界限。[①] 这对广大干部来说，是一种自我教育和自我改造。同时，“把肃清封建主义残余影响的工作，同对于资产阶级损人利己、唯利是图思想和其他腐化思想的批判结合起来”[②]。其次，在制度上进行一系列切实的改革，废除干部领导职务终身制，健全干部的选举、招考、任免、考核、弹劾、轮换制度，对各级各类领导干部（包括选举产生、委任和聘用的）职务的任期，以及离休、退休，按照不同情况，作出适当的、明确的规定。如陆续颁布了《吸收录用干部问题的若干规定》（1982 年）、《关于建立老干部退休制度的决定》（1982 年）、《中共中央组织部关于建立省部级后备干部制度的意见》（1983 年）、《关于贯彻执行离休干部生活待遇规定的通知》（1984 年）等文件，为干部管理的规范化提供了制度依据。最后，颁布《中共中央、国务院关于中央党政机关干部教育工作的决定》（1982 年），落实干部培训工作，主要是建立针对不同级别干部的党校、干部培训学校，与各高校联合举办干部培训班，组织干部队伍进行国内异地交流或者出国学习考察。

第三，加强党内民主制度化。党的十二大对党章存在的问题进行了全面反思和调整，并对党内民主作了更完整的规定：细化民主集中制的具体要求，恢复对党员权利规定的表述；明文禁止个人崇拜；强调任何个人都不能凌驾于组织之上；所有党员和干部都必须在宪法和法律范围内活动，重大决策必须经过民主讨论。党的十三大将差额选举、少数服从多数原则写入党章。自此，党内民主原则在党章中得到了充分的体现。同时，陆续制定维护党内民主的党内法规。1980 年中共中央印发的《关于党内政治生活的若干准则》，首次提出党代表选举试行差额制，并提出要坚持集体领导，发扬党内民主。同年，中组部印发的《关于开好县、市、州党代表大会的几点意见》和《关于地方各级党代表大会有关选举若干问题的暂行办法》，对党代表的选举作了进一步规定。在党

① 《邓小平文选》第 2 卷，人民出版社 1994 年版，第 335 页。

② 《邓小平文选》第 2 卷，人民出版社 1994 年版，第 338 页。

中央和有关部门的努力下，“民主制度一年比一年健全，民主生活一年比一年扩大”①。

第四，推动党员基本权利制度化。党员基本权利是党内民主的实质。但长期以来，党员基本权利并没有实现制度化。在邓小平的推动下，党开始采取措施推动党员基本权利制度化。一是党章确认。党的十二大修订的党章，首次明确规定了党员的八项基本权利，并规定“党的任何一级组织直至中央都无权剥夺党员的上述权利”②。此后修订的党章都循此思路。二是党内法规保障。《关于党内政治生活的若干准则》（1980 年）明确提出，要发扬党内民主，做到“三不主义”，各级党组织必须切实保障党员的各项权利，侵犯党员权利的行为是严重违反党纪的。③

（二）推进和发展党内民主的实践

党内民主是党的事业兴旺发达的重要保证，是党的生命。以江泽民同志为核心的党的第三代中央领导集体顺应时代要求，在实践中推进和发展了党内民主。

其一，落实和保障党员基本权利。一是继续推行制度化建设。中共中央纪律检查委员会出台《中国共产党纪律检查机关申诉工作条例》（1993 年）、《中国共产党纪律检查机关案件检查工作条例》（1994 年），保障党员基本权利。1995 年，党中央印发了《中国共产党党员权利保障条例（试行）》，将党员基本权利的行使和保障、党组织和党员的职责任务和责任追究进行了细化。二是各级党组织定期召开党代会、民主生活会，开展组织生活；将党员意见纳入集体决策过程；主动、及时通知党员参加会议，传达党的文件精神；坚持无记名差额投票选举，重视和保护党员的检举、揭发权。三是党的纪检部门畅通信访举报渠

① 《邓小平文选》第 2 卷，人民出版社 1994 年版，第 243 页。

② 中国共产党章程汇编编写组：《中国共产党章程汇编：从一大到十七大》，中共党史出版社 2007 年版，第 104 页。

③ 中共中央办公厅、中央纪委法规室、中央组织部：《中国共产党党内法规选编（1978—1996）》，法律出版社 2001 年版，第 48 页。

道，加大打击侵犯党员基本权利的行为，保护党员基本权利不受侵犯。

其二，创新推进党内民主选举制建设。一方面，选举制度化。中组部印发的《关于党的省、自治区、直辖市代表大会实行差额选举的暂行办法》（1988年），对省级党代表、委员、候补委员、纪检委员及其差额标准和选举程序作了详细规定。中共中央印发的《中国共产党基层组织选举工作暂行条例》（1990年），明确了基层党代表、委员会的选举，选举的实施以及相关责任。《中国共产党地方组织选举工作条例》（1994年）则规定了省、市、县的党代表、党委委员、纪检委员的选举及其程序、实施、责任。至此，所有层级的党内选举实现了有法可依。另一方面，创新选举模式。各地进行了多种实践探索，有三种典型做法。一是党代表直选，即候选人自愿报名，支部表决推荐、组织考察与审查等方式，以2002年四川雅安荥经县和雨城区的党代会换届选举为典型。二是乡镇党委领导班子竞争性选举，以20世纪90年代后期江苏、湖北、四川等地的“两推一选”，2000年以后江苏的公推直选，浙江衢州的“民主提名推荐、差额竞争选举”为代表。三是全国推行的农村党支部选举的“两推一选”模式，这一模式以“任职条件和资格公开、候选人的基本情况公开、具体操作办法公开、推荐结果公开、群众反映干部的重点问题公开”①，而受到广大党员和群众的支持。

其三，完善党内决策与监督建设。一方面，推进党内决策制度化。江泽民指出，“正确的决策来源于对客观实际的周密调查研究”②。党的决策必须充分发扬民主，体察民情、了解民意。在此基础上，再通过集中，进行准确的决断。为此，中央印发了《中共中央关于加强党的建设几个重大问题的决定》（1994年），要求党委所有的重大决定，必须遵守“集体领导、民主集中、个别酝酿、会议决定”③十六字方针。这一方针，为党的决策的科学化、民主化与制度化提

① 中共湖北省委组织部：《“两推一选”：发展基层民主的有益尝试》，《求是》2004年第5期。

② 江泽民：《没有调查就没有决策权》，《人民日报》1993年7月5日第1版。

③ 中共中央办公厅、中央纪委法规室、中央组织部：《中国共产党党内法规选编（1978—1996）》，法律出版社2001年版，第104—125页。

供了指导。比如，三峡工程的建立，凝聚着几代中国人的心血和智慧，研究论证所进行的工作量之浩大、听取意见之广泛、投入力量之雄厚，在世界工程史上堪称罕见，充分体现了决策的制度化、民主化过程。另一方面，加强党内监督制度建设。自《中共中央关于加强党同人民群众联系的决定》（1989年）提出制定党内监督条例以来，党中央和有关部门陆续颁布了一系列党内监督法规，其中包括《关于县以上党和国家机关党员领导干部民主生活会的若干规定》（1990年）、《关于提高县以上党和国家机关党员领导干部民主生活会质量的意见》（1997年）、《关于实行党风廉政建设责任制的规定》（1998年）、《关于建立干部监督工作督察员制度的办法（试行）》（2000年）以及《中国共产党党内监督条例（试行）》（2003年）。这些法规明确了监督对象、内容、方式和保障措施等，构成了完整的党内监督体系。值得一提的是，党的十一届三中全会之后，党中央对原有监察部门进行改革，建立了中央纪律检查委员会，1993年中央纪委和监察部合署办公，优化了资源配置，提高了监督效率。

其四，加强党员干部队伍建设。一则加强队伍管理制度化建设，相继出台干部学习制度（1989年）、推荐领导干部规定（1990年）、国家机关干部交流制度（1990年）、选拔年轻干部工作通知（1992年）、参公管理条例（1993年）、选拔少数民族干部的意见（1993年）和党政领导干部选拔任用条例（1995年）等。中央不断出台反腐倡廉的党内法规，仅中纪委从1989年到1995年就出台了包括《中共中央纪律检查委员会关于共产党员违反社会主义道德党纪处分的若干规定（试行）》在内的28部有关党纪党规的文件，干部管理制度愈加完善。二则整治干部队伍，开展了“三讲”教育和“三个代表”重要思想学习教育；针对部分干部思想滑坡、贪污腐败的现象，党中央开展整风运动和打击腐败行动。三则提升干部素质，主要是出台《关于抓紧培养教育青年干部的决定》（1991年）、《关于组织广大干部学习社会主义市场经济理论和基本知识的通知》（1994年）、《关于抓紧培养选拔优秀年轻干部的通知》（1995年）、《中国共产党党校工作暂行条例》（1995年）、《1996—2000年全国干部教育培训规划》（1996年）、《关于建立县级以上党政领导干部理论学习考核制度的若干意见》（2000

年）等文件，逐步建立干部学习、培训和交流机制。同时，开设常态化的党校、高校培训班，推进干部异地交流学习和挂职锻炼。

（三）提升和完善党内民主的举措

以胡锦涛同志为总书记的党中央，将党内民主从“发展”提升到“建设”的战略高度，使党内民主得到了进一步的提升和完善。

首先，持续落实党员基本权利。一是思想上更重视。党的十六大明确指出要尊重党员基本权利，建立健全充分反映党员和党组织意愿的党内民主制度。党的十七大报告强调，尊重党员主体地位，保障党员基本权利，推进党务公开，营造党内民主讨论环境。党中央对党员主体地位的重视，为党员行使基本权利营造了良好的环境。二是制度上更完善。2004 年 9 月，中共中央印发了《中国共产党党员权利保障条例》，明确了党员基本权利内容、保障措施与责任，并明确了党员的请求权、申诉权、控告、撤换、处分、罢免、声明保留不同意见权。进一步激发了广大党员的积极性、主动性、创造性，提高了全党的凝聚力和战斗力。三是形式上更丰富。党组织的年度计划与总结、组织分工与职责、党的工作、决策过程与内容等党员群众关心的信息，只要不涉密，基本都实现了公开。党员可以通过展板、传阅文件、参会、电视、广播、报纸、互联网掌握有效的党政信息。党员参与已从干部选举扩展到了党的决策、民主生活、监督、学习、调查研究等方面。

其次，进一步完善党代会和常委会制度。一是建立党代会常任制。常任制有助于保障党代表在休会后仍能继续履职，发挥其在党内民主建设中的作用。党的十六大之后，中央继续推行并“扩大在市、县进行党的代表大会常任制的试点”①。其中，浙江、江苏、广东、广西、湖北、四川等地试点工作取得良好效果。二是实行常委会向全体委员报告工作制度。2003 年，党的十六届三中全会将中央政治局向中央全会报告工作列入议程第一项，表明了党中央进一步发扬党内民主，增强党的活力的坚定决心。党的十七大报告明确指出：“建立健全

① 《中国共产党第十六次全国代表大会文件汇编》，人民出版社 2002 年版，第 50 页。

中央政治局向中央委员会全体会议、地方各级党委常委会向委员会全体会议定期报告工作并接受监督的制度。”这一制度的确立，不仅表明常委会对代表大会的尊重和负责，也有助于加强监督，理顺党内权利义务关系。三是常委会重大议事票决制。2002年《党政领导干部选拔任用工作条例》，首提重要干部选拔实行“无记名投票表决”的“票决制”。党的十七大之后，这一制度延伸到党内重大问题表决上，成为党内民主表决的一项主要方式。

再次，创新干部民主选举机制。党的十六届四中全会、十七大以及十七届四中全会均提出，要从干部直选、扩大差额比例等方面改进选举制度，推动党内民主选举创新。一是推广竞争性选举。党的十六大之后，以“公推直选”“两推一选”等模式为代表，以领导班子成员“直选”为核心的竞争性选举得到进一步推广。党的十七大顺应了“直选”趋势，提出扩大基层党组织领导班子直接选举范围，探索扩大党内基层民主多种实现形式，并在全国大规模铺开“直选”。二是差额选举普遍化、规范化。党的十六大按中央常委、候补委员和中纪委5%，党代会代表10%的差额进行选举。当时党章规定，所有干部选举都需实行差额制。到党的十七大，代表差额比例提升至15%。同时，差额选举已经从代表选举延伸到了党代表推荐（提名）阶段。

最后，完善党的干部队伍建设。一是加大反腐倡廉工作立法和组织建设。胡锦涛要求，进一步抓好领导干部的教育、监督和廉洁自律等工作。2003年，中共中央印发《中国共产党党内监督条例（试行）》，明确了十项监督机制。2005年，中央印发《建立健全教育、制度、监督并重的惩治和预防腐败体系实施纲要》，提出反腐倡廉“20字方针”。2008年印发的《建立健全惩治和预防腐败体系2008—2012年工作规划》，从“教育、制度、监督、改革、纠风、惩处”方面对预防和惩治腐败做了整体部署。[①] 国家分别于1995年、2007年组建反贪污贿赂总局、国家预防腐败局，专职推动党和国家反腐工作。二是继续推进思想教育活动。党中央于2005年开展了以实践“三个代表”重要思想为主要内

① 《建立健全惩治和预防腐败体系：2008—2012年工作规划》，《人民日报》2008年6月23日，第1版。

容的保持党员先进性教育活动，于2008年开展了以提高思想认识、解决突出问题、创新体制机制、促进科学发展为目标的深入学习实践科学发展观活动。三是干部管理规范化。党中央于2004年印发《党政机关竞争上岗工作暂行规定》和《公开选拔党政领导干部工作暂行规定》，从适用范围、程序、方法、纪律和责任几个角度规范干部管理。2006年印发的《党政领导干部任职回避暂行规定》《党政领导干部交流工作规定》《党政干部职务任期暂行规定》，分别对干部任职回避的情形和范围、干部交流的纪律要求和工作程序、干部任期情况作了明确要求。需要指出的是，《党政干部职务任期暂行规定》明确了党政干部在各类岗位上的最长任期，从而废止了干部的终身制。此外，2006年中组部印发的《体现科学发展观要求的地方党政领导班子和领导干部综合考核评价试行办法》，对领导干部的“进”“管”“出”作了详细的规定。

第五节　改革开放和社会主义现代化建设新时期中国共产党民主政治建设的成效

改革开放初至新时代，中国共产党从中国具体国情出发，努力探索并始终坚持走中国特色社会主义民主政治的发展道路，带领全国人民进入了民主政治建设的新时期；30多年间，强调发扬民主精神，建立健全民主制度，不断加强法制建设，深入改革领导管理体制，逐步激活党内民主，全方位、有步骤、积极稳妥、坚定不移地推进政治体制改革，保障人民充分行使当家作主的权利；形成了中国特色的民主政治理论体系，并在波澜壮阔的历史实践中取得了举世瞩目的进展和成绩。

一、人民民主的拓展

社会主义民主是最广泛的民主，其本质与核心是人民当家作主。人民代表大会制度召集了各行政区域各个层级的人民代表，中国共产党领导的多党合作和政治协商制度凝聚了各民主党派和无党派人士，民族区域自治制度团结了各少数民族人们，基层群众自治制度号召了城乡基层亿万群众，由此可见，这四大民主制度使最广泛的民主属性成为可能。而改革开放初至新时代这一阶段，四大民主制度的发展与实践，使这种可能成为现实，民主主体的范围更加广泛，民主权利的内容更加丰富，人民当家作主的地位更加巩固，人民民主得到进一步拓展。

（一）人民代表，代表人民

一方面，人民代表的产生，代表了人民的选择，体现了人民的权利。人民代表在不同行政区域、不同层级通过选举产生，县、乡两级人民代表大会代表由选民直接选举产生，县以上的各级人民代表大会代表则通过间接选举产生。多年来，享有选举权和被选举权的人数占 18 周岁以上公民人数的 99% 以上，参选率在 90% 左右。[①] 可见，广大公民充分行使了权利。

另一方面，人民代表的职责，代表着人民的诉求，维护着人民的利益。改革开放初至新时代的历届党中央领导人一致强调，完善人民代表大会及其常委会的各项职能，并保证其职能的履行，尤其是要加强立法和法律监督，保证立法和决策更好地体现人民的意志。这既是人民代表代表人民行使管理国家的权力之表现，也是人民代表维护人民利益之表现。邓小平认为，要密切各级人大与群众的联系。江泽民强调，人大中的党组织和人大代表中的党员，要密切联系非党代表和广大群众。可见，联系双方的主体范围扩大，以了解更广泛群体的诉求。同时，人民代表自身越来越广泛，代表着不同群体的利益。到 2005 年，全国各级人民代表大会代表共 280 多万人 [②]，来自各民族、各行业、各阶层、各党派，具有广泛的代表性。

（二）凝聚各民主党派和无党派人士

共产党领导的多党合作和政治协商制度经历了恢复、完善和发展的阶段，改革开放之后，党中央先逐步使政治协商和民主监督趋于经常化，然后加强协商议事并支持民主党派和无党派人士在国家机关担任领导职务，接着推进人民

①② 国务院新闻办公室：《中国的民主政治建设白皮书》，《人民日报》2005 年 10 月 20 日。

政协政治协商、民主监督、参政议政的规范化、制度化，最后支持人民政协围绕团结和民主两大主题履行职能，把政治协商纳入决策程序，完善民主监督机制，提高参政议政实效。从经常化、加强化到规范化、制度化，从确定职能到提高实效，都体现了此制度在理论和实践中的飞跃。制度化保障推进民主党派和无党派人士行使职权，持续发挥协调关系、汇聚力量、建言献策、服务大局的重要作用。1989—2005 年，各民主党派中央向中共中央、国务院及有关部门提出重大建议近 180 项，地方组织提出各项建议提案 8 万多件，其中许多都被采纳，民主党派各级地方组织共提供咨询服务项目 4 万多个。①

（三）各少数民族人们当家作主

坚持和完善民族区域自治制度，在国家的统一领导下，各少数民族聚居的地方实行区域自治，设立自治机关，行使自治权，自主管理本民族、本地区的内部事务，各少数民族人民充分行使当家作主的权利。截至 1998 年底，全国共建立了 155 个民族自治地方，其中有自治区 5 个、自治州 30 个、自治县（旗）120 个，还有 1 256 个民族乡；在全国 55 个少数民族中，有 44 个民族建立了自治地方；实行自治的少数民族人口占少数民族人口总数的 75%，民族自治地方行政区域的面积占全国总面积的 64%。②

（四）调动亿万基层民众积极性

扩大基层民主，人民依法直接行使民主权利，是社会主义民主最广泛的实践，是人民当家作主最有效、最广泛的途径。人民代表大会制度是人民间接行使民主权利，而基层群众自治制度则是人民直接行使权利，能让人民群众真真切切地感受到主人翁地位，从而激励其依法管理自己的事情、创造自己的幸福。城市居民自治制度、农村村民自治制度、企业职工代表大会制度以及其他企事业民主管理制度，共同构成了基层群众自治制度体系。其实践过程囊括了广大居民、村民、企事业职工等，可见主体的广泛性。配套构建的民主选举、民主

① 国务院新闻办公室：《中国的民主政治建设白皮书》，《人民日报》2005 年 10 月 20 日。

② 国务院新闻办公室：《中国的少数民族政策及其实践》，《中华人民共和国国务院公报》2000 年第 3 期，第 30—48 页。

管理、民主议事、村务公开、干部监督等一系列制度，充分保障了民众的知情权、参与权、表达权和监督权，能引导亿万基层群众投身到城乡建设和企事业管理之中。

二、党内民主的深化

回顾改革开放初至新时代三十多年的党内民主建设历程，其理论和实践均不断深化，主要表现在以下方面。

（一）党内民主理论

改革开放之前的“左”倾错误和“文化大革命”，使邓小平对党内民主及其重要性有着清醒的认识。他认为：“没有民主，就没有集中统一；没有集中统一，党就没有战斗力。”① 恢复和发扬民主的核心路径是使民主制度化、法律化，发展党内民主也一样，必须依靠制度。“制度好可以使坏人无法任意横行，制度不好可以使好人无法充分做好事，甚至会走向反面。”② 所以，在以邓小平同志为核心的党的第二代中央领导集体的努力下，我们开始推进党内民主的制度化建设。邓小平还将党内民主与人民民主联系起来，认为发展人民民主，必须先大力发展党内民主，只有党内民主发展得好，人民民主才会有进步。他对党内民主的认识，是改革开放后对党内民主理论的一次拓展。第二次拓展是党的十六大将党内民主上升到“党的生命”的高度，这一论断深刻地指出了党内民主对党的重要性，对党内民主的认识有了升华。第三次拓展则是将党内民主与实现党员基本权利联系起来。胡锦涛强调，党员是党的肌体细胞和活动主体，认真贯彻党员权利保障条例，使党员更好地了解和参与党内事务，这样才能真正实现党内民主。这突出了党员的主体地位和价值，为党内民主的实现找到了广泛而正确的路径。概言之，党中央对党内民主从制度化建设到升华为“党的生命”再到突出党员作用，体现了党内民主理论不断拓展深化。

---

① 《邓小平文选》第 1 卷，人民出版社 1994 年版，第 307 页。

② 《邓小平文选》第 2 卷，人民出版社 1994 年版，第 333 页。

（二）党员基本权利

党员当家作主是党内民主的实质，落实党内民主，就要将党员的基本权利落到实处。改革开放之后，党员基本权利经历了从恢复到法制化到多样化的发展。党的八大以后、十一大以前，对党员的要求更多地强调服从、义务、纪律，而非权利，党章和党内法规也很少对党员基本权利进行规定和保护。邓小平指出："九大、十大搞的党章，实际上不大像党章，党员有些什么权利和义务，究竟怎么样才算个共产党员，不合条件怎么办，都没有规定好，需要修改。"① 党员基本权利被忽略，党内生活极易变成一言堂，党内监督亦难落实，党内民主自然没有保障。1980 年《关于党内政治生活的若干准则》规定了党员基本权利，并提出党员基本权利不容侵犯；在党的十二大，党员基本权利被写入党章。自此，党员基本权利得到了党章的确认和保护。2004 年 9 月，《中国共产党党员权利保障条例》正式印发，标志着党员基本权利制度化的完成。在党内民主的实践过程中，党员基本权利的内容、外延以及实现方式也不断丰富。一方面，党员的选举与被选举权、请求权、申诉权、建议权等各项权利都得到了落实。另一方面，随着技术的发展、社会的进步，尤其是互联网络的嵌入，实现党员基本权利的途径、形式和方法有所扩展。

（三）党内民主选举

过去党内选举基本为等额选举，这种选举模式不利于实现党内民主。党的十二大以后，党章规定通过差额和无记名投票方式进行选举，以保障党员当家作主的权利。党的十三大决定"把差额选举的范围首先扩大到各级党代会代表，基层党组织委员、书记，地方各级党委委员、常委和中央委员会委员"②，并且，首次通过差额选举产生了中央委员、候补委员以及中纪委委员。中央于 1988 年颁发了差额选举办法，1990 年颁发了基层党组织选举办法，1994 年颁发了地方党组织选举办法。制度的完善推动了党内民主选举的发展，差额选举也成为了惯

① 《邓小平文选》第 2 卷，人民出版社 1994 年版，第 269 页。

② 《中国共产党第十三次全国代表大会文件汇编》，人民出版社 1987 年版，第 53 页。

例。跨入21世纪，差额选举的比例和范围适当扩大，党的十六大代表差额比例多于10%，十七大代表差额比例不少于15%。[①]随着实践的深入，一些地方对党内选举进行了改革，创造了“公推直选”“公推公选”“两推一选”“两票制”等竞争性选举模式。如2004年四川省140个县（不包括3个自治县）4.3万余个行政村全部通过“公推直选”产生党支部书记；一些省份在社区和乡镇党委书记选举中也推广了“公推直选”模式；2010年深圳市14名党代表采用直选方式选拔。总言之，党内选举基本做到制度化、民主化、公开化、差额化、公正化。

（四）干部队伍建设

改革开放之后，党内干部建设在管理、结构、学习交流等方面都取得了进展。党的十四届四中全会提出，干部管理要进行制度化、民主化，要建立激励机制，完善回避制、任期制与交流制，加强监督，这为干部管理指明了方向。1995年，党中央印发《党政领导干部选拔任用工作暂行条例》，对干部管理进行了全方位规定，为干部管理制度化奠定了基础。随之，中组部对107个部级单位的987名干部进行了考察，干部管理初见成效。同时，为实现干部队伍“四化”建设，干部培训工作加快开展。1980年到1983年，全国各地建立党校2 750所、干部培训学校8 400所，培训干部1 130万人次。[②]1993年到1996年，2 100万干部参加了各类脱产培训。党的十二大后，8万多名德才兼备的中青年干部在县级以上岗位担当领导职务。2007年，大专学历以上干部占全国机关干部的87.5%，比1978年高出78.2个百分点。[③]此外，为了严肃党纪、整顿党风，党和国家还加大了对贪污腐败的打击力度。1992年到2012年，查处党内违规案件2 914 600件，党纪处分2 702 363人。[④]可见，在队伍建设方面，

---

① 颜杰峰：《改革开放以来党内选举制度建设的主要成就及其经验》，《马克思主义研究》2015年第6期。

② 宋任穷：《宋任穷回忆录》，解放军出版社2007年版，第474—476页。

③ 周金堂：《伟大的历程　光辉的业绩——改革开放30年党的建设与发展研究》，中央文献出版社2009年，第67、74页。

④ 数据来源：对中共中央纪律检查委员会向党的全国代表大会所作的工作报告进行整理所得。

我们党管理愈加科学，培训更为广泛，反腐力度加大，为社会主义现代化建设事业选拔、培养了一大批革命化、年轻化、知识化和专业化的党员干部。

（五）党内民主生活

在这个阶段，党内民主生活形式有所突破和拓展。一是党的代表大会。作为党内最基本的民主制度，党代会是党员行使权利、当家作主的主要渠道。“随意变更党的代表大会的召开时间，延长间隔期限，都是我们党的民主生活中的一个重要的缺点。”① 改革开放之后，我们党进一步规范和完善党代会程序，建立健全党代表常任制，“代表大会常任制的最大好处，是使代表大会可以成为党的充分有效的最高决策机关和最高监督机关，它的效果，是几年开会一次和每次重新选举代表的原有制度所难达到的”。1998 年之后，全国 11 个市县陆续进行了党代表常任制的试点，开创了台州、巴南、雅安等党代表履职的新形式。二是党内监督机制日臻完善。对领导干部的监督制度、党员自律制度不断健全，党务公开持续推进，各地采取了一系列措施，对党的人事、行政、决议、财务等进行了公开，赢得了广大党员和人民群众的认可。三是党的集体领导制度。其一，建立集体交接班制度，党的十一届五中全会规定，建立中央书记处，实行党内权力的集体交接制，推动了党的干部有序交替，也保证了党的集体意志得到落实。其二，建立重大问题集体决策制度。《关于党内政治生活的若干准则》规定，凡是党的重大事项，如路线、方针、政策等，必须由集体讨论和决定，这一制度有利于发扬党内民主，避免个人专断。其三，建立无记名票决制，有助于避免决策过程中个人权威影响党内民主，贯彻少数服从多数的原则，推动党内民主发展持续向前。

三、制度民主的优化

中国社会主义制度的优势在于：在中国共产党的领导下，各族人民当家作

① 周金堂：《伟大的历程　光辉的业绩——改革开放 30 年党的建设与发展研究》，中央文献出版社 2009 年版，第 145 页。

主，充分发挥建设社会主义国家的积极性、主动性、创造性，为实现社会主义现代化和中华民族的伟大复兴团结一心、共同奋斗。这个阶段，制度民主的不断优化，充分发挥了社会主义制度的优越性。制度民主的优化主要体现在三个层面。一是民主制度的优化。党中央建立健全根本的、基本的、具体的民主政治制度，保证和实现了人民当家作主。这个方面在上文中已经阐明，不再赘述。二是领导管理制度的优化。党中央改革完善党和国家的领导管理制度，调动了广大人民群众和干部队伍的积极性。三是社会主义法制的优化。社会主义民主政治的法律化、制度化、程序化和规范化，保障了民主权利的行使。下文将详细阐述后两个层面。

（一）领导管理制度层面

第一，改革领导制度，赋予了自主性。原先长期党政不分、高度集中的一元化领导制度，严重压制了政府、地方、企业、干部和职工的自主性。在坚持四项基本原则绝不动摇的前提下，改革党和国家的领导制度，理顺党组织与立法机构、政府部门、司法机关、企事业单位、群众团体以及其他各类社会组织之间的关系，调整中央与地方、上级与基层的关系；逐步解决了权力过分集中、党政不分、政企不分、政事不分、政社不分等问题，实现了权力由中央、政府下放到地方、基层，各个层级、各类组织各司其职。一方面，改善和强化了党的领导与纪律，党组织摆脱了具体行政事务，集中精力发挥政治领导、思想领导和组织领导的作用，与时俱进不断加强党的执政能力建设。另一方面，坐实政府的行政管理权，给予地方更多的决策权，赋予企业经营管理自主权。充分发挥了中央和地方的两个积极性，中央实行有效的宏观掌控，地方因地制宜进行管理；同时，极大调动了政府部门、地方各级、企事业单位、广大干部和职工的主动性、积极性和创造性，“调动积极性是最大的民主”①，人民民主通过制度改革变成了生动现实。尤其是在六次政府机构改革中，抓住了政府职能转变这一关键、政企分开这一重心，政府由直接管理、部门管理、微观管理转向间

① 《邓小平文选》第3卷，人民出版社1993年版，第242页。

接管理、行业管理、宏观管理，捋清综合管理部门与专业经济部门的职责，循序渐进地将政府从国有企业中脱钩出来，使企业真正成为自主经营、自负盈亏、自我发展、自我约束的法人实体。保证了企业在社会主义市场经济中的主体地位，广大劳动者在企业中的主人翁地位，空前高涨的自主性和积极性使各个领域、各个行业普遍蓬勃发展起来，国民经济既生机盎然又持续健康地向前发展。

第二，创新管理制度，激发了积极性。随着党政机构改革的不断深入、行政管理体制改革的稳步推进，政府管理制度不断创新，尤其是人事管理制度的变革，极大地激发了领导干部和广大公务员的工作积极性。首先，在邓小平时期，党中央提出了干部“四化”，着重培养提拔中青年优秀干部，废除领导职务终身制，党中央建立干部的选举、招考、任免、考核、弹劾、轮换等制度，鼓舞了广大年轻干部的信心和干劲，抑制了墨守成规、人浮于事、不讲效率、相互推诿等官僚主义现象。因为这不仅退下来一批老年化的领导干部，还免去了一批不称职、不负责的工作人员，更是提拔了一大批富有专业知识和改革活力的年轻干部。在江泽民时期，党中央建立健全并全力推行公务员制度，各级领导班子和干部队伍的年轻化步伐明显加快。党的十四大之时，全国 35 岁以下的干部已占干部总数的 40% 以上。①特别是党的十六大呈现了跨越式发展，选举产生的中央委员会由 356 人组成，其平均年龄 55.4 岁，50 岁以下的占 20% 以上，党的干部队伍实现了整体性的新老交替。②其次，人事管理制度改革创新中，党中央还十分注重干部的知识结构、专业素质和道德品质。党的十四大之后，打破了选人用人中论资排辈的做法，破除了压抑进取心和创造性的陈腐观念，促进人才合理流动。继 2002 年《党政领导干部选拔任用工作条例》颁布之后，2004 年中央办公厅又颁布了《公开选拔党政领导干部工作暂行规定》《党政机关竞争上岗工作暂行规定》，公开选拔和竞争上岗的制度化、常态化，衍生了绩效考核、民主评议、民主监督等一系列相关制度。这都为优秀干部人才营造

①② 陈立媛：《邓小平发展社会主义民主政治若干思想探析》，中国人民大学博士学位论文，2007 年。

了脱颖而出的良好环境，人尽其才，各展所长，党政干部有了希望和积极性，党政机关有了生机和活力，为社会主义现代化建设提供了坚强有力的人才队伍和组织支撑。

第三，健全决策制度，强化了参与权。决策民主化将领导班子、干部职工、人民群众不同程度地纳入决策过程，是民主集中制的必然要求，是民主政治建设的重要任务。党中央建立健全民主决策制度，保障和强化了广大人民群众的参与权。一则民主决策制度多样化，有致力于处理协调不同社会矛盾和利益的社会协商对话制度。与群众利益密切相关的重大事项社会公示制度和社会听证制度等，不仅拓展了民主决策的内容范畴，而且丰富了民主参与的形式渠道。例如，听证制度在1996年《中华人民共和国行政处罚法》中，首次以立法的形式被确立，之后又被运用到价格决策和地方立法的过程中；2004年《行政许可法》规定在涉及社会公共利益的重大事项上，行政机关必须举行听证，加速了听证制度在决策内容范畴上的推广。二则民主决策制度对象化，扩大了多元化主体的政治参与。如集体决策制度切实发挥了领导班子、职工代表大会、居民委员会、村民委员会的作用；专家咨询制度充分吸纳了各类专家学者和研究咨询机构的专业知识；社情民意反映制度广泛收集了人民群众的利益诉求和政策建议。

第四，完善监督制度，保障了监督权。权力的制约和监督有两种路径：权力制约权力，权利制约权力。改革开放初至新时代的民主政治理论体系从这两种路径出发，构建了权力监督制度体系，保障了不同监督机构和广大人民群众的监督权。从权力制约权力而言，我们党认真贯彻党内监督条例，加强了党内监督；完善人民代表大会、政府部门、司法机关的监督制度体系，强化了立法监督、行政监督和司法监督；人民政协通过提出意见、批评、建议的方式，切实履行了民主监督职能。从权利制约权力而言，我们党建立完善政务公开制度，提高政府工作透明度，让权力在阳光下运行，大大推进了人民群众监督和新闻舆论监督，尤其是进入信息社会之后，利用互联网络开辟多元化的民众监督渠道。逐步形成的监督制度体系，增强了不同组织和人民群众的监督合力和实效，确保人民赋予的权力始终用来为人民谋利益。

（二）社会主义法制层面

“发扬社会主义民主，健全社会主义法制，两方面是统一的”①，是不可分割的。在民主实践中，如果民主的路径选择错了，就不可能产生民主实效，甚至极有可能破坏民主。所以，改革开放之后，邓小平强调恢复和发扬民主，提出并探索“加强社会主义法制”的民主实践路径，使民主制度化、法律化。在党的十五大上，江泽民进而提出“依法治国”基本方略，发展民主，健全法制，建设社会主义法治国家。党的十六大之后，胡锦涛继续强调，加强社会主义法制建设，全面落实依法治国基本方略，致力于构建中国特色社会主义法律体系。这个阶段30余年的实践证明，坚持“加强社会主义法制建设”这一民主路径，是正确的，在发展民主政治方面取得了巨大的成效。

一是立法，树立了民主权威。

在民主立法的维度上，一则将民主制度化、法律化，使这种制度和法律具有稳定性、连续性和极大的权威性，做到有法可依、有法必依、执法必严、违法必究，并且坚持法律面前人人平等，任何人、任何组织都没有超越法律的特权。改革开放之后，循序渐进地进行了大规模的立法活动，党的十三大之时以宪法为基础的社会主义法律体系初步形成，党的十七大之时中国特色社会主义法律体系基本形成，包括1部宪法、236部法律、690多件行政法规、8 500多件地方性法规。②其中，根本政治制度和基本政治制度趋于完善，关乎民主政治的各类具体制度和法律业已建立健全，为方方面面的民主政治实践提供了规范性指导，不因领导人的改变而改变，不因领导人看法和注意力的改变而改变，从而牢牢树立了民主的权威。二则使民主制度化、法律化，明确规定广大党员干部和人民群众的权利，包括民主权利的内容、行使范围、原则、程序和方法等，把民主的精神和原则以制度和法律的形式确定下来，利于具体的人民民主权利转为生动的人民民主实践。当然，不符合中国国情、妨碍真正民主的权利，

① 《邓小平文选》第2卷，人民出版社1994年版，第276页。

② 张文显：《中国法治40年：历程、轨迹和经验》，《吉林大学社会科学学报》2018年第5期。

也有所处理，如取消原中华人民共和国宪法第四十五条中关于公民“有运用大鸣、大放、大辩论、大字报的权利”。

在立法民主的维度上，为了加强立法工作、提高立法质量，我们党采取了一系列提高立法科学化、民主化水平的措施。其一，法律明确规定了全国人民代表大会及其常务委员会的立法程序，以及国务院制定行政法规、地方人民代表大会及其常务委员会制定地方性法规的程序。全国人民代表大会常务委员会审议法律案一般实行“三审制”，即法律案一般应当经过三次常务委员会会议审议后再交付表决，对重大的、意见分歧较大的法律草案，审议的次数可以超过三次。①如物权法草案经过全国人民代表大会常务委员会七次审议后，才提请第十届全国人民代表大会第五次会议审议通过。立法过程中的多次反复审议，是一种程序民主，协调、平衡了各种利益关系和诉求，使法律符合公众的根本利益和国家的整体利益，同时又兼顾了各方面的具体利益。其二，在提出法律法规草案之时，立法机关通过召开座谈会、论证会、听证会等多种形式，广泛听取各方面意见，增强立法的透明度和公众参与度。尤其是关系到公众切身利益或者涉及普遍的公民义务之时，全文公布草案，以征求全体人民的意见。在这个阶段，全国人民代表大会常务委员会和国务院将婚姻法、物权法、劳动合同法、就业促进法、物业管理条例等多部法律法规草案向社会公布，并对修改文物保护法、个人所得税法等，召开了论证会和听证会。这亦是一种程序民主，充分反映了民意、集中了民智、发扬了民主。

二是司法，容纳了民主程序。

不断深化司法体制改革，坚持司法为民、公正司法的原则，建立健全了公正、高效、权威的社会主义司法制度。在加强司法民主建设的过程中，建立健全了公正审判、人民陪审员、人民监督员等制度。其中，公开审判制度是人民法院对公开开庭审理的案件进行预先公告，允许公民和新闻媒体记者旁听，邀

---

① 《中国的法治建设（白皮书）》，中央人民政府网站，http://www.gov.cn/zhengce/2008-02/28/content_2615764.htm。

请人大代表和政协委员旁听，在审理过程中公开举证、质证，在法定时限内依法公开有效信息。人民陪审员制度是人民法院在审理社会影响较大的民事、行政和刑事诉讼案件时，由人民陪审员和法官组成合议庭进行，人民陪审员与合议庭其他成员共同对事实认定、法律适用独立行使表决权。人民监督员制度是人民群众有序参与、监督司法的直接形式，人民监督员依规对人民检察院查办职务犯罪活动实施监督，享有独立发表意见和表决的权利。可见，这些司法制度都容纳了民主程序，增加了司法过程的透明度，为人民群众提供了知情空间、参与机会和监督渠道，保障了公民的知情权、参与权、表达权和监督权，充分体现了人民民主专政的性质和特点。

三是普法，提升了民主意识。

改革开放以来，我们党始终强调把民主法制实践和民主法制教育结合起来，坚持不懈、深入开展法制宣传教育。从 1986 年起，我国连续实施了五个五年的普法规划。“一五”普法期间，有 7 亿多人参加普法学习，占普法对象总数的 93%。广大干部、群众初步学习宪法、刑法、民法通则等“十法一条例”的基本常识，开始不同程度地树立了法制观念，懂得了依法行使民主权利，促进了社会主义民主建设。①“二五”普法期间，全国有 96 个行业（系统）制定了详细的专业法学习规划，组织学习了 200 多部专业法律法规。全国普法办公室先后召开全国百家大型和特大型企业依法治理经验交流会，依法治村、民主管理经验交流会，第三次全国部分城市学法、用法、依法治市座谈会，进一步推动了依法治理工作，提高了干部和群众参与民主管理的能力。②“三五”普法一个显著特点是学用结合、普治并举，30 个省（自治区、直辖市）、95% 的地级市、87% 的县（区、市）以及 75% 的基层单位开展依法治理工作。全国共举办省部级领导干部专题法制讲座约 280 次，有 1.22 万多人次参加，经过正规法律培训

① 《关于第一个五年普法规划实施情况和 1991 年普法工作意见的汇报（摘要）》，中国人大网，http://www.npc.gov.cn/zgrdw/npc/zt/qt/pfgz/2000-12/28/content_1988460.htm。

② 《关于第二个五年法制宣传教育规划实施情况和“三五”普法工作安排意见的报告》，中国人大网，http://www.npc.gov.cn/zgrdw/npc/zt/qt/tj65pfgzslkz/2000-12/06/content_1652679.htm。

的地（厅、局）级领导干部达到 18.4 万人次。各级领导干部法律意识增强，其领导方式和工作方式也随之转变，愈加注重民主方法。[①]“四五”普法期间，全国共举办省部级领导干部法制讲座 360 多场，参加人员达 1.5 万多人次，98% 以上的公务员参加了法律法规学习培训。全国举办企业经营管理人员培训班近 6 万期，240 多万人次接受了培训，同时开展维护职工合法权益法律法规的宣传教育，广大企业职工民主参与、民主管理、依法维权的意识和能力不断强化。普遍开展“民主法治示范村”“民主法治示范社区”等创建工作，有 609 个行政村获得“全国民主法治示范村”称号，基层依法治理推进了基层民主政治建设。[②]“五五”普法期间，创新工作载体和形式，大力开展法律进机关、进乡村、进社区、进学校、进企业、进单位“法律六进”活动和各类主题法制宣传教育活动；充分发挥网络媒体优势，建立普法网站 2 300 多个；编写新法知识读本 40 多种，免费发放 1 200 多万册，发放张贴宣传挂图 2 500 多万张，举办专题讲座 4 236 万场次；举办各类小型文艺演出 137 万多场次，现场观看的群众达 18 亿多人次。以领导干部、公务员、青少年、企业经营管理人员和农民为重点，有 246 万多人次省部级领导干部、4 153 万人次厅局级领导干部参加了法制讲座；培训公务员 4 200 多万人次，组织公务员法律知识考试 2 700 多万人次；举办企业经营管理人员法律知识培训 335 万期，培训人员 290 多万人次；培训农民工 156 亿人次，增强了农民依法参与村民自治和基层民主管理的能力。[③]法制宣传教育着重强化了公职人员的民主作风和依法办事能力，促使各级党组织和全体党员带头维护民主和法制的权威；尤其提升了全民的民主意识、法律意识和法制观念，形成了全体公民自觉学法守法用法的良好氛围。

---

① 《关于“三五”法制宣传教育基本情况的报告和对《关于进一步开展法制宣传教育的决议（草案）》的说明》，中国人大网，http://www.npc.gov.cn/zgrdw/npc/zt/qt/pfgz/2001-06/01/content_1988462.htm。

② 《关于“四五”法制宣传教育基本情况的报告和对《关于加强法制宣传教育的决议（草案）》的说明》，中国人大网，http://www.npc.gov.cn/zgrdw/npc/zt/qt/tj65pfgzslkz/2006-05/23/content_1652651.htm。

③ 《国务院关于“五五”普法工作情况的报告》，中国人大网，http://www.npc.gov.cn/zgrdw/npc/zt/qt/pfgz/2011-04/21/content_1988470.htm。

第五章　中国特色社会主义新时代中国共产党民主政治理论的创新与实践深化

进入新时代，我国社会主要矛盾发生了根本性改变，这对民主政治建设提出了新的要求。民主政治建设有了新的目标和任务。党的十八大以来，习近平总书记对民主政治理论作出了重大创新，在科学理论指引下，我国民主政治建设实践大迈步前进，民主政治制度建设取得重大成就，党内民主有了新的飞跃，人民民主再上新台阶，协商民主有重大突破，全过程人民民主彰显非凡绩效。中国民主政治对世界民主产生了重大影响。新时代中国特色社会主义民主政治的创新发展，不仅深刻总结社会主义民主政治建设经验，深刻揭示社会主义民主政治建设规律，同时也深刻把握新时代中国特色社会主义民主政治建设重大问题，推动马克思主义民主政治建设思想的中国化进入新境界，为增强社会主义民主政治建设效能指明了前进方向、提供了根本遵循，昭示着人类政治文明的发展方向。

第一节　中国特色社会主义新时代中国共产党民主政治建设的背景

在中国，要始终坚持和发展具有中国特色的社会主义民主政治。中国特色社会主义政治发展道路，“是近代以来中国人民长期奋斗的历史逻辑、理论逻辑、实践逻辑的必然结果，是坚持党的本质属性、践行党的根本宗旨的必然要求”[①]。世界上没有完全相同的政治制度模式，政治制度不能脱离特定社会政治条件和历史文化传统来抽象评判，不能定于一尊，不能生搬硬套外国政治制度模式。要长期坚持、不断发展我国社会主义民主政治，积极稳妥推进政治体制改革，推进社会主义民主政治制度化、规范化、程序化，保证人民依法通过各种途径和形式管理国家事务，管理经济文化事业，管理社会事务，巩固和发展生动活泼、安定团结的政治局面。

我国跨入新时代，社会主义民主政治建设在已取得巨大成就的背景下，又面临着当今时代发展的巨大现实压力。时代呼唤理论创新，现实需要推动民主政治建设，理论创新又可极大推动民主政治实践的深化发展。民主政治建设的已有成就和当今时代发展的现实需要构成新时代中国共产党民主政治建设的背景。

一、民主政治发展的已有成就

改革开放四十多年来，中国特色社会主义民主政治发展道路在实践中逐步明确成型。在坚持走中国特色社会主义民主政治发展道路的基础上，我国各项民主政治制度不断完善，为我国各项事业的蓬勃发展奠定了坚实政治基础。

第一，人民代表大会制度得到巩固和完善。人民代表大会制度作为我国的政体，其合法性很早就以宪法的形式得以确立，其各项具体工作制度得到逐步建立和完善。在人民代表大会制度的建设上，我们做了以下几点。首先，改进了选举方式，将直接选举与间接选举相结合，扩大了选举覆盖范围；实行等额选举与差额选举相结合，差额选举形式逐步展开。其次，扩大了人民代表大会常务委员会的职权，成立了全国人大专门委员会负责处理具体事务，强化了人大的具体权利；制定了代表法，使代表工作有法可依。最后，逐步完善地方各级人民代表大会制度，有效提升地方人大的权力和地位，强化了地方各级人大对政府的监督职能、制定地方法规的职能等各项基本职能。这些改革举措使得

① 习近平：《决胜全面建成小康社会　夺取新时代中国特色社会主义伟大胜利——在中国共产党第十九次全国代表大会上的报告》，人民出版社 2017 年版，第 36 页。

人民代表大会制度形式更加健全，制度运行更加科学有效，强化了人民代表大会的专属职能和其在全国政治体制中的重要作用。

第二，中国共产党领导的多党合作和政治协商制度不断健全。一是多党合作的方针政策日益丰富完善。从“八字方针”到“十六字方针”，拓展了多党合作的内容范围和职能权限。二是不断健全我国多党合作和政治协商制度的内容。习近平总书记在党的十九大报告中强调：“统筹推进政党协商、人大协商、政府协商、政协协商、人民团体协商、基层协商以及社会组织协商。”① 这一论述对协商的形式和内容都作了进一步规范和明确，扩大了协商的范围。三是多党合作和政治协商建设不断制度化和规范化。改革开放以来，中共中央出台了一系列关于加强多党合作和政治协商制度建设的相关文件，使得多党合作和政治协商的基本内容、原则和方式日益明确化、具体化，把民主党派、无党派人士纳入政治体制内，推进了多党合作制度的不断完善。

第三，民族区域自治制度不断发展。尤其是进入新世纪，国家根据形势需要进一步完善了民族区域自治的相关制度，为少数民族地区群众积极参与政治、依法行使政治权利提供了更加广阔便利的制度平台，促进了少数民族地区发展。

第四，基层群众自治制度不断优化。基层群众自治制度是实现人民当家作主的重要路径，在改革开放之后得到完善和优化。一则制度化的居民自治法制体系已初步建成。二则群众自治的组织建设得到加强，群众自治的运行机制运转良好，民主选举、民主决策、民主管理、民主监督的各项制度逐渐落实。三则人民群众各项权利得到切实保障并不断实践化，基层民众政治参与热情高涨。

第五，党内民主建设不断加强。发扬党内民主是加强党内政治建设的一项重要内容。党内民主的建设不仅对于中国共产党至关重要，对于我国的社会主义民主政治建设也十分关键。改革开放以来，党内民主的发展方式和发展内容都有了新的想法和思路。党的十八大之后，党内民主进入“理性提升期，党内

① 习近平：《决胜全面建成小康社会　夺取新时代中国特色社会主义伟大胜利——在中国共产党第十九次全国代表大会上的报告》，人民出版社 2017 年版，第 38 页。

民主作为党的生命的价值定位被融入到党的建设、全面从严治党、党内政治生活的全方位，成为关系党内政治生活健康的基础性因子”[①]。党的十八届六中全会对党内政治生活又提出了新的时代要求，再次明确党内民主在党内政治生活中的重要作用。党的十九大报告对党内基层民主的建设提出了新要求，使党内民主建设向更加广泛而深入的方向发展。

二、中国社会主要矛盾的再转换以及世界的大变局

经过长期努力，中国特色社会主义进入了新时代，这是我国发展之新的历史方位。我国社会主要矛盾已经转化为“人民日益增长的美好生活需要和不平衡不充分的发展之间的矛盾”[②]。此外，当今世界正发生重大变化。这些都成为中国共产党推进民主政治建设的重要现实背景。

其一，我国民主风景独好，百姓要求提高。

现在，人类文明走到了一个新的“十字路口”。是否实行并不断发展民主政治，是衡量一种政治制度、一种社会形态文明程度的重要标准。过去相当长的一个历史时期，以美国为代表的西方国家以其“自由市场经济 + 民主政治制度”为至上范本，宣称为人类社会提供所谓“普世”的政治制度解决方案。今天，西方政治体制暴露出党争严重、政策短视、决策低效等困境，资本主义民主政治的本质及其不可调和的内生性矛盾与危机正在加速显现。而中国特色社会主义民主政治的显著特色和巨大优势却更加凸显，保障我国经济社会发展“两个奇迹”的顺利实现。我国综合国力大幅跃升，人民群众的获得感、幸福感、安全感持续增强，14 亿中国人民更加凝聚团结，中华民族伟大复兴呈现光明前景。在大变局和历史交汇处，日益走近世界舞台中央的中国人民要为人类文明发展作出新的更大历史性贡献，就必然要在民主政治建设与发展方面取得新的更大成就、更大进步，真正形成超越西方政治文明的划时代创造，形成更

---

① 戴焰军：《严肃党内政治生活十二讲》，广东人民出版社 2017 年版，第 159—160 页。

② 习近平：《决胜全面建成小康社会　夺取新时代中国特色社会主义伟大胜利——在中国共产党第十九次全国代表大会上的报告》，人民出版社 2017 年版，第 11 页。

高层次、更高形态的民主政治制度及其运行机制。

人民日益增长的美好生活需要和不平衡不充分的发展之间的矛盾，成为我国社会主要矛盾。我国稳妥解决了十几亿人的温饱问题，已实现全面建成小康社会的第一个百年目标，人民美好生活需要日益广泛，“不仅对物质文化生活提出了更高要求，而且在民主、法治、公平、正义、安全、环境等方面的要求日益增长”①。同时，我国社会生产力水平总体上显著提高，社会生产能力在很多方面进入世界前列，更加突出的问题是发展不平衡不充分，这已经成为满足人民日益增长的美好生活需要的主要制约因素。我国社会主要矛盾的变化是关系全局的历史性变化，对党和国家工作提出了许多新要求。我们要在继续推动发展的基础上，着力解决好发展不平衡不充分问题，大力提升发展质量和效益，更好满足人民在经济、政治、文化、社会、生态等方面日益增长的需要，更好推动人的全面发展、社会的全面进步。

其二，国内外风险挑战之严峻前所未有，中华民族伟大复兴任重道远。

当今世界，“正经历百年未有之大变局，国际形势复杂多变，改革发展稳定、内政外交国防、治党治国治军各方面任务之繁重前所未有，我们面临的风险挑战之严峻前所未有”②。进入新时代以来，中国共产党立足初心使命，承载民族希望，担负大党责任，以更高站位、更大格局，沉着应对党内外风险和国内外挑战，将民主政治建设作为解决众多问题的重要甚至是关键所在。习近平总书记关于中国共产党民主政治的重要论述，也是在这种背景之下应运而生。

近代以来，世界思想文化以西方传统文化为主流意识，世界政党以资产阶级议会政党为多数声音，世界民主政治以西方民主为主要输出，世界经济以资本主义市场为主导力量。苏东剧变之后，社会主义运动暂时处于低谷。社会主义建设无范例可循，这一艰辛的过程只能由中国共产党作为先进方向的掌舵者，不断在理论和实践中展开探索。习近平总书记关于党内民主的重要论述，

① 习近平：《决胜全面建成小康社会　夺取新时代中国特色社会主义伟大胜利——在中国共产党第十九次全国代表大会上的报告》，人民出版社 2017 年版，第 11 页。

② 《党的十九届四中全会〈决定〉学习辅导百问》，党建读物出版社 2019 年版，第 38 页。

正是对社会主义政党政治现代化规律的研究和探索，为马克思主义政党的自身发展提供理论支撑和动力支持。中国近现代政治文明开启于救亡图存的历史进程之中。从那时起，追求民族独立和人民解放，实现国家富强和人民幸福，成为一代又一代中国人矢志不渝的民族复兴使命。党的十八大以来，习近平总书记重申“实现中华民族伟大复兴，就是中华民族近代以来最伟大的梦想”①，认为我国当前“比历史上任何时期都更接近、更有信心和能力实现中华民族伟大复兴的目标”②。但是，“中华民族伟大复兴绝不是轻轻松松、敲锣打鼓就能实现的”③，“没有民主就没有社会主义，就没有社会主义的现代化，就没有中华民族伟大复兴”④。在推进党的民主政治建设方面，全党必须准备付出更为艰巨、更为艰苦的努力。

第二节　中国特色社会主义新时代中国共产党民主政治建设的目标和任务

我们要全面加强党的领导、人民当家作主、依法治国有机统一的制度建设。党的领导体制机制不断完善，党内民主更加广泛。我们要健全人民当家作主制度体系，发展社会主义民主政治。民主法治建设迈出重大步伐，全面依法治国得到有效推进，科学立法、严格执法、公正司法、全民守法得到深入推进，法治国家、法治政府、法治社会建设相互促进，中国特色社会主义法治体系日益完善，全社会法治观念明显增强。国家监察体制改革试点取得实效，行政体制改革、司法体制改革、权力运行制约和监督体系建设有效实施。社会主义协商民主全面展开，爱国统一战线巩固发展，民族宗教工作创新发展。

① 《习近平谈治国理政》，外文出版社 2014 年版，第 36 页。

②③　习近平：《决胜全面建成小康社会　夺取新时代中国特色社会主义伟大胜利——在中国共产党第十九次全国代表大会上的报告》，人民出版社 2017 年版，第 15 页。

④ 《习近平关于社会主义政治建设论述摘编》，中央文献出版社 2017 年版，第 42 页。

一、坚持党的领导、人民当家作主、依法治国有机统一

“坚持中国特色社会主义政治发展道路，关键是要坚持党的领导、人民当家作主、依法治国有机统一。”① “党的领导是人民当家作主和依法治国的根本保证，人民当家作主是社会主义民主政治的本质特征，依法治国是党领导人民治理国家的基本方式，三者统一于我国社会主义民主政治伟大实践。”② 在我国政治生活中，党是居于领导地位的，加强党的集中统一领导，支持人大、政府、政协和法院、检察院依法依章程履行职能、开展工作、发挥作用，这两个方面是统一的。要改进党的领导方式和执政方式，保证党领导人民有效治理国家；扩大人民有序政治参与，保证人民依法实行民主选举、民主协商、民主决策、民主管理、民主监督；维护国家法制统一、尊严、权威，加强人权法治保障，保证人民依法享有广泛权利和自由；巩固基层政权，完善基层民主制度，保障人民知情权、参与权、表达权、监督权；健全依法决策机制，构建决策科学、执行坚决、监督有力的权力运行机制。各级领导干部要增强民主意识，发扬民主作风，接受人民监督，当好人民公仆。

二、加强人民当家作主制度保障

“人民代表大会制度是坚持党的领导、人民当家作主、依法治国有机统一的根本政治制度安排，必须长期坚持、不断完善。”③ 要支持和保证人民通过人民代表大会行使国家权力；发挥人大及其常委会在立法工作中的主导作用，健全人大组织制度和工作制度，支持和保证人大依法行使立法权、监督权、决定权、任免权，更好发挥人大代表作用，使各级人大及其常委会成为全面担负起宪法

① 《习近平谈治国理政》第 1 卷，外文出版社 2018 年版，第 139 页。

② 习近平：《决胜全面建成小康社会　夺取新时代中国特色社会主义伟大胜利——在中国共产党第十九次全国代表大会上的报告》，人民出版社 2017 年版，第 36 页。

③ 习近平：《决胜全面建成小康社会　夺取新时代中国特色社会主义伟大胜利——在中国共产党第十九次全国代表大会上的报告》，人民出版社 2017 年版，第 37 页。

法律赋予的各项职责的工作机关，成为同人民群众保持密切联系的代表机关；完善人大专门委员会设置，优化人大常委会和专门委员会组成人员结构。

三、推进全面依法治国实践

"准确把握全面推进依法治国工作布局，坚持依法治国、依法执政、依法行政共同推进，坚持法治国家、法治政府、法治社会一体建设。全面推进依法治国是一项庞大的系统工程，必须统筹兼顾、把握重点、整体谋划，在共同推进上着力，在一体建设上用劲。"① "全面依法治国是国家治理的一场深刻革命，必须坚持厉行法治，推进科学立法、严格执法、公正司法、全民守法。"② 在顶层设计上成立中央全面依法治国领导小组，加强对法治中国建设的统一领导；加强宪法实施和监督，推进合宪性审查工作，维护宪法权威；推进科学立法、民主立法、依法立法，以良法促进发展、保障善治；建设法治政府，推进依法行政，严格规范公正文明执法；深化司法体制综合配套改革，全面落实司法责任制，努力让人民群众在每一个司法案件中感受到公平正义；加大全民普法力度，建设社会主义法治文化，树立宪法法律至上、法律面前人人平等的法治理念。各级党组织和全体党员要带头尊法学法守法用法，任何组织和个人都不得有超越宪法法律的特权，绝不允许以言代法、以权压法、逐利违法、徇私枉法。

四、深化机构和行政体制改革

在深化机构和行政体制改革中统筹考虑各类机构设置，科学配置党政部门及内设机构权力、明确职责；统筹使用各类编制资源，形成科学合理的管理体制，完善国家机构组织法；转变政府职能，深化简政放权，创新监管方式，增强政府公信力和执行力，建设人民满意的服务型政府；赋予省级及以下政府更

---

① 《习近平谈治国理政》第 2 卷，外文出版社 2017 年版，第 119—120 页。

② 习近平：《决胜全面建成小康社会　夺取新时代中国特色社会主义伟大胜利——在中国共产党第十九次全国代表大会上的报告》，人民出版社 2017 年版，第 38 页。

多自主权；在省市县对职能相近的党政机关探索合并设立或合署办公；深化事业单位改革，强化公益属性，推进政事分开、事企分开、管办分离。

五、发挥社会主义协商民主重要作用

中国共产党自成立之后，不断努力探索有关协商民主的理论与实践。1921—1949 年是协商民主的初步萌芽阶段：在大革命和土地革命时期，中国共产党与国民党合作主要通过党派政治协商的形式以达到“协商国事”的目的；在抗日战争时期，以政治协商为主、社会协商为辅，号召并团结所有党派、无党派人士、人民群众进行抗日救国；在解放战争时期，召集各民主党派，召开政治协商会议，讨论建立新民主主义国家和民主联合政府。1949—1957 年是协商民主的正式确立阶段：其主要协商载体是人民政协，主要协商形式是政治协商，各民主党派积极参与到社会主义建设之中，共同恢复国家建设，建设富强新中国。以毛泽东同志为核心的党的第一代中央领导集体，开辟和推进统一战线、人民民主、人民政协、多党合作、政治协商等有关协商民主的理论和实践。1957—1976 年是协商民主的曲折发展阶段：反右派斗争和“文化大革命”致使协商民主遭遇重大挫折，政治协商实践几乎处于停滞状态。1976—1982 年是协商民主的恢复发展阶段：在解放思想、实事求是思想路线的指导下，恢复发展党内协商，同时恢复与各民主党派、无党派人士的协商沟通，党际协商重新开始活跃，政协协商逐渐重回正轨。1982—2012 年是协商民主的创新发展阶段：从党的十二大到党的十八大这二十年，以邓小平同志、江泽民同志为核心的党的第二代、第三代中央领导集体，以胡锦涛同志为总书记的党中央进一步拓展协商民主理论，带领全国人民不断探索协商民主实践，使社会主义协商民主的许多具体问题，得到了比较科学系统的解答。可见，协商民主一直是中国共产党民主政治建设的重要目标和任务。那么，进入新时代，协商民主作为民主政治建设的重要内容，目标定位如何？发展任务有哪些？

党的十八大报告明确指出：“社会主义协商民主是我国人民民主的重要形式。”党的十八届三中全会进而提出：“协商民主是我国社会主义民主政治的特有形式和独特优势，是党的群众路线在政治领域的重要体现。”[①] 习近平同志在庆祝中国人民政治协商会议成立65周年大会上的讲话中，对此进行了详细阐述，要求全面认识社会主义协商民主是中国社会主义民主政治的特有形式和独特优势这一重大判断，深刻把握社会主义协商民主是中国共产党的群众路线在政治领域的重要体现这一基本定性，切实落实推进协商民主广泛多层制度化发展这一战略任务。党的十九大报告在总结过去五年工作和历史性变革之时，提出了“社会主义协商民主全面展开”的论断，同时强调协商民主是实现党的领导的重要方式，有事好商量，众人的事情由众人商量，是人民民主的真谛，必须发挥社会主义协商民主重要作用。由此可见，新时代社会主义协商民主的作用地位和目标定位步步升华，从“人民民主的重要形式”到“中国社会主义民主政治的特有形式和独特优势”再到“人民民主的真谛”，走向了一个新高度。

新时代是社会主义协商民主的全面发展阶段，发展任务主要有以下四点。第一，健全协商民主制度和工作机制，推进协商民主广泛、多层、制度化发展，形成完整的制度程序和参与实践，保证人民在日常政治生活中有广泛持续深入参与的权利。第二，构建程序合理、环节完整的协商民主体系，拓宽国家政权机关、政协组织、党派团体、基层组织、社会组织的协商渠道，统筹推进政党协商、人大协商、政府协商、政协协商、人民团体协商、基层协商以及社会组织协商。第三，在党的领导下，以经济社会发展重大问题和涉及群众切身利益的实际问题为内容，在全社会开展广泛协商，完善协商于决策之前和决策实施之中的落实机制，丰富有事好商量、众人的事情由众人商量的制度化实践，增强民主协商实效性。第四，坚持和完善中国共产党领导的多党合作和政治协商制度，充分发挥人民政协作为协商民主重要渠道的作用，聚焦党和国家中心任务，围绕团结和民主两大主题，把协商民主贯穿政治协商、民主监督、参政议政全过程，完善协商议政内容和形式，着力增进共识、促进团结。

① 《习近平谈治国理政》第1卷，外文出版社2018年版，第82页。

六、巩固和发展爱国统一战线

统一战线是党的事业取得胜利的重要法宝，必须长期坚持。要高举爱国主义、社会主义旗帜，牢牢把握大团结大联合的主题，坚持一致性和多样性统一，找到最大公约数，画出最大同心圆；坚持长期共存、互相监督、肝胆相照、荣辱与共，支持民主党派按照中国特色社会主义参政党要求更好履行职能；全面贯彻党的民族政策，深化民族团结进步教育，铸牢中华民族共同体意识，加强各民族交往交流交融，促进各民族像石榴籽一样紧紧抱在一起，共同团结奋斗、共同繁荣发展；全面贯彻党的宗教工作基本方针，坚持我国宗教的中国化方向，积极引导宗教与社会主义社会相适应；加强党外知识分子工作，做好新的社会阶层人士工作，发挥他们在中国特色社会主义事业中的重要作用；构建亲清新型政商关系，促进非公有制经济健康发展和非公有制经济人士健康成长；广泛团结联系海外侨胞和归侨侨眷，共同致力于中华民族伟大复兴。

第三节　中国特色社会主义新时代中国共产党民主政治建设的实践

习近平总书记深刻指出："我国社会主义民主是维护人民根本利益的最广泛、最真实、最管用的民主"①，"人民当家作主是社会主义民主政治的本质和核心。人民民主是社会主义的生命。没有民主就没有社会主义，就没有社会主义的现代化，就没有中华民族伟大复兴"②。这一重要论断阐释了新时代中国特色社会主义民主政治的基本内涵。新时代中国特色社会主义民主政治，是党领导人民当家作主，依法治理国家，以人民民主制度体系发展成果倾听人民呼声、回应人民期待、凝聚人民力量，实现"两个一百年"奋斗目标，实现中华民族

---

①　习近平：《决胜全面建成小康社会　夺取新时代中国特色社会主义伟大胜利——在中国共产党第十九次全国代表大会上的报告》，人民出版社 2017 年版，第 36 页。

②　《习近平关于社会主义政治建设论述摘编》，中央文献出版社 2017 年版，第 42 页。

伟大复兴的中国梦这一历史使命。党的领导是人民当家作主和依法治国的根本保障，人民当家作主是社会主义民主政治的本质特征，依法治国是党领导人民当家作主、治理国家的基本方式，三者有机统一于我国社会主义民主政治伟大实践。民主政治建设也要从这些方面展开。

一、民主政治制度体系化建设

发展社会主义民主政治是新时代坚持和发展中国特色社会主义的重要内容，也是新时代坚持和发展中国特色社会主义的根本保证。党的十八大以来，以习近平同志为核心的党中央站在历史和时代高度，不断深化对政治文明演进规律、民主政治发展规律的认识，开辟了马克思主义国家治理学说的新境界。新时代我国民主政治的一个重要特点，“就是在统筹推进党的领导制度体系建设、人民当家作主制度体系建设、中国特色社会主义法治体系建设、国家治理体系建设、协商民主制度体系建设中，实现新时代中国特色社会主义民主政治建设从制度到制度体系的飞跃，推动新时代中国特色社会主义民主政治向更高水平、更高质量稳步发展”①。

（一）党的领导制度体系是根本

东西南北中，党是领导一切的。党的领导是中国特色社会主义最本质的特征，是中国特色社会主义制度的最大优势。党的领导必须是全面的、系统的、整体的。作为最高政治领导力量，中国共产党不断健全总揽全局、协调各方的党的领导制度体系，从理想信念自我锻造、行动落实高度自觉、履职尽责协同发力、群众路线血肉联系、增强本领担当作为和推进全面从严治党等六大方面不断加强自身建设。特别需要指出的是，党的十八大报告在明确“制度体系”概念的同时，还重点提出了要加强“党内民主制度体系”建设，明确“党内民主是党的生命”，“要坚持民主集中制，健全党内民主制度体系，以党内民主带动人民民主”。党的十八届四中全会《决定》提出“加强党内法规制度建设”，

① 贾立政：《新时代中国特色社会主义民主政治的创新发展》，《人民论坛》2020 年 8 月下。

党的十九大报告进一步提出“加快形成覆盖党的领导和党的建设各方面的党内法规制度体系”[①]，党的十九届四中全会就“坚持和完善党的领导制度体系，提高党科学执政、民主执政、依法执政水平”[②]作出了全面部署。党的十九届四中全会《决定》指出，建立不忘初心、牢记使命的制度，完善坚定维护党中央权威和集中统一领导的各项制度，健全党的全面领导制度，健全为人民执政、靠人民执政各项制度，健全提高党的执政能力和领导水平制度，完善全面从严治党制度。总而言之，党的十八以来，“我们坚持以伟大自我革命引领伟大社会革命，健全党的领导制度体系，深化党的建设制度改革，完善全面从严治党制度，坚决扭转一些领域党的领导弱化、党的建设缺失、管党治党不力状况，使党始终成为中国特色社会主义事业的坚强领导核心”[③]。

（二）人民当家作主制度是基础

我国是工人阶级领导的、以工农联盟为基础的人民民主专政的社会主义国家，国家的一切权力属于人民。人民当家作主是社会主义民主政治建设的本质与核心。“发展社会主义民主政治就是要体现人民意志、保障人民权益、激发人民创造活力，用制度体系保证人民当家作主。”[④]坚持和完善人民当家作主制度体系，要坚持和完善人民代表大会制度、中国共产党领导的多党合作和政治协商制度，巩固和发展最广泛的爱国统一战线、民族区域自治制度、基层群众自治制度等，以不断完善的制度体系保证人民当家作主。人民代表大会制度是保证人民当家作主的根本政治制度，也是支撑我国国家治理体系和治理能力的根本政治制度。在庆祝全国人民代表大会成立60周年大会上，习近平总书记指出：“人民的眼睛是雪亮的，人民是无所不在的监督力量。只有让人民来监督政府，政府才不会懈怠；只有人人起来负责，才不会人亡政息。”[⑤]通过人民当

① 习近平：《决胜全面建成小康社会　夺取新时代中国特色社会主义伟大胜利——在中国共产党第十九次全国代表大会上的报告》，人民出版社2017年版，第68页。

② 《党的十九届四中全会〈决定〉学习辅导百问》，党建读物出版社2019年版，第5页。

③ 《习近平谈治国理政》第3卷，外文出版社2020年版，第546页。

④ 《习近平谈治国理政》第3卷，外文出版社2020年版，第28页。

⑤ 《习近平关于社会主义政治建设论述摘编》，中央文献出版社2017年版，第44、45页。

家作主制度体系建设，民主选举、民主协商、民主决策、民主管理、民主监督的实行得到了制度保障，这不仅丰富了民主形式，也拓宽了民主渠道，从而确保人民依法通过各种途径和形式管理国家事务，管理经济文化事业，管理社会事务。

（三）中国特色社会主义法治体系是保障

法治是中国特色社会主义民主政治的鲜明特征。全面依法治国是坚持和发展中国特色社会主义的本质要求和重要保障，坚持依法治国、依法执政、依法行政共同推进，坚持法治国家、法治政府、法治社会一体建设，能够为中国特色社会主义民主政治建设提供法治保障。“全面推进依法治国总目标是建设中国特色社会主义法治体系，建设社会主义法治国家。”① “国无常强，无常弱。奉法者强则国强，奉法者弱则国弱。”我国社会主义制度保证了人民当家作主的主体地位，也保证了人民在全面推进依法治国中的主体地位。关于党的领导和依法治国的关系，习近平总书记指出：“社会主义法治必须坚持党的领导，党的领导必须依靠社会主义法治。在我国，法是党的主张和人民意愿的统一体现，党领导人民制定宪法法律，党领导人民实施宪法法律，党自身必须在宪法法律范围内活动，这就是党的领导力量的体现。”②2014 年 2 月，在中央全面深化改革领导小组第二次会议上，习近平总书记强调：“凡属重大改革都要于法有据。”党的十八届四中全会通过的《中共中央关于全面推进依法治国若干重大问题的决定》，明确规定党政主要负责人是履行推进法治建设第一责任人，在人大建立了宪法宣誓制度，积极推行政府法律顾问制度，切实增强了我们党运用法律手段领导和治理国家的能力。依托形成完备的法律规范体系、高效的法治实施体系、严密的法治监督体系、有力的法治保障体系和完善的党内法规体系等五大体系，中国特色社会主义法治体系建设把各方面的工作有机串联起来，确保了国家治

---

① 《习近平谈治国理政》第 2 卷，外文出版社 2017 年版，第 118 页。

② 习近平：《在省部级主要领导干部学习贯彻党的十八届四中全会精神全面推进依法治国专题研讨班上的讲话》（2015 年 2 月 2 日），共产党员网，http://news.12371.cn/2015/02/02/VIDE1422884101687480.shtml。

理体系协调顺畅地运行。党的十九届四中全会《决定》明确要求，健全保证宪法全面实施的体制机制，完善立法体制机制，健全社会公平正义法治保障制度，加强对法律实施的监督。

（四）国家治理体系是中国特色社会主义民主政治的重要内容

国家治理体系是在党领导下管理国家的制度体系，包括经济、政治、文化、社会、生态文明和党的建设等各领域体制机制、法律法规安排，也就是一整套紧密相连、相互协调的国家制度。国家治理体系是社会主义民主政治建设的重要内容，而发展社会主义民主政治也是推进国家治理体系和治理能力现代化的题中之义。党的十八届三中全会第一次提出国家治理体系和治理能力现代化问题，明确了全面深化改革的总目标。党的十九届四中全会《决定》指出："我国国家治理一切工作和活动都依照中国特色社会主义制度展开，我国国家治理体系和治理能力是中国特色社会主义制度及其执行能力的集中体现。"①看一个制度好不好、优越不优越，要从政治上、大的方面去评判和把握。我国国家治理体系和治理能力现代化建设，伴随改革发展的全面深入持续推进，在为人民群众生产生活提供高质量治理服务的同时，也为社会主义民主政治建设提供了广阔的探索实践舞台。在制度和实践层面，中国特色社会主义民主政治建设也在推进社会主义制度优势更好地转化为治理效能。国家治理体系与中国特色社会主义民主政治建设的协同互动，一同亮明并践行中国共产党作为马克思主义政党所坚守的人民至上的根本立场。为顺应时代潮流，适应我国社会主要矛盾变化，不断满足人民对美好生活新期待，战胜前进道路上的各种风险挑战，我们在推进国家治理体系和治理能力现代化上下更大功夫。

（五）协商民主制度体系是我国人民民主的重要形式

党的十八大报告首次提出"社会主义协商民主是我国人民民主的重要形式"，并在此基础上确立"社会主义协商民主制度"概念，进而对"健全社会主义协商民主制度"进行规划和部署，集中体现了中国共产党对社会主义民主政

① 《党的十九届四中全会〈决定〉学习辅导百问》，党建读物出版社2019年版，第1—2页。

治的实践创新、理论创新和制度创新，集中体现了中国共产党人在中国民主制度选择上的道路自信、理论自信和制度自信。中国共产党领导的多党合作和政治协商制度是我国的一项基本政治制度。政治协商，主要是中国共产党同民主党派协商。协商民主是实现党的领导的重要方式，是我国社会主义民主政治的特有形式和独特优势。协商民主源于以团结与民主为主题的最广泛的爱国统一战线，它也是党的群众路线在政治领域的重要体现。习近平总书记指出，“协商民主是我国社会主义民主政治的特有形式和独特优势，是党的群众路线在政治领域的重要体现”①，“要推动协商民主广泛、多层、制度化发展”②。党的十九届四中全会《决定》强调我国新型政党制度优势，提出“坚持社会主义协商民主的独特优势，统筹推进政党协商、人大协商、政府协商、政协协商、人民团体协商、基层协商以及社会组织协商，构建程序合理、环节完整的协商民主体系，完善协商于决策之前和决策实施之中的落实机制，丰富有事好商量、众人的事情由众人商量的制度化实践”③。协商民主所追求的是全方位、多领域和深层次的民主参与，协商主体从政党、政府、人民团体、社会组织到普通群众，协商内容从政治领域到社会领域，协商层面从中央、地方到基层，绝不是仅局限于某一群体、某个方面或某个层级。多层次、广泛化、制度化的协商民主形式使得新时代中国特色社会主义民主政治生活，避免了西方资本主义偏重于凸显投票权利的形式主义民主，确保民主回归价值本真。正如习近平总书记所指出：“在人民内部各方面广泛商量的过程，就是发扬民主、集思广益的过程，就是统一思想、凝聚共识的过程，就是科学决策、民主决策的过程，就是实现人民当家作主的过程。”④

实现党的领导、人民当家作主、依法治国三者的有机统一，系统推进党的

---

① 《习近平关于社会主义政治建设论述摘编》，中央文献出版社 2017 年版，第 53 页。

② 习近平：《决胜全面建成小康社会　夺取新时代中国特色社会主义伟大胜利——在中国共产党第十九次全国代表大会上的报告》，人民出版社 2017 年版，第 38 页。

③ 《党的十九届四中全会〈决定〉学习辅导百问》，党建读物出版社 2019 年版，第 9 页。

④ 《习近平关于社会主义政治建设论述摘编》，中央文献出版社 2017 年版，第 65 页。

领导制度体系、人民当家作主制度体系、中国特色社会主义法治体系、国家治理体系、协商民主制度体系五个方面的重要制度体系建设，构成新时代中国特色社会主义民主政治的“四梁八柱”，使新时代中国特色社会主义民主政治更加成熟定型，确保了国家政治生活的民主化、法治化，进而保障了我国政治生态持续向好，为中华民族伟大复兴提供了强大政治支撑。

二、党内民主的重点性建设

党是我们各项事业的领导核心，古人讲的“六合同风，九州共贯”，在当代中国，没有党的领导，这个是做不到的。“办好中国的事情，关键在党。”①党面临的执政考验、改革开放考验、市场经济考验、外部环境考验是长期的、复杂的。面对这些风险考验，习近平总书记着眼于党自身建设新的伟大工程，强调“只要马克思主义执政党不出问题，社会主义国家就出不了大问题，我们就能够跳出‘其兴也勃焉，其亡也忽焉’的历史周期率”②，尤其重视党内民主这个关键点，而民主集中制又是党内民主的关键点，所以实践中着重完善民主集中制。

（一）确立民主集中制的战略地位

民主集中制包含着“中国共产党立党执政与治国理政的逻辑统一”③，在推进国家治理现代化过程中必须始终贯彻执行民主集中制。在一个国家的治理体系中，政治制度处于关键环节，以民主集中制为核心的政治制度是国家治理体系中最根本的制度。民主集中制既是党的核心制度，也是中国模式最核心的制度。习近平不仅创造性提出了民主集中制是中国共产党“最大的制度优势”的科学论断，还将民主集中制的制度优势提升到国家治理层面，发展为国家制度的“巨大优势”，从国家治理现代化的高度认识民主集中制在党和国家制度中

---

① 习近平:《在纪念中国人民抗日战争暨世界反法西斯战争胜利 75 周年座谈会上的讲话》,《人民日报》2020 年 9 月 4 日，第 2 版。

② 习近平:《推进党的建设新的伟大工程要一以贯之》,《求是》2019 年第 19 期。

③ 王旭:《作为国家机构原则的民主集中制》,《中国社会科学》2019 年第 8 期。

的优势。2019 年 9 月，习近平在十九届中央政治局第十七次集体学习时指出，我国国家制度和法律制度在实践中显示的巨大优势有四个方面最为重要，其中就包括“实行民主集中制的优势”①。这凸显了民主集中制在国家治理中的战略地位。

民主集中制在国家治理中的战略地位决定了：民主集中制执行的好坏关系到党的长治久安和国家的前途命运。习近平总结了苏共放弃民主集中制导致亡党亡国的惨痛教训，他指出：苏联解体前，在所谓“公开性”“民主化”的口号下，“苏共放弃了民主集中制原则，允许党员公开发表与组织决议不同的意见，实行所谓各级党组织自治原则”②，最后苏共就轰然倒塌了。在某种程度上说，苏共亡党正是背离民主集中制原则的结果。中国共产党百年发展历程也证明了：什么时候党坚决执行民主集中制，党就充满活力，党的事业就会兴旺发达；什么时候放弃、破坏民主集中制，党的事业就会遭遇挫折。

习近平总书记认为，坚决执行民主集中制具有决策高效、执行力强、维护党的团结和统一等独特优势。从党内来看，民主集中制“把充分发扬党内民主和正确实行集中有机结合起来，既可以最大限度激发全党创造活力，又可以统一全党思想和行动，有效防止和克服议而不决、决而不行的分散主义，是科学合理而又有效率的制度”③，能调动中央、地方两个积极性和全体党员的积极性。从党政关系上看，民主集中制将党和国家机构有效组织起来，使党和各国家机关合理分工、密切协作，可以最大限度地发挥“党政合力”作用。站在新的历史起点上，民主集中制的具体制度、运行机制还会在实践中不断改革创新，在推动国家治理体系和治理能力现代化中发挥出更大的优势。

---

① 2019 年 9 月，习近平在中央政治局第十七次集体学习时强调，继续沿着党和人民开辟的正确道路前进，不断推进国家治理体系和治理能力现代化，参见《习近平主持中央政治局第十七次集体学习并讲话》，中央人民政府网，http://www.gov.cn/xinwen/2019-09/24/content_5432784.htm。

② 中共中央文献研究室编：《十八大以来重要文献选编》（上），中央文献出版社 2014 年版，第 133—134 页。

③《树牢“四个意识”坚定“四个自信”坚决做到“两个维护”勇于担当作为　以求真务实作风把党中央决策部署落到实处》，《人民日报》2018 年 12 月 27 日，第 1 版。

（二）明确民主集中制的基本原则

党的民主集中制继承于马克思主义党建原理，发展于中国共产党具体实践。它正确规范了党内政治生活、处理党内关系的基本准则。2016 年 10 月，中国共产党第十八届中央委员会第六次全体会议通过的《关于新形势下党内政治生活的若干准则》指出，民主集中制是党的根本组织原则，是党内政治生活正常开展的重要制度保障。习近平总书记指出，民主集中制能够科学合理有效地“反映、体现全党同志和全国人民利益与愿望”，是党“最大的制度优势”。① 我们要“坚持和完善民主集中制的制度和原则，促使各类国家机关提高能力和效率、增进协调和配合，形成治国理政的强大合力”②。

第一，以“两个维护”为首要原则。新时代贯彻民主集中制最根本的要求就是坚决做到“两个维护”，可以说，“两个维护”是新时代党中央对民主集中制的创造性运用。党的十八大以来，党中央将“两个维护”作为党最重要的政治纪律和政治规矩，确定为加强党的政治建设的首要任务。只有将民主集中制与“两个维护”相结合，才能既使民主在中央权威下集中统一，又为民主提供坚强后盾。在具体实践中，为维护党中央权威，全党“要坚持党中央集中统一领导”，“在思想上政治上行动上始终同党中央保持高度一致”③，从而增强党的领导力。为实现党内团结，全党上下不得搞任何分裂党的组织、分散党的力量的派别活动，使民主在服务于党员自我发展要求的同时，促进党的整体发展，而不是削弱组织力量。

第二，以领导班子为主要责任人。习近平总书记坚持抓主要矛盾的方法论，指出领导班子是“带头贯彻执行民主集中制”的班长，要“使他们熟悉民主集中制的规矩，懂得民主集中制的方法”，“对贯彻执行民主集中制不力、发生重大偏差和失误的班子和个人，要追究责任”。④ 这就既要避免有的一把手只讲集中

① 《十七大以来重要文献选编》(下)，中央文献出版社 2013 年版，第 1023 页。

② 《习近平谈治国理政》第 2 卷，外文出版社 2017 年版，第 290 页。

③ 《习近平关于社会主义政治建设论述摘编》，中央文献出版社 2017 年版，第 34—35 页。

④ 《关于严明党的纪律和规矩论述摘编》，中国方正出版社 2016 年版，第 97 页。

不讲民主，以个人意见为最终决定的家长制、一言堂，又要防止只讲民主不讲集中的“议而不决、决而不行”现象。2021 年 3 月，中共中央颁发《关于加强对“一把手”和领导班子监督的意见》，强调加强对“一把手”和领导班子的监督之重要性和紧迫性，要求加强对“一把手”的监督，加强同级领导班子的监督，加强对下级领导班子的监督，切实加强对监督工作的领导。关于加强对“一把手”的监督，意见指出，要贯彻执行民主集中制，完善“三重一大”决策监督机制。党委（党组）、纪检机关、组织部门加强对下级党委（党组）“一把手”贯彻执行民主集中制情况的监督检查。“加强对一把手的监督，认真执行民主集中制，健全施政行为公开制度，保证领导干部做到位高不擅权、权重不谋私。”①

第三，以集体领导为实践形式。党的十八届六中全会通过的《关于新形势下党内政治生活的若干准则》明确指出：“坚持集体领导制度，实行集体领导和个人分工负责相结合，是民主集中制的重要组成部分。”在授权环节，党的各级代表、党的各级领导机构和领导人必须代表集体利益，体现集体意志，由党员集体通过民主程序选举产生，体现的是党员群众在党内领导干部任命上的广泛民主和集体决定。在决策环节，各级党委以集体领导和个人分工负责相结合为决策产生方式，并再次强调决策议事的“十六字”方针，体现的是党内干部在党内事务决策中的充分民主和集体参与。在执行环节，各级党的领导机关和领导人要及时将重大事项向中央请示、重大情况向中央报告，体现的是党组织对党内各项事务的正确有效集中。

（三）深入推进全面从严治党

全面从严治党战略为坚持和加强民主集中制提出了严格要求并奠定了制度保障。在十八届中央纪委六次全会上，习近平总书记强调：“全面从严治党，核心是加强党的领导，基础在全面，关键在严，要害在治。”一方面，全面从严治党所坚持的“治党内容全面、治党对象全面、治党过程全面”“治党内容从严、

① 《习近平谈治国理政》第 1 卷，外文出版社 2018 年版，第 388 页。

治党措施从严”“强化制度治理”为严格执行和落实民主集中制奠定了具体的规划和要求。另一方面，党的十九届四中全会进一步提升和加强了治党管党的政治地位，从党的领导制度和核心战略层面阐释了全面从严治党在国家治理体系中的重大意义，这亦为旨在增强各级党组织和全体党员组织性和纪律性的民主集中制提供了强有力的理论支持和制度保障。由此，在全面从严治党视域下坚持和加强民主集中制，必须完善民主集中制制度体系，健全民主集中制运行机制，严明党的政治纪律和政治规矩。

（四）深化社会主义市场经济体制改革

经济体制改革的核心问题是处理好市场和政府的关系，社会主义市场经济发展不仅仅是一个经济问题，同时也是一个政治问题。换言之，政治组织得合理，能够保障市场经济的稳定增长；反之，若是政治腐朽，社会主义市场经济就无法健康发展。“坚持党的领导，发挥党总揽全局、协调各方的领导核心作用，是我国社会主义市场经济体制的一个重要特征。”①改革开放以来，随着经济结构和阶层结构的巨大变化，社会利益关系呈现出利益主体多样化、利益差别扩大化和利益矛盾复杂化的新特点，党处理各种利益关系面临的挑战十分严峻。处理复杂的利益关系一旦有失妥当，在一定条件下就有可能激化社会矛盾，严重危害社会的安定团结。如果一个党员代表仅注重其个人利益，那么他就会视组织原则为商品，拿组织原则做交易，滋生出个人主义、拜金主义、享乐主义，那么党的民主集中制就会被严重削弱甚至破坏，社会主义市场经济亦无法正常运行。鉴于此，我们更须清楚地意识到，社会主义市场经济本身是需要民主集中制的。一方面，社会主义市场经济体现了宏观经济政策的集中性和统一性。比如，我国的五年规划、十年规划、中央年度经济工作会议，即保证我国经济综合、稳定、可持续发展的有效机制，谱写了中国经济中、长期发展的宏伟蓝图。另一方面，社会主义市场经济激发了微观经济主体的民主性和创新性。在社会主义市场经济条件下，企业自由是社会普遍认可的必然趋向。社会主义

① 《习近平谈治国理政》第1卷，外文出版社2018年版，第118页。

市场经济体制允许公有制企业和非公有制企业共同参与到相关经济政策的探讨和制定之中，体现了社会主义经济政策能够最广泛吸收多元意见的特征，彰显了社会主义市场经济的民主性。总之，我们必须充分发扬民主，善于发挥集中，完善和发展社会主义市场经济体制。

（五）强化党内法治的根本保障

习近平强调："党和法的关系是一个根本问题，处理得好，则法治兴、党兴、国家兴；处理得不好，则法治衰、党衰、国家衰。"① 对于党内民主来说，党内法治是加强民主思维模式的法理依据，是联通民主理论与实践的桥梁中介，是维护巩固民主建设成果的长久保障。

第一，建立健全党内民主制度体系。科学先进的理论只有形成制度、从而成为实践主体内在固有尺度，才能真正发挥主观能动性的实践指导作用。习近平总书记提出"制度总是需要不断完善"的论断，在制度建设上积极构建"以党章为根本，以准则条例为主干，覆盖党的领导和党的建设各方面"的"系统完备、科学规范、运行有效的制度体系"，在建立健全党内民主制度体系的过程中实现以"务实管用、突出针对性和指导性"为标准，以"系统性、整体性、协同性"为要求，以"搞好配套衔接，做到彼此呼应，增强整体功能"为目标。推动建立健全党内制度化体系是习近平总书记站位于政党政治现代化视角作出的科学论述，有利于实现科学配置权力、有效监督权力及有力保障权利等目标，不断提升党内民主水平。

在民主集中制的层面上，新时代全面推动其法治化、制度化、规范化和程序化。民主集中制毕竟是原则性规定和根本性制度，必须将其具体化、机制化，并建立党内监督问责等保障性制度，才能将民主集中制原则落实。2013 年 6 月，习近平在全国组织会议上明确指出："要健全和认真落实民主集中制的各项具体制度。"同年 11 月，中共中央发布的《中央党内法规制定工作五年规划纲要（2013—2017 年）》提出，按照党章和《关于党内政治生活若干准则》的要求，

① 《习近平总书记系列重要讲话读本》，学习出版社、人民出版社 2016 年版，第 96 页。

抓紧建立健全民主集中制的具体制度，着力构建党内民主制度体系，切实推动民主集中制具体化、程序化，真正把民主集中制重大原则落到实处。党内各项民主制度的建立，实质上都是民主集中制原则的具体化及其在党内生活中的运用。2016 年 12 月，《中共中央关于加强党内法规制度建设的意见》指出，党内法规制度体系要“以党章为根本，以民主集中制为核心”。民主集中制是贯穿于党内所有法规制度之中的主线，其原则和精神要体现在党内所有法规制度制定过程中。

第二，维护党内民主制度的严肃性。党的十八大以来，习近平总书记坚持强调党内制度的严肃性，“真正让铁规发力、让禁令生威”①，使党内权力有所规制，党员权利得到保障。维护党内民主制度的严肃性主要表现在制度适用主体一律平等。制度是具有普遍权威的硬约束，党内一切组织和个人都必须严格执行制度规定。党内制度的严肃性还表现在严肃监督排查党内制度见之于实践的行为活动，将权力真正关进制度的铁笼子。

第三，严抓党内民主制度的具体落实。习近平指出：“一分部署还要九分落实。制定制度很重要，更重要的是抓落实。”②党内制度的全面落实需要全体党员的维护践行。尤其要加强对党员群众和领导干部的教育培训，使其了解党内各项制度的作用和功能，在实践中培育民主法治意识、遵守制度规定、积极接受监督，自觉成为民主制度的践行者。“信任不能够代替监督”，制度的落实还需要党中央、各级党组织、广大党员在正向激励干部的基础上对其进行依法严格监督。各级纪委则应以“维护党章和其他党内法规作为首要任务”，对党内各项制度的执行情况加以监督检查，对违反党内各项法规的行为严肃查处，达到“制度执行到人到事”的目的，通过“用制度管权管事管人”促进党内民主。

---

①《习近平关于党风廉政建设和反腐败斗争论述摘编》，中国方正出版社、中央文献出版社 2015 年版，第 127 页。

②《习近平关于严明党的纪律和规矩论述摘编》，中央文献出版社、中国方正出版社 2016 年版，第 81 页。

三、人民民主的全方位建设

习近平总书记指出：“人民民主是社会主义的生命。没有民主就没有社会主义，就没有社会主义的现代化，就没有中华民族伟大复兴。”① 新时代人民民主的建设实践呈现出全方面、全方位特点，包括价值层面、结构层面、内容层面、制度和策略层面等。

（一）价值层面

人民民主发展不断寻找平衡点，将工具性价值和目标性价值相结合，将整体性价值和个体性价值相结合。既考虑作为整体的人民利益，也越发关注作为个体的权利；兼顾民主与团结，既回应社会多元化要求，也统筹一体化需求，让民主成为人的全面发展、社会整合和国家进步等价值性力量；将民主纳入经济、政治、文化、社会、生态文明建设“五位一体”总体布局中，越来越成为中国特色社会主义发展的重要内容，成为推进国家治理现代化、建设社会主义现代化国家的内在目标规定。

（二）结构层面

人民民主发展走出了用专政巩固民主的路径，着力扩大社会主义民主，以法治建设来推进人民民主的实现，即从“民主与专政”结构转向“民主与法治”结构。随着法治被确立为党领导人民治理国家的基本方略，特别是进入新时代，随着全面依法治国、建设社会主义法治国家的深入推进，这样的结构更加稳固，并日益形成了人民民主发展的基本遵循与总体框架，即党的领导、人民当家作主与依法治国三者的有机统一。

（三）内容层面

人民民主包含人民自由、人民平等、人民参与等这些重要内容，进入新时代，人民共享成为人民民主的重要内容。以习近平同志为核心的党中央高度重视人民共享的满足和实现。“人民共享”是中国共产党全心全意为人民服务这一

① 《习近平关于社会主义政治建设论述摘编》，中央文献出版社 2017 年版，第 42 页。

根本宗旨的重要表现，同时也是新时代中国特色社会主义发展的本质要求。进入新时代，我国社会主要矛盾转化为人民日益增长的美好生活需要与不平衡不充分发展之间的矛盾。而“人民共享”这一理念的提出，主张由全体人民共同享有社会的发展成果，必然能够对当下社会主要矛盾的化解，尤其是在推动平衡发展方面起到重要促进作用。党的十八届五中全会首次提出了“创新、协调、绿色、开放、共享”的新发展理念，并强调“共享是中国特色社会主义的本质要求。必须坚持发展为了人民、发展依靠人民、发展成果由人民共享”。作为一种发展理念，“人民共享”同样适用于党在政治领域对人民民主的探索。“我们必须坚持发展为了人民、发展依靠人民、发展成果由人民共享，作出更有效的制度安排，使全体人民朝着共同富裕方向稳步前进，绝不能出现‘富者累巨万，而贫者食糟糠’的现象。”①

（四）制度和策略层面

“我们要适应扩大人民民主、促进经济社会发展的新要求，积极稳妥推进政治体制改革，发展更加广泛、更加充分、更加健全的人民民主，充分发挥我国社会主义政治制度优越性，不断推进社会主义政治制度自我完善和发展。”②我们在人民民主发展中不断拓展渠道、创新方式、健全机制，其表现为人民代表大会制度、中国共产党领导的多党合作和政治协商制度、民族区域自治制度、基层民主制度的与时俱进发展；促进选举民主与协商民主协同发展，尤其是协商民主作为我国社会主义民主政治的特有形式，不断推进广泛多层制度化发展，使人民民主越来越呈现出复合民主制度的趋势。在新时代，我们更加强调人民当家作主制度体系建设，通过改革推进民主制度更加成熟定型与可持续的民主参与实践、程序规范；强调民主选举、民主协商、民主决策、民主管理、民主监督，人民的知情权、表达权、参与权、监督权得到更多保障，参与效能进一步提升；强调民主建设与民意回应、民情沟通，与政府责任、民生保障、公共

① 《习近平谈治国理政》第2卷，外文出版社2017年版，第200页。

② 《习近平谈治国理政》第1卷，外文出版社2018年版，第139页。

服务，与司法权威、公平正义等的有效结合，让人民民主更具有广泛性与实质民主的特征。

四、协商民主的全面性建设

“协商”是指不同主体之间展开合作的一种意见沟通和决策方式，旨在群策群力，相互帮助，通过讨论和商量的方式确定并实现共同的目标。在我国协商民主语境中，尤其是在中国共产党领导的多党合作和政治协商制度的语境中，“协”和“商”的含义得到了充分体现：中国共产党与各民主党派之间相互尊重、相互帮助和相互监督，二者就重大问题的决策进行讨论和商量，以取得最大共识，实现相互合作、和睦共处。

虽然中国共产党自成立以来便不断探索有关协商民主的理论与实践，但是“协商民主”这一概念到 2007 年才首次出现在国务院发表的《中国的政党制度》之中。党的十八大以来，以习近平同志为核心的党中央站在新的历史起点上，吸收借鉴前人有关协商民主的思想理论和实践探索，从新的战略高度和战略思维系统性构建社会主义协商民主的理论体系，带领全国人民全面性推进社会主义协商民主的实践创新。

2012 年 11 月，党的十八大报告明确指出：“社会主义协商民主是我国人民民主的重要形式。”这是我们第一次以党的代表大会报告的形式完整地提出“社会主义协商民主”这一概念，是在原有“协商民主”概念基础上的进一步发展。同时强调健全社会主义协商民主制度和工作机制，推进协商民主广泛、多层、制度化发展，通过国家政权机关、政协组织、党派团体等渠道，针对经济社会发展重大问题和涉及群众切身利益的实际问题进行广泛协商，广纳群言、广集民智，增进共识、增强合力。从此，“社会主义协商民主”的内涵远远超出传统政治协商的主体、范围、形式和渠道。

2013 年 11 月，党的十八届三中全会提出：“协商民主是我国社会主义民主政治的特有形式和独特优势，是党的群众路线在政治领域的重要体现。”① 其通

---

①《习近平谈治国理政》第 1 卷，外文出版社 2018 年版，第 82 页。

过的《中共中央关于全面深化改革若干重大问题的决定》，一是要求在党的领导下，以经济社会发展重大问题和涉及群众切身利益的实际问题为内容，在全社会开展广泛协商，坚持协商于决策之前和决策实施之中。二是强调构建程序合理、环节完整的协商民主体系，拓宽国家政权机关、政协组织、党派团体、基层组织、社会组织的协商渠道，深入开展立法协商、行政协商、民主协商、参政协商、社会协商。该决定将基层组织和社会组织纳入协商民主形式之中，丰富了协商民主的渠道，扩大了协商民主的范围，进一步完善了我国的协商民主体系，这是对协商民主实践工作的创新和突破。

2014 年 9 月，习近平总书记在庆祝中国人民政治协商会议成立 65 周年大会上，对社会主义协商民主作出了一系列重要论断和战略部署，为新时代协商民主建设奠定了理论基础，规划了发展方向。一是全面认识社会主义协商民主是中国社会主义民主政治的特有形式和独特优势这一重大判断。协商民主"源自中华民族长期形成的天下为公、兼容并蓄、求同存异等优秀政治文化，源自近代以后中国政治发展的现实进程，源自中国共产党领导人民进行革命、建设、改革的长期实践，源自新中国成立后各党派、各团体、各民族、各阶层、各界人士在政治制度上共同实现的伟大创造，源自改革开放以来中国在政治体制上的不断创新，具有深厚的文化基础、理论基础、实践基础、制度基础"①。其丰富了民主的形式，拓展了民主的渠道，加深了民主的内涵，深深嵌入了中国社会主义民主政治全过程。二是深刻把握社会主义协商民主是中国共产党的群众路线在政治领域的重要体现这一基本定性。三是切实落实推进协商民主广泛多层制度化发展这一战略任务。协商民主应该是实实在在的、全方位的、全国上上下下都要做的，因此必须构建程序合理、环节完整的社会主义协商民主体系，确保协商民主有制可依、有规可守、有章可循、有序可遵。"协商就要真协商，真协商就要协商于决策之前和决策之中，根据各方面的意见和建议来决定

① 习近平：《在庆祝中国人民政治协商会议成立 65 周年大会上的讲话》，《人民日报》2014 年 9 月 22 日，第 1 版。

和调整我们的决策和工作，从制度上保障协商成果落地，使我们的决策和工作更好顺乎民意、合乎实际。要通过各种途径、各种渠道、各种方式就改革发展稳定重大问题特别是事关人民群众切身利益的问题进行广泛协商，既尊重多数人的意愿，又照顾少数人的合理要求，广纳群言、广集民智，增进共识、增强合力。”①

2014 年 12 月 29 日中共中央政治局会议通过、2015 年 1 月 5 日中共中央印发《关于加强社会主义协商民主建设的意见》。该《意见》首次明确阐释了协商民主的内涵，科学回答了“协商民主是什么”的问题。“协商民主是在中国共产党领导下，人民内部各方面围绕改革发展稳定重大问题和涉及群众切身利益的实际问题，在决策之前和决策实施之中开展广泛协商，努力形成共识的重要民主形式。”② 协商前提是中国共产党的领导，协商主体是人民内部各方面，协商内容是改革发展稳定重大问题和涉及群众切身利益的实际问题，协商过程是在决策之前和决策实施之中开展广泛协商，协商目的是达成共识。中国特色协商民主的概念十分宽泛，从主体而言，除了政党之外，不仅包括“人民”中的一切个体，而且涵盖“人民范围”内的一切阶层和集团，还表现为我国各个民族、国家机关以及各种社会团体和组织。概而言之，中国特色协商民主是中国人民内部各个主体通过讨论和商量，针对重大问题取得最大共识的合作式集体决策模式。其在实质和定位上将社会主义协商民主提高到一个新的境界，成为人民内部各方尽力达成共识的一种有效民主形式。更为重要的是，该《意见》深刻阐述了加强协商民主建设的重要意义、指导思想、基本原则和渠道程序，对新形势下开展政党协商、人大协商、政府协商、政协协商、人民团体协商、基层协商、社会组织协商等作出全面部署和详细规划，是指导社会主义协商民主建设的纲领性文件，使得协商民主在理论和实践上都有所突破和创新。之后，为

---

① 习近平：《在庆祝中国人民政治协商会议成立 65 周年大会上的讲话》，《人民日报》2014 年 9 月 22 日，第 1 版。

② 中共中央文献研究室：《十八大以来重要文献选编》（中），中央文献出版社 2016 年版，第 291 页。

了快步稳健地推进协商民主广泛多层制度化发展，中共中央办公厅相继于2015年6月印发《关于加强人民政协协商民主建设的实施意见》、7月印发《关于加强城乡社区协商的意见》、12月印发《关于加强政党协商的实施意见》等一系列制度文件，要求各地区各部门结合实际认真贯彻执行。

习近平总书记在2017年10月党的十九大上指出，党的十八大以来社会主义协商民主全面展开，必须充分发挥社会主义协商民主的重要作用，继续推动协商民主广泛、多层、制度化发展，统筹推进政党协商、人大协商、政府协商、政协协商、人民团体协商、基层协商以及社会组织协商；加强协商民主制度建设，形成完整的制度程序和参与实践，保证人民在日常政治生活中有广泛持续深入参与的权利。2019年10月党的十九届四中全会再次强调，坚持发挥好社会主义协商民主的独特优势，把七种不同类型的协商民主形式统筹起来，构建程序合理、环节完整的协商民主体系，完善协商于决策之前和决策实施之中的落实机制，丰富有事好商量、众人的事情由众人商量的制度化实践。这对于保证人民群众充分发挥协商权利、妥善解决广大群众的现实问题具有重大的实践价值。

综上可知，党的十八大以来，以习近平同志为核心的党中央准确把握了社会主义协商民主建设的客观规律，带领全党和全国人民，在不断创新的丰富实践中总结协商民主理论，在不断完善的理论体系的指导下开展协商实践活动，全面统筹推进政党协商、人大协商、政府协商、政协协商、人民团体协商、基层协商以及社会组织协商的实践创新。

（一）继续加强政党协商

第一，不断完善多党合作制度。

多党合作制度的规范主要体现在合作方式的规范化、制度化、系统化。现代民主政治是程序政治，制度的规范化即是建设社会主义协商民主政治的程序。这种民主协商的程序性体现在协商民主的价值理念之中，通过程序建设推动多党合作制度效能的提升。自党的十八大以来，以习近平同志为核心的党中央不断加强制度建设，强调中国特色社会主义制度的先进性，以完善多党合作制度推动国家治理体系和治理能力的现代化，先后出台了《中共中央关于加强社会主义协商民主建设的意见》《中国共产党统一战线工作条例（试行）》《关于加强政党协商的实施意见》等重要法规、文件，使多党合作制度建设迈上新台阶，多党合作制度框架更加完善。中共中央同民主党派中央基于共同的政治目标，在决策之前和决策实施中，针对党和国家重大方针政策和关系国家经济社会发展的重大问题开展协商，已形成制度化规定。

多党合作理论体系包括多党合作的领导力量、民主党派的属性定位、合作方针和方式的确定等内容，成为中国特色社会主义理论体系的重要组成部分。多党合作理论体系的不断完善，表明中国共产党对多党合作的认识更加科学。中国共产党对多党合作的认识经历了从自觉到自信的过程。多党合作的制度自觉即是对多党合作的思索考量、理性判断，多党合作的制度自信即是对多党合作的价值追求。由自觉到自信，体现了中国共产党对多党合作的认识更加理性科学。

第二，创新提出新型政党制度。

政党制度是一个国家关于政党地位、政党结构及政党活动规范的总称，反映的是政党政治模式及运行机制。2018 年 3 月，习近平总书记提出“新型政党制度”的新概念。“中国共产党领导的多党合作和政治协商制度是我国的一项基本政治制度，是从中国土壤中生长出来的新型政党制度，人民政协要为民主党派和无党派人士在政协更好发挥作用创造条件。”① 社会是政党制度产生的根源，中国新型政党制度是运用马克思主义政党理论解决中国革命、建设与改革实际问题而产生并不断完善发展的，是来源于中国社会的需要，中国新民主主义革命和社会主义革命与建设为中国新型政党制度奠定了政治基础和制度基础。任何国家的成功的政党制度都必然符合本国的历史文化，符合本国的实际情形。中国新型政党制度是对中国传统文化的创新性发展和创造性转化。中国新型政党制度是与新中国成立后中国社会发展相伴而生的，是与中国民主进步

① 《习近平谈治国理政》第 3 卷，外文出版社 2020 年版，第 293 页。

相互促进的，在推动经济社会发展的过程中，中国新型政党制度的优势愈加明显。正是在历史的演进中，中国新型政党制度形成了开放性、包容性的特点，能顺应经济社会的发展变化而更好地容纳利益表达与整合，推动经济社会更好发展。所以，“要发挥人民政协作为实行新型政党制度重要政治形式和组织形式的作用，对各民主党派以本党派名义在政协发表意见、提出建议作出机制性安排”①。

中国共产党的领导是中国特色社会主义最本质的特征，中国共产党在多党合作中的领导地位，是中国新型政党制度的本质特征，是区别于西方政党制度的显著特征，决定着多党合作的制度效能、发展方向，是多党合作健康发展的根本保障。党的十八大以来，中国共产党不断创新协商形式，为民主党派履职尽责提供支持。多党合作事业蓬勃发展，体现了中国共产党对中国政治制度的深刻考量，对多党合作制度的战略思考和深刻谋划，对中国特色社会主义事业发展的宏观掌控。

中国新型政党制度概念的提出，是对新中国成立以来多党合作理论与实践的总结，是对现代政党政治的独创性贡献，体现了中国共产党的制度自觉和制度自信，这种高度的制度自觉和制度自信是以中国政党制度的价值导向和制度效能为旨归。作为制度自信的重要组成部分，中国新型政党制度以马克思主义政治哲学作为哲学基础，以社会主义国家政党政治作为价值依归，以马克思主义政党理论、社会主义协商民主理论为理论依据，以中国共产党领导的多党合作实践为实践基础，体现了中国特色社会主义政党政治的实现方式、运作机制等。从而丰富了我国多党合作的理论，表明了中国共产党由多党合作的制度自觉发展到多党合作的制度自信。

第三，明确规范政党协商渠道。

政党协商是社会主义民主政治的重要内容，是政治协商的首要形式，属于多党合作的方式，多党合作的方式是关系到多党合作制度效能发挥的重要因素。

---

①《习近平谈治国理政》第3卷，外文出版社2020年版，第297页。

“政党协商是中国共产党同民主党派基于共同的政治目标，就党和国家重大方针政策和重要事务，在决策之前和决策实施之中，直接进行政治协商的重要民主形式。”①党的十八大以来，以习近平同志为核心的党中央高度重视多党合作，从巩固党的领导和执政地位、推进国家治理体系和治理能力现代化的高度认识政党协商的意义，并作出了制度性安排，形成了基于共同政治原则的合作机制。在2015年中共中央印发的《关于加强社会主义协商民主建设的意见》中，政党协商作为社会主义协商民主的协商渠道首次被明确提出。同年发布的《关于加强政党协商的实施意见》，从内容、形式、程序、保障机制、领导力量等方面对如何开展政党协商进行了规范，又强调了无党派人士、工商联参加政党协商，以及各省、市党委要结合实际，参照规定对开展政党协商作出具体安排。政党协商具有政党性、组织性、直接性、多层性的特点，这与依托于人民政协这一专门协商机构而进行的政协协商有很大不同。

第四，全面强化民主党派建设。

一是准确界定民主党派的性质。对民主党派的性质判断，是关系到多党合作健康发展的重大理论和实践问题，是多党合作制度效能充分发挥的关键。在民主革命时期，民主党派是代表资产阶级利益的政党，主张走资产阶级共和国的道路。而随着解放战争的胜利，民主党派放弃了中间道路，接受了新民主主义和中国共产党的领导，“拥护新民主主义和人民民主专政，拥护以中共为首的人民民主统一战线”②。在社会主义改造完成后，资产阶级成为自食其力的劳动者，作为其政治代表，民主党派的性质也发生了变化，成为“劳动者的政党”。这是多党合作制度确立后对民主党派性质的首次判断，符合历史发展的实际情况。由于反右派斗争扩大化和极左思想的影响，民主党派被认为是资产阶级性质的政党，在“文化大革命”中又被判断为资产阶级政党。这样的判断不仅不利于多党合作事业的发展，也对国家经济建设和社会管理造成了很大影

① 《关于加强政党协商的实施意见》，《人民日报》2015年12月11日，第1版。

② 《李维汉选集》，人民出版社1987年版，第213页。

响。改革开放后，中国共产党及时调整对民主党派性质的判断，民主党派成为“各自所联系的一部分社会主义劳动者和一部分拥护社会主义的爱国者的政治联盟”。1989 年，中共中央颁布的《关于坚持和完善中国共产党领导的多党合作和政治协商制度的意见》，首次确定了民主党派是“致力于社会主义事业的亲密友党，是参政党”的地位。2013 年 2 月，习近平总书记在党外人士迎春座谈会上，明确提出各民主党派是“同中国共产党通力合作的中国特色社会主义参政党”。

二是扩展民主党派的基本职能。2000 年中共中央颁布的《中共中央关于加强统一战线工作的决定》，强调了“民主党派履行参政议政、民主监督的职能”。长时间以来，民主党派的基本职能被明确为参政议政、民主监督。自党的十八大以来，随着社会主义协商民主的发展，中国共产党与民主党派的政治协商不断推进，拓展民主党派的基本职能很有必要。2015 年颁布的《中国共产党统一战线工作条例（试行）》，明确民主党派的基本职能是“参政议政、民主监督，参加中国共产党领导的政治协商”，将民主党派的基本职能由两项拓展为三项，这有助于民主党派履行好参政党职责，推进多党合作制度的完善以及合作效能的提高。

在参与政治协商方面，政党协商是指执政党与参政党基于共同的政治目标，针对党和国家重大方针政策和重要事务，在决策之前和决策实施中，直接进行的政治协商。在长期实践中，民主党派认真履行政治协商的职责，推动重大决策科学化。党的十八大以来，中共中央召开或委托有关部门召开协商会、座谈会、情况通报会共一百余次，其中习近平总书记主持召开 27 次。2012—2017 年，各民主党派中央向中共中央、国务院报送书面意见建议共 496 件，其中 410 件得到中央领导同志重要批示，许多建议得到采纳，上升为国家发展战略和重大政策。① 从 1993 年开始的民主党派大调研已形成机制，被写入 2015 年

① 王恺强：《履职尽责新作为——综述中共十八大以来多党合作事业的发展（三）》，《团结报》2017 年 10 月 10 日，第 2 版。

中共中央颁布的《关于加强政党协商的实施意见》。民主党派中央围绕党和国家经济社会发展的重大问题，如供给侧结构性改革、新型城镇化、“一带一路”建设、发展实体经济等开展考察调研，通过专题协商座谈会、书面建议直通车等形式，积极建言献策，提出了大量有价值的意见建议，提升了执政党的决策科学化水平。

在参政议政方面，党的十八大以来，民主党派参政议政的程序更加规范，保障更为有力。各地积极贯彻落实习近平总书记有关多党合作制度的重要论述，落实中共中央关于多党合作的法规制度，积极支持民主党派履职尽责，定期通报情况、回应问题，建立沟通交流渠道。《中国共产党统一战线工作条例（试行）》对民主党派参加政权进行了规定，如党外代表人士在各级人大代表、人大常委会委员和人大专门委员会主任委员、副主任委员及委员中应当占有适当比例；省市县地方政府领导班子应当配备党外干部；各级人民法院、人民检察院领导班子应当配备党外干部。民主党派参政议政的强化，有利于整合民众利益，完善政治运作，提高社会治理现代化水平。中国共产党“积极支持包括中国民主建国会在内的各民主党派加强思想、组织、制度特别是领导班子建设，提高政治把握能力、参政议政能力、组织领导能力、合作共事能力、解决自身问题能力”①。

在民主监督方面，民主监督是中国共产党领导的多党合作和政治协商制度建立的初心，是基于共同政治愿景基础上的以人民政协为平台，针对党和国家重大方针政策和重要决策部署的贯彻落实情况进行的协商式监督。2017 年《关于加强和改进人民政协民主监督工作的实施意见》明确了人民政协民主监督的主要内容、监督形式、工作程序和工作机制，在监督形式中列出了“专项监督”这一新的监督形式，这是实践创新基础上的制度总结。受中共中央委托，各民主党派中央向对口省区开展脱贫攻坚民主监督工作，并向地方党委、政府提出各类意见建议。对调研中发现的共性问题，民主党派以直通车的形式直接上报

① 《习近平谈治国理政》第 2 卷，外文出版社 2017 年版，第 266 页。

中共中央、国务院。

三是民主党派不断加强自身建设。民主党派作为中国新型政党制度框架内的重要结构主体，其自身建设关系到民主党派基本职能的体现和政党制度效能的发挥。随着执政党建设的加强，作为参政党的民主党派自身建设的重要性日益凸显。自党的十八大以来，随着社会主义协商民主的不断推进，民主党派按照中国特色社会主义参政党的要求，在领导班子建设、思想建设、组织建设等方面，不断加强自身建设，提高政治把握能力、参政议政能力、组织领导能力、合作共事能力、解决自身问题能力；注重领导班子建设，建立健全集体领导和分工负责制，提高履职水平；注重思想建设，为多党合作和政治协商凝聚政治共识，认真学习中国特色社会主义理论，不断增强道路自信、理论自信、制度自信和文化自信。注重组织建设，为履职尽责提供人才支撑和组织保证。

（二）积极开展人大协商

人民代表大会制度是保证人民当家作主的根本政治制度，人大协商是整体协商民主实践中级别最高、效果最强的协商渠道。各级人大在重大决策之前根据需要进行协商，尤其在立法过程、人事任免过程以及重大事项表决前会进行充分协商，汇聚民智、听取民意。

一是深入开展立法工作中的协商。跨入新时代，人大协商实践活动取得实质性进展，尤其立法协商方面的进步最为显著。各级人大制定立法规划、立法工作计划时，广泛听取各方面的意见和建议；健全法律法规起草协调机制，加强人大专门委员会、工作委员会与相关方面的沟通协商；健全立法论证、听证、评估机制，探索建立有关国家机关、社会团体、专家学者等对立法中涉及的重大利益调整论证咨询机制；拓宽公民有序参与立法途径，健全法律法规草案公开征求意见和公众意见采纳情况反馈机制；对于法律关系复杂、意见分歧较大的法律法规草案，进行广泛深入的调研、论证、协商，在各方面基本取得共识基础上再依法提请表决。可见，民主协商贯穿于人大立法的全过程，融合国家意志和广大人民群众的意识，推进科学立法和民主立法。各地都在探索符合地方实际情况的立法协商形式和机制，如2014年杭州市围绕《杭州市院前急救管理条例》的立法工作首次开展了立法协商，市人大与市政协的相关领导、委员集聚政协机关，就条例草案的起草和有关条款的修改完善等问题，提出建设性的意见建议；2017年苏州市人大常委会尝试开展立法协商活动，而后为了确保立法协商走向机制化，制定了《苏州市人民代表大会常务委员会立法协商工作办法》。

二是发挥人大代表在协商民主中的作用。健全法律法规规章起草征求人大代表意见制度，完善人大代表的常委会会议列席制度，增加人大代表列席人大常委会会议人数，进一步加强人大代表和人大常委会成员在重大事项决策、立法、人事任免以及监督过程中的沟通协商；提高代表议案建议质量，有关方面加强与代表的沟通协商，增强议案建议办理实效；不断完善人大代表与人民群众的联络制度，建立健全代表联络机构、网络平台等形式，拓宽协商渠道，密切代表同群众之间的联系，探索建立人大代表知民情、汇民智、传民意的有效机制。

三是积极探索人大协商的方式。其目前主要有三种类型。第一类是会议协商，这是基层人大最常见、最基本、最直接、最实用的协商方式，包括民主恳谈会、专家论证会、听证会等。浙江温岭探索的民主恳谈会，采用恳谈的方式进行协商以达成共识，经过十多年的不断摸索、总结和完善，已经成为协商民主的典型模式，目前被许多基层人大学习、引入和仿效。对于人大工作中专业性和技术性较强的重大事项，专家论证会是必不可少的。2000年3月我国颁布的《中华人民共和国立法法》，对听证会进行了明确规定，广东、上海、南京、北京、兰州、青海等地纷纷开展立法听证，在新时代的地方立法协商实践中全面展开。第二类是调查协商，通过走访、调查、问卷等形式，搜集利益相关者的利益诉求和意见建议，包括对协商议题内容的看法、希望解决的问题、协商结果落实的满意度等等。第三类是网络协商，利用互联网络、移动新媒体等技术平台，通过网络互动、网络议事、视频会议、代表论坛等形式，与民众进行平等的沟通交流，倾听民众对人大立法工作的意见和建议，让广大民众能够通过便捷性的网络途径发挥建言献策、监督立法的良好作用。

（三）扎实推进政府协商

政府协商既是协商民主体系中一种重要实践渠道，也是我国治理体系中一种重要治理形式，是社会主义协商民主和治理体系与治理能力现代化的有效结合。政府协商主要为了解决好人民最关心最直接最现实的利益问题，围绕有效推进科学民主依法决策，增强决策透明度和公众参与度，推进政府职能转变，提高政府治理能力和水平。从根本上而言，加强政府协商意味着推进政府角色和职能的转变，党的十八届三中全会提出“行政协商”的概念之后，各级政府坚决落实中央指示精神，不断转变、下放政府职能，加强与社会各方的沟通商讨。2015 年中共中央印发《关于加强社会主义协商民主建设的意见》，将“行政协商”演变为“政府协商”，并在全国扎实推进。

其一，探索制定并公布协商事项目录。政府协商包括政府与外部的协商和政府内部的协商，政府根据法律法规规定和具体工作实际，制定并公布协商事项目录。对于列入目录的事项，政府必须进行沟通协商；对于未列入目录的事项，政府根据实际需要进行沟通协商。

其二，增强协商的广泛性和针对性。坚持社会公众广泛参与，加强与人大代表、政协委员以及民主党派、无党派人士、工商联等的沟通协商。各级政府根据立法协商、决策协商、事务协商等不同协商内容的特点，有针对性地制定协商程序以及细则，确定各类协商形式的主体、范围、流程等，保证政府协商常态高效、有序规范。针对政府专业事项，坚持专家咨询论证；针对涉及经济社会发展重大问题、重大公共利益或重大民生的，重视听取社会各方面的意见和建议，吸纳社会公众特别是利益相关方参与协商；针对涉及特定群体利益的，加强与相关人民团体、社会组织以及群众代表的沟通协商。

其三，完善创新政府协商机制。目前我国政府协商在实践过程中创造出许多具体形式以及相关机制，涵盖了立法协商、听证协商、决策咨询协商、建议及提案协商、公开协商等。完善政府信息公开机制，做好政府信息公开工作，确保将信息公开贯穿于协商议事的全过程，让协商主体能够及时了解协商信息，为各方面参与政府协商创造条件。健全意见征集与反馈机制，在立法、设定决策议题、进行决策时广泛听取意见，及时反馈意见采纳情况。如2019年3月国务院办公厅印发《关于在制定行政法规规章行政规范性文件过程中充分听取企业和行业协会商会意见的通知》，对于选择听取意见对象、运用多种方式、完善意见研究采纳反馈机制、加强制度出台前后的联动协调、注重收集企业对制度建设的诉求信息等作出了明确规定。① 规范听证机制，听证会依法公开举行，规范信息公开、代表遴选、听证会、笔录处理和结果公开等环节。如2013年7月湖北省首次进行政府立法听证会——“医疗纠纷预防与处置办法立法听证会”，咨询人数近1 000人次，报名参加人数近200人次，最后听证陈述人是16名来自不同阶层的群众代表，听证陈述人可发表意见、查阅并修改自己发言的听证笔录，政府汇总有关听证意见后，法制办及时修改完善立法草案，并提请省政府常务会议审议。② 创新决策咨询机制，完善咨询程序，提高咨询质量和公信力。完善人大代表议案建议和政协提案办理联系机制，建立和完善台账制度，将建议和提案办理纳入政府年度督查工作计划，办理结果逐步向社会公开。

（四）进一步完善政协协商

2019年9月习近平同志在中央政协工作会议暨庆祝中国人民政治协商会议成立70周年大会上的讲话中，进一步明确人民政协的性质定位——人民政协作为统一战线的组织、多党合作和政治协商的机构、人民民主的重要实现形式，是社会主义协商民主的重要渠道和专门协商机构，是国家治理体系的重要组成部分，是具有中国特色的制度安排。“人民政协协商民主是在中国共产党领导下，参加人民政协的各党派团体、各族各界人士履行政治协商、民主监督、参政议政职能，围绕改革发展稳定重大问题和涉及群众切身利益的实际问题，在决策

---

① 《国务院办公厅关于在制定行政法规规章行政规范性文件过程中充分听取企业和行业协会商会意见的通知》，中央人民政府网，http://www.gov.cn/zhengce/content/2019-03/13/content_5373423.htm。

② 《湖北首次举行政府立法听证会聚焦医疗纠纷预防》，中央人民政府网，http://www.gov.cn/gzdt/2013-07/24/content_2454243.htm。

之前和决策实施之中广泛协商、凝聚共识的重要民主形式。”[①]政协协商在整个协商民主体系中处于极为重要的地位，要充分发挥人民政协作为协商民主重要渠道和专门协商机构的作用，把协商民主贯穿履行职能全过程，坚持发扬民主和增进团结相互贯通、建言资政和凝聚共识双向发力，推进政治协商、民主监督、参政议政制度建设，不断提高人民政协协商民主制度化、规范化、程序化水平。

第一，遵循政协协商的指导原则。2015 年 6 月中共中央印发的《关于加强人民政协协商民主建设的实施意见》，作为中央第一份专门指导政协协商民主建设的文件，明确了加强政协协商民主建设的重要原则：必须坚持党的领导，坚定不移走中国特色社会主义政治发展道路；坚持宪法和政协章程确定的人民政协性质定位，始终围绕中心、服务大局；坚持协商于决策之前和决策实施之中，切实提高协商实效；坚持民主协商、平等议事、求同存异、体谅包容，努力营造良好协商氛围。

第二，明确政协协商的主要内容。主要包括国家大政方针和地方的重要举措以及政治、经济、文化和社会生活中的重要问题，各党派参加人民政协工作的共同性事务，政协内部的重要事务，以及有关爱国统一战线的其他重要问题等。人民政协每年都围绕全国经济社会发展大局选择协商议题，基本覆盖了政治、经济、文化、社会和生态文明建设等多个方面。各地政协列出了详细的民生任务清单，力求在改善和保障民生方面有所突破。

第三，规范政协协商的多种形式。不断完善政协全体会议协商制度、专题议政性常务委员会会议制度、专题协商会制度、双周协商座谈会制度等。健全协商的议题提出、活动组织、成果采纳和落实反馈等机制。更加灵活、更为经常地开展专题协商、对口协商、界别协商和提案办理协商。整合现有网络资源，积极探索网络议政、远程协商等新形式。通过视察报告、调研报告、提案、建议案等形式，在视察、考察、专题调研等活动中开展协商。2020 年全国政协召开协商会议 71 次，开展视察、考察调研 97 项。[②]

---

① 《中共中央办公厅印发〈关于加强人民政协协商民主建设的实施意见〉》，中央人民政府网，http://www.gov.cn/zhengce/2015-06/25/content_2884439.htm。

② 汪洋：《政协第十三届全国委员会常务委员会工作报告》，《人民日报》2020 年 5 月 22 日。

第四，加强人民政协制度建设。政协全国委员会研究制定规范政治协商、民主监督、参政议政的具体意见，加强政治协商的制度建设，把政治协商作为重要环节纳入决策程序。建立健全参政议政的各项工作制度，加强和改进经常性工作。研究制定规范委员履职工作的指导性意见，建立委员履职档案，严格会议请假制度，探索建立委员每届任期内就履职情况向本级政协报告的制度，逐步建立委员履职的利益冲突回避机制，制定完善委员违反政协章程的处理办法。在政协建立健全委员联络机构，完善委员联络制度，建立覆盖全体委员的联系网络，充分发挥政协参加单位、专门委员会、界别、机关、所在地全国政协委员活动召集人等联络服务委员的作用。

第五，加强政协协商与党委和政府工作的有效衔接。规范协商议题提出机制，建立党委同政府、政协重点协商议题会商机制和政协内部选题机制，探索由界别和委员联名提出议题的机制，认真落实由党委、人大、政府、民主党派、人民团体等提出议题的规定。建立健全制定年度协商计划的工作机制，党委会同政府、政协制定年度协商计划，对明确规定需要协商的事项必须经协商后提交决策实施。将政协专题议政性常务委员会会议议题、专题协商会议题及其他协商形式的重要议题，列入年度协商计划，做到协商议题和协商形式相匹配。健全知情明政制度，建立相关部门定期通报情况制度，完善协商成果采纳、落实和反馈机制。

第六，提高政协协商能力。完善政协常务委员会会议和主席会议学习制度，提高政治把握能力。坚持问题导向，制定加强和改进调研工作实施办法，提高调查研究能力。建立健全社情民意表达和汇集分析机制，畅通和拓宽各界群众的利益诉求表达渠道，提高联系群众能力。完善工作机制，搭建更多平台，提高合作共事能力。

（五）认真做好人民团体协商

在新中国成立之前，人民团体协商的实践就已经产生。1947 年，毛泽东同志号召“联合工农兵学商各被压迫阶级、各人民团体、各民主党派、各少数民族、各地华侨和其他爱国分子，组成民族统一战线，打倒蒋介石独裁政府，成立民主联合政府”[①]。但是，2015 年 1 月中共中央印发的《关于加强社会主义协商民主建设的意见》才正式提出“人民团体协商”的概念。人民团体是我国特定时期产生，接受中国共产党领导，代表不同社会群体利益，按照自身特点从事特定社会活动的群众组织，主要包括参加人民政协的 8 个团体和国务院准予免于登记并实行全额财政拨款的 14 个社会团体，它们是党和政府密切联系人民群众的桥梁和纽带。因此，人民团体协商作为我国协商民主的重要渠道，能够发挥特殊作用。人民团体在实践中围绕做好新形势下党的群众工作开展协商，组织和代表所联系群众参与公共事务，有效反映群众意愿和利益诉求。

一方面，建立完善人民团体参与各渠道协商的工作机制。人民团体协商具有不同于其他协商渠道的独特性，它可以有机地嵌入其他协商渠道之中，必须建立健全人民团体参与政协协商、人大协商、政府协商、基层协商的机制。政协充分发挥人民团体及其界别委员的作用，积极组织人民团体参与协商、视察、调研等活动，密切各专门委员会和人民团体的联系。对于涉及群众切身利益的实际问题，特别是事关特定群体权益保障的，有关部门会加强与相关人民团体协商。

另一方面，积极组织引导群众开展协商。人民团体建立上传下达机制，将党和政府的政策信息传递给人民群众，同时收集人民群众的利益诉求反映给党和政府；健全直接联系群众工作机制，及时围绕涉及所联系群众切身利益的问题开展协商；拓展联系渠道和工作领域，把联系服务新兴社会群体纳入工作范围，增强协商的广泛性和代表性；完善组织参与机制，组织群众参与协商，采取讨论、对话、劝说等方式协调解决群众之间的矛盾纠纷。党的十八大以来，人民团体充分发挥了组织群众、引导群众的独特优势，切实激发了人民群众参与协商的主动性和积极性。

（六）稳步推进基层协商

“人民群众是社会主义协商民主的重点。涉及人民群众利益的大量决策和工作，主要发生在基层。要按照协商于民、协商为民的要求，大力发展基层协商

① 《毛泽东选集》第 4 卷，人民出版社 1991 年版，第 1237 页。

民主，重点在基层群众中开展协商。”[①] 进入新时代，各地不断建立健全基层协商民主建设协调联动机制，凡是涉及群众切身利益的决策都会充分听取群众意见，通过各种方式，在各个层级、各个方面同群众进行协商。

一则推进乡镇、街道的协商。围绕当地城乡规划、工程项目、征地拆迁以及群众反映强烈的民生问题等，组织有关方面开展协商。跨行政村或跨社区的重要决策事项，根据需要由乡镇、街道乃至县（市、区、旗）组织开展协商。加强乡镇、街道对行政村、社区协商活动的指导。

二则推进行政村、社区的协商。坚持村（居）民会议、村（居）民代表会议制度，规范议事规程，明晰协商程序。结合参与主体情况和具体协商事项，采取村（居）民议事会、村（居）民理事会、小区协商、业主协商、村（居）民决策听证、民主评议等形式，以民情恳谈日、社区（驻村）警务室开放日、村（居）民论坛、妇女之家等为平台，开展灵活多样的协商活动。发挥村（社区）党组织在基层协商中的领导核心作用，重视吸纳利益相关方、社会组织、外来务工人员、驻村（社区）单位参加协商。推进城乡社区信息化建设，开辟社情民意网络征集渠道，为城乡居民搭建网络协商平台。坚持因地制宜，尊重群众首创精神，鼓励探索创新。所以党的十八大以来，中国基层协商民主实践蓬勃发展，涌现推广许多的协商典范，如诸暨“枫桥经验”、温岭“民主恳谈会”、西湖“一体化协商”、厦门“微治理”等，同时还探索创新一大批独具特色的协商模式，如南阳市宛城区推进的社区协商民主模式、遵义市凤冈县创建的“四直为民”模式、合肥市肥西县打造的“村事民定”模式、沈阳市探索的“五里河模式”、昆明市嵩明县建立的“村民说事”和“村务会商”模式等。许多地区稳步推进基层协商模式的制度化和规范化，如徐州市制定修订《基层协商议事指导意见》《基层协商民主议事工作规则（试行）》《基层协商议事简易工作办法（试行）》等制度文件，积极举办观摩会向外推介，已经打造形成了以党委领导、政协搭台、百姓参与为协商内核的“徐州经验”。

① 习近平：《在庆祝中国人民政治协商会议成立65周年大会上的讲话》，《人民日报》2014年9月22日，第1版。

三则推进企事业单位的协商。畅通职工表达合理诉求的渠道，健全各层级职工沟通协商机制。积极推动由工会代表职工与企业就调整和规范劳动关系等重要决策事项进行集体协商，实践创新出工资集体协商模式。坚持依法协商，逐步完善以劳动行政部门、工会组织、企业组织为代表的劳动关系三方协商机制，保证协商活动有序进行，协商结果合法有效。

（七）探索开展社会组织协商

2013 年 11 月党的十八届三中全会强调构建程序合理、环节完整的协商民主体系，将社会组织纳入协商民主渠道范畴之内，意味着党开始着手加强社会组织协商民主建设。2015 年 1 月中共中央印发《关于加强社会主义协商民主建设的意见》，正式提出“社会组织协商”的概念，并要求探索开展社会组织协商。自此之后，中央和地方开始在各个领域推进社会组织协商民主实践。

从中央维度上看，党政机关在开展涉及国计民生的协商过程中，会邀请社会组织代表参与，如进行政党协商时邀请社会组织例会旁听。

从地方维度上看，各省市坚持党的领导和政府依法管理，健全与相关社会组织联系的工作机制和沟通渠道，引导社会组织有序开展协商，更好为社会服务。如 2015 年 9 月“激发社会组织活力，创新社会治理方式”协商会议在湖南省湘潭市政协举行。2016 年 5 月浙江省湖州市举行社会组织协商民主试点工作启动会，对全市开展社会组织协商民主试点工作进行全面部署。

五、全过程人民民主的系统性建设

“没有民主，就不可能有社会主义。”① 民主是社会主义的生命，是社会主义的本质特征和根本要求。作为政治现代化的基本价值取向，民主在当今世界上有着不同的实现方式。习近平总书记指出，“实现民主的形式是丰富多样的，不能拘泥于刻板的模式”②，“实践充分证明，中国式民主在中国行得通、很管

① 《列宁选集》第 2 卷，人民出版社 2012 年版，第 782 页。

② 习近平：《在庆祝中国人民政治协商会议成立 65 周年大会上的讲话》，人民出版社 2014 年版，第 12 页。

用”①。“我国社会主义民主是维护人民利益最广泛、最真实、最管用的民主。我们要坚持人民民主，更好把人民的智慧和力量凝聚到党和人民事业中来。”②“中国式民主”即人民民主，它的重要特点在于“是一种全过程的民主”，把民主的要求贯穿于国家治理的不同方面与全部环节。

坚持党的领导、人民当家作主、依法治国有机统一，最根本的是坚持党的领导。坚持党的领导，就是要支持人民当家作主，实施好依法治国这个党领导人民治理国家的基本方略。要实现“党的领导、人民当家作主和依法治国”三者的统一，必须建立一整套制度体系以实现“用制度体系保证人民当家作主”——这正是“全过程人民民主”。习近平总书记指出：“我们走的是一条中国特色社会主义政治发展道路，人民民主是一种全过程的民主，所有的重大立法决策都是依照程序、经过民主酝酿，通过科学决策、民主决策产生的。”③“全过程人民民主”突破了“选举民主”的神话，使“中国的民主不仅仅表现在政治选举上，还体现在经济、文化、社会方方面面”④，开拓了人类制度的新境界，创造了人类民主制度新形态。马克思指出：“在民主制中，任何一个环节都不具有与它本身的意义不同的意义。每一个环节实际上都只是整体人民的环节。”⑤坚持党的领导、人民当家作主、依法治国有机统一的人民民主制度必须通过一系列环节来实现，由此构成“全过程人民民主”制度体系。

人民民主是社会主义的生命，没有人民民主就没有社会主义。长期以来，我们坚持中国特色社会主义政治发展道路，坚持党的领导、人民当家作主、依法治国有机统一，不断扩大人民民主，保证人民当家作主，使中国特色社会主

---

① 习近平：《在中央政协工作会议暨庆祝中国人民政治协商会议成立70周年大会上的讲话》，人民出版社2019年版，第6页。

② 《坚持人民至上 不断造福人民 把以人民为中心的发展思想落实到各项决策部署和实际工作之中》，《人民日报》2020年5月23日。

③ 习近平：《中国的民主是一种全过程的民主》，新华网，http://www.xinhuanet.com/2019-11/03/c_1125186412.htm。

④ 韩震：《全过程民主制度保证了中国道路的成功》，《社会主义论坛》2019年第12期。

⑤ 《马克思恩格斯全集》第3卷，人民出版社2002年版，第39页。

义民主展现出旺盛的生命力。中国特色社会主义“全过程人民民主”包括三大过程：一是通过民主协商形成人民的集体意志，并且将人民的意志确定为法律和政策的过程；二是在人民的民主参与下，政府部门执行、实施和改进这些法律和政策的过程；三是对上述民主决策和政策执行进行民主监督的过程。这三大过程通过一系列环节来实现，其中主要环节及其破解的难题可大致概括如下。第一环节，通过党的基层组织制度，建立党和人民的血肉联系。第二环节，通过党领导下的基层民主和群众路线来发挥基层自治功能，克服代表人民利益的政府权力与“乡土势力”之间矛盾的治理难题。第三环节，通过民主集中制形成党的统一意志，破解如何将个人意志统一为集体意志的治理难题。第四环节，共产党领导下的多党合作制度与政治协商制度，破解社会各界意见冲突的难题，形成代表全体人民总体利益的共同意志。第五环节，通过“顶层设计”和“问计于民”的统一，作出充分集中体现民意与民智的科学决策。第六环节，通过人民代表大会的根本政治制度将党的意志转化为国家法律。第七环节，政策实施过程的反复检验、反馈与改进，使党和政府的各项决策在实践中日益精准地代表人民利益。①

中国特色社会主义“全过程人民民主”的所有环节是一环扣着一环、缺一不可的，从而构成“全过程的民主”。这从制度上和实际运行上保证民主要体现在选举、协商、决策、管理、监督的全过程，实现全链条化，由此“扩大人民有序政治参与，保证人民依法实行民主选举、民主协商、民主决策、民主管理、民主监督”②。民主选举与投票表决广泛地存在于以上各个环节之中，而不仅仅是“选举日”投票。由此构成人民当家作主的全过程民主制度体系，用这一制度体系来实现人民当家作主。这是中国共产党领导中国人民对人类制度文明的伟大创造，破解了人类政治制度史上的千古难题。

---

① 参见鲁品越：《全过程民主：人类民主政治的新形态》，《马克思主义研究》2021 年第 1 期。

② 习近平：《决胜全面建成小康社会　夺取新时代中国特色社会主义伟大胜利——在中国共产党第十九次全国代表大会上的报告》，人民出版社 2017 年版，第 37 页。

第四节　中国特色社会主义新时代中国共产党民主政治建设的成效

进入新时代，中国共产党在民主政治建设方面大迈步前进，取得巨大成效。这体现在：中国民主政治制度创新发展，党内民主新飞跃，人民民主跃上新台阶，协商民主有新成就，全过程人民民主绩效彰显。

一、民主政治制度的创新

新时代中国特色社会主义民主政治制度的创新发展，不仅深刻总结社会主义民主政治建设经验，深刻揭示社会主义民主政治建设规律，同时也深刻把握新时代中国特色社会主义民主政治建设重大问题，推动马克思主义民主政治建设思想中国化进入新境界，为增强社会主义民主政治建设效能指明了前进方向、提供了根本遵循，昭示着人类政治文明的发展方向。随着我国民主政治实践的深入推进和新冠肺炎疫情等非传统安全问题带来的严峻挑战，新时代中国特色社会主义民主政治制度创新发展的根本性意义和创造性价值将进一步显现。

民主政治是建立在经济社会基础上的上层建筑。因此，世界历史和现实生活中付诸实施的民主政治无不具有特定的阶级性质。任何一种民主政治的阶级实质、制度特征、运行特点，归根结底都是由在该国社会经济关系中居于统治地位的阶级的根本利益、价值观念和意识形态决定的，并受到该国历史沿革、民族传统和经济文化水平的影响。因此，世界各国的民主政治呈现多元的发展形态。对一个国家而言，究竟哪种民主政治形态才是更加合理的？遵循一个根本标准，即是否真正“以人民为中心”，是否真正做到了“人民至上”。只有始终同人民在一起，时刻牢记“为了谁、依靠谁、我是谁”，才能切实维护人民的根本利益，才能得到人民的高度认同和真心拥护。人民是历史的创造者。“得众则得国，失众则失国”，“得民心者得天下，失民心者失天下”，揭示的就是这样一个真理。习近平总书记强调指出“人心是最大的政治，共识是奋进的动力”①，这是对人类社会历史发展规律的深刻揭示。从本质上讲，“人心”就是人们的所思所想、所愿所盼；“共识”就是人们一致的思想、共同的愿望。个体的所思所想汇聚成集体的共识，进而激发集体行动，而人心就成为决定性的力量，就成为“最大的政治”。

我国是工人阶级领导的、以工农联盟为基础的人民民主专政的社会主义国家，国家一切权力属于人民。发展最广泛、最真实、最彻底的人民民主是中国共产党与生俱来的理想追求和矢志不渝的奋斗方向。发展社会主义民主政治就是要体现人民意志、保障人民权益、激发人民创造活力，用制度体系保证人民当家作主。中国特色社会主义民主政治制度是中国共产党和中国人民的伟大创造。党的十八大以来，以习近平同志为核心的党中央坚定不移走中国特色社会主义民主政治发展道路，坚持党的领导、人民当家作主、依法治国有机统一，总揽全局、协调各方，积极稳妥推进政治体制改革，用制度体系保证人民当家作主，推动协商民主广泛、多层、制度化发展，全面贯彻党的民族政策、宗教政策，巩固和发展最广泛的爱国统一战线，凝聚起“同心共筑中国梦”的强大力量，为中华民族的伟大复兴提供强大的制度支撑和政治保障。

二、党内民主的新飞跃

进入新时代，以习近平同志为核心的党中央领导集体尤其重视党内民主，作出了一系列飞跃性的部署，力求既要培元固本，也要开拓创新；既要杜绝权力越轨出轨，也要保护权利落实到位；既要形成严格纪律高压，也要营造宽松民主氛围；既要凝聚组织整体力量把握整体态势，也要发挥党员个体活力并管控关键少数。“党的十八大以来，中央政治局在执行民主集中制方面是做得好的，始终坚持和发展党内民主，特别是通过多种方式、多种渠道扩大了民主，有力

① 习近平在全国政协举行的新年茶话会上发表的重要讲话，新华网，http://www.xinhuanet.com/mrdx/2018-12/30/c_137708696.htm。

推进了科学决策、民主决策、依法决策。中央政治局要继续在坚持民主集中制方面成为全党典范，坚持民主基础上的集中和集中指导下的民主相结合。”①党作为领导中国改革、发展、稳定和治理的领导核心，理所当然应该将坚持和发展民主作为其不同阶段遵循依据的基本规律，通过党内民主带动人民民主，使全国各族人民在党的领导下自觉凝聚成“利益共同体”和“命运共同体”。

党的十九届四中全会指出，提高党的执政能力和领导水平，就是要“坚持民主集中制，完善发展党内民主和实行正确集中的相关制度，提高党把方向、谋大局、定政策、促改革的能力”②。习近平总书记立足于党领导建设中国特色社会主义的历史使命，着眼于管党治党和治国理政能力现代化的时代要求，站位于回应社会主义国家政党政治发展规律的世界格局，在一系列重大论述中提出党内民主的新理念、新思想、新战略，呈现出独特而又深刻的价值意蕴。习近平总书记关于党内民主的重要论述，是实现中国共产党初心使命、应对长期执政的现实挑战之需要，也是完成马克思主义执政党时代任务的政治回应。习近平总书记科学阐释了党内民主的本质内涵，坚持以民主集中制作为党内民主建设的支点，强调党内法治对党内民主的根本保障作用。以上重要论述价值意蕴深刻，在把握马克思主义哲学原理基础上丰富和发展了马克思主义执政党党建理论，为中国共产党在新的历史起点上、新的发展阶段应对具体执政实际提供了处理党内关系的科学指南，也为当代其他马克思主义政党发展党内民主提供了借鉴参考。

三、人民民主的新台阶

中国共产党探索人民民主经历几个阶段。“人民共享”是中国共产党探索人民民主的新阶段，主要表现在以下几个方面。

首先，“人民共享”是对马克思主义经典作家有关“共享”理论论述的继承

① 《习近平谈治国理政》第 2 卷，外文出版社 2017 年版，第 189 页。

② 《党的十九届四中全会〈决定〉学习辅导百问》，党建读物出版社 2019 年版，第 7 页。

与发展。恩格斯在《共产主义原理》中就曾主张要在共同和有计划地利用以及发展生产力的这一基础上，进而“通过消除旧的分工，通过产业教育、变换工种、所有人共同享受大家创造出来的福利”①。列宁后来也认为在新的社会主义社会中，“不应该有穷有富，大家都应该做工。共同劳动的成果不应该归一小撮富人享受，应该归全体劳动者享受”②。从探索人民民主的历史发展进程来看，当前我国的“人民共享”在继承马克思主义经典作家相关论述的同时，也在其理论意涵方面有所发展和创新。

其次，“人民共享”是中国特色社会主义进入新时代的实践旨归和理论需要。时代是思想之母，实践是理论之源，新时代呼唤新理论、新思想。中国特色社会主义发展进入新时代，为探索人民民主过程中理论的创新提供了实践来源；同时“人民共享”这一政治理念的提出，为新时代中国特色社会主义民主政治的发展注入新的内容。新时代我国人民民主的发展到了“人民共享”这一阶段，充分体现了中国共产党的先进性以及社会主义制度的优越性，推动了民主发展中“中国话语”的形成。

再次，“人民共享”是对新时代有关于人民民主基本内涵若干新论断的回应。自党的十七大提出“人民民主是社会主义的生命”的伟大论断后，党对人民民主的探索上升到了新的高度。新时代以来，在有关我国人民民主的基本内涵方面也相继出现了一系列新的论断，无论是关于“人民民主的真谛”的阐释，还是“人民民主是一种全过程的民主”③的提出，都意味着对人民民主的探索已经全方位融入我国社会主义的建设中，对人民民主自身也有了更高的要求。“人民共享”正是对这一系列新论断在实践中的有效回应，这意味着新时代我国人民民主的发展不再仅仅局限于政治领域。换言之，新时代“人民共享”打通了政治与“非政治”间的隔断，在实践结果层面实现了“五位一体”发展格局的

① 《马克思恩格斯选集》第1卷，人民出版社2012年版，第308页。

② 《列宁全集》第7卷，人民出版社2017年版，第112页。

③ 习近平：《中国的民主是一种全过程的民主》，新华网，http://www.xinhuanet.com/2019-11/03/c_1125186412.htm。

贯通。

最后，就人民民主自身的含义来说，“人民共享”完成了我国人民民主发展中的一个“闭合循环”，实现了民主过程和目的的有机统一。从历时性的视角来看，在中共这100年来探索人民民主的政治逻辑中，人民自由、人民平等、人民参与和人民共享分别扮演着前提、基础、过程和结果的角色；而从共时性的视角来看，自由、平等、参与和共享则构成了我国人民民主发展的一个完整过程。所以，我国人民民主发展到了“人民共享”阶段，也就真正完成了“前提—结果”这样的一个完整流程，按照政治系统论的理论分析逻辑，在此基础上开始的将会是下一轮新的循环。作为我国人民民主发展的新阶段，“人民共享”深刻诠释了中国共产党为人民谋幸福、为民族谋复兴的初心和使命，在切实增进人民获得感的同时也进一步巩固了自身执政的合法性基础。此外，“人民共享”也是推进实现共同富裕这一宏伟目标的必由之路，能够在全面建成小康社会的基础上，为我国“两个一百年”奋斗目标的最终实现以及未来建成社会主义现代化强国提供强大的动力支持和保障。

四、协商民主的新成就

协商民主，从党的十八大被正式提出、党的十八届三中全会战略规划，经由习近平同志在庆祝中国人民政治协商会议成立65周年大会上的深度阐述，到《关于加强社会主义协商民主建设的意见》全面部署，再到党的十九大、十九届四中全会的统筹发展，其定位开始明确、内涵逐渐清晰、内容全面覆盖、渠道拓展规范、体系走向完整，其实践由酝酿走向成熟，由局部走向全局，由临时走向常态，建立了各流程规范化、创新化的协商民主机制，形成了一整套广泛多层制度化的协商民主体系。这是党的十八大以来以习近平同志为核心的党中央领导全国人民，进行民主政治建设的重大创新成果和发展亮点，遵循社会主义协商民主的发展规律，探索因地制宜、因事而定的有效模式，在理论创新层面取得了实质性进展，在实践发展层面取得了新突破，从而在整体上取得了前所未有的新成就。

（一）协商民主定位准确化

对于协商民主的定位，党的十八大报告首先指出，“社会主义协商民主是我国人民民主的重要形式”，点明协商民主作为我国人民民主一种具体形式的重要地位。党的十八届三中全会将其进一步提升到社会主义民主政治建设的视野，强调“协商民主是我国社会主义民主政治的特有形式和独特优势，是党的群众路线在政治领域的重要体现”①。习近平同志在庆祝中国人民政治协商会议成立65周年大会上的讲话，深度阐述了这一重大判断和基本定性，深刻认识到协商民主已经深深嵌入到中国社会主义民主政治全过程，“既坚持了中国共产党的领导，又发挥了各方面的积极作用；既坚持了人民主体地位，又贯彻了民主集中制的领导制度和组织原则；既坚持了人民民主的原则，又贯彻了团结和谐的要求”②。之后中共中央印发的《关于加强社会主义协商民主建设的意见》在此基础上进行了补充，指出社会主义协商民主“是深化政治体制改革的重要内容”，表明其在国家治理体系和治理能力现代化这一全面深化改革总目标中的重要地位。党的十九大则从政党角度强调“协商民主是实现党的领导的重要方式”。可见，自党的十八大以来，社会主义协商民主的定位领域愈加宽广，其在我国人民民主、社会主义民主政治建设、国家治理体系和治理能力现代化、党的领导等领域的定位也愈加准确。

（二）协商民主范畴扩大化

一是协商主体多元扩展。协商主体即“谁来协商”的问题。党的十八大之前，关于协商民主的实践主要是政党协商和政协协商，协商主体主要包括中国共产党、各民主党派、各族各界代表人士等。党的十八大之后，随着协商渠道和形式的不断拓展，协商主体呈现多元化趋势，尤其是党的十八届三中全会将基层组织和社会组织作为协商主体，与国家政权机关、政协组织、党派团体共同纳入协商民主的范畴，逐渐形成了比较完整的协商主体结构，涵盖了各级党

① 《习近平谈治国理政》第1卷，外文出版社2018年版，第82页。

② 《习近平谈治国理政》第2卷，外文出版社2017年版，第294页。

政部门、各级人大、各民主党派、人民政协、人民团体、基层组织、社会组织、广大人民群众等。

二是协商内容覆盖面广。协商内容即“协商什么”的问题，党的十八大之前，协商内容以政治协商为主，主要围绕国家重大事件、国际事务和统一战线事务进行商讨。党的十八之后，以实现人民根本利益为价值导向的社会公共事务、现实民生问题等议题内容纷纷被提上日程，协商内容不仅囊括了宏观上治国理政的重大方针政策，还注重微观上涉及人民群众利益的社会问题和公共问题，“政治协商”和“社会协商”并驾齐驱。

三是协商领域广泛多层。从协商的层面领域来看，“社会主义协商民主，应该是实实在在的、而不是做样子的，应该是全方位的、而不是局限在某个方面的，应该是全国上上下下都要做的、而不是局限在某一级的”①。新时代的协商民主以广泛多层制度化发展为战略任务，在全国各地、各个行业、各个领域广泛进行，从国家层面一直到基层全覆盖、城乡全覆盖，层层落实和实践。

四是协商贯穿决策过程。从协商的发生环节来看，坚持协商于决策之前和决策实施之中，意味着贯穿落实到决策的全过程，保证人民在政治生活中有广泛持续深入参与的权利，保证决策的科学性和民主性。

（三）协商民主形式多样化

习近平总书记在庆祝政协成立65周年大会上强调：“要通过各种途径、各种渠道、各种方式就改革发展稳定重大问题特别是事关人民群众切身利益的问题进行广泛协商，既尊重多数人的意愿，又照顾少数人的合理要求，广纳群言、广集民智，增进共识、增强合力。”②进入新时代，我们党继续重点加强政党协商、政府协商、政协协商，积极开展人大协商、人民团体协商、基层协商，逐步探索社会组织协商；发挥此七大协商渠道的自身优势，做好衔接联动，并根据各类协商渠道的自身特点和实际需要，探索创新出多样化的协商形式。政党协商形式主要有会议协商、书面协商和约谈协商，人大协商具体有立法、人事

①② 《习近平谈治国理政》第2卷，外文出版社2017年版，第297页。

任免、重大事项表决前以及监督工作等协商形式，政府协商形式涵盖了立法协商、听证协商、决策咨询协商、建议及提案协商、公开协商、公示协商等，政协协商形式则有专题协商、对口协商、界别协商和提案办理协商，人民团体协商有机嵌入其他协商民主形式之中，基层协商探索了决策性、听证性、咨询性和协调性等形式，社会组织协商包括社会组织与政府、企业或其他社会组织的协商，以及社会组织内部的协商。此外，七大协商渠道还充分运用“互联网 +”，摸索网络协商民主形式，如网络议政、远程协商等。2019 年人民政协成立 70 周年，全国政协召开网络远程讨论会，36 位委员通过微视频发表意见，6 位省区市政协主席和 6 位全国政协委员连线发言，34 个界别近 500 位委员通过移动履职平台踊跃发表意见。①

（四）协商民主体系制度化

首先，协商民主结构体系化。进入新时代，坚持社会主义协商民主的独特优势，统筹推进政党协商、人大协商、政府协商、政协协商、人民团体协商、基层协商以及社会组织协商，七大协商渠道由传统分散转向衔接联动，构建了程序合理、环节完整、结构科学的协商民主体系。

其次，协商民主流程体系化。按照科学合理、规范有序、简便易行、民主集中的要求，明确了“制定协商计划、明确协商议题和内容、确定协商人员、开展协商活动、注重协商成果运用反馈”这一整套协商流程，确保协商活动有序、务实、高效。

最后，协商民主体系制度化。围绕切实落实推进协商民主广泛多层制度化发展这一战略任务，中共中央办公厅相继印发《关于加强人民政协协商民主建设的实施意见》《关于加强城乡社区协商的意见》《关于加强政党协商的实施意见》等一系列制度文件，各地区各部门结合实际认真贯彻执行，统筹推进政党协商、人大协商、政府协商、政协协商、人民团体协商、基层协商以及社会组

① 《围绕“做好今年工作，迎接人民政协成立 70 周年”深入交流》，新华网，http://www.xinhuanet.com/politics/2019-02/20/c_1210064193.htm。

织协商的制度性建设和机制化建设，确保协商民主有制可依、有规可守、有章可循、有序可遵。同时，完善协商于决策之前和决策实施之中的落实机制，丰富有事好商量、众人的事情由众人商量的制度化实践，从制度上保障协商成果落地，大大提升了协商民主的实效性。

五、全过程人民民主绩效的彰显

（一）全过程人民民主制度体系的优越性：人类社会治理体系的新创造

中国民主政治建设取得了积极进展，有效促进了国家治理现代化。其主要表现为：以保证人民当家作主为根本，坚持和完善中国特色社会主义民主政治制度，重点是推动人民代表大会制度与时俱进，包括健全人大立法机制、提高立法质量，强化人大对“一府两院”的监督，密切人大代表与人民群众之间的联系，拓宽公民有序政治参与的途径；推进协商民主广泛多层制度化发展，构建程序合理、环节完整的社会主义协商民主体系，协商民主无论在中央还是在基层都逐步走向制度化，工作机制进一步完善；全面依法治国被纳入“四个全面”战略布局，党的十八届四中全会对全面推进依法治国作出具体部署，社会主义民主政治的制度化、规范化、程序化水平进一步提高；在把人民生命健康放在首位的前提下取得新冠肺炎疫情防控和经济社会发展双胜利，等等。这一系列铁的事实证明中国新型民主制度具有巨大优越性。这种优越性当然首先表现在用制度体系保证人民当家作主这个主功能上。我国学者鲁品越指出，全过程民主的运行过程本身还具有一系列重要功能，使我国人民在行使民主权利实现民族复兴的过程中，也全方位塑造自己，塑造中国社会。①

第一，全过程民主是淬炼各级干部的“民主大熔炉”。全过程民主的各个环节的实践，要求各级干部克服官僚主义，深入基层一线，经受艰难困苦的考验，全面充分地体察民情民意，凝聚民心民力。② 这不仅为决策提供实践依据，而且能筑牢干部与群众的血肉联系。各级干部在这个过程中加深对群众的思想感

①② 参见鲁品越：《全过程民主：人类民主政治的新形态》，《马克思主义研究》2021 年第 1 期。

情，使我们党永远与人民群众血肉相连，与人民共谋社会发展；同时接受人民监督，其中的不合格者将被淘汰出局。

第二，全过程民主是提升人民素质的“民主大学校”。人民群众参与全过程民主的过程就是自我学习和相互学习，从而提高自身素质的过程。它使人民群众理解社会治理面临的问题，了解参政议政程序，知晓民主政治规则，遵循表达个人意志、与他人交流政见的途径与方式，① 从而学会依法守法，提高自己的政治素质与法治素质，为全面依法治国提供国民素质基础。

第三，全过程民主是激发民智、问计于民的“民主大论坛”。问计于民能够激发民智，采纳吸收人民智慧，并且能够由此发现与培育人民群众中的各类人才。② 而群众通过参与决策献计，更加深入地理解党和政府的各项决策的目标与根据，从而更自觉地执行决策，在执行过程中发现新问题，提出新建议。这在提高各级政府治理水平与治理能力的同时，也提高人民群众的参政能力。

第四，全过程民主是构筑和谐社会的“民主大家庭”。③ 在党的领导下，引导人民群众参与决策的过程，能够及时发现各个阶层、界别、民族、群体之间的社会分歧与矛盾，从而能够及时通过民主协商过程，通过合法途径找到化解矛盾和解决问题的路径，在共同目标的引领下，形成与凝聚共识，从而创造稳定和谐的社会生活环境，保持社会稳定。这是中国能够创造社会长期稳定的奇迹的原因之一。

（二）全过程人民民主的协商实践：制度自我完善与效能持续提升的必然之路

全过程民主建构协商式民主运作形态，以协商为基本方式，有效整合各方意见，提升人民民主运行质量，切实保障人民当家作主。习近平总书记指出：“在中国社会主义制度下，有事好商量，众人事情由众人商量，找到全社会意愿和要求的最大公约数。”④ 这既是人民民主的真谛，也是全过程民主的着力点。当前，为了更好地体现全过程民主在制度安排和议程设置的全过程性与实际操

①②③　参见鲁品越：《全过程民主：人类民主政治的新形态》，《马克思主义研究》2021 年第 1 期。

④　《习近平关于社会主义政治建设论述摘编》，中央文献出版社 2017 年版，第 65 页。

作的全过程化，就必须考虑“以何全过程”“如何全过程”等问题，即弄清楚全过程民主是否“行得通”，找准其“真管用”“有效率”的关键突破点。

一是全过程民主与“协商民主”的民主实践智慧。在政治生活的一般意义上，协商是谋求共识、确定方略与优化统治的基本方式与途径。在中国，“商量”具有日常化的显著特点，其沁入于更加真实、广泛和牢固的基础，成为维系正常社会政治关系的重要方式，从而具有了内在必然性和外在可行性。毛泽东指出：“我们一定要学会打开大门和党外人士实行民主合作的方法，我们一定要学会善于同别人商量问题。”①“事先优于现时”“询议优于票决”“群策优于独断”的政治传统使协商民主更符合中国式民主的内在气质，而这种协商民主恰恰是全过程的。在现实中，协商民主是领导力量与支撑力量的衔接点，是一元引领与多元并存的嵌入点，更是长远利益与现实利益之间矛盾的调节器。对中国共产党治国理政而言，党的领导能够通过协商民主的途径吸收各主体各方面的积极作用，民主集中制能够通过协商民主的过程维护公民广泛而有序的政治参与和意见表达，人民民主则能够借助协商民主的实践克服分化、凝聚智慧与增强共识。

二是全过程民主与协商民主的实践效能。改革开放特别是党的十八大以来，协商民主朝着渠道更丰富、程序更规范、体制更健全、诉求更具体、体制更有效的方向快速发展。协商层次不断完善，协商内容持续丰富，协商程序日益规范，协商效果有效提升，业已成为国家治理体系现代化的基础指标。与此同时，协商能力的权责日益明晰，质量大幅提升，形式不断多样，已经成为国家治理能力现代化的核心要件。事实上，当前的协商民主作为全过程民主的典型实践，已具有极强的现实性，上至国家法律的制定，下至基层政府的财政预算，大到参政议政的国家谋划，小到个别利益诉求的决策考量，既包括“顺民心、合民意”的交流、恳谈沟通，又涉及“正方向、聚共识”的政治话语的培育与传播。在很大程度上，这些不断典范化的协商民主实践，使得全过程民主的政治基础

① 《毛泽东选集》第3卷，人民出版社1996年版，第830页。

与社会基础更加坚固，更具治理效能。

三是全过程民主与协商民主的民主共识。在西方协商民主理论中，民主与效率往往难以兼顾，特别是“评价民主决议规则时，必须权衡其保护作用与效率。不幸的是，这两大目的之间存在着颇为紧张的关系”[①]。就具体政治活动而言，人民对公共事务的每一事项均达成理性共识的过程极为漫长且异常复杂。就对单个议程的讨论看，由于大众的觉悟程度和利益需求的差异，在保障平等协商的条件下极有可能形成僵持不下的局面。因此，民主的耗散性制约了民主治理的效率性。全过程民主缔造了“民主治理”的奇迹，指明了只有依赖具有引领力、统筹力和协调力的权威力量才可能在一个后发国家的现代化探索中找到最优路径，才能在意见多元化的现代社会实现高度集中的共同意愿，进而达成民主治理的共同意志。

全过程人民民主作为中国式民主的新探索，并非抽象的民主，而是与中国政治经济文化发展密切相关的具体民主，体现在治国理政全部活动之中。全过程民主以回应人民需求为核心目标，充分了解民意民需民心，代表并回应民众利益。立足当下，只要我们继续将全过程民主的制度体系、治理过程与实践途径不断健全与充实，不断在民主话语层面加以概括与总结，全过程民主将日益成为“中国之治”的典范。全过程民主充分保障人民行使权利，拓宽人民民主实现形式，建立倾听人民群众呼声、反映人民群众愿望的渠道，使人民群众多元化需求得到畅通表达，进而在整个世界范围内实现民主话语的时代跃升。

第五节　中国民主政治对世界民主的启示

“世界上没有完全相同的政治制度模式，政治制度不能脱离特定社会政治条件和历史文化传统来抽象评判，不能定于一尊，不能生搬硬套外国政治制度模

① ［美］科恩：《论民主》，聂崇新等译，商务印书馆 1988 年版，第 65 页。

式。”[①]我国社会主义民主政治建设，在新中国成立70多年来的艰难探索中不断发展，特别是在改革开放后，我国逐步确立中国特色社会主义政治发展道路，并且在理论和实践上取得了一系列巨大成就。进入新时代，充分总结中国特色社会主义政治发展道路所取得的理论和实践成就，并从中探寻基本经验，有利于更好沿着中国特色社会主义政治发展道路前进，有利于开拓社会主义民主政治的新境界。

一、中国特色社会主义民主政治发展道路的理论成果

（一）坚持党的领导、人民当家作主、依法治国有机统一

党的领导、人民当家作主、依法治国是我国社会主义民主政治基本要素，三者相互联系、相互作用，构成内在统一、不可分割的整体。我国社会主义民主政治的一个重要优势，就是实现党的领导、人民当家作主和依法治国三者的有机统一。三者统一也是中国特色社会主义政治发展道路的理论精髓和核心内容。在科学阐释党的领导、人民当家作主、依法治国三者之间关系的同时，需要根据时代发展通过改进党的执政方式，增强党的执政能力，以及不断完善我国各项民主制度和我国法律等方式，来充分保障人民当家作主。进入新时代，以习近平同志为核心的党中央分别对党的领导、人民当家作主和依法治国三个方面作了更具体的要求，不仅要求全面加强党的各方面领导，还要求通过自身刮骨疗毒净化党内政治环境，提升党的执政能力。此外，习近平总书记还强调要全面依法治国，通过更加完备的法律体系来提升依法治国的水平。这些新的论述对三者有机统一理论提出了新的具体要求，有利于更好指导新时代中国特色社会主义政治发展道路的实践。

（二）民主是目的与手段的辩证统一

马克思主义认为，“工人阶级的第一步就是使无产阶级上升为统治阶级，争

① 习近平：《决胜全面建成小康社会　夺取新时代中国特色社会主义伟大胜利——在中国共产党第十九次全国代表大会上的报告》，人民出版社2017年版，第36页。

得民主”[①]。民主是一种手段、工具，更为重要的是一个目的。中国共产党在孜孜不倦地探索社会主义民主道路的同时，也发展了马克思主义的相关民主理论，将发展社会主义民主作为中国共产党不懈努力奋斗的目标。改革开放以来，我们对社会主义民主重新作了界定，强调“继续努力发扬民主，是我们全党今后一个长时期的坚定不移的目标”[②]。党的十八大以来，习近平总书记在一系列重要讲话中回答了民主是目的还是手段这个基本问题。他不仅有力地阐述了民主必要深入落实到老百姓生活中去，还积极倡导民主“要用来解决人民要解决的问题的”[③]，明确了民主既是一种目的也是一种手段。民主既是目的也是手段理论，丰富了马克思主义民主理论的科学内涵。中国民主的高质量，促进了国家治理的高效能，提升了国家治理体系和治理能力现代化水平。中国的民主，充分彰显了人民的主体地位，极大增强了人民的主人翁意识，人民既是民主的参与者，也是民主的受益者，智慧力量充分激发，既为自己也为国家、民族拼搏奋斗。[④]

（三）以党内民主带动人民民主

以党内民主带动人民民主既是优势，也是特色。以党内民主带动人民民主能够保障民主建设的有序推进，与我国的经济、文化和社会建设协调发展，这是符合党的执政规律和社会主义现代化建设规律的。党内民主与人民民主都是我国社会主义民主的重要组成部分。在社会主义民主建设过程中，我们必须要统筹两者协同有序发展。将党内民主与人民民主有机联系起来，使两者相互促进是中国共产党发展社会主义民主政治的重要创新点。在党的十九大上，习近平总书记强调要大力发扬党内民主，拓宽党内民主的范围和方式，通过发扬党内民主实现对人民民主的带动和促进作用。这使党内民主与人民民主相互促进

---

① 《马克思恩格斯选集》第 1 卷，人民出版社 1995 年版，第 293 页。

② 《邓小平文选》第 2 卷，人民出版社 1994 年版，第 176 页。

③ 《习近平总书记系列重要讲话读本》，人民出版社 2016 年版，第 170—172 页。

④ 《中国的民主》白皮书，国新网，2021 年 12 月 4 日，http://www.scio.gov.cn/zfbps/32832/Document/1717206/1717206.htm。

理论得到进一步升华。保证党内民主与人民民主相互促进，对于我们是很有必要的。党内民主是中国共产党自身不断发展的必要条件，中国共产党又是执政党，因此大力发扬党内民主有利于带动人民民主健康有序发展；在保证党内民主与人民民主相互促进、共同成长的同时，也要正确认识到两者之间的关系，两者是相互依存的关系。中国的民主，把党的主张、国家意志、人民意愿紧密融合在一起，使得党、国家和人民成为目标相同、利益一致、相互交融、同心同向的整体，产生极大耦合力，形成集中力量办大事的制度优势，有效促进了社会生产力的解放和发展，促进了各项事业的现代化建设，促进了人民生活质量和水平的不断提高。①

（四）选举民主与协商民主的优势互补

选举民主与协商民主，两种民主形式紧密和有机的结合，是中国特色社会主义民主政治的重要特点。选举民主与协商民主之间本质上并没有什么轻重高下之分，两者都是中国特色社会主义民主政治的实现形式和运行方式。社会主义民主要有多种方式。我们党在大力完善选举民主的同时，积极发展协商民主建设。选举民主在很大程度上为人民政治参与提供了平台和渠道，发挥了人民当家作主的权利，但仅靠这一种民主形式很难完全满足人民内部各方面的利益诉求。因此，为了弥补选举民主在我国具体实践中的不足，我国积极发展协商民主。协商民主在党的十八大上被确定为一种制度形式，成为中国特色社会主义政治发展道路的具体内容要求。党的十九大上，习近平总书记明确指出："协商民主是实现党的领导的重要方式，是我国社会主义民主政治的特有形式和独特优势。"②协商民主与选举民主侧重点各有不同，两者属于社会主义民主的不同形式。选举民主的优势在于效率高，开展范围广，协商民主的优势在于可以化解人民之间的分歧，有效化解矛盾。"在中国，这两种民主形式不是相互替代、相互否定的，而是相互补充、相得益彰的，共同构成了中国社会主义民主政治

① 《中国的民主》白皮书，国新网，http://www.scio.gov.cn/zfbps/32832/Document/1717206/1717206.htm。

② 习近平：《决胜全面建成小康社会　夺取新时代中国特色社会主义伟大胜利——在中国共产党第十九次全国代表大会上的报告》，人民出版社2017年版，第38页。

的制度特点和优势。”①中国的协商民主，广开言路，集思广益，促进不同思想观点的充分表达和深入交流，做到相互尊重、平等协商而不强加于人，遵循规则、有序协商而不各说各话，体谅包容、真诚协商而不偏激偏执，形成既畅所欲言、各抒己见，又理性有度、合法依章的良好协商氛围，充分发扬了民主精神，广泛凝聚了全社会共识，促进了社会和谐稳定。②

二、中国特色社会主义民主政治发展道路的经验启示

中国共产党带领全国各族人民在坚定不移沿着中国特色社会主义民主政治发展道路前进。社会主义民主政治建设取得一系列巨大成就的同时，也积累了丰富的经验，概括起来主要有以下几点。

（一）中国共产党是中国特色社会主义民主政治发展的领导核心

中国特色社会主义有很多特点和特征，但最本质的特征是坚持中国共产党领导。中国共产党是我们各项事业的领导核心，是全国各族人民的主心骨。“中国有了中国共产党执政，是中国、中国人民、中华民族的一大幸事。”③我国社会主义政治制度优越性的一个突出特点是党总揽全局、协调各方的领导核心作用，形象地说是“众星捧月”，这个“月”就是中国共产党。自1921年中国共产党成立以来，我们党带领人民历经千辛万苦，付出各种代价，开创了不一样的社会主义新中国，我国各项事业开始逐步有序发展起来。中国共产党人根据我国的具体国情逐步走出了一条中国特色社会主义道路。特别是在政治领域逐步形成了中国特色社会主义民主政治发展道路，使我国的社会主义民主政治制度确立起来，形成了一套科学有序的政治体制。这样一套制度体系在保证人民当家作主的主体地位的同时，也大大提高了人民参政议政的积极性，使人民民主发展得更加广泛而充分。中国特色社会主义民主政治发展道路之所以能越走越宽，越走越好，不仅靠的是全国各族人民的共同奋斗，也依赖于中国共产党

---

① 《习近平谈治国理政》第2卷，外文出版社2017年版，第293页。

② 《中国的民主》白皮书，国新网，http://www.scio.gov.cn/zfbps/32832/Document/1717206/1717206.htm。

③ 《习近平关于社会主义政治建设论述摘编》，中央文献出版社2017年版，第32页。

的科学领导。“办好中国的事情，关键在党。”[①]“中国特色社会主义最本质的特征是中国共产党领导，中国特色社会主义制度的最大优势是中国共产党领导。坚持和完善党的领导，是党和国家的根本所在、命脉所在，是全国各族人民的利益所在、幸福所在。”[②]未来我们必须要继续在中国共产党的领导下坚持走中国特色社会主义民主政治发展道路，不断完善和发展我国社会主义民主政治，维护人民群众根本利益。

（二）中国特色社会主义民主政治是马克思主义基本原理与中国民主实践相结合的智慧结晶

中国特色社会主义民主政治是对百年来在党的领导下实现和发展人民民主历史经验的理性升华，是对我国社会主义民主本质特征和实践要求的深刻洞见，是对马克思主义人民民主思想的重大突破。马克思主义是我们立党立国的根本指导思想，是我们党的灵魂和旗帜。“中国共产党为什么能，中国特色社会主义为什么好，归根到底是因为马克思主义行！”[③]马克思主义的科学性和真理性已经在历史的实践中被反复证明。新中国成立以来，我们党始终以马克思主义的科学真理为指导，以实现共产主义为最高目标，积极开展社会主义民主政治建设。我们党在对社会主义民主政治的探索实践中将马克思列宁主义的民主思想活学活用，并在此基础上先后诞生了新的马克思主义中国化的社会主义民主理论思想。这些新理论新思想，为我们在这样一个有着特殊国情的社会主义国家建设民主政治提供了科学的方法论指导，解答了一系列政治发展难题，是马克思主义政治学说在中国创造性发展。历史和现实昭示我们，坚持马克思主义的指导地位和社会主义的前进方向，是坚持和发展中国特色社会主义民主政治的前提条件。坚持走中国特色社会主义民主政治发展道路，必须要始终坚持马克思主义的指导地位。

---

① 习近平：《在庆祝中国共产党成立100周年大会上的讲话》，人民出版社2021年版，第10页。

②《习近平关于社会主义政治建设论述摘编》，中央文献出版社2017年版，第278页。

③ 习近平：《在庆祝中国共产党成立100周年大会上的讲话》，人民出版社2021年版，第13页。

（三）中国特色社会主义民主政治的成效来源于积极稳妥推进政治体制改革的生动实践

中国的民主经历了选择、探索、实践与发展的艰辛历程。评判一种民主形式好不好，实践最有说服力，人民最有发言权，归根结底要看能不能让人民过上好日子。中国的民主行不行、好不好，归根结底要看中国人民满意不满意、中国人民拥护不拥护。有数据显示，近年来，中国人民对中国政府的满意度每年都保持在90%以上，这是中国民主具有强大生命力最真实的反映。中国的民主道路走得通、走得好，中国人民将沿着这条道路坚定走下去。①长期坚持、不断发展我国社会主义民主政治需要积极稳妥推进政治体制改革，推进社会主义民主政治制度化、规范化、程序化，保证人民依法通过各种途径和形式管理国家事务，管理经济文化事业，管理社会事务，巩固和发展生动活泼、安定团结的政治局面。“当代中国的伟大社会变革，不是简单延续我国历史文化的母版，不是简单套用马克思主义经典作家设想的模板，不是其他国家社会主义实践的再版，也不是国外现代化发展的翻版。”②从此，我国社会主义各方面建设取得了巨大进步和非凡成就。中国特色社会主义民主政治发展道路，是我国社会主义民主政治建设几十年来的经验总结，是我国对社会主义民主不断探索的必然结果，是我们党领导人民在改革开放后总结经验教训，不断开拓创新的重要成果。在新时代坚持走中国特色社会主义民主政治发展道路，最主要的还是要立足于我国具体实际，将党的领导、人民当家作主和依法治国有机统一起来。除此之外，我们还必须要不断完善我国的根本政治制度和各项基本政治制度。习近平总书记指出：“一个国家的政治制度决定于这个国家的经济社会基础，同时又反作用于这个国家的经济社会基础，乃至于起到决定性作用。”③如今，国内外形势错综复杂，社会主义市场经济中，市场在资源配置中的作用由基础性变为决定性。相应地就要求我国社会主义政治制度要随着这些变化不断发展和完善。因

---

① 《中国的民主》白皮书，国新网，http://www.scio.gov.cn/zfbps/32832/Document/1717206/1717206.htm。

② 《习近平谈治国理政》第3卷，外文出版社2020年版，第76页。

③ 习近平：《在庆祝全国人民代表大会成立60周年大会上的讲话》，《人民日报》2014年9月6日。

此就需要积极推进政治体制改革，改革上层建筑中不符合经济社会基础的东西，不断增强人民的获得感和主人翁感受。将人民是否高兴、是否赞成、是否拥护作为我们推进政治体制改革成功与否的衡量标准，使国家治理能力和水平逐步提高。在新时代，坚持走中国特色社会主义政治发展道路任重而道远，我们要积极总结过去取得的经验和教训，将社会主义民主政治的发展和完善作为一项长期的历史任务。在坚持中国特色社会主义政治发展道路的基础上，通过不断的政治体制改革，“发展更加广泛、更加充分、更加健全的人民民主，充分发挥我国社会主义政治制度优越性，不断推进社会主义政治制度自我完善和发展”①。

三、中国民主政治的世界意义

中国民主体现在政治发展道路、政治制度、政治过程之中，体现为国体的人民民主、政体的民主集中制和政道的共识民主，中国拒绝西方自由主义的民主化方案，坚持社会主义民主的发展道路，具有开创性的重要意义。不仅如此，中国社会主义民主作为更具优越性的制度形式，引发西方对自由民主制的反思，为发展中国家提供新的政治方案，有利于整个世界的政治稳定与共享发展。随着中国日益走向世界舞台的中心，中国民主将给“全球民主”以启示和借鉴。

第一，中国民主政治打破西方“民主帝国主义”霸权。民主是人类社会历经千百年探索形成的政治形态，在人类发展进程中发挥了重要作用。但是，20世纪以来，在波涛汹涌的民主化大潮中，有的国家停滞不前，有的国家陷入动荡，有的国家分崩离析。②西方“民主帝国主义”霸权构建过程中选举权的普及固然是一种巨大的历史进步，但是被资本权力操纵的选举式民主把历史上的那些西方国家变成了赤裸裸的寡头政体，因此才有了第一次世界大战和第二次世界大战，也因此才有了社会主义运动和民族民主解放运动。人民民主就是对资本主义民主的反抗，是一种替代性政治方案，也是回归民主原本意义的民主

① 《习近平关于社会主义政治建设论述摘编》，中央文献出版社 2017 年版，第 4、5 页。

② 《中国的民主》白皮书，国新网，http://www.scio.gov.cn/zfbps/32832/Document/1717206/1717206.htm。

制度。西方在全球范围内推广民主，其背后反映了西方的霸权和利益，“民主”话语很大程度上可被称为新帝国主义的工具。中国对自身民主制度的探索，对于解构西方的话语霸权具有重要的意义。那些实行自由民主制的国家无不按照西方的权力和利益行事，中国是新兴国家中唯一一个能够按照自身利益独立作出决策的国家，这很大程度上是因为中国选择了符合自身国情和利益的民主道路。① 西方的外交政策从来服务于其帝国主义的霸权，民主只不过是意识形态上的幌子而已，帝国主义才是驱动西方外交政策的真正动力。中国对符合自身国情的民主制度的探索，具有反帝国主义的重要意义，中国的民主政治具有“去中心化”的世界意义。中国的民主经历了选择、探索、实践与发展的艰辛历程，体现了全人类对民主的共同追求，也丰富了人类政治文明形态。②

第二，中国民主政治反思“西式民主弊端”。回答“民主之问”，廓清“民主迷思”，关乎世界和平发展，关乎人类文明未来。一些国家的民主化出现挫折甚至危机，并非民主本身之错，而是民主实践出现了偏差。③ 中国历史和世界政治的现实告诉我们，以党争民主为主要形式的代议制民主不但是很多国家治理难题的根源，而且给很多后发国家带来国家失败的灾难。因此，中国的人民民主政治发展道路不但具有历史必然性，而且因为中国共产党所体现的党性与人民性的统一性而保障了其对于中国民主道路的唯一正确性。中国共产党领导下的社会主义民主，能够更好地实现人民的福祉，相比之下，在资本集中在少数人手中的西方民主制下，一人一票的民主观念“就是一个骗局”，背离了真正的民主价值。④ 中国政治制度的优点在于强大的国家能力，而美国国家能力的弱化导致了“政治衰败”的危险，国家能力、法治与民主三者之间失去了应有

---

① ［法］萨米尔·阿明：《谈帝国主义全球化条件下的民主与发展问题》，徐洋摘译，《西方理论动态》2002 年第 12 期。

②③ 《中国的民主》白皮书，国新网，http://www.scio.gov.cn/zfbps/32832/Document/1717206/1717206.htm。

④ ［美］菲利普·科特勒：《直面资本主义：困境与出路》，郭金兴等译，机械工业出版社 2016 年版，第 152 页。

的平衡，美国的政治制度亟须改变。[①]自由民主制面临严重危机，党派政治和利益集团使得政府失去必要的反应能力，越来越多的人已经失去对自由民主的信念，自由民主制需要吸收和借鉴东方政治的优点和长处。中国的现代化，没有走西方老路，而是创造了中国式现代化道路；没有照搬照抄西方民主模式，而是创造了中国式民主。占世界人口近五分之一的 14 亿多中国人民真正实现当家作主，享有广泛权利和自由，提振了发展中国家发展民主的信心，为人类民主事业发展探索了新的路径。这是中国对人类政治文明的重大贡献，也是人类社会的巨大进步。[②]

第三，中国民主政治彰显中国智慧与中国方案。民主是多样的，实现民主的道路并非只有一条。各国的历史文化不同、现实国情不同，民主的形式选择必然不同。照搬照抄其他国家的民主模式，必然导致水土不服、弊病丛生，甚至陷入政治动荡、社会动乱、人民流离失所。[③]民主政治其实是一种政体形式，而政体构成必然涉及官民关系或者国家与社会关系。在政体意义上，既有民主又有集中的制度和原则，既讲“民”的民主权利，又讲“官”即国家的集中权力，才是真正意义上的民主政体。以竞争性选举为尺度的自由主义民主，讲的只是一种社会权利或者个人权利。在这个意义上，自由主义民主讲的其实是社会民主，而非政治民主，或者说以社会民主掩盖了政治真相，结果选举之后的政治依然是官僚制主导或者寡头当家。中国民主政治的成功模式，为发展中国家提供了新的政治方案。广大发展中国家从中国的政治发展中学到的重要经验在于，国家的民主政治建设必须结合自身的历史和国情，并确保必要的国家能力。在这样的时代里，经济发展的成果将惠及全球各国的人民，而不仅是少数西方国家的富裕阶层。[④]人类必须对不正义的资本主义体制进行变革，打破资

① ［美］弗朗西斯·福山：《政治秩序的起源：从前人类时代到法国大革命》，毛俊杰译，广西师范大学出版社 2012 年版，第 528 页。

②③ 《中国的民主》白皮书，国新网，http://www.scio.gov.cn/zfbps/32832/Document/1717206/1717206.htm。

④ ［美］大卫·R. 格里芬：《新千年的怀特海、中国及全球民主》，蔡仲译，《求是学刊》2002 年第 5 期。

本主义全球秩序，在多国实现社会主义民主，构建社会主义全球秩序，唯有如此才能实现真正的全球正义。① 中国的发展已经打破了自由民主制与经济发展的线性联系，发展中国家不应该再迷信“民主促进增长”的神话，而应该根据自身的国情寻找适宜的政治制度。广大发展中国家在与中国的经济接触中，逐渐认识到中国特色社会主义的制度优势，它们不再迷信和盲从西方的自由民主制，而寻求一种与本国国情相适应的民主制度和政治选择。世界上不存在完全相同的政治制度，也不存在适用于一切国家的政治制度模式。各国应根据自身特点选择符合自身现代化发展的民主形态，学习借鉴而不是照抄照搬。适合的就是最好的。只有扎根本国土壤、汲取充沛养分的民主，才能不断发展完善，才最可靠也最管用。②

① 甘冲：《全球正义是否可能？——尼尔森的全球正义思想研究》，《国外社会科学》2017 年第 4 期。

② 《中国的民主》白皮书，国新网，http://www.scio.gov.cn/zfbps/32832/Document/1717206/1717206.htm。

第六章　中国共产党民主政治建设百年探索的基本经验

中国共产党顽强走过100个春秋，整整一个世纪，带领全国人民对民主政治建设进行了艰辛坎坷的探索和卓有成效的实践，经历了新民主主义革命时期的初步探寻、新中国成立初期的良好奠基、全面建设社会主义时期的曲折发展、“文化大革命”期间的严重挫折、改革开放之后的恢复重建与推进深化、新时代的创新飞跃等发展阶段。中国社会主义民主政治建设取得了巨大而辉煌的成就，积累了丰富而成功的经验。回顾民主政治建设的光辉历程，总结百年探索的基本经验，对于更好地把握民主政治建设的规律和方向，进一步推进中国特色社会主义民主政治建设的进程，有着极其重要的理论价值和实践意义。

百年来中国共产党民主政治建设的基本经验是：坚持加强中国共产党的领导，始终坚持以人民为中心，不断推进马克思主义民主政治思想的中国化，建构完善民主政治的制度体系，大力发展全过程人民民主。

第一节　坚持中国共产党的领导是民主政治建设深入推进的首要前提

中国共产党是历史、现实和人民选择的民主领路人，是民主政治建设大厦中发挥领导与核心作用的支柱。坚持中国共产党的领导，为民主政治建设提供强大有力的组织保障、思想引导、政治支持，是社会主义民主政治建设深入推进的首要前提，决不能有丝毫动摇。

一、坚持党的领导是民主政治建设沿着正确方向发展的根本保证

中国共产党是中国民主政治发展的核心主体，能领导全国人民制定、遵循、落实正确的政治路线，直接决定民主政治发展的方向和路径。坚持党的领导是民主政治建设一直沿着正确方向发展的根本保证。

中国近代许多阶层的仁人志士不断探索各种民主政权形式，但均以失败告终。直到中国共产党诞生，带领人民根据不同时期的具体国情，制定利国利民的政治路线，不懈探索民主政权形式，领航民主政治建设这艘大船驶向正确的方向。土地革命时期，为了加强对各革命根据地的统一领导，中国共产党于1931年在江西瑞金建立工农民主专政政权的中华苏维埃共和国，召开全国苏维埃代表大会，所有工人、农民、红军兵士以及一切劳苦民众都有权选派代表掌握政权的管理，从此将民主政治建设作为人民政权区别于其他各种政权的根本特征而深入推进。抗日战争时期，从社会主要矛盾已经转化为中华民族与日本帝国主义之间的矛盾这一国情出发，中国共产党为了团结各阶层共同抗日、调动全民抗战积极性，在各抗日根据地按照“三三制”原则建立抗日民主政权，实行参议会制度，扩大和巩固抗日民族统一战线。解放战争时期，中国共产党主张联合工农兵学商各被压迫阶级、各人民团体、各民主党派、各少数民族、各地华侨和其他爱国分子，组成人民民主统一战线，打倒蒋介石独裁政府，成立民主联合政府。1949年中华人民共和国成立，中国共产党终于带领全国人民成功建立人民民主专政政权。1954年宪法规定，国家的性质是工人阶级领导的、以工农联盟为基础的人民民主国家，国家的根本制度是人民代表大会。坚持党的领导保证了民主政治建设的正确发展航向，最终建立了中国历史上第一个真正由人民当家作主的国家政权，并开启了中国特色社会主义的民主政治建设新航程，即使民主政治建设在“文化大革命”时期遭受重大挫折，在苏联解体之时遭受极大冲击，我们也没有放弃党的领导，而是将“坚持中国共产党的领导”

作为立国之本“四项基本原则”的核心。

因此，今后探索民主政治建设方向、制定民主政治发展路线，必须毫不动摇、始终一贯地坚持中国共产党的领导。首先要加强党的全面领导，全面认知民主政治发展的整体面貌，全面把握中国特色社会主义民主政治建设之方向和路线的科学性、正确性，全面落实民主政治建设的路线、方针、策略。同时加强党的自身建设，健全总揽全局、协调各方的党的领导制度体系，提高把方向、谋大局、定政策、促改革的执政能力，改进党的领导方式和领导艺术，增强各级党组织的政治功能和组织能力，确保对民主政治建设的领导地位和领导作用不动摇。

二、坚持党的领导是建设高质量民主政治的主要基础

高质量民主政治的主要特征是主体广泛、参与有序、过程高效，必须通过人民当家作主和依法治国来实现，而此二者都离不开党的领导。中国共产党的核心工作是领导、支持、组织和保证人民当家作主，在拥有14亿人口的中国，若人民当家作主离开党的领导，就会演变成无序的大民主，广大人民群众有序高效行使民主权利将化为泡影；中国共产党是能够协调各方并代表最广大人民根本利益的坚强政治核心，宪法和法律是党的主张和人民意志相统一的体现，由党领导人民所制定、执行和遵守，若依法治国离开党的领导，就无法保障按照人民意志来治理国家，高质量民主亦无从谈起。可见，坚持党的领导是人民当家作主和依法治国的根基，是建设高质量民主政治的主要基础。

1997年党的十五大，将“在中国共产党领导下，在人民当家作主的基础上，依法治国，发展社会主义民主政治”作为社会主义初级阶段的民主政治建设基本纲领。1998年江泽民同志指出，必须处理好党的领导、发扬民主和依法办事的关系，党的领导是基本前提和核心关键，不能割裂三者之间的内在联系，更不能将党的领导与另两者对立起来。2002年党的十六大强调：“发展社会主义民主政治，最根本的是要把坚持党的领导、人民当家作主和依法治国有机统一起来。党的领导是人民当家作主和依法治国的根本保证，人民当家作主是社

会主义民主政治的本质要求，依法治国是党领导人民治理国家的基本方略。”

在真正实现人民当家作主、全面落实依法治国的高质量民主实践中，必须始终坚持党的领导不动摇、不松懈，关键是保持党的领导的科学性、民主性和法治性，故而必须提高科学执政、民主执政和依法执政的水平，为领导广大人民群众依法有序高效地治理国家奠定坚实基础。在民主政治领域，科学执政要求结合中国具体实际，探索和遵循民主政治发展规律，以科学的思想、制度和方法领导社会主义民主政治建设；民主执政要求为人民执政、靠人民执政，领导和支持人民当家作主，从各个层次、各个领域扩大公民有序的政治参与。依法执政要求科学地领导立法、模范地带头守法、严格地保证执法、全面落实依法治国方略。

三、坚持党的领导是建设中国特色民主政治的重要条件

构建何种民主模式取决于一个国家的具体国情，各国因历史、现实、经济、文化等差异衍生出不同国情，民主模式及其构建方式自然大相径庭，其背后的要素条件和内在逻辑更是天壤之别。中国特色民主政治是中国共产党根据中国国情、扎根中国本土，探索出具有社会主义性质的人民民主模式，中国具体国情是建设中国特色民主政治的现实要素，坚持党的领导则是重要条件。

中国特色民主政治建立在中国共产党对具体国情清醒判断的基础之上，决不生搬硬套发达国家的民主理念和模式。在民主性质层面，我国确立社会主义性质的人民民主，是建立在公有制为主体的经济制度之上的“最广大人民的民主”，而非资本主义性质的个人主义民主和自由主义民主，那是建立在生产资料私有制之上的“少数人的民主”；在组织形式层面，我国实行人民代表大会制度，不同于西方三权分立和苏维埃议行合一；在政党制度层面，我国建立中国共产党领导的多党合作和政治协商制度，不搞西方的多党制和两党轮流执政；在构建路径层面，我国走先易后难、逐步推进、高效稳健的渐进式之路，杜绝名惠而实不至的速成式空中楼阁。

坚持党的领导探索中国特色民主道路，一要加强党的组织建设，提高广大

党员干部的素质和能力，深刻认知错综复杂的具体国情，有效应对日益严峻的风险挑战，开拓创新地方特色的民主路径。二要健全党的决策机制，加强民主政治重大决策的调查研究、科学论证、风险评估，以保证民主政治改革的正确性、科学性和稳定性。三要时刻保持清醒头脑，一切从实际出发，客观总结经验，不断改进创新，同时辩证看待、理性借鉴其他国家政治文明中有利于发展社会主义民主政治的有益经验。

第二节　坚持以人民为中心是中国民主政治建设的核心价值取向

“为了谁、依靠谁”这个根本性问题承载着民主政治的核心价值理念，中国共产党自诞生之日就对此作出了明确回答——“为了人民、依靠人民”，即“以人民为中心”，百年来一直遵循着这个核心价值逻辑。坚持以人民为中心，是中国民主政治发展的应然价值诉求和最终价值归宿，是各项民主政治工作的立足点、出发点和落脚点，是民主制度体系的合法性基础和民主实践成效的决定性标准，彰显了中国共产党“发展为了人民、发展依靠人民、发展成果由人民共享”的人民立场，体现了中国特色民主政治的政治立场、主体属性、依靠力量和发展归宿，铸就了党的宗旨观、民主观、政治观、人民观、群众观的根本统一。

一、坚持以人民为中心是民主政治建设的根本目标

人民当家作主是中国共产党执政的最高目标，是社会主义民主政治的精神内核，而中国民主政治建设的根本目标是坚持以人民为中心。虽然“坚持以人民为中心的发展思想”在党的十八届五中全会上才被首次提出，但中国共产党自成立以来，始终以此作为民主政治建设的初心和根本目标，只是在不同历史时期提法有所不同。在新民主主义革命时期，毛泽东告诫全党：“共产党是为民族、为人民谋利益的政党，它本身决无私利可图。它应该受人民的监督，而

决不应该违背人民的意旨。”① 以毛泽东同志为核心的党的第一代中央领导集体，提出并明确“全心全意为人民服务”为党的根本宗旨，党为了民族和人民艰苦奋斗、流血牺牲，最终带领广大民众实现了民族独立和人民解放。改革开放时期，以邓小平同志为核心的党的第二代中央领导集体，提出以人民为最终依归的“共同富裕”奋斗目标和“三个有利于”工作判断标准；以江泽民同志为核心的党的第三代中央领导集体，确立“立党为公，执政为民”的理念；以胡锦涛同志为总书记的党中央，提出“坚持以人为本”，强调发展为了人民、发展依靠人民、发展成果由人民共享。进入新时代，以习近平同志为核心的党中央在党的十九大上，“明确新时代我国社会主要矛盾是人民日益增长的美好生活需要和不平衡不充分的发展之间的矛盾，必须坚持以人民为中心的发展思想，不断促进人的全面发展、全体人民共同富裕”，将人民对美好生活的向往作为奋斗目标。

不忘初心，方得始终。坚持以人民为中心这一根本目标，一要坚持立党为公、执政为民，践行全心全意为人民服务的根本宗旨，把“权为民所赋”和“权为民所用”有机统一起来。二要保障改善民生，增进民生福祉。切实把以人民为中心的民主政治价值追求落实到人民最关心和最期盼的民生问题上，通过“坚守底线、突出重点、完善制度、引导预期”来“补短板、求平衡、促公平”，满足人民对美好生活的需要，增强广大人民群众的获得感、幸福感和尊严感。三要坚持共享发展理念，共享改革发展成果。以全民共享、全面共享、共建共享、渐进共享为原则，使每位社会成员享有平等的发展机会，让改革发展成果更多、更公平地惠及全体人民，推动程序民主和实体民主结合统一，努力实现人的全面发展和民主政治的全面进步。

二、坚持以人民为中心是设计民主政治体制机制的根本遵循

中国社会主义民主政治体制机制具有显著特色和巨大优势，其深刻根源在于将坚持以人民为中心作为根本遵循，这不仅是人民民主的本质要求，也是中

① 《毛泽东选集》第 3 卷，人民出版社 1991 年版，第 809 页。

国特色民主政治体制机制的内在要求。

在民主政治体制制度层面，我国是工人阶级领导的、以工农联盟为基础的人民民主专政的社会主义国家，这是我国国体，规定民主内容，彰显“为了人民”；实现人民当家作主的人民代表大会制度，是我国政体，规定民主形式，践行“如何为人民”；中国共产党领导的多党合作和政治协商制度、民族区域自治制度以及基层群众自治制度这些基本政治制度，“建立——健全——完善——创新”过程始终围绕“体现人民意志、保障人民权益、激发人民创造力、实现人民当家作主”这一核心；显而易见，国体、政体、基本政治制度均遵循着坚持以人民为中心的价值取向。今后，我们也必须将坚持以人民为中心作为宗旨和灵魂，贯穿于民主制度设计的全过程，优化制度体系的价值优势，释放政治体制的民主优势。

在政治体制改革实践层面，1986 年邓小平指出：“政治体制改革的目的是调动群众的积极性，提高效率，克服官僚主义。”① 以邓小平同志为核心的党的第二代中央领导集体，分步骤有领导有秩序地进行政治体制改革；以江泽民同志为核心的党的第三代中央领导集体，积极稳妥推进政治体制改革；以胡锦涛同志为总书记的党中央，坚定不移深化政治体制改革；以习近平同志为核心的党中央，紧紧围绕坚持党的领导、人民当家作主、依法治国有机统一，锐意推进政治体制改革；这一改革实践历程，涵盖了党的领导、权力下放、机构改革、人事管理、协商对话、民主决策、权力监督等方面，出发点和落脚点都是以人民为中心。继往开来，我们以后也必须坚持以人民为中心，继续锐意推进政治体制改革，不断革除体制机制弊端，增强体制机制的科学化、制度化、规范化和有序化水平，形成民主、法治、稳定、高效的政治体制。

三、坚持以人民为中心是实践民主政治的根本动力

“人民，只有人民，才是创造世界历史的动力。”② 人民是民主政治建设实践

① 《邓小平文选》第 3 卷，人民出版社 1993 年版，第 177 页。

② 《毛泽东选集》第 3 卷，人民出版社 1991 年版，第 1031 页。

主体，坚持以人民为中心是推进民主政治实践的根本动力。

回顾百年党史，中国共产党始终尊重人民主体地位，依靠人民进行中国民主政治的伟大实践。中国共产党在土地革命战争时期，广泛动员苏区民众参与基层政权管理和苏维埃选举实践；抗日战争时期，联合中间党派、进步知识分子一起推动民主宪政运动，创造多种形式的选举方法激发民众参与热情，如“画圈法”“画杠法”“豆选法”等，建立“公民评议”制度以监督乡村干部；解放战争时期，领导和组织民众进行土地改革，建立推广人民代表会议制度；新中国成立之后，领导广大人民群众创造、践行形式丰富多样的人民民主和基层民主。

中国共产党根基在人民、血脉在人民、力量在人民。在民主政治建设新征程上，坚持以人民为中心。其一，人民是历史的创造者，是决定党和国家前途命运的根本力量。必须坚持人民主体地位，发挥人民首创精神，紧紧依靠人民开展民主政治实践，领导、动员、组织广大人民群众通过各级人民代表大会行使国家权力，通过各种形式和途径参与国家各领域事务。其二，群众路线是党的生命线和民主政治工作的根本路线，中国共产党将其贯彻到民主政治建设过程之中，贯彻到治国理政全部活动之中，善于从人民群众的实践探索中汲取智慧成果和实干经验。其三，民主政治建设过程接受人民监督，实践绩效应由人民评判，中国共产党把人民满意作为衡量民主政治发展成效的标准尺度，请人民群众检验发展成果、提出改进意见。

第三节　坚持马克思主义民主观是建设民主政治的重要理论基础

马克思主义民主观，自 19 世纪中期产生以来，伴随着社会主义民主政治实践的发展，在不断地与时俱进、完善创新，并取得了巨大成就，对社会主义国家产生了极大影响，是我国民主政治建设的重要理论基础。

一、马克思主义民主观是中国民主政治发展的理论基础

马克思主义民主观对社会主义民主的内涵、本质、地位、体制、制度、途径、动力、条件和保障等方面进行了不懈探索和深刻思考，形成了社会主义民主“建立——巩固——发展——完善”过程的一整套理论体系。中国共产党百年来一直将马克思主义民主观作为理论基础，领导中国民主政治发展。

第一，民主阶级性是建立人民民主政权的理论基础。马克思认为，民主具有阶级性，无产阶级的民主只能通过阶级斗争以建立无产阶级专政的国家政权来实现。中国共产党领导广大人民群众进行土地革命、抗日战争、解放战争，推翻了帝国主义、封建主义、官僚资本主义“三座大山”，建立了人民民主专政的社会主义国家，人民取得了当家作主的权利。

第二，民主与经济的关系是进行政治体制改革的理论基础。在马克思看来，民主属于政治上层建筑，由经济基础所决定，同时对经济发展产生影响，二者是相互作用的辩证统一关系。具体而言，一则民主政治制度的性质由占统治地位的经济基础的性质所决定，我国社会主义公有制则决定了人民当家作主的民主政治制度；二则民主政治随着经济基础的改变而改变，根据我国社会主义市场经济在不同时期的发展情况，因时制宜地深入推进政治体制改革；三则民主政治对经济发展的反作用有促进和阻碍两种可能结果，我国民主政治因为适应经济基础，所以一直发挥着促进作用。

第三，民主是手段和目的的统一，是制定民主路线的理论基础。马克思强调：“工人革命的第一步就是使无产阶级上升为统治阶级，争得民主。”[①] 利用民主手段保障人民群众自由平等的民主权利，民主的最终目的是使每个人都得到自由而全面的发展，产生“自由人联合体”，实现全人类的解放。可见，民主是手段，也是目的。中国共产党一直遵循民主的双重属性——工具价值和目标价值，科学制定民主路线，将民主作为人民参与国家治理的重要手段，将民主作

---

① 《马克思恩格斯选集》第 1 卷，人民出版社 2012 年版，第 421 页。

为社会主义现代化建设的关键目标，将建设中国特色社会主义民主政治作为民主政治发展的总体长远目标。

二、马克思主义民主观是中国民主政治理论创新的基石

中国共产党成立一百年来，以马克思主义民主观为基石，紧密结合中国民主政治建设的实际情况，孜孜不倦地探索和创新中国特色社会主义民主政治理论，为世界政治文明贡献中国智慧和中国方案。

在民主政权方面，马克思提出无产阶级专政的思想，主张民主与专政相统一。毛泽东在此基础上提出人民民主专政的思想，“对人民内部的民主方面和对反动派的专政方面，互相结合起来，就是人民民主专政”①。邓小平则补充道：人民民主专政要在最广泛的人民内部实行民主，对极少数敌人实行专政，是对绝大多数人的民主和对极少数人的专政的统一。

在民主形式方面，马克思对社会主义国家民主政治实现形式的基本构想有：代表制、普选制、社会自治、政治参与。中国共产党以此为参考，在新中国成立后，系统探索了人民代表大会制度这一根本政治制度，中国共产党领导的多党合作和政治协商制度、民族区域自治制度、基层群众自治制度这些基本政治制度，发展创新了选举民主、协商民主、直接民主、间接民主等多种类型的具体实现方式。

在民主地位方面，列宁提出“没有民主，就不可能有社会主义”②的著名论断，阐明了民主与社会主义的关系。邓小平后来提出“没有民主就没有社会主义，就没有社会主义的现代化”③，科学分析了民主与社会主义、民主与社会主义现代化建设的不可分割的密切关系。习近平在庆祝全国人民代表大会成立60周年大会上，进一步指出：“人民民主是社会主义的生命。没有民主就没有社会主义，就没有社会主义的现代化，就没有中华民族伟大复兴。”其深刻揭示了发

① 《毛泽东选集》第4卷，人民出版社1991年版，第1475页。

② 《列宁选集》第2卷，人民出版社1995年版，第782页。

③ 《邓小平文选》第2卷，人民出版社1994年版，第168页。

展社会主义民主的极端重要性。

在民主法制方面，马克思主义民主观认为，法律是实现民主政治的必要条件。“法律是肯定的、明确的、普遍的规范，在这些规范中自由获得了一种与个人无关的、理论的、不取决于个别人的任性的存在。法典就是人民自由的圣经。”①新中国成立之初，法律一片空白，毛泽东指出，要尽快制定社会主义宪法，制定一套中国的法律体系。邓小平在“文化大革命”之后，强调重建民主和法制的权威，使民主制度化、法制化。江泽民创造性提出，发展社会主义民主政治，最根本的是要把坚持党的领导、人民当家作主和依法治国有机统一起来，依法治国是党领导人民治理国家的基本方略。至此，我国从“法制”转向了“法治”。胡锦涛认为，必须完善中国特色社会主义法律体系。习近平明确，全面推进依法治国总目标是建设中国特色社会主义法治体系、建设社会主义法治国家，坚持依法治国、依法执政、依法行政共同推进，坚持法治国家、法治政府、法治社会一体建设。

三、马克思主义民主观是中国民主政治实践的指导思想

马克思主义民主观不仅是中国民主政治理论创新的思想基石，而且是中国民主政治实践的指导思想，是指引中国特色社会主义民主政治建设的思想武器和智慧源泉。在新的征程中，我们必须继续坚持马克思主义民主观的指导。

一要立足人民当家作主，坚持人民民主专政和人民代表大会制度。“人民当家作主”是中国共产党始终高举的旗帜，必须坚持从根本上实现人民当家作主的国体和政体，即人民民主专政和人民代表大会制度，以保证社会主义民主政治真正成为维护人民根本利益的最广泛、最真实、最管用的民主政治。

二要立足中国特色，完善创新基本政治制度。马克思认为：“只有民主制才是普遍和特殊的真正统一。”②从民主发展过程来看，民主具有普遍性；从民主

---

① 《马克思恩格斯全集》第1卷，人民出版社1995年版，第176页。

② 《马克思恩格斯全集》第3卷，人民出版社2002年版，第40页。

发展模式来看，民主具有特殊性。必须准确把握中国民主政治发展模式的特殊性，不断完善和创新中国共产党领导的多党合作和政治协商制度、民族区域自治制度和基层群众自治制度，将中国特色基本政治制度的优势转化为治理效能。

三要立足社会主义初级阶段的国情，循序渐进推动民主政治建设。马克思主义民主观强调，民主政治建设要与国家实际相结合，要随时随地以当时的历史条件为转移。[①] 中国特色社会主义进入新时代，虽然我国社会主要矛盾已经转化为人民日益增长的美好生活需要和不平衡不充分的发展之间的矛盾，但是这并没有改变我们对我国社会主义所处历史阶段的判断，我国仍处于并将长期处于社会主义初级阶段。我们必须牢牢立足于这个基本国情，科学认识民主政治建设的艰巨性和长期性，坚持走渐进式改革之路，稳步推进，健康发展，既不能盲目超越实际而急于求成，也不能消极滞后实际而固步自封。

第四节　科学建构民主政治的制度体系是民主政治建设的关键性保障

新民主主义革命时期和新中国成立初期探索积累的许多民主政治建设成果和经验，后来未能一以贯之地坚持，甚至遭到“文化大革命”的践踏破坏，主要原因在于没有将其纳入制度化轨道。党的十一届三中全会进行深刻反思，强调将民主制度化、法律化，使民主制度和法律更具稳定性、连续性和权威性。此后，我们党开启了构建民主政治制度的系统工程，囊括了领导性范畴的党内民主制度、广泛性范畴的人民民主制度、基础性范畴的基层民主制度，形成了民主政治的制度体系。发展社会主义民主政治，建设社会主义政治文明，关键在于制度建设。科学构建民主政治的制度体系，为中国特色民主政治提供了根本性、全局性、稳定性、长期性、规范性的制度基础，是民主政治建设的关键

① 《马克思恩格斯文集》第 2 卷，人民出版社 2009 年版，第 2 页。

性保障，是衡量民主政治发展水平的主要标志。

一、建立健全党内民主制度体系是保障党内民主的有力依托

党内民主是党的生命，是党在长期的革命、建设和改革实践中形成的优良传统和基本原则，贯穿于党的建设与党内生活的全过程，直接关系到党和国家的政治事业的兴衰成败。其主题是保障党员民主权利，目标是增强党的活力和团结统一，最强有力的依托是建立健全党内民主制度体系，制度体系可以维护党员民主权利，明确党内民主程序，规范党内民主生活，整合统一党内民主的思想基础、价值诉求和行为活动。党内民主制度体系是否科学、合理、完善，直接决定党内民主实现程度的高低。

中国共产党在百年探索历程中，党内民主制度不断建立完善、体系庞大健全。一是民主集中制。新民主主义革命时期，将民主集中制写进党章总纲；新中国成立初期，建立党委制以健全民主集中制；改革开放之后，努力恢复民主集中制，将其确定为“党的根本原则”，并通过建立集体交接班制度、重大问题集体决策制度等一系列党的集体领导制度对其进行完善；进入新时代，创造性提出“民主集中制是中国共产党最大的制度优势”的科学论断，将其提升贯彻到国家治理层面。二是党的代表大会制度。探索实践各级党代表大会常任制、党内民主选举制、常委会向全体委员报告工作制度、常委会重大议事票决制、党代表任期制、党代表提案制等与党的代表大会制度相配套的制度体系。三是党员民主权利制度化。通过党章规定党员基本权利，完善党内法规保障党员各项权利，2004 年颁布《中国共产党党员权利保障条例》，使“党员主体地位”得到制度化确认。四是党内监督制度。颁布了《关于实行党风廉政建设责任制的规定》《关于建立干部监督工作督察员制度的办法（试行）》《中国共产党党内监督条例（试行）》《中国共产党纪律处分条例》《建立健全教育制度、监督并重的惩治和预防腐败体系实施纲要》等一系列有关党内监督的制度性文件，建立了党的纪律检查和监察委员会制度、党委报告制度、党内巡视制度等不同形式的党内监督制度。

今后应继续完善拓展党内民主制度体系，同时注重制度之间的衔接兼容，增强制度体系的依托合力，以完备的制度保障党内民主的健康发展。民主集中制和党的代表大会制度虽已较为成熟，仍需广大党员干部在实践中不断进行创新细化，激活制度效能；我们应遵循彰显党员主体地位、保障党员民主权利的原则，健全党员民主权利保障制度，组织广大党员进行学习实践，落实党员知情权、参与权、选举权、监督权，进一步激发广大党员的积极性、主动性和创造性；突出广大党员的监督主体地位，明确党内监督的重点对象和重点领域，科学构建自下而上、自上而下、党内同级监督相结合的三位一体的党内监督制度体系；完善全面从严治党制度，规范党内政治生活，严明政治纪律和政治规矩，发展积极健康的党内政治文化，全面净化党内政治生态。

二、科学建构国家民主制度体系是保障人民当家作主的重要基础

人民民主是社会主义的生命，人民当家作主是中国社会主义民主政治的本质和核心，是社会主义民主根本优越性的集中体现，然而中国 14 亿人民如何才能实现当家作主呢？必须有一套国家民主制度体系作为保障，主要包括人民代表大会制度、中国共产党领导的多党合作和政治协商制度、民族区域自治制度。人民代表大会制度是中国人民当家作主的根本政治制度，是人民行使国家权力的制度安排，能召集各行政区域各个层级的人民代表；中国共产党领导的多党合作和政治协商制度是中国基本政治制度和特色政党制度，能凝聚各民主党派和无党派人士；民族区域自治制度作为基本政治制度，是妥善处理民族关系、保证国家长治久安的最佳制度，能团结各少数民族人们；总而言之，国家民主制度体系保障了全方位、多层次、最广泛的人民当家作主。

新中国初期，我们确立了社会主义基本政治制度框架。1949 年中国人民政治协商会议第一届全体会议，正式确立中国共产党领导的多党合作和政治协商制度；1954 年第一届全国人民代表大会，正式建立人民代表大会制度和民族区域自治制度。经过“文化大革命”的制度冰冻期，国家民主制度体系在党的十一届三中全会之后逐渐恢复，在改革开放时期走上深入发展的快车道。我们

党建立健全人民代表大会自身具体制度，如选举制度、代表制度、立法制度、监督制度、组织制度、会议制度等；出台《关于进一步加强中国共产党领导的多党合作和政治协商制度建设的意见》《中共中央关于加强人民政协工作的意见》等纲领性文件，健全多党合作制度的原则、任务、内容、方式、程序等，推进政治协商、民主监督、参政议政的制度化，建立中国共产党就重大问题与各民主党派进行政治协商的制度；颁布《中华人民共和国民族区域自治法》，推动民族区域自治制度进入法制化新阶段，基本形成民族区域自治法律体系；此外，还构建完善了政府民主制度和司法民主制度，前者包括政务公开制度、专家咨询和论证评估制度、社会听证和公示制度等，后者配套公开审判制度、人民陪审员制度、人民监督员制度等。

回顾历史，展望未来，必须坚定不移地坚持好、构建好、发展好国家民主制度体系，将制度内在优势更好地转化为国家治理效能。一则推动人民代表大会制度与时俱进，健全人大组织制度、选举制度、议事制度和决定重大事项制度，优化论证、评估、评议、听证制度，完善“一府两院”由人大产生、对人大负责、受人大监督制度。二则推动中国特色社会主义政党制度发展创新，完善民主党派中央直接向中共中央提出建议制度、人民政协制度体系，重点推进政治协商、民主监督、参政议政制度化、规范化、程序化，构建程序合理、环节完整的协商民主体系。三则推动民族区域自治制度稳步深化，坚定不移走中国特色解决民族问题的正确道路，保证民族自治地方依法行使自治权，保障少数民族合法权益，巩固和发展平等团结互助和谐的社会主义民族关系。

三、不断完善社会民主制度体系是保障基层民主的基本前提

从西方民主政治的发展历程来看，直接民主只有在小国寡民中才可能实现，在大规模人口的现代国家难以实现。从中国共产党的百年探索来看，基层民主使直接民主在 14 亿人口的中国成为现实。基层民主属于社会主义民主政治的基础性范畴，是党内民主和人民民主的基础性工程，是中国特色民主新路的重要关节点和现实切入点，是人民群众直接行使民主权利的最直接、最广泛、最有

效的主要途径。而保障基层民主的基本前提在于不断完善社会民主制度体系，即基层群众自治制度体系，涵盖城市居民自治制度、农村村民自治制度、企业职工代表大会制度以及其他企事业民主管理制度。制度体系明确规定并切实保障不同地域、各个领域人民群众直接行使民主权利的内容、程序、方式等，是人民群众依法进行自我管理、自我服务和自我发展的引导规范，若失去这一基本前提，基层民主就会成为顷刻消失的海市蜃楼。

中国共产党深知基层群众自治制度体系的重要性，一直以来根据国情需要、实践探索、人民诉求对其进行不断完善。首先，面对多地出现基层自治实践的新情况，国家相继颁布《村民委员会组织法（试行）》《全民所有制工业企业法》《城市居民委员会组织法》，配套实施《公司法》《劳动法》《工会法》，地方人大也制定颁布许多发展基层民主政治的地方性法规，推进基层民主建设的制度化和法制化。其次，拓展基层自治方式，健全相关具体制度，如发出《关于在农村普遍实行村务公开和民主管理制度的通知》《关于推行厂务公开制度的通知》，建立政务、厂务、财务公开制度和公开办事制度；公布《关于农业和农村工作若干重大问题的决定》，全面推进村级民主选举、民主决策、民主管理、民主监督，细化“四个民主”相关制度。最后，党的十七大将“基层群众自治制度”纳入我国基本政治制度的范畴，扩大基层群众自治范围，健全村民自治机制，完善民主管理制度，落实村务公开和民主议事制度。

我们现在必须遵循贯彻习近平新时代中国特色社会主义思想，根据目前基层群众的不同特点不断完善创新不同形式的基层群众自治制度，使“基层草根民主”在广袤的中国大地茁壮成长。在城市和农村，紧跟互联网络发展趋势，创新运用信息技术拓展基层民主形式和渠道，进一步完善基层选举、议事、管理、述职、监督、问责等制度机制；扩大基层自治主体范畴，完善政务公开、村务公开等制度，实现政府行政管理与基层群众自治的有效衔接和良性互动；开展形式多样的基层民主协商，推进基层协商制度化。在企事业单位，全心全意依靠工人阶级，完善以职工代表大会为基本形式的民主管理制度，探索企业职工参与管理的有效方式，保障职工群众的知情权、参与权、表达权、监督权。

第五节　发展全过程人民民主是民主政治深度推进的整体要求

在中国共产党的坚强领导和不懈探索之下，中国人民民主出现跨越式发展，其制度体系和机制运作呈现系统化特征，习近平总书记深刻认识到这一趋势并将其概括为“人民民主是一种全过程的民主”。全过程人民民主，是对人民民主本质的最新认知，是对中国特色社会主义民主政治的全新表述，是对中国民主政治制度体系和运作机制的系统概括，是对中国式民主理论、实践和道路的全景总结。由此可见，发展全过程人民民主是深度推进民主政治的整体要求。

一、全过程人民民主是中国民主政治发展的特色优势

全过程人民民主精辟概括了中国特色社会主义政治发展道路，深刻揭示了中国式民主区别于西方式民主的内在规律和政治逻辑，充分彰显了中国民主政治发展的显著特色和巨大优势。其特色和优势主要表现在以下四个方面。

一是民主范围层次的全局性。西方式民主集中于政治领域，重点是政治选举。而中国全过程人民民主不仅关注政治领域，还关注经济、文化、社会、生态等各个领域；不仅贯彻于宏观层面的民主政治建设，还体现在微观层面的政治工作生活。毛泽东同志曾言：“民主必须是各方面的，是政治上的、军事上的、经济上的、文化上的、党务上的以及国际关系上的，一切这些，都需要民主。”①

二是民主制度机制的全面性。民主集中制、党的代表大会制度、党员民主权利保障制度、党内监督制度等构成党内民主制度体系，人民代表大会制度、中国共产党领导的多党合作和政治协商制度、民族区域自治制度构成国家民主制度体系，城市居民自治制度、农村村民自治制度、企业职工代表大会制度以及其他企事业民主管理制度等构成基层群众自治制度体系。构建党内民主、人

① 《毛泽东文集》第3卷，人民出版社1996年版，第169页。

民民主、基层民主三大相对独立、紧密联系、彼此推动的民主机制系统，从而形成全过程人民民主之多元复合的制度体系和闭合循环的运行机制。

三是民主具体实践的全程性。全过程人民民主强调，把民主的要求贯穿于国家治理的各个方面与全部环节，扩大人民有序政治参与，保证人民依法参与民主选举、民主协商、民主决策、民主管理、民主监督的全部流程，从而发挥出间接民主与直接民主相统一、选举民主与协商民主相统一的显著优势。协商民主已经形成了包括政党协商、人大协商、政府协商、政协协商、人民团体协商以及社会组织协商在内的协商体系，是社会主义民主政治的特有形式和独特优势，与选举民主相互补充、相得益彰。

四是民主主体活动的联动性。国家、地方、基层的民主活动是上下联动的，党委、人大、政府、社会、市场等组织的民主活动是彼此互动的，全过程人民民主可以调动最为广泛的主体力量，既能举全国之力办大事，又能因地制宜谋发展。

二、全过程人民民主是保障人民当家作主的最优模式

人民民主属于揭示民主性质特征的抽象民主概念范畴，全过程民主属于揭示民主实践特征的经验民主概念范畴，抽象民主概念只有建立在经验民主概念的基础上才能实现。① 人民民主的本质即人民当家作主，内在要求人民群众全流程参与民主政治活动，而全过程人民民主为其提供了完备的制度体系、广泛的民主权利、全程的参与实践和更高的民主效能，是保障人民当家作主的最优模式。

首先，全过程人民民主全面完备的制度体系是保证人民当家作主的关键前提。中国共产党历经百年探索，已经建立健全人民代表大会制度、中国共产党领导的多党合作和政治协商制度、民族区域自治制度和基层群众自治制度，全

① 程竹汝：《人大制度内涵的充分展现构成全过程民主的实践基础》，《探索与争鸣》2020 年第 12 期。

面覆盖人民民主过程、协商民主过程、民族自治过程和基层民主过程，为各个层次、各类领域民主过程中的人民群众提供规范性指导和制度性保障。

其次，全过程人民民主广泛切实的民主权利是支持人民当家作主的基础要件。全过程人民民主的主体即人民，涵盖个体的人民和整体的人民，其强调的不仅仅是每个公民个体的知情权、参与权、表达权、监督权等，同时还保障作为整体的人民的权利，以支持最广泛意义上的人民主体切实平等地行使当家作主的权利。

再次，全过程人民民主全流程式的参与实践是践行人民当家作主的核心步骤。全过程人民民主通过法律框架和制度安排，将民主选举、民主协商、民主决策、民主管理、民主监督各个环节联结贯通，从而使人民群众真正参与到“酝酿—决策—执行—监督—评估—问责”全链条、全方位、迭代性的实践过程。

最后，全过程人民民主创造更高的民主效能是实现人民当家作主的重要目标。全过程人民民主强调过程，也注重结果，其实结果本身就是过程的一部分，结果与过程相辅相成。全过程人民民主就是通过全流程参与实践将民主制度优势转化为治理效能的过程，将人民当家作主之良好的制度设计、可行的程序机制转化为解决现实问题的成效，展现出人民民主的真实性、高效性、稳定性和优越性。

三、全过程人民民主是中国特色民主政治的坚定方向

习近平总书记在庆祝中国共产党成立100周年大会上的重要讲话中，对发展全过程人民民主提出了明确要求。全过程人民民主是中国共产党领导中国民主政治建设百年积淀的重大成果，我们必须深刻认识其显著特点，充分发挥其巨大优势，将其作为保障人民当家作主的最优模式和发展中国特色民主政治的坚定方向。因此，今后必须从以下方面继续努力探索。

第一，始终坚持、全面落实党的领导。这是发展全过程人民民主的根本政治保证。不断增强中国共产党总揽全局、协调各方的领导核心作用，把党的领

导贯彻落实到政治、经济、文化、社会、生态、军事、外交和社会生活等各领域全过程，以党内民主带动人民民主，带领广大人民群众在全过程人民民主道路上继续前进。

第二，完善创新、联结衔接民主制度体系。按照全过程人民民主的原则精神和实践要求，不断完善党内民主政治制度、人民民主政治制度和基层民主政治制度，全面构建系统完备、科学规范、运行有效的民主制度体系，系统创建民主过程中根本制度、基本制度、重要制度、具体制度之间机制的衔接联动，以增强全过程人民民主的制度体系保障和制度效用合力。

第三，将民主实践贯穿治国理政的全过程。在制度机制的支持下，积极推进全过程人民民主的全流程式参与实践，稳步扩大人民有序参与公共政策生命周期全过程的层次范围，努力引导人民群众在政治活动中依法进行民主选举、民主协商、民主决策、民主管理、民主监督，从而实现全过程的民主实践闭环。

第四，将现代信息技术嵌入全过程人民民主。时代在变，必须坚持全过程人民民主的性质、核心和原则不变，但其具体实践方式可以紧跟信息时代脉搏特征而不断拓展创新。全过程人民民主作为更高程度的民主模式，应以更先进的科技文明作为技术支撑，我们依托互联网络、信息技术、智能设备的“数字空间格局”，搭建互联互通的网络民主平台，探索多平台互动、线上线下协同的民主实践的新程序、新机制、新方法、新渠道，有效降低全过程参与的实践成本，挖掘提升“数字民主”的治理效能，激发保持全过程人民民主的旺盛生命力。

重要活动和文献节点

一、1921—1978 年

1921 年 7 月 23 日 中国共产党第一次全国代表大会在上海法租界望志路106 号（现兴业路 76 号）开幕。大会通过了中国共产党纲领，确定党的名称为“中国共产党”。党的纲领在确定党的根本目的是实行社会主义革命的同时，明确了党的组织原则。在党员人数超过五百，或已成立五个以上地方执行委员会时，应选择一适当地点成立由全国代表会议选出之十名委员组成之中央执行委员会。地方组织必须接受中央的监督和指导，在全党建立统一的组织和严格的纪律。党的纲领需经全国代表大会三分之二的代表通过修正案时方可修改。中共一大的召开标志着以马克思列宁主义为行动指南的、以实现社会主义和共产主义为奋斗目标的统一的无产阶级政党的成立，揭开了中国共产党探索和实践新型民主政治的序幕。

1922 年 7 月 16 日至 23 日 中国共产党第二次全国代表大会在上海举行。大会通过了党的最高纲领和最低纲领，明确提出了党的目的是要“组织无产阶级，用阶级斗争的手段，建立劳工专政的政治，铲除私有财产制度，渐次达到一个共产主义的社会”。大会制定通过了《中国共产党章程》，规定了党的地方组织和中央执行委员会的产生办法。中央执行委员会由全国代表大会选举五人组织之。中央执行委员会任期一年，区及地方执行委员会任期均为半年，组长任期不定，但均得连选连任。在决策上党的一切会议均取决多数，少数绝对服从多数。《中国共产党章程》的制定，为党内民主政治的实践提供了制度保障。

1923年6月20日 《中国共产党中央执行委员会组织法》在党的第三次全国代表大会通过，规定中央执行委员会由本常年大会选出，其一切行动对大会负责，在两大会之间为本党最高机关。中央执行委员会以九人组织之，中央委员缺职时应以候补委员补缺。大会后之中央执行委员会第一次会议，即分配工作并选举五人组织中央局。其余四人分派各地，赞助该地方委员会一同工作，每星期将所在地情形报告中央局一次。中央局以中央执行委员会名义行使职权。中央执行委员会常会每四个月开一次，中央局每星期开会一次。中央局执行委员会及中央局之一切决定，以多数取决，但召集临时全党大会之决议，须以三分之二的多数取决。如有本党区代表三分之一党员之请求，执行委员会必须在接到请求书之一月内召集本党临时大会。党的组织法的通过为规范中央执行委员会党内民主政治生活提供了制度保障。

1927年6月1日 中国共产党中央政治局召开会议通过了《中国共产党第三次修正章程决案》，在明确党的中央机关、省、市、县、区、党支部职权的同时，专款阐明了党的建设，确定党的指导原则为民主集中制。按照民主集中制的原则在一定区域内建立这一区域内党的最高机关，管理这一区域党的部分组织。党部之执行机关概以党员大会或其代表大会选举，上级机关批准为原则；但特殊情况之下，上级机关得指定之。地方党部对于地方的部分问题有自行解决的权利。全体党员大会及各级代表大会选举各级委员会。委员会在大会闭幕期间为该级党部最高权力机关，执行并指导党务及政策。这是党的历史上首次将民主集中制写入党的章程，标志着党内民主政治建设的新发展。

1927年9月29日 秋收起义之后，毛泽东率领起义队伍沿罗霄山脉向南进发，29日到达江西省永新县三湾村。根据起义部队的现状，毛泽东决定对部队进行改编，将原来的一个师改编为工农革命军第一军第一师第一团；在部队建立党的各级组织和党代表制度，班排设党小组，连建党支部，连以上设党代表，营、团建党委；在加强党对军队领导的同时，决定军队内部实行民主制度，反对军阀主义；连以上建立各级士兵委员会，官兵待遇平等，废除旧军队的带兵方法和习俗制度。士兵委员会的建立是中国共产党探索军队民主政治理论和实践的开端，为建立中国共产党领导的新型军队和在部队内开展民主活动奠定了基础。

1928 年 7 月 9 日 中国共产党第六次全国代表大会于 1928 年 6 月 18 日在莫斯科开幕，大会在正确分析中国社会性质和革命性质、任务的基础上，于 7 月 9 日通过《中国共产党第六次代表大会决议案》，对党内民主政治建设提出了新的要求。决议案指出“实行真正的民主集中制；秘密条件之下尽可能地保证党内的民主主义；实行集体地讨论和集体地决定主要问题。同时反对极端民主主义倾向，因为这是可以破坏党的纪律，不负责任的态度可以因此增加，而且损害党的指导机关的信仰”。决议案第一次阐明了民主与集中的关系，对于正确理解党的民主集中制原则具有重要的理论价值和实践意义。

1929 年 12 月 毛泽东为中国共产党红军第四军第九次代表大会起草了决议案，在《关于纠正党内的错误思想》部分指出，红军党内存在着的非组织的观点，其表现如下：“少数不服从多数”“非组织的批评”。纠正的办法如下。（一）开会时要使到会的人尽量发表意见。有争论的问题，要把是非弄明白，不要调和敷衍。（二）党的纪律之一是少数服从多数。少数人在自己的意见被否决之后，必须拥护多数人所通过的决议。除必要时得在下一次会议再提出讨论外，不得在行动上有任何反对的表示。（三）教育党员懂得党的组织的重要性，对党委或同志有所批评应当在党的会议上提出。使党员明白批评的目的是增加党的战斗力以达到阶级斗争的胜利，不应当利用批评去做攻击个人的工具。关于纠正党内的错误思想明确了党内民主与党的纪律的关系，为党的民主政治理论的形成和发展创造了重要的条件。

1930 年 11 月 7 日至 20 日 中华苏维埃第一次全国代表大会在瑞金叶坪村举行。大会选出了由 63 人组成的中央执行委员会，宣告了中华苏维埃共和国临时中央政府的成立。会议通过了《中华苏维埃共和国宪法大纲》《中华苏维埃共和国土地法令》等四项法律。宪法大纲规定：中华苏维埃政权所建设的是工人和农民的民主专政的国家。在苏维埃政权领域内的工人、农民、红军战士以及一切劳苦民众和他们的家属，不分男女民族和宗教信仰，在苏维埃法律面前一律平等。苏维埃的最高权力机关为全国工农兵代表大会，在大会闭会期间，苏维埃中央执行委员会为最高政权机关，中央执行委员会之下组织人民委员会，处理日常政务，并发布一切法令和决议案。中华苏维埃共和国的成立是中国共产党在局部地区进行民主政治建设的重要尝试。

1937 年 5 月 8 日 毛泽东在延安召开的中国共产党全国代表会议上作了《为争取千百万群众进入抗日民族统一战线而斗争》的结论，就党内民主问题进行了阐释，指出要达到建立抗日民族统一战线的目的，“党内的民主是必要的。要党有力量，依靠实行党的民主集中制去发动全党的积极性。在反动和内战期间，集中制表现的多一些。在新时期，集中制应该密切联系于民主制。用民主制的实行，发挥全党的积极性。用发挥全党的积极性，锻炼出大批的干部，肃清宗派观念的残余，团结全党像钢铁一样”。其指出了民主对增进党内团结的重要性和民主制与集中制适用的环境条件。

1937 年 10 月 25 日 毛泽东与英国记者贝特兰谈话时指出，民主共和国的口号主要包含如下三点。（一）不是一个阶级的国家和政府，而是排除汉奸卖国贼在外的一切抗日阶级互相联盟的国家和政府，其中必须包括工人、农民及其他小资产阶级在内。（二）政府的组织形式是民主集中制，它是民主的，又是集中的，将民主和集中两个似乎相冲突的东西，在一定形式上统一起来。（三）政府给予人民以全部必需的政治自由，特别是组织、训练和武装自卫的自由。在回答贝特兰提出的民主与集中的关系时，毛泽东指出，民主与集中之间，并没有不可逾越的深沟。一方面，我们所要求的政府，必须是能够真正代表民意的政府；这个政府一定要有全中国广大人民群众的拥护和支持，人民也一定要能够自由地去支持政府，和有一切机会去影响政府的政策。这就是民主制的意义。另一方面，行政权力的集中化是必要的；当人民要求的政策一经通过民意机关而交付与自己选举的政府的时候，即由政府去执行，只要执行时不违背曾经民意通过的方针，其执行必能顺利无阻。这就是集中的意义。

1938 年 10 月 14 日 毛泽东在中国共产党第六届中央委员会扩大会议上

作了《论新阶段》的报告。在阐述中国共产党在抗日民族战争中地位的同时，其专章强调了党内民主问题，提出党的积极性的发挥，“有赖于党内生活的民主化。党内缺乏民主生活，发挥积极性的目的就不能达到。大批能干人材的创造，也只有在民主生活中才有可能。由于我们的国家是一个小生产的家长制占优势的国家，又在全国范围内至今还没有民主生活，这种情况反映到我们党内，就产生了民主生活不足的现象”。因此，“必须在党内施行有关民主生活的教育，使党员懂得什么是民主生活，什么是民主制和集中制的关系，并如何实行民主集中制。这样才能做到：一方面，确实扩大党内的民主生活；又一方面，不至于走到极端民主化，走到破坏纪律的自由放任主义”。“在军队中的党组织，也须增加必要的民主生活，以便提高党员的积极性，增强军队的战斗力。”

1940 年 1 月 9 日 毛泽东在陕甘宁边区文化协会第一次代表大会上作了题为《新民主主义的政治与新民主主义的文化》的演讲，同年 2 月 20 日在延安出版的《解放》第 98、99 期合刊发表演讲内容，题目改为《新民主主义论》。在阐明中国向何处去，中国革命与世界革命的关系等重要问题的同时，其论证了新民主主义的政治。毛泽东指出新民主主义革命胜利后，国体是建立在无产阶级领导下的一切反帝反封建的人们联合专政的民主共和国，这种新民主主义的共和国，“一方面和旧式的、欧美式的、资产阶级专政的、资本主义的共和国相区别，那是旧民主主义的共和国，那种共和国已经过时了”。“另一方面，也和苏联式的、无产阶级专政的、社会主义的共和国相区别。”“但是那种共和国，在一定的历史时期中，还不适用于殖民地半殖民地国家的革命。”中国在“一定历史时期中所采取的国家形式，只能是第三种形式，这就是所谓新民主主义共和国”。政体是“采取全国人民代表大会、省人民代表大会、县人民代表大会、区人民代表大会直到乡人民代表大会的系统，并由各级代表大会选举政府。但必须实行无男女、信仰、财产、教育等差别的真正普遍平等的选举制”。这种制度即是民主集中制。

1940 年 2 月 20 日 毛泽东在延安各界宪政促进会成立大会上作了《新民主主义的宪政》演讲，指出新民主主义的政治，就是新民主主义的宪政。它不是旧的、过了时的、欧美式的、资产阶级专政的所谓民主政治；同时，也不是苏联式的、无产阶级专政的民主政治。而是几个革命阶级联合起来对于汉奸反动派的专政。世界上历来的宪政，不论是英国、法国、美国，或者是苏联，都是在革命成功有了民主事实之后，颁布一个根本大法，这就是宪法。中国则不然，中国是革命尚未成功，国内除我们边区等地而外，尚无民主政治的事实。所以，现在的宪政运动是争取尚未取得的民主，不是承认已经民主化的事实。

1940 年 3 月 6 日 中共中央发出《抗日根据地的政权问题》的指示，指出在华北、华中等地建立的抗日民主政权，是统一战线性质的政权。在政权人员组成上，规定共产党员、非党的左派进步分子、不左不右的中间派各占三分之一，实行“三三制”。“三三制”的实行，是在政权建设中实行民主政治的重要内容，特别是允许中间势力进入抗日民主政府，调动了各方面的积极性，推动了抗日根据地的民主政治建设和经济文化等各项事业的发展。

1941 年 11 月 6 日至 21 日 根据陕甘宁边区中央局发布的《陕甘宁边区施政纲领》(简称“五一施政纲领”)，陕甘宁边区第二届参议会第一次大会在延安召开。在选举的 18 名边区政府委员会委员中，共产党员 7 名，超过了三分之一。当选的边区政府委员徐特立（共产党员）立即声明，请求退出，得到大会的赞同。大会按原选得票多少，递补了一位无党派人士，使边区政府中的共产党员、进步分子、中间派人数完全符合“三三制”的原则要求。“三三制”的实行，使中国共产党领导的边区政权建设具有质的飞跃，抗日根据地成为全国最先进的地方。

1940 年 12 月 刘少奇在中共中央中原局创办的刊物《江淮》创刊号上发表《论抗日民主政权》，指出抗日民主政权是抗日民族统一战线性质的，“是几个革命阶级联合起来，对于汉奸反动派的专政”。它的方针和任务是“反抗日本帝国主义，保证抗日各阶层人民的利益，改良工农生活及镇压汉奸反动派”。根据抗日民主政权的性质，“政府的组织必须实行民主集中制，实行各级民主政府的委员会制、代表会议制，实行普遍的选举，实行少数服从多数的制度。在政府人员中，共产党员应只占三分之一，非党进步分子与中间分子占三分之二，这就是在八路军新四军活动区域抗日民主政权的‘三三制’”。

1945 年 4 月 24 日 毛泽东在中国共产党第七次全国代表大会上作了《论联合政府的》报告。报告明确指出了中国只能“建立一个以全国绝大多数人民为基础而在无产阶级领导之下的统一战线的民主联盟的国家制度，我们把这样的国家制度称之为新民主主义的国家制度”。新民主主义的政权组织，“应该采取民主集中制，由各级人民代表大会决定大政方针，选举政府。它是民主的，又是集中的，就是说，在民主基础上的集中，在集中指导下的民主。只有这个制度，才既能表现广泛的民主，使各级人民代表大会有高度的权力；又能集中处理国事，使各级政府能集中地处理被各级人民代表大会所委托的一切事物，并保障人民的一切必要的民主活动”。

1945 年 7 月 4 日 毛泽东在延安杨家岭住处的窑洞中与时任国民政府参政员黄炎培就关于民主政治问题进行了探讨。黄炎培提出：“我生六十多年，耳闻的不说，所亲眼看到的，真所谓‘其兴也勃焉’，‘其亡也忽焉’，一人，一家，一团体，一地方，乃至一国，不少单位都没有能跳出这周期率的支配力，大凡初时聚精会神，没有一事不用心，没有一人不卖力，也许那时艰难困苦，只有从万死中觅取一生。既而环境渐渐好转了，精神也就渐渐放下了。有的因为历时长久，自然地惰性发作，由少数演为多数，到风气养成，虽有大力，无法扭转，并且无法补救。”“一部历史。‘政怠宦成’的也有，‘人亡政息’的也有。‘求荣取辱’的也有。总之没有能跳出这周期率。中共诸君从过去到现在，我略略了解的了。就是希望找出一条新路，来跳出这周期率的支配。”毛泽东明确地回答：“我们已经找到新路，我们能跳出这周期率。这条新路，就是民主。只有让人民来监督政府，政府才不敢松懈。只有人人起来负责，才不会人亡政息。”毛泽东的延安窑洞对话向世界展示了中国共产党建设民主政治的决心。

1948 年 1 月 30 日 为推进军队内部的民主建设，毛泽东为中央起草了《军队内部的民主运动》指示，明确指出，军队内部政治工作的方针，是放手发动士兵群众、指挥员和一切工作人员，通过集中领导下的民主运动，达到政治上高度团结、生活上获得改善、军事上提高技术和战术的三大目的。应当使士兵在必要时，有从士兵群众中推选他们相信的下级干部候选人员以待上级委任的权利。在下级干部极端缺乏的时候，这种推选很有用处。但是，这种推选不是普遍的推选，而是某些必要时的推选。该指示为推进军队民主的深入发展提供了指导。

1948 年 2 月 17 日　中共中央军事委员会总政治部发出《关于在连队成立士兵委员会的指示》，要求“各部队均可在连队中普遍成立士兵委员会，并应将连队党的支部完全公开，使与士兵委员会之民主生活结合起来，更加密切党与群众之间的关系。以后支部开会，应邀请士委会的非党战士参加，保证在会议上他们对党员有自有批评和建议之事，达到不仅确立士兵委员会的一定民主生活，并在党内也建立一定的民主生活，使支部不脱离群众，使党员接受群众监督，保证党的领导的正确和组织的纯洁”。该指示为军队民主和党内民主的有机结合提供了思想指导。

1948 年 9 月 20 日　毛泽东为中共中央起草了《关于健全党委制》的决定，指出党委制是保证集体领导，为防止个人包办的党的重要制度，“今后从中央局至地委，从前委至旅委以及军区（军分会或领导小组）、政府党组、民众团体党组、通讯社党组和报社党组，都必须建立健全党委会议制度。一切重要问题均须交委员会讨论，由到会委员充分发表意见，做出明确决定，然后分别执行。高级领导机关的部、委、室，亦应有领导分子的集体会议。在会议之前，对于复杂的和有分歧的重要问题，又须有个人商谈，使委员们有思想准备，以免会议决定流于形式或不能做出决定”。该决定实质上指出了协商民主在党委会议中的重要性及意义。

1949 年 6 月 30 日　毛泽东发表《论人民民主专政》，在总结 28 年中国新民主主义革命经验的基础上，指出新中国成立后，将建立工人阶级领导的以工农联盟为基础的人民民主专政的国家。人民在中国现阶段是“工人阶级，农民阶级，城市小资产阶级和民族资产阶级。这些阶级在工人阶级和共产党的领导之下，团结起来，组成自己的国家，选举自己的政府，向着帝国主义的走狗即地主阶级和官僚资产阶级以及代表这些阶级的国民党反动派及其帮凶们实行专政。……对于人民内部，则实行民主制度，人民有言论集会结社等项的自由权。选举权，只给人民，不给反动派。这两方面，对人民内部的民主方面和对反动派的专政方面，互相结合起来，就是人民民主专政”。其从制度上设计了新中国的国体。

1949 年 9 月 21 日至 30 日　中国人民政治协商会议第一届全体会议在北平举行。出席会议的代表 662 人。会议选举了以毛泽东为主席的中央人民政府委员会，通过了《中国人民政治协商会议共同纲领》《中国人民政治协商会议组织法》《中华人民共和国中央人民政府组织法》等。《中国人民政治协商会议共同纲领》确定中华人民共和国为新民主主义即人民民主主义的国家。中华人民共和国人民有思想、言论、出版、集会、结社、通讯、人身、居住、迁徙、宗教信仰及示威游行的自由权。中华人民共和国的国家权力属于人民。人民行使国家政权的机关为各级人民代表大会和各级人民政府。各级人民代表大会由人民用普选方法产生之。各级人民代表大会选举各级人民政府。各级人民代表大会闭会期间，各级人民政府为行使各级政权的机关。在全国人民代表大会召开以前，由中国人民政治协商会议的全体会议执行全国人民代表大会的职权。

1949 年 9 月 30 日　上海市松江县召开各界人民代表会议，经过民主讨论和辩论，以少数服从多数的民主集中制原则，确定了减租减息、合理负担、处理劳资纠纷等实施办法。同年 10 月 13 日，毛泽东致信彭德怀、习仲勋等人，发出《转发松江县召开各界人民代表会议经验的电报》，指出“这是一件大事。如果一千几百个县都能开起全县代表大会来，并能开得好，那就会对于我党联系数万万人民的工作，对于使党内外广大干部获得教育，都是极重要的。务望仿照办理，抓紧去做。并请你们选择一个县，亲自出席，取得经验，指导所属”。各界人民代表会议的召开是新中国成立初期人民行使当家作主权利的重要渠道和组织形式，为向各级人民代表大会的过渡奠定了基础并积累了经验。

1950 年 1 月　中共中央宣传部发出《关于“人民民主专政实质上就是工农民主专政”给三野政治部的指示》，明确指出“‘人民民主专政实质上就是工农民主专政’，这种说法是正确的，不错的。所谓实质上是工农民主专政，应该理解为基本上是工农民主专政。即以工农联盟为基础的人民民主专政，而又并不等于工农民主专政，即不完全是工农民主专政的意思。中国的人民民主专政，包括工人阶级、农民阶级、小资产阶级、民族资产阶级等四个阶级参加，范围比工农民主专政为广；但它的确是以工农联盟为基础，它所执行的政策完全符合于工人农民的根本利益，因此，也可以说实质上是工农民主专政”。

1950 年 4 月 3 日　中共中央发出《关于在民族杂居地区成立民族民主联合政府的指示》，对成立民族民主联合政府提出了原则要求。“若当地少数民族占多数时，原则上应按各民族人口比例，分配当地政府委员会及人民代表会议的名额，大量吸收少数民族中能够和我们合作的人参加政府工作。若当地少数民族占少数时，各少数民族在当地政府机关中均应有相当名额的代表。……这样的各级联合政府中，少数民族的委员就可以反映他们民族的要求和意见。政府凡在处理关涉到少数民族的工作问题时，必须和少数民族的委员充分协商，力求取得他们的同意，然后做出决定。”

1950 年 4 月 13 日　中央人民政府委员会第七次会议通过了《中华人民共和国婚姻法》，共有八章二十七条。就婚姻法的原则、结婚、夫妻间的权利和义务、父母子女间的关系、离婚、婚后子女的抚养与教育、离婚后的财产和生活等进行了规范。这是新中国成立后第一部婚姻法，废除了包办强迫、男尊女卑、漠视子女利益的封建主义婚姻制度，实行男女婚姻自由、一夫一妻、男女平等、保护妇女和子女合法权益的新型婚姻制度。

1951 年 3 月 28 日　刘少奇在中国共产党第一次全国组织工作会议上作报告，在总结党的组织工作经验和未来工作任务的基础上，重点阐述了党内民主问题，指出“除开日常工作由党委的常委处理外，当地一切重要工作的方针、政策和计划，均应在党委的全体会议上讨论和通过。……党内的不同意见和争论，除开无原则的问题不要去着重外，一般的不应该避免，相反，应该摆在桌子上，适当地展开讨论，并向上级报告，到可以做出结论时，即适当地做出结论”，要求“适当地扩大党内民主，实际地而不只是形式地建立党的各级党委制、代表会议与代表大会制，并使它们加强工作，是加强我们党的各级组织机构的重要环节”。

1951年4月24日 政务院发出《关于人民民主政权建设工作的指示》，对各级人民政府的工作进行了规范，要求“各级人民政府必须依照各级人民代表会议组织通则的规定，按期召开各级人民代表会议，其中大城市每年至少须开会三次，县至少须开会两次。各级人民政府委员会会议及其行政会议，亦应按照各级人民政府组织通则的规定，建立经常的会议制度。各级人民政府的一切重大工作，应向各级人民代表会议提出报告，并在代表会议上进行讨论与审查。一切重大问题应经人民代表会议讨论并作出决定。少数民族聚居地区的各级人民政府，应根据当地具体情况，认真地推行民族区域自治，适时地建立民族自治机构”。

1952年2月22日 中央人民政府政务院第一百二十五次政务会议通过了《关于地方民族民主联合政府实施办法的决定》，确定民族自治区域的人民代表会议各民族代表的名额，以各民族的人口比例为基础，经过协商，作适当的规定和分配。对于人口数量特别少的民族，应予以适当照顾。自治区域人民政府委员会的名额和人选须经充分协商，注意照顾人口较少的民族。人民政府首长，得依当地民族情况，增设副职。人民政府委员会应尊重少数民族委员的职权，对有关少数民族的问题，尤应与少数民族委员进行充分协商。人民政府应切实保障境内各民族的民族平等权利，教育各民族人民相互尊重其风俗习惯和宗教信仰，提倡民族间的团结和互助。

1952年8月8日 中央人民政府委员会第十八次会议批准《中华人民共和国民族区域自治实施纲要》，纲要共分七章四十条，就总则、自治区、自治机关、自治权利、自治区内的民族关系、上级人民政府的领导原则等问题进行了规范。特别明确了各民族自治区机关的建立，应依据民主集中制和人民代表大会制的基本原则。各民族自治区的人民政府机关，应以实行区域自治的民族人员为主要成分组成之；同时应包括自治区内适当数量的其他少数民族和汉族的人员。自治的权利主要包括：自治机关的组织形式的决定、采用各民族自己的语言文字、文化教育事业的发展规划、财政制度的制定等十一条内容。这是新中国第一部关于民族区域自治的法规。

1953 年 2 月 11 日 中央人民政府委员会第二十二次会议通过《中华人民共和国全国人民代表大会及地方各级人民代表大会选举法》。其共有十章六十六条，分别对选举法的总则、地方各级人民代表大会代表名额、全国人民代表大会代表名额、各少数民族的选举、选举委员会、选民登记、代表候选人的提出、选举程序、对破坏选举的制裁等进行了规范，明确了“凡年满十八周岁之中华人民共和国公民，不分民族和种族、性别、职业、社会出身、宗教信仰、教育程度、财产状况和居住期限，均有选举权和被选举权。妇女有与男子同等的选举权和被选举权”。这是新中国成立后第一部关于选举的法律规范，为国家民主政治的规范化、制度化奠定了基础。

1954 年 2 月 10 日 中国共产党第七届中央委员会第四次会议讨论通过了《关于增强党的团结的决议》，指出“党的团结的重要保证之一是严格遵守民主集中制，严格遵守集体领导的原则，因此必须坚决反对分散主义和个人主义，反对把自己领导的地区和部门当作独立王国，反对把个人放在组织之上，反对不适当地过分地强调个人的作用，反对骄傲情绪和个人崇拜”。“为了增强党的团结，不但不允许缩小党内民主和党内的批评和自我批评，而且必须保证充分发展党内民主，充分发展党内的批评和自我批评，以求竭力避免一切可以避免的缺点和错误，使党的事业得到顺利的进展。”该决议在理论上阐明了党内民主与团结之间的内在逻辑。

1954 年 9 月 15 日至 28 日 第一届全国人民代表大会第一次会议在北京召开。出席大会的代表有各民主阶级、民主党派的代表人物、劳动模范、战斗英雄、著名的文学、艺术、科学、教育工作者、工商界、宗教人士、少数民族、海外华侨代表，具有广泛的代表性。大会通过了《中华人民共和国宪法》《中华人民共和国全国人民代表大会组织法》《中华人民共和国国务院组织法》以及人民法院、人民检察院、地方各级人民代表大会和地方各级人民委员会组织法。会议选举和决定了国家领导工作人员。毛泽东当选中华人民共和国主席，刘少奇当选全国人民代表大会常务委员会委员长，根据中华人民共和国主席毛泽东提名，大会决定周恩来为国务院总理。人民代表大会的确立和正式实行，是中国共产党把马克思主义基本原理同中国具体实际相结合的一个伟大创举，它不仅为国家的政治民主化进程确立了一种新型政权组织形式和总的民主程序，更重要的是确立了同中华人民共和国国体相适应的社会主义根本政治制度，为实现人民当家作主提供了保证。

1954 年 9 月 20 日　第一届全国人民代表大会第一次会议通过了《中华人民共和国宪法》。宪法有序言、四章共一百零六条，分别就总纲，国家机构（包括全国人民代表大会、中华人民共和国主席、国务院、地方各级人民代表大会和地方各级人民委员会、民族自治地方的自治机关、人民法院和人民检察院），公民的基本权利和义务，国旗、国徽、首都进行了确立。宪法明确中华人民共和国是工人阶级领导的、以工农联盟为基础的人民民主国家。中华人民共和国的一切权力属于人民。人民行使权力的机关是全国人民代表大会和地方各级人民代表大会。全国人民代表大会、地方各级人民代表大会和其他国家机关，一律实行民主集中制。这是新中国成立后的第一部宪法，为保障国家民主政治制度的有效运转提供了法律依据。

1954 年 12 月 25 日　中国人民政治协商会议第二届全国委员会第一次全体会议通过了《中国人民政治协商会议章程》，其有总纲、三章共二十五条内容。章程认为，随着全国人民代表大会的召开和《中华人民共和国宪法》的制定，中国人民政治协商会议全体会议代行全国人民代表大会职权的任务已经完成。因此，中国人民政治协商会议的性质为“团结全国各民族、各民主阶级、各民主党派、各人民团体、国外华侨和其他爱国民主人士的人民民主统一战线的组织”。章程分别针对组织总则内容，全国委员会和地方委员会的组成、选举、任期、协商的主要内容进行了规制。

1955 年 3 月 31 日　中国共产党全国代表会议通过了《关于成立党的中央和地方监察委员会的决议》，指出“目前党的各级纪律检查委员会的组织和职权已不能适应在阶级斗争的新时期加强党的纪律的任务，因此中国共产党全国代表会议决定成立党的中央和地方各级监察委员会，代替中央的和地方各级党的纪律检查委员会”。党的中央监察委员会由本次全国代表会议选举，并由中央委员会全体会议批准；党的地方各级监察委员会由该地方最近召集的党的代表大会或代表会议选举，并由上一级党委批准。党的各级监察委员会在各级党委指导下进行工作。决议还就党的各级监察委员会的职权进行了阐明。

1956年5月26日 陆定一在中共中央宣传部举行的报告会上，作了《百花齐放，百家争鸣》的讲话，全面阐述了中共中央提出的双百方针，指出“我们所主张的‘百花齐放，百家争鸣’是提倡在文学艺术工作和科学研究工作中有独立思考的自由，有辩论的自由，有创作和批评的自由，有发表自己意见、坚持自己的意见和保留自己的意见的自由”。“我们所主张的百花齐放，百家争鸣，是人民内部的自由，我们主张随着人民政权的巩固而扩大这种自由。”双百方针的提出及其对双百方针的阐释为繁荣文化艺术和推进科学研究发展奠定了重要的基础。

1956年9月15日 刘少奇《在中国共产党第八次全国代表大会上的政治报告》中指出，世界上一切国家的实质都是阶级的专政。我国的人民民主专政经历了资产阶级民主革命和社会主义革命两个时期。“我国现阶段的人民民主专政实质上是无产阶级专政的一种形式。……无产阶级专政不但需要无产阶级对于国家机关的坚强领导，而且需要最广大的人民群众对于国家机关的积极参加，二者缺一不可。无产阶级只有同广大的可以接受社会主义的群众结成联盟，才能形成最大多数人对于反动阶级的专政，才能实现社会主义。”这是第一次公开阐明人民民主专政与无产阶级专政的关系。

1956年9月16日 邓小平在中国共产党第八次全国代表大会上作了《关于修改党章的报告》，报告在指出党章修改内容的同时，提出要“确认党没有超乎人民群众之上的权力，就是确认党没有向人民群众实行恩赐、包办、强迫命令的权力，就是确认党没有在人民群众头上称王称霸的权力”。党的民主集中制的问题是各级党组织中的集体领导问题。“个人决定重大问题，是同共产主义政党的建党原则相违背的，是必然要犯错误的，只有联系群众的集体领导，才符合于党的民主集中制原则。”“以集体领导的外表掩盖个人专断的实质的办法，必须坚决加以反对。”

1956 年 9 月 26 日　中国共产党通过了修订的《中国共产党章程》，章程有总纲、九章共六十条。新的党的章程在民主集中制方面增加了如下条款。第一，党的各级领导机关必须经常听取下级组织和党员群众的意见，研究他们的经验，及时解决他们的问题。第二，党的中央组织和地方组织的职权应当有适当的划分。凡属全国性质的问题和需要在全国范围内作统一决定的问题，应当由中央组织处理。凡属地方性质的问题和需要由地方决定的问题，应当由地方组织处理。第三，关于党的政策问题，在党的领导机关没有作出决议之前，党的下级组织和党的委员会的成员，都可以在党的组织内和党的会议上自由地切实地进行讨论，并且向党的领导机关提出自己的建议。该条款内容的增加，为进一步发挥党内民主提供了制度保障。

1957 年 2 月 27 日　毛泽东在最高国务会议第十一次（扩大）会议上作了《关于正确处理人民内部矛盾问题》的讲话，提出了具有两类不同性质的矛盾，一是敌我矛盾，要用专政的方法予以解决；二是人民内部矛盾，要用民主的方法予以解决。毛泽东认为世界上只有具体的民主，没有抽象的民主，“在人民内部，民主是对集中而言，自由是对纪律而言。……不可以没有自由，也不可以没有纪律；不可以没有民主，也不可以没有集中。这种民主和集中的统一，自由和纪律的统一，就是我们的民主集中制”，从理论上对民主集中制进行了新阐释。同时，毛泽东提出了“百花齐放，百家争鸣，长期共存，互相监督”的方针。艺术上不同的形式和风格可以自由发展，科学上不同的学派可以自由争论。长期共存是指凡属一切确实致力于团结人民从事社会主义事业的、得到人民信任的党派，采取长期共存的方针；互相监督是指共产党可以监督民主党派，民主党派也可以监督共产党。

1957 年 4 月 27 日　中共中央发布了《关于整风运动的指示》，决定在全党进行一次以正确处理人民内部矛盾为主题，以反对官僚主义、宗派主义和主观主义为内容的整风运动。但由于对形势的错误判断，把许多正常的甚至善意的批评和建议，视为右派进攻，将一大批人错划为右派，导致了反右派斗争扩大化的错误。反右斗争的扩大化，使百花齐放，百家争鸣方针在执行过程中受到了严重的挫折。

1962 年 1 月 30 日 毛泽东在扩大的中央工作会议上针对民主集中制问题讲话指出，没有民主，不可能有正确的集中。“我们的集中制，是建立在民主基础上的集中制。无产阶级的集中，是在广泛民主基础上的集中。各级党委是执行集中的领导机关。但是，党委的领导，是集体领导，不是第一书记个人独断。在党委会内部只应当实行民主集中制。第一书记同其他书记和委员之间的关系是少数服从多数。”

1966 年 5 月 16 日 中共中央政治局扩大会议通过了《中国共产党中央委员会通知》(即“五一六通知”)。8 月，党的八届十一中全会通过《中国共产党中央委员会关于无产阶级文化大革命的决定》。这两次会议的召开，标志着“文化大革命”的全面发动。

1978 年 5 月 11 日 《光明日报》以特约评论员署名发表了《实践是检验真理的唯一标准》文章，揭开了关于真理标准问题的大讨论。文章针对“两个凡是”的错误思想，明确指出检验真理的标准只能是社会实践，理论与实践的统一是马克思主义的一个最基本原则，任何理论都要接受实践的检验。真理标准问题大讨论是党的十一届三中全会实现伟大历史转折的思想先导，为党重新确立马克思主义的思想路线、政治路线和组织路线奠定了思想基础。

二、1978—2012 年

1978 年 12 月 13 日 邓小平在中央工作会议上发表《解放思想，实事求是，团结一致向前看》的讲话，在指出解放思想、处理遗留问题、研究新情况、解决新问题的同时，重点阐明了民主是解放思想的条件，认为“解放思想，开动脑筋，一个十分重要的条件就是要真正实行无产阶级的民主集中制。我们需要集中统一的领导，但是必须有充分的民主，才能做到正确的集中。当前这个时期，特别需要强调民主。因为在过去一个相当长的时间内，民主集中制没有真正实行，离开民主讲集中，民主太少。”“为了保障人民民主，必须加强法制。

必须使民主制度化、法律化，使这种制度和法律不因领导人的改变而改变，不因领导人的看法和注意力的改变而改变。”该讲话不仅成为之后召开的党的十一届三中全会的主题报告，而且为改革开放新时期中国共产党民主政治建设作了重要的思想指导。

1978年12月18日至22日 中国共产党十一届三中全会在北京召开，会议果断作出了从现在起，把全党工作的着重点和全国人民的注意力由过去的“以阶级斗争为纲”转移到社会主义现代化建设上来和改革开放的重大战略决策。会议对民主和法制问题进行了认真讨论，认为当前这个时期特别需要强调民主，强调民主与集中的关系，提出“在人民内部的思想政治生活中，只能实行民主方法，不能采取压制、打击手段”，“各级领导要善于集中人民群众的正确意见，对不正确的意见进行适当的解释说服。宪法规定的公民权利，必须坚决保障，任何人不得侵犯。为了保障人民民主，必须加强社会主义法制，使民主制度化、法制化，使这种制度和法律具有稳定性、连续性和极大的权威，做到有法可依，有法必依，执法必严，违法必究”。全会的召开揭开了中国民主政治建设的新篇章。

1980年2月23日至29日 中国共产党第十一届中央委员会第五次全体会议在北京召开，会议通过了《关于党内政治生活的若干准则》。准则从坚持党的政治路线和思想路线；坚持集体领导，反对个人专断；维护党的集中统一，严格遵守党的纪律；坚持党性，根绝派性；要讲真话，言行一致；发扬党内民主，正确对待不同意见；保障党员的权利不受侵犯；选举要充分体现选举人的意志；同错误倾向和坏人坏事作斗争；正确对待犯错误的同志；接受党和群众的监督，不准搞特权；努力学习，做到又红又专十二个方面对党内政治生活的开展进行了规范。这是建党以来中国共产党第一部系统地对党内政治生活进行规制的法规，为保障党内民主政治生活的开展和实现提供了重要的依据。

1980年8月18日 邓小平在中央政治局扩大会议上作了《党和国家领导制度的改革》讲话，阐述了党和国家领导制度存在的主要弊端，对推进党和国家领导制度的改革和完善，进一步发扬党内和国家民主提供了理论指导。

1980 年 11 月 23 日 广西河池市宜州区屏南乡合寨村群众以无记名投票的方式选举产生了“中国第一个村民委员会”，韦焕能当选村民委员会主任。制定了《村规民约》和《禁垌公约》，在全国率先实行村民自治，中国农民直接行使民主权利，依法管理自己的事情，开创了新中国基层民主政治建设的先河。

1981 年 6 月 27 日 中国共产党第十一届中央委员会第六次全体会议通过了《关于建国以来党的若干历史问题的决议》，决议分为建国以前二十八年的回顾；建国三十二年历史的基本估计；基本完成社会主义改造的七年；开始全面建设社会主义的十年；“文化大革命”的十年；历史的伟大转折；毛泽东同志的历史地位和毛泽东思想；团结起来，为建设社会主义现代化强国而奋斗八个部分。决议运用马克思主义的辩证唯物论和历史唯物论对建国三十二年来党的重大历史事件特别是“文化大革命”作出正确总结的基础上，指出“必须根据民主集中制的原则加强各级国家机关的建设，使各级人民代表大会及其常设机构成为有权威的人民权力机关，在基层政权和基层社会生活中逐渐实现人民的直接民主，特别要着重努力发展各城乡企业中劳动群众对于企业事务的民主管理”。

1982 年 9 月 1 日 胡耀邦在中国共产党第十二次代表大会上作了《全面开创社会主义现代化建设的新局面》的报告。报告在关于努力建设高度的社会主义民主部分指出，“社会主义民主要扩展到政治生活、经济生活、文化生活和社会生活的各个方面，发展各个企业事业单位的民主管理，发展基层社会生活的群众自治。民主应当成为人民群众进行自我教育的方法。应当根据社会主义民主的原则，建立人与人之间的平等关系和个人与社会之间的正确关系。……社会主义民主的建设必须同社会主义法制的建设紧密地结合起来，使社会主义民主制度化、法律化”。报告为中国特色社会主义民主政治建设指明了方向。

1982 年 9 月 6 日 中国共产党第十二次全国代表大会通过了党章修正案，新党章清除了中共十一大党章中“左”的错误，继承和发扬了中共七大和八大党章的优点。为保障民主政治生活的更好开展，新党章在领导体制上作了新的改革，规定党中央不设主席只设总书记，总书记负责召集政治局、政治局常委会议和主持中央书记处的工作。新党章的修订和颁布，对于更好地发挥集体领导和克服党内外干部终身制问题所带来的弊端提供了重要的制度保障。

1982 年 12 月 4 日 中华人民共和国第五届全国人民代表大会第五次会议审议通过了《中华人民共和国宪法》，这是“文化大革命”结束后，在改革开放时期制定的新宪法。宪法有序言，总纲，公民的基本权利和义务，国家机构，国旗、国徽、首都共一百三十八条。在健全人民民主制度方面比 1954 年宪法有重大发展。彭真在 1982 年宪法修改草案的说明中明确指出，“党和人民的意见只有经全国人大和它的常委会通过和决定，才能成为法律，成为国家意志。党领导人民制定宪法和法律，党也领导人民遵守宪法和法律”。宪法规定“一切国家机关和武装力量、各政党和社会团体、各企业事业组织都必须遵守宪法和法律。一切违反宪法和法律的行为，必须予以追究。任何组织或者个人都不得有超越宪法和法律的特权”。1982 年宪法对中国民主政治制度的建设和发展具有里程碑式的重要意义。

1983 年 10 月 11 日 党的十二届二中全会通过《中共中央关于整党的决定》，阐明整党的必要性和紧迫性、整党的任务、对党员和党员领导干部的要求、整党的步骤和基本方法、组织处理和党员登记、整党工作的领导、巩固和发展整党的成果等问题，指出这次整党的任务是统一思想，整顿作风，加强纪律，纯洁组织。整党的步骤是：从中央到基层组织，自上而下、分期分批地整顿。每个单位党组织的整顿，也要自上而下，先领导班子、领导干部，后党员群众。整党的基本方法是：在认真学习文件，提高思想认识的基础上，开展批评和自我批评，分清是非，纠正错误，纯洁组织。在整党过程中，自始至终都要加强思想教育，着眼于提高广大党员的思想觉悟。整党的决定为党内民主政治的发展奠定了重要的组织基础。

1984 年 6 月 22 日至 23 日 邓小平分别会见香港工商界访京团和香港知名人士钟士元等，在谈话时指出，中国政府为解决香港问题所采取的立场、方针、政策是坚定不移的。我们的政策是实行“一个国家，两种制度”，具体说，就是在中华人民共和国内，大陆十亿人口实行社会主义制度，香港、台湾实行资本主义制度。香港回归祖国后，现行的社会、经济制度不变，法律基本不变，生活方式不变。一国两制的提出，是对中国特色社会主义民主政治制度的重大创新。

1985 年 9 月 23 日　陈云在中国共产党全国代表会议上讲话指出，“坚持民主集中制，是党章规定的原则。历史经验证明，实行民主集中制，做起来很不容易。希望新进各级领导班子的中青年干部，要注意学会按照民主集中制的原则办事。在各级领导班子中，要充分发扬民主，倾听各种意见，特别要注意倾听不同意见。要照党章办事，不要一个人说了算。重大问题的决定，必须经过集体的充分讨论，以便减少失误，少走弯路，把事情办得更好”。

1986 年 9 月 26 日　中共中央、国务院发出《关于加强农村基层政权建设工作的通知》，强调要明确党政分工，理顺党政关系；实行政企分开，促进农村经济进一步发展；简政放权，健全和完善乡政府的职能；切实搞好乡政权的自身建设；努力提高干部素质，认真改进工作作风；搞好村（居）民委员会建设；加强对农村基层政权建设工作的领导。关于村（居）民委员会的建设问题，《通知》要求村（居）民委员会建立健全人民调解、治安保卫、公共卫生、社会福利等工作委员会（组）和各项工作制度。发动广大村（居）民积极参加社会生活的民主管理，以进一步发挥群众自治组织的自我教育、自我管理、自我建设、自我服务的作用。

1986 年 12 月 23 日　吉林省梨树县北老壕村进行村委会换届，乡政府一改以往的做法，“不定框子，不定调子，不提候选人”，由村民直接提名确定候选人。全村 2 000 多名村民踊跃投票，选举大会经过一整天的活动，选举出了村民自己信任的村委会。吉林省梨树县北老壕村的直选，开创了中国基层农村海选的先河。1992 年吉林省梨树县双河乡平安村在北老壕村海选模式的基础上，进一步推进直选的深度，其超越北老壕村的地方在于，北老壕村在最后选举环节，投票者主要是村民代表，而平安村自始至终都由村民直接选举候选人和村干部。基层农村村委会的直选是中国农村基层民主政治建设的重大突破，在中国基层民主建设过程中具有里程碑的意义。

1987年10月25日　中国共产党第十三次全国代表大会在北京召开，大会所作的报告对中国政治体制改革进行了详尽的规划，明确指出政治体制改革的长远目标是建立高度民主、法制完备、富有效率、充满活力的社会主义政治体制。改革的近期目标是建立有利于提高效率、增强活力和调动各方面积极性的领导体制。改革的主要任务是实行党政分开，进一步下放权力，改革政府工作机构，改革干部人事制度，建立社会协商对话制度，完善社会主义民主政治的若干制度，加强社会主义法制建设。关于党政分开问题，报告指出党政分开即党政职能分开。党的领导是政治领导，即政治原则、政治方向、重大决策的领导和向国家机关推荐重要干部。报告为中国政治体制改革指明了方向。

1987年11月1日　中国共产党第十三届全国代表大会通过了《中国共产党章程部分条文修正案》。关于党内选举条款，修正案将原来的“可以经过预选产生候选人名单，然后进行正式选举。也可以不经过预选，采用候选人数多于应选人数的办法进行选举”，改为“可以直接采用候选人数多于应选人数的差额选举办法进行正式选举。也可以采用差额选举办法进行预选，产生候选人名单，然后进行正式选举”。关于中央书记处的职责及成员的产生条款，修正案将原来的“中央书记处在中央政治局和它的常务委员会领导下，处理中央日常工作”，改为“中央书记处是中央政治局和它的常务委员会的办事机构；成员由中央政治局常务委员会提名，中央委员会全体会议通过”。

1987年11月24日　第六届全国人民代表大会常务委员会第二十三次会议通过了《中华人民共和国村民委员会组织法（试行）》。法律文本共有二十一条，对村民委员会的性质、职责、组成、设置条件、程序进行了规制。指出村民委员会是村民自我管理、自我教育、自我服务的基层群众性自治组织，办理本村的公共事务和公益事业，调解民间纠纷，协助维护社会治安，向人民政府反映村民的意见、要求和提出建议。村民委员会由主任、副主任和委员共三至七人组成。村民委员会主任、副主任和委员，由村民直接选举产生。村民委员会每届任期三年，其成员可以连选连任。村民会议由村民委员会召集和主持。涉及全村村民利益的问题，村民委员会必须提请村民会议讨论决定。村民委员会决定问题的时候，采取少数服从多数的原则。村委会组织法的通过，为基层农村自治的发展提供了法律保障。

1988 年 12 月 15 日　中共中央批转中央组织部《关于建立民主评议党员制度的意见》的通知，指出建立民主评议党员制度，是从严治党，提高党员素质的一项重要措施。规定民主评议一般应召开党小组会或党支部会，进行民主评议。评议中，要是非分明，敢于触及矛盾，认真地而不是敷衍地开展批评和自我批评。还要采取适当的形式，听取非党群众的意见。经评议认为是不合格的党员，要提交支部大会，按照民主集中制的原则进行表决。对党员进行组织处理，应当十分慎重，原则要坚持，方法要得当。

1989 年 12 月 26 日　第七届全国人民代表大会常务委员会第十一次会议通过了《中华人民共和国城市居民委员会组织法》。法律文本共有二十三条，分别对居民委员会的性质、职责、组成、产生程序等进行了规制。指出居民委员会是居民自我管理、自我教育、自我服务的基层群众性自治组织。居民委员会的任务：宣传宪法、法律、法规和国家的政策，维护居民的合法权益，教育居民履行依法应尽的义务，爱护公共财产，开展多种形式的社会主义精神文明建设活动；办理本居住地区居民的公共事务和公益事业；调解民间纠纷；协助维护社会治安；协助人民政府或者它的派出机关做好与居民利益有关的公共卫生、计划生育、优抚救济、青少年教育等项工作；向人民政府或者它的派出机关反映居民的意见、要求和提出建议。居民委员会由主任、副主任和委员共五至九人组成居民委员会主任、副主任和委员，由本居住地区全体有选举权的居民或者由每户派代表选举产生；根据居民意见，也可以由每个居民小组选举代表二至三人选举产生。居民委员会每届任期三年，其成员可以连选连任。居民会议由居民委员会召集和主持，涉及全本居民利益的重要问题，居民委员会必须提请居民会议讨论决定。居委会组织法的通过，为城市基层自治的发展提供了法律保障。

1989 年 12 月 30 日　中共中央发出《关于坚持和完善中国共产党领导的多党合作和政治协商制度的意见》。意见强调了中国共产党领导的多党合作和政治协商制度在革命和建设中的意义，重申了“长期共存、互相监督、肝胆相照、荣辱与共”的方针，提出了需要进一步完善的领域，主要包括：（一）加强中国共产党和各民主党派之间的合作与协商；（二）进一步发挥民主党派成员、无党派人士在人民代表大会中的作用；（三）举荐民主党派成员、无党派人士担任各级政府及司法机关的领导职务；（四）进一步发挥民主党派在人民政协中的作用；（五）支持民主党派加强自身建设。

1990 年 3 月 18 日 江泽民在参加全国人大、政协两会的党员负责同志会议上作了《关于坚持和完善人民代表大会制度》的讲话，指出建设社会主义民主政治，最重要的是坚持和完善人民代表大会制度。首先，加强党的领导与发挥国家权力机关的作用是一致的。党对国家政治生活的领导，最本质的内容就是组织和支持人民当家作主。其次，党要尊重和支持人大依法行使职权。人大是国家权力机关，也是联系人民群众的重要渠道。再次，各级党组织，包括人大党组，都要遵守党章关于“党必须在宪法和法律的范围内活动”的原则，以及宪法关于“任何组织或者个人都不得有超越宪法和法律的特权”的规定。

1990 年 5 月 25 日 中共中央制定《关于县以上党和国家机关党员领导干部民主生活会的若干规定》。规定共有十八条，重点强调了民主生活会的基本内容是检查、总结，统一认识，开展批评和自我批评：（一）贯彻执行党的路线、方针、政策和决议的情况；（二）加强领导班子自身建设，实行民主集中制的情况；（三）艰苦奋斗，清正廉洁，遵纪守法的情况；（四）坚持群众路线，改进领导作风，深入调查研究，密切联系群众的情况；（五）其他重要问题。规定要求县以上党和国家机关党员领导干部民主生活会，每半年召开一次，根据实际需要，也可以随时召开。规定为县以上党和国家机关党内民主生活会的正常开展提供了制度保障。

1991 年 1 月 山西河曲县城关镇岱狱殿村改变过去由上级镇党委确定村党支部书记候选人再让党员选举的模式，首创了“两票制”选举村党支部书记的方式，即首先让全村各户代表从全村党员中推荐村党支部书记候选人，获得推荐票最多者为村党支部书记正式候选人，然后召开村党员大会选举产生村党支部书记。两票制选举村党支部书记的方法，是将党内民主选举与人民民主选举的有机结合，对基层农村社会主义民主政治的建设进行了有益的探索。

1992 年 10 月 12 日　中国共产党第十四次全国代表大会在北京召开，江泽民作了《加快改革开放和现代化建设步伐，夺取有中国特色社会主义事业的更大胜利》的报告。报告在关于社会主义民主政治建设方面指出，积极推进政治体制改革，使社会主义民主和法制建设有一个较大发展。同经济体制改革和经济发展相适应，必须按照民主化和法制化紧密结合的要求，积极推进政治体制改革。进一步完善人民代表大会制度，加强人民代表大会及其常委会的立法和监督等职能，更好地发挥人民代表的作用。完善共产党领导的多党合作与政治协商制度。全面贯彻党的民族政策，坚持和完善民族区域自治制度，坚持平等、互助、团结、合作，以促进各民族的共同繁荣。报告为 20 世纪 90 年代社会主义民主政治的发展指明了方向。

1993 年 8 月 9 日　胡锦涛在全国组织工作座谈会上作了《加强思想作风建设，把各级领导班子建设成为领导有中国特色社会主义事业的坚强集体》的讲话，要求各级领导班子必须更严格执行民主集中制这个根本制度。不能把民主集中制同过去高度集中的计划经济体制等同起来，也不能把民主集中制同社会主义市场经济体制对立起来。要在从高度集中的计划经济体制转向社会主义市场经济体制的改革中，实现科学的正确的领导，保证全党上下步调一致，必须坚决执行民主集中制。领导班子内部要坚持和健全民主集中制的各项具体制度，要坚持民主生活会制度，提高生活会的质量。

1994 年 1 月 26 日　中共中央颁发了《中国共产党地方组织选举工作条例》，条例共有八章四十六条，对代表的产生、委员会委员的产生、常务委员会委员和书记、副书记的产生、呈报审批、选举的实施、监督和处分进行了规制。条例规定：党的地方各级组织任期届满，应按期进行换届选举；如需延期或提前换届选举，应经上级党的委员会批准，延长期限不得超过一年；党的地方各级代表大会代表、委员会委员、候补委员、常务委员会委员，纪律检查委员会委员、常务委员会委员实行差额选举。条例的颁发为地方党组织的选举提供了法规保障。

1994 年 7 月 5 日 第八届全国人民代表大会常务委员会第八次会议通过了《中华人民共和国劳动法》。劳动法共有十三章一百〇七条，对促进就业、劳动合同和集体合同、工作时间和休息休假、工资、劳动安全卫生、女职工和未成年工特殊保护、职业培训、社会保障和福利、劳动争议、监督检查、法律责任等相关劳动问题进行了法律规制，特别强调了劳动者享有平等就业和选择职业的权利、取得劳动报酬的权利、休息休假的权利、获得劳动安全卫生保护的权利、接受职业技能培训的权利、享受社会保险和福利的权利、提请劳动争议处理的权利以及法律规定的其他劳动权利。

1994 年 9 月 28 日 中国共产党第十四届中央委员会第四次全体会议通过了《中共中央关于加强党的建设几个重大问题的决定》，在关于党内民主建设上，提出了没有民主，就没有社会主义，就没有社会主义现代化。发扬党内民主必然推进人民民主，这也是建设社会主义民主政治的一条重要途径。要鼓励党员解放思想，实事求是，勇于探索，敢讲真话。从党内选举到对领导干部进行评议、监督，都要充分发扬民主。在决策上，决策民主化是发展党内民主的重要内容，也是实现决策科学化的前提，要建立健全领导、专家、群众相结合的决策机制，逐步完善民主科学决策制度。发展党内民主必须切实保障各级党组织和党员的民主权利。要疏通和拓宽党内民主渠道，使党员对党内事务有更多的了解和参与。

1994 年 11 月 5 日 中共中央发出《关于加强农村基层组织建设的通知》，指出农村基层组织建设是一个系统工程。要根据新的情况合理调整基层党组织设置，改进领导方式和工作方法。党支部、村委会、集体经济组织主要领导成员可以适当交叉兼职，保持精干，注重工作效率。所有基层党组织都要严格执行民主集中制，建立健全工作制度，积极主动地开展活动，加强党内监督。坚持党的民主生活会制度与坚持评议党员结合起来，增强基层党组织的活力。党支部要加强对村民委员会的领导，重点抓好村民选举制度、村民议事制度、村务公开制度、村规民约制度。

1995 年 1 月 7 日 中共中央发出关于印发《中国共产党党员权利保障条例（试行）》的通知。条例共有六章三十五条，对党员享有的各项权利、对党员各项权利的保护、对侵犯党员各项权利行为的惩处、程序和责任等问题进行了规制。在对党员权利的保护上，规定党组织要创造条件，保障党员及时参加其应当参加的各种会议。会议的组织、召集人员或机构应在会前通知应到会的党员。党组织应给党员提供阅读党的文件的必要条件。党组织要根据上级党组织的安排，组织和引导党员参加关于党的政策问题的讨论。党组织要支持和鼓励党员对党的工作提出建议和倡议。党组织要支持党员在党内开展批评和自我批评。党员权利受到党组织或党员侵犯时，可以向党的各级委员会、纪律检查委员会提出控告。条例的颁布为党员权利的行使提供了具体的法规保障。

1995 年 2 月 9 日 中共中央发出关于印发《党政领导干部选拔任用工作暂行条例》的通知。条例共有十一章五十四条，对党政领导干部选拔任用条件、民主推荐、考察、酝酿、讨论决定、依法推荐、提名与民主协商、交流回避、辞职降职、纪律与监督等进行了规制。规定选拔任用党政领导干部，应当经过民主推荐提出考察对象。党委（党组）或者组织（人事）部门在民主推荐的基础上，集体研究确定考察对象。确定考察对象时，要把民主推荐的结果作为重要依据之一，同时要防止简单地以票取人。条例的颁发为各级领导干部选拔充分发扬民主奠定了法规保障。

1997 年 7 月 1 日 中英两国政府举行了香港交接仪式，庄严宣告中国政府恢复对香港行使主权。江泽民在交接仪式上讲话指出，在我国政府对香港恢复行使主权后，在国家主体坚持实行社会主义制度的条件下，香港继续实行资本主义制度，保持原有的社会、经济制度不变，生活方式不变，法律基本不变。香港作为中华人民共和国的特别行政区，享有基本法赋予的高度自治权，包括行政管理权、立法权、独立的司法权和终审权。中华人民共和国依法管理香港特别行政区的外交事务和防务。香港的回归开启了中国“一国两制”民主政治制度的实践。

1997 年 9 月 27 日 中国共产党第十五次全国代表大会在北京召开，江泽民作了《高举邓小平理论伟大旗帜，把建设有中国特色社会主义事业全面推向二十一世纪》的报告。报告在关于政治体制改革和民主法制建设问题指出，继续推进政治体制改革，进一步扩大社会主义民主，健全社会主义法制，依法治国，建设社会主义法治国家。发展民主必须同健全法制紧密结合，实行依法治国。依法治国，就是广大人民群众在党的领导下，依照宪法和法律规定，通过各种途径和形式管理国家事务，管理经济文化事业，管理社会事务，保证国家各项工作都依法进行，逐步实现社会主义民主的制度化、法律化，使这种制度和法律不因领导人的改变而改变，不因领导人的看法和注意力的改变而改变。依法治国，是党领导人民治理国家的基本方略，是发展社会主义市场经济的客观需要，是社会文明进步的重要标志，是国家长治久安的重要保障。依法治国的提出为社会主义民主政治朝着法治化、规范化的方向发展提供了根本保障。

1998 年 3 月 10 日　第九届全国人民代表大会第一次会议通过了《关于国务院机构改革方案的决定》，国务院机构改革的目标是建立办事高效、运转协调、行为规范的政府行政管理体制，完善国家公务员制度，建设高素质的专业化行政管理干部队伍，逐步建立适应社会主义市场经济体制的有中国特色的行政管理体制。改革的具体方案是：撤销十五个部委，新组建四个部委，保留二十二个部委行署。改革后除国务院办公厅外，列入国务院组成部门的共有二十九个部、委、行、署。这为各级政府行政机关精简机构，提升工作效率和质量做出了典型示范。

1998 年 3 月 30 日　中共中央发出关于印发《中国共产党党和国家机关基层组织工作条例》的通知。工作条例共有九章三十三条，对党组织的设置，党组织的职责，党员的教育、管理和发展，党内监督，思想政治工作，党务工作人员队伍建设，对机关党的基层组织工作的领导和指导进行了规制。工作条例要求严格党的组织生活，增强党内生活的原则性，健全党内生活制度；按期召开民主生活会，认真开展批评和自我批评；经常分析党内思想状况，加强党员思想教育。

1998 年 4 月 18 日　中共中央办公厅、国务院办公厅发出《关于在农村普遍实行村务公开和民主管理制度的通知》，指出了村务公开和民主管理的重要意义和指导思想、村务公开的内容和方法、民主管理的基本要求、建立健全规章制度、加强领导和督促检查等。在村务公开的内容上，通知规定要从农民群众普遍关心的和涉及群众切身利益的实际问题入手，凡属群众关心的热点问题，以及村里的重大问题都应向村民公开，包括新上的经济项目，村里的财产和财务收支、征用土地和宅基地审批，计划生育指标，提留统筹方案及其他农民负担等。村务公开的实施，为农村基层自治的开展创造了条件。

1998 年 11 月 21 日　中共中央、国务院颁发《关于实行党风廉政建设责任制的规定》。规定共有五章十七条，明确了党风廉政建设的责任内容、责任考核、责任追究等，指出实行党风廉政建设责任制，要坚持党委统一领导，党政齐抓共管，纪委组织协调，部门各负其责，依靠群众的支持和参与；要标本兼治，综合治理，完善管理机制、监督机制，从源头上预防和治理腐败。规定的颁发对纯洁党内政治生活，建设清正廉洁的政党创造了条件。

1998 年 11 月 21 日　中共中央颁发《关于在县级以上党政领导班子、领导干部中深入开展以“讲学习、讲政治、讲正气”为主要内容的党性党风教育的意见》，明确“三讲”教育的基本要求是：（一）坚定建设有中国特色社会主义的信念，提高政治敏锐性和政治鉴别能力，坚持党的基本路线不动摇，始终同党中央保持思想上、政治上的高度一致；（二）全面贯彻执行民主与集中相结合的组织制度、领导制度和工作制度，正确认识和处理上级与下级、个人与组织、班长与领导班子成员之间的关系，加强党的团结；（三）认真实践全心全意为人民服务的宗旨，坚持从群众中来到群众中去的群众路线，正确行使人民赋予的权力；（四）大力弘扬求真务实、言行一致的优良作风，说老实话，办老实事，当老实人。

1999 年 2 月 13 日　中共中央颁发《中国共产党农村基层组织工作条例》。条例共有八章三十四条，规定了农村基层组织设置、职责任务、经济建设、精神文明建设、干部队伍和领导班子建设、党员队伍建设等；明确了村党支部的主要职责是领导和推进村级民主选举、民主决策、民主管理、民主监督，支持和保障村民依法开展自治活动，领导村民委员会、村集体经济组织和共青团、妇代会、民兵等群众组织，支持和保证这些组织依照国家法律法规及各自章程充分行使职权。条例的颁发为农村基层党组织工作的展开提供了制度保障。

1999 年 11 月 8 日 国务院颁发《关于全面推进依法行政的决定》，指出行政权力的运用，充分体现着国家政权的性质，密切联系着社会公共利益和公民的个人利益，事关中国特色社会主义事业的成败。各级政府和政府各部门的工作人员特别是领导干部要从巩固我们党的执政地位、维护国家政权的高度，根据我国人民民主专政的国家性质，全面深刻地领会依法行政的精神实质，充分认识依法行政的重大意义。决定要求：（一）各级政府和政府各部门要统一思想，更新观念，提高对依法行政重要性的认识；（二）各级政府和各部门的领导要认清自己的历史责任，带头依法行政；（三）加强政府法制建设，全面推进依法行政；（四）进一步加强政府立法工作，切实提高政府立法质量；（五）加大行政执法力度，确保政令畅通；（六）强化行政执法监督。各级政府要自觉地接受同级人大及其常委会的监督，接受政协及民主党派的民主监督。

2000 年 6 月 23 日 中共中央办公厅颁发《深化干部人事制度改革纲要的通知》，纲要共有五大部分二十六条，规定了改革的目标和方针原则、党政干部制度改革、国有企业人事制度改革、事业单位人事制度改革、加强对干部人事制度的领导等。在关于深化党政领导干部选拔任用制度改革问题上，通知规定要完善民主推荐、民意测评、民主评议制度：把民主推荐作为确定考察人选的必经程序，适当扩大参与人选的范围，改进民主推荐的方法，提高民主推荐的质量；探索将民主推荐、民意测验、民主评议的结果适时适度公开的做法；凡是多数群众不赞成的，不能提拔任用。

2001 年 4 月 四川平昌县灵山乡实行公推直选产生乡镇党委领导班子成员，即通过党员个人的自我推荐、党员群众的联名推荐、党组织的推荐这三个环节产生候选人，然后由全体党员直接参与选举产生党组织领导班子。经过预设程序，灵山乡的党委书记和党委其他成员全部由公推直选产生。公推直选是中国共产党探索基层党组织选举的重要创举，丰富和发展了党内民主政治。

2001 年 9 月 5 日 中共中央、国务院颁发《关于进一步加强社会治安综合治理的意见》，指出乡镇（街道）的综合治理工作，是将社会治安综合治理各项措施落到实处的关键，是维护社会秩序和社会稳定的基础性工作。乡镇（街道）党委、政府的主要领导要强化政权意识，大力加强乡镇（街道）的社会治安综合治理工作。搞好村（居）委会的综合治理工作，关键要大力加强党支部和村（居）委会的领导班子建设。村（居）委会要有专人负责社会治安综合治理工作，充分发挥治保会、调解会在维护社会稳定中的重要作用。

2001 年 9 月 26 日 第十五届中央委员会第六次全体会议通过《中共中央关于加强和改进党的作风建设的决定》，决定提出加强党风廉政建设的主要任务是："坚持解放思想，实事求是，反对因循守旧、不思进取；坚持理论联系实际，反对照抄照搬、本本主义；坚持密切联系群众，反对形式主义、官僚主义；坚持民主集中制原则，反对独断专行、软弱涣散；坚持党的纪律，反对自由主义；坚持清正廉洁，反对以权谋私；坚持艰苦奋斗，反对享乐主义；坚持任人唯贤，反对用人上的不正之风"。决定的通过为创造优质的党内民主政治生态奠定了基础。

2001 年 10 月 9 日 监察部、国务院法制办、国务院体改办、中央编办联合下发了《关于行政审批制度改革工作的实施意见》，意见要求各级政府进一步转变政府职能，减少行政审批。少管微观，多管宏观，少抓事前的行政审批，多抓事后的监督检查，切实加强监督和落实。改革行政审批制度，需要审批的项目应规定清楚，公开透明，不需要审批的坚决不去审批。行政审批制度改革应遵循的原则是：合法原则、合理原则、效能原则、责任原则、监督原则。行政审批制度改革工作实施意见为深化政治体制改革特别是行政管理体制改革指明了方向。

2002 年 11 月 8 日 中国共产党第十六次全国代表大会在北京召开，江泽民作了《全面建设小康社会，开创中国特色社会主义事业新局面》的报告。报告在关于社会主义民主政治建设问题指出，建设社会主义政治文明，发展社会主义民主政治，最根本的是要把坚持党的领导、人民当家作主和依法治国有机统一起来。（一）坚持和完善社会主义民主制度。健全民主制度，丰富民主形式，扩大公民有序的政治参与。（二）加强社会主义法制建设。坚持有法可依、有法必依、执法必严、违法必究。（三）改革和完善党的领导方式和执政方式。党的领导主要是政治、思想和组织领导。（四）改革和完善决策机制。推进决策科学化民主化。（五）深化行政体制改革。进一步转变政府职能，改进行政管理方式。（六）推进司法体制改革。进一步健全权责明确、互相配合、相互制约、高效运行的司法体制。（七）深化干部人事制度改革。努力形成广纳群贤、人尽其才、能上能下、充满活力的用人机制。（八）加强对权力的制约和监督。建立结构合理、配置科学、制约有效的权利运行机制。报告为进入21世纪后中国社会主义民主政治建设指明了发展方向。

2003年2月26日　胡锦涛在党的十六届二中全会上作了《关于建设社会主义政治文明》的报告，报告指出建设社会主义政治文明，是我们党领导人民坚持和发展人民民主长期实践的必然结论。建设社会主义政治文明最根本的是要坚持党的领导、人民当家作主和依法治国的有机统一。要坚持走中国特色的政治发展道路，坚持和发展我国社会主义政治制度的特点和优势。政治文明建设涉及政治思想、政治制度、行政管理、法制建设等方面。这是继党的十四大提出政治文明建设后，对社会主义政治文明建设的再次强调，表明中国社会主义民主政治建设进入一个新阶段。

2003年4月5日　中共中央办公厅印发《关于进一步改进会议和领导同志活动新闻报道的意见》的通知，针对会议和领导同志活动的新闻报道过多、过长、影响宣传效果、干部群众意见较多的问题提出了改进意见。中央要求把进一步改进会议和领导同志活动的新闻报道工作作为一件大事来抓。要按照坚持正确舆论导向、从工作需要出发、注重新闻价值和社会效果、精简务实的原则，采取具体可行的措施，切实加以改进，使新闻报道更好地贴近实际、贴近生活、贴近群众，更好地为人民服务、为社会主义服务、为党和国家大局服务。

2003年8月27日　第十届全国人民代表大会常务委员会第四次会议通过了《中华人民共和国行政许可法》。行政许可法共有八章八十三条，对行政许可的设定、行政许可的实施机关、行政许可的实施程序、行政许可的费用、监督检查、法律责任等进行了规制。法律规定行政许可由具有行政许可权的行政机关在其法定职权范围内实施。行政许可的实施程序为：申请与受理、审查与决定、期限、听证、变更与延续、特别规定。行政许可法的通过和颁布，对规范行政权力的运作发挥了重要的规制作用。

2003 年 12 月 31 日 中共中央印发关于《中国共产党党内监督条例（试行）》的通知。条例共有五章四十七条，规定党内监督的重点内容是：遵守党的章程和其他党内法规，维护中央权威，贯彻执行党的路线、方针、政策和上级党组织决议、决定及工作部署情况；遵守宪法、法律，坚持依法执政的情况；贯彻执行民主集中制的情况；保障党员权利的情况；在干部选拔任用工作中执行党和国家有关规定的情况；密切联系群众，实现、维护、发展人民群众根本利益的情况；廉洁自律和抓党风廉政建设的情况。

2004 年 1 月 5 日 中共中央颁发《关于进一步繁荣发展哲学社会科学的意见》。意见强调在全面建设小康社会、开创中国特色社会主义事业新局面、实现中华民族伟大复兴的历史进程中，哲学社会科学具有不可替代的作用。必须进一步提高对哲学社会科学重要性的认识，大力繁荣发展哲学社会科学。加强对哲学社会科学各类协会、研究会的引导和管理，加强对民办社会科学研究机构的管理，加强对互联网上哲学社会科学网站和论坛的引导和管理，使其健康发展。

2004 年 3 月 22 日 国务院颁发《关于全面推进依法行政实施纲要的通知》。纲要共有十一部分四十二条，明确提出了全面推进依法行政的目标是政企分开、政事分开，市场与政府、政府与社会的关系基本理顺，政府的经济调节、市场监管、社会管理和公共服务职能基本到位；提出法律议案、地方性法规草案，制定行政法规、规章、规范性文件等制度建设符合宪法和法律规定的权限和程序；法律、法规、规章得到全面、正确实施，法制统一，政令畅通；科学化、民主化、规范化的行政决策机制和制度基本形成，人民群众的要求、意愿得到及时反映；高效、便捷、成本低廉的防范、化解社会矛盾的机制基本形成，社会矛盾得到有效防范和化解；行政权力与责任紧密挂钩、与行政权力主体利益彻底脱钩。依法行政的基本要求是：合法行政、合理行政、程序正当、高效便民、诚实守信、权责统一。

2004 年 4 月 8 日 中共中央办公厅颁发《公开选拔党政领导干部工作暂行规定》。规定共有七章四十二条，对公开选拔的适用条件、程序、纪律和监督等作了规制，明确指出公开选拔适用于选拔地方党委、人大常委会、政府、政协、纪委工作部门或者工作机构的领导成员或者其人选，以及其他适用于公开选拔的领导成员或者其人选。程序主要包括：发布公告，报名与资格审查，统一考试，组织考察，党委（党组）讨论决定，办理任职手续等。公开选拔党政领导干部工作暂行规定的实施，是我国党政领导干部任用改革的重大举措。

2004 年 4 月 8 日 中共中央办公厅颁发《党政机关竞争上岗工作暂行规定》。规定共有七章三十一条，明确了领导干部竞争上岗主要适用于选拔任用中央、国家机关内设的司局级、处级机构领导成员，县级以上地方各级党委、人大常委会、政府、政协、纪委、人民法院、人民检察院机关或者工作部门的内设机构领导成员。规定竞争上岗工作必须坚持《党政领导干部选拔任用工作条例》中的公开、公平、公正原则。竞争上岗的程序是：制定并公布实施方案，报名与资格审查，笔试、面试，民主测评、组织考察，党委（党组）讨论决定，办理任职手续。党政机关竞争上岗工作暂行规定的颁布，是我国党政领导干部选拔工作的重要改革措施。

2004 年 6 月 22 日 中共中央办公厅、国务院办公厅颁发《关于健全和完善村务公开和民主管理制度的意见》。意见共有六部分，分别为：充分认识进一步做好村务公开和民主管理工作的重要意义；进一步健全村务公开制度，保障农民群众的知情权；进一步规范民主决策机制，保障农民群众的决策权；进一步完善民主管理制度，保障农民群众的参与权；进一步强化村务管理的监督制约机制，保障农民群众的监督权；进一步加强对村务公开和民主管理工作的领导。其中在保障农民群众的决策权问题上，要求推进村级事务民主决策。凡是与农民群众切身利益密切相关的事项，都要实行民主决策。村级民主决策的基本组织形式是村民会议和村民代表会议。

2004 年 9 月 19 日 中国共产党第十六届中央委员会第四次全体会议通过了《中共中央关于加强党的执政能力建设的决定》。决定在阐明加强党的执政能力建设的重要性和紧迫性，五十五年来党执政的主要经验，加强党的执政能力建设的指导思想、总体目标和主要任务的基础上，指出了需要加强建设的五种能力：（一）坚持把发展作为党执政兴国的第一要务，不断提高驾驭社会主义市场经济的能力；（二）坚持党的领导、人民当家作主和依法治国的有机统一，不断提高发展社会主义民主政治的能力；（三）坚持马克思主义在意识形态领域的指导地位，不断提高建设社会主义先进文化的能力；（四）坚持最广泛最充分地调动一切积极因素，不断提高构建社会主义和谐社会的能力；（五）坚持独立自主的和平外交政策，不断提高应对国际局势和处理国际事务的能力。同时强调，要以提高党的执政能力为重点，全面推进党的建设新的伟大工程。

2005 年 2 月 18 日 中共中央颁发了《关于进一步加强中国共产党领导的多党合作和政治协商制度建设的意见》。意见在强调中国共产党领导的多党合作和政治协商制度是我国的一项基本政治制度，是具有中国特色的社会主义政党制度的基础上，提出了进一步完善政治协商的内容、形式和程序，充分发挥民主党派和无党派人士的参政议政作用，充分发挥民主党派的民主监督作用，加强中国共产党同党外人士的合作共事，支持民主党派加强自身建设，加强和改善中国共产党对多党合作和政治协商的领导。其对政治协商内容、形式和程序的完善，为社会主义民主政治特别是政治协商建设提供了制度保障。

2005 年 4 月 27 日 第十届全国人民代表大会第十五次会议通过了《中华人民共和国公务员法》，公务员法共有十八章一百零七条，对公务员的条件、义务与权利、职务与级别、录用、考核、职务任免、职务升降、奖励、惩戒、培训、交流与回避、工资福利保险、辞职辞退、退休、申诉控告等进行了法律规制。在总则中强调公务员的管理要坚持公开、平等、竞争、择优的原则，依照法定的权限、条件、标准和程序进行。公务员的任用，坚持任人唯贤、德才兼备的原则，注重工作实效。公务员法的颁布和实施，对规范选人用人、保障公务员的权利、提升国家公务员的素质奠定了重要的基础。

2005 年 5 月 26 日 中共中央转发《中共全国人大常委会党组关于进一步发挥全国人大代表作用，加强全国人大常委会制度建设的若干意见》，意见提出要进一步发挥全国人大代表的作用，保障代表的知情权，提高代表审议议案、报告的水平和效能；改进代表议案工作，提高议案提出和处理的质量；完善有关工作制度，提高代表建议、批评和意见提出及处理的质量；坚强和规范代表在大会闭会期间的活动，增强代表活动的实效。关于加强全国人大常委会的制度建设问题，意见提出要认真落实法律规定的立法制度，继续推进立法工作的民主化；进一步健全监督机制、完善监督制度，改进和加强监督工作；规范专门委员会的工作制度，发挥专门委员会的作用；建立和完善若干具体工作制度，促进全国人大常委会工作的制度化、法制化、规范化。意见从制度上保证和加强党对全国人大工作的领导。

2005 年 12 月 31 日 中共中央、国务院颁布《关于推进社会主义新农村建设的若干意见》，在关于新农村社会主义民主政治方面，提出加强农村民主政治建设，完善建设社会主义新农村的乡村治理机制。要求充分发挥农村基层党组织的领导核心作用，切实维护农民的民主权利。健全村党组织领导的充满活力的村民自治机制，进一步完善村务公开的和民主议事制度，让农民群众真正享有知情权、参与权、管理权、监督权。开展村务公开民主管理示范活动，推动农村基层志愿服务活动。加强农村法治建设，深入开展农村普法教育，增强农民的法制观念，提高农民依法行使权利和履行义务的自觉性。

2006 年 2 月 8 日 中共中央颁发《关于加强人民政协工作的意见》，指出人民政协事业是中国特色社会主义事业的重要组成部分，要积极推进人民政协的民主监督，深入开展人民政协的参政议政，切实抓好人民政协的自身建设，加强和改善党对人民政协的领导。规定人民政协的主要职能是政治协商、民主监督、参政议政。要支持政协围绕团结和民主两大主题履行职能，把加强团结和发扬民主贯穿于政协工作的各个方面，推进政治协商、民主监督、参政议政的制度化、规范化和程序化。

2006 年 8 月 27 日　第十届全国人民代表大会常务委员会第二十三次会议通过了《中华人民共和国各级人民代表大会常务委员会监督法》。监督法共有九章四十八条，规定各级人民代表大会常务委员会依据宪法和有关法律规定，行使监督职权。监督的主要内容包括：听取和审议人民政府、人民法院和人民检察院的专项工作报告；审查和批准决算，听取和审议国民经济和社会发展计划、预算的执行情况报告，听取和审议审计工作报告；法律法规实施情况的检查；规范性文件的备案审查；询问和质询；特定问题调查；撤职案的审议和决定。

2006 年 10 月 11 日　中共中央颁发《关于构建社会主义和谐社会若干重大问题的决定》，在加强制度建设，保障社会公平正义方面，提出坚持党的领导、人民当家作主和依法治国的有机统一，依法实行民主选举、民主决策、民主管理、民主监督，积极稳妥地推进政治体制改革，健全民主制度，丰富民主形式，实现社会主义民主政治制度化、规范化、程序化，保障人民享有广泛的民主权利。从各个层面扩大公民有序的政治参与，保障人民依法管理国家事务、管理经济和文化事业、管理社会事务。推进决策科学化、民主化，深化政务公开，依法保障公民的知情权、参与权、表达权、监督权。

2007 年 10 月 15 日　中国共产党第十七次全国代表大会在北京开幕，胡锦涛作了《高举中国特色社会主义伟大旗帜，为夺取全面建设小康社会新胜利而奋斗》的报告。报告在关于社会主义民主政治建设部分指出，人民民主是社会主义的生命。发展社会主义民主政治是我们党始终不渝的奋斗目标。要坚持党总揽全局、协调各方的领导核心作用，提高科学执政、民主执政、依法执政水平，保证党领导人民有效治理国家；坚持国家一切权力属于人民，从各个层次、各个领域扩大公民有序政治参与；坚持社会主义政治制度的特点和优势，推进社会主义民主政治制度化、规范化、程序化，为党和国家长治久安提供政治和法律制度保障。报告为改革开放进入深化时期社会主义民主政治的发展指明了方向。

2008 年 2 月 27 日　胡锦涛在党的十七届二中全会上作了《发展社会主义民主政治》讲话，提出发展社会主义民主政治，关键在以下三个方面：第一，我们要始终牢记，发展社会主义民主政治是党始终不渝的奋斗目标，必须更高地举起人民民主的旗帜；第二，我们要始终牢记，中国特色社会主义政治发展道路是我国发展社会主义民主政治的正确道路，必须更加坚定不移地走中国特色社会主义政治发展道路；第三，我们要始终牢记，政治体制改革是社会主义政治制度自我完善和发展，必须深化政治体制改革。不断完善党和国家领导制度、人民代表大会制度、中国共产党领导的多党合作和政治协商制度、民族区域自治制度、基层民主制度、行政管理体制、司法制度、决策机制、权力制约监督制度。建立健全决策权、执行权、监督权既相互制约又相互协调的权力结构和运行机制。

2008 年 3 月 3 日 中共中央颁发《关于深化行政体制改革的意见》，提出深化行政体制改革的总体目标是，到 2020 年建立起比较完善的中国特色社会主义行政管理体制。通过改革，实现政府职能向创造良好发展环境、提供优质公共服务、维护社会公平正义的根本转变，实现政府组织机构及人员编制向科学化、规范化、法制化的根本转变，实现行政运行机制和政府管理方式向规范有序、公开透明、便民高效的根本转变，建设人民满意的政府。深化行政管理体制改革意见的颁发和实施，对政府职能转变和机构改革具有重要的促进作用。

2008 年 5 月 5 日 中共中央颁发《中国共产党全国代表大会和地方各级代表大会代表任期制暂行条例》。条例共有六章三十三条，规定了党代表大会代表的权利与职责，党代表大会代表开展工作的方式，党代表大会代表履行职责的保障，党代表大会代表资格的终止和停止。其中关于党代表大会代表履行代表职责主要是：参加同级党代表大会和同级党的委员会组织的活动；在党代表大会召开期间，代表可以联名向大会提出属于同级党代表大会职权范围内的提案；在党代表大会闭会期间，代表可以由个人或者以联名的方式，采取书面形式向同级党的委员会提出属于同级党代表大会和党的委员会职权范围内的提议。条例的颁发为各级党代表更好地履行职权提供了依据。

2008 年 5 月 12 日 国务院发出《关于加强市县政府依法行政的决定》，要求全面落实依法治国基本方略，加快建设法治政府。要充分认识加强市县政府依法行政的重要性和紧迫性，大力提高市县行政机关工作人员依法行政的意识和能力，完善市县政府行政决策机制，建立健全规范性文件监督管理制度，严格行政执法，强化对行政行为的监督，增强社会自治功能，加强领导，明确责任，扎扎实实地推进市县政府依法行政。决定的颁发和实施对地方政府的依法行政具有重要的指导作用。

2008 年 8 月 20 日　中共中央、国务院制定并颁发《关于地方政府机构改革的意见》，要求以政府职能转变为核心，按照精简统一效能的原则，理顺职责关系，明确和强化责任，优化政府组织结构，完善体制机制，推进依法行政，提高行政效能。改革的主要任务是以下七点。（一）着力转变政府职能。加快推进政企分开、政资分开、政事分开、政府与市场中介组织分开。（二）理顺职责关系。切实解决部门职责交叉和关系不顺的问题。（三）明确和强化责任。把明确任务，强化职责作为地方政府改革的重要任务。（四）调整优化组织结构。适应经济社会发展需要，整合优化组织结构。（五）规范机构设置。省、自治区政府机构限额为四十个左右，规模比较小的省份为三十个左右，直辖市为四十五个左右。（六）完善管理体制。按照财力和事权相匹配的原则，科学配置地方政府的财力，增强市、县政府提供公共服务的能力。（七）严格控制机构编制。中央规定的地方各级政府机构限额不得突破。

2009 年 4 月 24 日　中共中央办公厅、国务院办公厅颁发《关于加强和改进村民委员会选举工作的通知》，对村民委员会的选举工作进行提出了新的要求。（一）充分认识加强和改进村民委员会选举工作的重要意义。（二）切实加强村民委员会选举前的各项准备工作。加强选举领导机构和工作机构，加强选举教育和培训工作，加强选举方案制定工作，加强村级财务审计工作。（三）依法规范村民委员会选举程序。规范村民委员会成员候选人提名方式，规范候选人竞争行为，规范投票行为。（四）扎实做好村民委员会选举后续工作。扎实做好新老村民委员会交接工作，扎实做好新当选村民委员会成员培训工作，扎实做好村务公开和民主管理制度健全工作，扎实做好村民委员会成员合法权益保障工作。（五）坚决查处村民委员会选举中的贿选等违法违纪行为。

2009 年 6 月 30 日　中共中央办公厅、国务院办公厅颁发《关于实行党政领导干部问责的暂行规定》，规定共有四章二十六条，明确了党政领导干部问责的形式、方式及适用情况，实行问责的程序等。关于问责的内容主要包括：决策严重失误，工作失职，政府职能部门管理、监督不力，行政活动中滥用职权，对群体性、突发性事件处置失当，违反干部选拔任用工作有关规定，其他给国家利益、人民生命财产、公共财产造成重大损失或者恶劣影响的失职行为。

2009 年 7 月 2 日　中共中央颁发《中国共产党巡视工作条例（试行）》，条例共有六章四十九条，对巡视机构设置、工作程序、人员管理、纪律和责任等进行了规制。巡视的主要内容为：贯彻执行党的路线方针政策和决议、决定的情况，执行民主集中制的情况，执行党风廉政建设责任制和自身廉政勤政的情况，开展作风建设的情况，选拔任用干部建设的情况，派出巡视组的党组织要求了解的其他事项。条例的颁发对规范党内权力运作发挥了重要的制约作用。

2009 年 9 月 18 日　中国共产党第十七届中央委员会第四次全体会议通过了《关于加强和改进新形势下党的建设若干重大问题的决定》，决定指出了新形势下党面临的执政考验、改革开放考验、市场经济考验、外部环境考验是长期的、复杂的、严峻的。要求建设马克思主义学习型政党，提高全党思想政治水平；坚持和健全民主集中制，积极发展党内民主；深化干部人事制度改革，建设善于推动科学发展、促进社会和谐的高素质干部队伍；做好抓基层打基础工作，夯实党执政的组织基础；弘扬党的优良作风，保持党同人民群众的血肉联系；加快推进惩治和预防腐败体系建设，深入开展反腐败斗争。关于发展党内民主部分，重点强调了要保障党员的主体地位和民主权利，完善党代表大会制度和党内选举制度，完善党内民主决策机制等。

2010 年 1 月 18 日　中共中央颁发《中国共产党党员领导干部廉洁从政若干准则》。准则共有三章十八条，对廉洁从政行为规范、实施与监督等进行了规范。要求必须坚持标本兼治、综合治理、惩防并举、注重预防的方针，按照建立健全惩治与预防腐败体系的要求，坚强教育，健全制度，强化监督，深化改革，严肃纪律，坚持自律和他律相结合。准则的制定和颁布为规范党员领导干部的权力运作和廉洁从政行为提供了重要的制度保障。

2010 年 9 月 15 日 中共中央办公厅颁发《关于党的基层组织实行党务公开的意见》，指出了党的基层组织实行党务公开的重要意义，党务公开的指导思想和基本原则，党务公开的内容、程序和方式，党务公开的工作保障制度等。党务公开的内容主要包括：党组织决议、决定及执行情况，党的思想建设情况，党的组织管理情况，领导班子建设情况，干部选任和管理情况，联系和服务党员、群众情况，党风廉政建设情况，其他应该公开的事项。党务公开意见的颁布和实施对推进党内民主向深度发展具有重要的指导意义。

2010 年 11 月 10 日 中共中央、国务院颁发《关于实行党风廉政建设责任制的规定》，规定共有五章三十二条，规定了党风廉政建设的责任内容、检查考核与监督的方式、责任追究等。指出党风廉政建设的责任内容主要是贯彻落实党中央、国务院以及上级党委（党组）、政府、纪检监察机关关于党风廉政建设的部署和要求情况；开展党性党风党纪和廉洁从政教育的情况；贯彻落实党风廉政法规制度的情况；强化权力制约和监督，推进权力运行程序化和公开透明情况；监督检查本地区、本部门、本系统的党风廉政建设情况；干部选拔任用情况；纠正损害群众利益的不正之风情况；领导、组织并支持执纪执法机关依纪依法履行职责情况。规定的颁发和实施对规范党内领导干部的权力运作具有重要的指导意义。

2011 年 6 月 8 日 中共中央办公厅、国务院办公厅颁发《关于深化政务公开加强政务服务的意见》，意见明确了深化政务公开、加强政务服务的重要性和总体要求，提出要以改革创新精神深化政务公开工作，统筹推进政务服务体系建设，强化监督保障措施等。在政务公开的内容上，要推行行政决策公开，加大行政审批公开力度，深入实施政府信息公开条例，着力深化基层政务公开，加强行政机关内部事务公开等。意见的颁发和实施对行政权力运作的公开化、透明化具有重要的指导作用。

2012 年 5 月 26 日 中共中央颁发《中国共产党党内法规制定条例》。条例共有七章三十六条，分别对党内规章制定的规划与计划、起草、审批与发布、适用与解释、备案、清理与评估进行了规制。条例规定由中央党内法规规定下列事项：党的性质和宗旨、路线与纲领、指导思想和奋斗目标，党的各级组织的产生、组成和职权，党员义务和权利方面的基本制度，党的各方面工作的基本制度，涉及党的重大问题的事项，其他应当由中央党内法规规定的事项。党内法规的名称为：党章、准则、条例、规则、规定、办法、细则。制定党内法规应遵循的原则：（一）从党的事业发展需要和党的建设实际出发；（二）以党章为根本依据，贯彻党的理论和路线、方针、政策；（三）遵守党必须在宪法和法律范围内活动的规定；（四）符合科学执政、民主执政、依法执政的要求；（五）有利于推进党的建设制度化、规范化、程序化；（六）坚持民主集中制，充分发扬党内民主，维护党的集中统一；（七）维护党内法规制度体系的统一性和权威性；（八）注重简明实用，防止繁琐重复。条例的颁发和实施，对规范党内法规制度建设具有重要的指导意义。

三、2012 年 11 月—2021 年 7 月

2012 年 11 月 8 日　中国共产党第十八次全国代表大会在北京开幕，胡锦涛作了《坚定不移沿着中国特色社会主义道路前进，为全面建成小康社会而奋斗》的报告。报告关于社会主义民主政治建设部分指出，要更加注重改进党的领导方式和执政方式，保证党领导人民有效治理国家；更加注重健全民主制度、丰富民主形式，保证人民依法实行民主选举、民主决策、民主管理、民主监督；更加注重发挥法治在国家治理和社会管理中的重要作用，维护国家法制统一、尊严、权威，保证人民依法享有广泛权利和自由。要把制度建设摆在突出位置，充分发挥我国社会主义政治制度优越性，积极借鉴人类政治文明有益成果，绝不照搬西方政治制度模式。报告对推进社会主义民主政治建设深入发展具有重要的指导意义。

2012 年 12 月 4 日　习近平在首都各界纪念现行宪法公布实行三十周年大会上讲话指出，宪法的生命在于实施，宪法的权威也在于实施。要坚持不懈抓好宪法实施工作，把全面贯彻实施宪法提高到一个新水平。第一，坚定正确政

治方向，坚定不移走中国特色社会主义政治发展道路。第二，落实依法治国基本方略，加快建设社会主义法治国家。全面推进科学立法、严格执法、公正司法、全民守法进程。第三，坚持人民主体地位，切实保障公民享有权利和履行义务。第四，坚持党的领导，更加注重改进党的领导方式和执政方式。依法治国，首先是依宪治国；依法执政，关键是依宪执政。讲话精神为推进社会主义民主政治法治化指明了方向。

2013 年 3 月 14 日　第十二届全国人民代表大会第一次会议通过了《关于国务院机构改革和职能转变方案的决定》，方案明确国务院机构职能转变主要是：减少和下放投资审批事项，减少资质资格许可和认定，减少部门职能交叉和分散，改革工商登记制度，改革社会组织管理制度，改善和加强宏观管理，加强基础性制度建设，加强依法行政。根据职能转变，改革后的国务院正部级机构减少四个，其中组成部门减少 2 个，副部级机构增减相抵数量不变。改革后除国务院办公厅外，国务院设置组成部门 25 个。

2013 年 11 月 12 日　中国共产党第十八届中央委员会第三次全体会议通过了《中共中央关于全面深化改革若干重大问题的决定》。决定指出，全面深化改革的总目标是完善和发展中国特色社会主义制度，推进国家治理体系和治理能力现代化。改革要围绕坚持党的领导、人民当家作主、依法治国有机统一深化政治体制改革。加快推进社会主义民主政治制度化、规范化、程序化，建设社会主义法治国家，发展更加广泛、更加充分、更加健全的人民民主。其具体表现为：推动人民代表大会制度与时俱进；推进协商民主广泛多层制度化发展；发展基层民主，畅通民主渠道，健全基层选举、议事、公开、述职、问责等机制。《决定》为全面深化改革特别是政治体制改革提供了有力的指导。

2014 年 10 月 23 日　中国共产党第十八届中央委员会第四次全体会议通过了《中共中央关于全面推进依法治国若干重大问题的决定》，决定对全面推进依法治国进行部署：（一）坚持走中国特色社会主义法治道路，建设中国特色社会主义法治体系；（二）完善以宪法为核心的中国特色社会主义法律体系，加强宪法实施；（三）深入推进依法行政，加快建设法治政府；（四）保证公正司法，提高司法公信力；（五）增强全民法治观念，推进法治社会建设；（六）加强法治工作队伍建设；（七）加强和改进党对全面推进依法治国的领导。《决定》的颁发和实施为法治中国和社会主义民主政治建设提供了重要保障。

2015年1月5日 中共中央颁发《关于加强社会主义协商民主建设的意见》。意见共有九章二十七条，规定加强协商民主建设的基本原则是：加强协商民主建设，必须坚持党的领导、人民当家作主、依法治国有机统一，贯彻民主集中制，坚定不移走中国特色社会主义政治发展道路。坚持围绕中心、服务大局，促进经济持续健康发展，维护社会和谐稳定。坚持依法有序、积极稳妥，确保协商民主有制可依、有规可守、有章可循、有序可遵。坚持协商于决策之前和决策实施之中，增强决策的科学性和实效性。坚持广泛参与、多元多层，更好保障人民群众的知情权、参与权、表达权、监督权。坚持求同存异、理性包容，切实提高协商质量和效率。协商渠道是：继续重点加强政党协商、政府协商、政协协商，积极开展人大协商、人民团体协商、基层协商、逐步探索社会组织协商。协商程序是：制定协商计划、明确协商议题和内容、确定协商人员、开展协商活动、注重协商成果运用反馈，确保协商活动有序务实高效。

2015年5月18日 中共中央颁发《中国共产党统一战线工作条例（试行）》。条例共有九章四十六条，规范了统一战线工作的组织领导与职责，规定了如何开展民主党派和无党派人士的工作、党外知识分子工作、民族工作、宗教工作、非公有制经济领域统一战线工作、港澳台海外统一战线工作，提出了加强党外代表人士队伍建设。《条例》的颁发和实施为社会主义协商民主的深入推进奠定了重要基础。

2016年10月27日 中国共产党第十八届中央委员会第六次全体会议通过了《关于新形势下党内政治生活的若干准则》。准则在关于坚持民主集中制原则和发扬党内民主、保障党员权利方面指出，民主集中制是党的根本组织原则，是党内政治生活正常开展的重要制度保障。要坚持集体领导制度，实行集体领导与个人分工负责相结合，是民主集中制的重要组成部分，必须始终坚持，任何组织和个人在任何情况下都不允许以任何理由违反这项制度。党内民主是党的生命，是党内政治生活积极健康的重要基础。要坚持和完善党内民主各项制度，提高党内民主质量，党内决策、执行、监督等工作必须执行党章党规确定的民主原则和程序。必须尊重党员主体地位，保障党员民主权利，落实党员知情权、参与权、选举权、监督权，保障全体党员平等享有党章规定的党员权利。新准则是对 1980 年《关于党内政治生活的若干准则》的修订和完善，为党内政治生活的开展提供了法规保障。

2017 年 3 月 1 日　中共中央颁发《中国共产党工作机关条例（试行）》，指出党的工作机关是党实施政治、思想和组织领导的政治机关，是落实党中央和地方各级党委决策部署，实施党的领导、加强党的建设、推进党的事业的执行机关。党的工作机关开展工作应当遵循以下原则：坚持加强党的领导，坚决维护党中央权威；坚持党的政治路线、思想路线、组织路线、群众路线；坚持民主集中制原则，增强党的团结统一和机关工作活力；坚持各司其职、相互配合，确保党的各项工作协调一致、协同推进；坚持全面从严治党、依规治党，依照党章党规履行职责；坚持在宪法和法律范围内活动，支持同级国家机关和其他组织依法依章程开展工作。

2017 年 10 月 18 日　中国共产党第十九次全国代表大会在北京开幕，习近平作了《决胜全面建成小康社会 夺取新时代中国特色社会主义伟大胜利》的报告。报告指出我国社会主要矛盾已经转化为人民日益增长的美好生活需要和不平衡不充分的发展之间的矛盾。在发展社会主义民主政治方面，报告指出中国特色社会主义政治发展道路，是近代以来中国人民长期奋斗历史逻辑、理论逻辑、实践逻辑的必然结果。政治制度不能脱离特定社会政治条件和历史文化传统来抽象评判，不能定于一尊，不能生搬硬套外国政治制度模式。要坚持党的领导、人民当家作主、依法治国有机统一。加强人民当家作主制度保障，支持和保证人大依法行使立法权、监督权、决定权、任免权。优化人大专门委员会设置，优化人大常委会和专门委员会组成人员结构。发挥社会主义协商民主的重要作用，加强协商民主制度建设，形成完整的制度程序和参与实践。深化依法治国实践，以良法促进发展，保障善治。深化行政机构和行政体制改革，建设人民满意的服务型政府。巩固和发展爱国统一战线，坚持一致性和多样性统一，共同致力于中华民族的伟大复兴。报告为新时代中国社会主义民主政治的发展指明了方向。

2017 年 10 月 27 日 中共中央政治局审议通过《中共中央政治局关于加强和维护党中央集中统一领导的若干规定》，指出中央政治局要带头树立“四个意识”，严格遵守党章和党内政治生活准则，全面落实党的十九大关于加强和维护党中央统一领导的各项要求，自觉在以习近平同志为核心的党中央统一领导下履行职责、开展工作。根据规定，中央政治局全体同志每年向党中央和习近平总书记书面述职。这已经成为加强和维护党中央集中统一领导的重要制度安排。

2018 年 2 月 26 日至 28 日 中国共产党十九届三中全会召开，全会通过了《关于深化党和国家机构改革的决定》和《深化党和国家机构改革方案》。3 月 17 日，十三届全国人大一次会议批准国务院机构改革方案。7 月 5 日，习近平在深化党和国家机构改革总结会议上指出，深化党和国家机构改革是对党和国家组织结构和管理体制的一次系统性、整体性重构，为完善和发展中国特色社会主义制度、推进国家治理体系和治理能力现代化提供了有力组织保障。

2018 年 10 月 28 日 中共中央颁发《中国共产党支部工作条例（试行）》。条例共有八章三十七条，对党支部的组织设置、基本任务、工作机制、组织生活、党支部委员会建设、领导和保障等进行了规范。在工作机制方面，条例规定党支部党员大会是党支部的议事决策机构，由全体党员参加，一般每季度召开 1 次；党支部委员会是党支部日常工作的领导机构，党支部委员会会议一般每月召开 1 次；党支部党员大会、党支部委员会会议由党支部书记召集并主持，书记不能参加会议的，可以委托副书记或者委员召集并主持；党小组会由党小组组长召集并主持。《条例》的颁发和实施为基层党内民主的发挥提供了制度保障。

2019 年 9 月 6 日 国务院颁发《关于加强和规范事中事后监管的指导意见》。意见指出，要加快构建权责明确、公平公正、公开透明、简约高效的事中事后监管体系。监管的原则是：依法监管，公平公正，分级分类，科学高效、寓管于服。意见要求夯实监管责任，明确监管对象和范围，厘清监管事权。健全监管规则和标准，健全制度化监管规则，加强标准体系建设。创新和完善监管方式，深入推进“互联网 + 监管”，提升信用监管效能，全面实施“双随机、一公开”监管，对重点领域实行重点监管，落实和完善包容审慎监管，依法开展案件查办。构建协同监管格局，加强政府协同监管，强化市场主体责任，提升行业自治水平、发挥社会监督作用，提升监管规范性和透明度。《意见》的颁发和实施对规范行政权力的运作提供了政策依据。

2019 年 1 月 31 日　中共中央颁发《关于加强党的政治建设的意见》。意见指出，加强党的政治建设，目的是坚定政治信仰，强化政治领导，提高政治能力，净化政治生态，实现全党团结统一、行动一致。在党内民主政治建设方面，意见要求使党内政治生活始终充满活力，坚决防止和克服党内政治生活不讲创新、不讲活力、照搬照套的倾向。增强党内政治生活的原则性，坚持按原则开展党的工作和活动，按原则处理党内各种关系，按原则解决党内矛盾和问题，严格执行党的组织生活制度，认真召开民主生活会和组织生活会，提高“三会一课”质量，落实谈心谈话、民主评议党员和主题党日等制度。《意见》的颁发和实施为净化党内民主政治生活提供了指导。

2019 年 10 月 7 日　中共中央颁发《关于新时代加强和改进人民政协工作的意见》，指出工作的主要原则是：坚持党的全面领导，把牢正确政治方向；坚持依照宪法法律和政协章程把握性质定位、完善政协职能，把政协制度优势转化为国家治理效能；坚持大团结大联合，广泛凝心聚力；坚持发展社会主义协商民主，推动实现广泛有效的人民民主；坚持围绕中心、服务大局，在建言资政和凝聚共识上双向发力；坚持以人民为中心履职尽责，做到人民政协为人民。重点做好以下工作：发挥人民政协专门协商机构作用，把加强思想政治引领、广泛凝聚共识作为履职工作的中心环节，健全人民政协工作制度，强化政协委员责任担当，加强党对人民政协工作的领导。

2019 年 10 月 28 日至 31 日　中国共产党十九届四中全会在北京召开。全会通过了《关于坚持和完善中国特色社会主义制度、推进国家治理体系和治理能力现代化若干重大问题的决定》，指出坚持和完善中国特色社会主义制度、推进国家治理体系和治理能力现代化的总体目标是，到我们党成立100周年时，在各方面制度更加成熟更加定型上取得明显成效；到2035年，各方面制度更加完善，基本实现国家治理体系和治理能力现代化；到新中国成立100周年时，全面实现国家治理体系和治理能力现代化，使中国特色社会主义制度更加巩固、优越性充分展现。目前的主要任务是，突出坚持和完善支撑中国特色社会主义制度的根本制度、基本制度、重要制度，着力固根基、扬优势、补短板、强弱项，构建系统完备、科学规范、运转有效的制度体系。

2019年11月2日 习近平总书记在上海考察长宁区虹桥街道古北市民中心社区治理和服务情况，在同参加法律草案意见建议征询会的中外居民交谈中，详细询问了法律草案的意见征集工作情况。习近平强调，我们走的是一条中国特色社会主义政治发展道路，人民民主是一种全过程的民主，所有的重大立法决策都是依照程序、经过民主酝酿，通过科学决策、民主决策产生的。希望你们再接再厉，为发展中国特色社会主义民主继续作贡献。全过程民主的提出，为新时代中国社会主义民主政治建设指明了方向。

2020年5月28日 第十三届全国人民代表大会第三次会议审议通过了《全国人民代表大会关于建立健全香港特别行政区维护国家安全的法律制度和执行机制的决定》。决定指出，国家坚定不移并全面准确贯彻“一国两制”“港人治港”、高度自治的方针，坚持依法治港，维护宪法和香港特别行政区基本法确定的香港特别行政区宪制秩序，采取必要措施建立健全香港特别行政区维护国家安全的法律制度和执行机制，依法防范、制止和惩治危害国家安全的行为和活动。决定为香港地区民主政治的发展创造了环境条件。

2020年9月24日 国务院办公厅颁发《关于加快推进政务服务“跨省通办”的指导意见》。意见要求依托全国一体化政务服务平台和各级政务服务机构，着力打通业务链条和数据共享堵点，推动更多政务服务事项“跨省通办”，为建设人民满意的服务型政府提供有力保障。跨省通办的基本原则是：坚持需求导向、坚持改革创新、坚持便民高效、坚持依法监管。跨省通办不仅是推进政务服务改革的重要内容，也为社会主义民主政治的发展创造了基础条件。

2020 年 9 月 30 日 中共中央颁发《中国共产党中央委员会工作条例》。条例共有八章三十五条，规定中央委员会的工作原则是：坚持党对一切工作的领导，确保党中央集中统一领导；坚持和发展中国特色社会主义，全面贯彻党的基本理论、基本路线、基本方略；坚持解放思想，实事求是，与时俱进，求真务实；坚持全心全意为人民服务，以人民为中心，为人民执政、靠人民执政；坚持民主集中制，充分发扬党内民主，实行正确有效集中，维护党的团结统一；坚持从严管党治党，永葆党的先进性和纯洁性。条例的颁发和实施为中央委员会工作的制度化、规范化提供了法规依据。

2021 年 3 月 27 日 中共中央颁发《关于加强对“一把手”和领导班子监督的意见》。意见强调充分认识加强对“一把手”和领导班子监督的重要性紧迫性，要求加强对“一把手”的监督，加强同级领导班子监督，加强对下级领导班子的监督，切实加强党对监督工作的领导。要求贯彻执行民主集中制，完善“三重一大”决策监督机制。党委（党组）、纪检机关、组织部门要加强对下级党委（党组）“一把手”贯彻执行民主集中制情况的监督检查，防止出现搞一言堂甚至家长制问题。条例的颁发和实施对规范党内权力的运行具有重要的指导意义。

2021 年 7 月 1 日 习近平总书记在庆祝中国共产党成立 100 周年大会上讲话指出，为实现中华民族伟大复兴，中国共产党创造了新民主主义革命的伟大成就，创造了社会主义革命和建设的伟大成就，创造了改革开放和社会主义现代化建设的伟大成就，创造了新时代中国特色社会主义的伟大成就。新的征程上，我们必须紧紧依靠人民创造历史，坚持全心全意为人民服务的根本宗旨，站稳人民立场，贯彻党的群众路线，尊重人民首创精神，践行以人民为中心的发展思想，发展全过程人民民主，维护社会公平正义，着力解决发展不平衡不充分问题和人民群众急难愁盼问题，推动人的全面发展、全体人民共同富裕取得更为明显的实质性进展。讲话为未来中国社会主义民主政治的发展指明了方向。

参考文献

专著类

[1]《马克思恩格斯全集》第2卷，人民出版社1957年版。
[2]《马克思恩格斯全集》第3卷，人民出版社1960年版。
[3]《马克思恩格斯全集》第3卷，人民出版社2002年版。
[4]《马克思恩格斯文集》第1卷，人民出版社2009年版。
[5]《马克思恩格斯文集》第2卷，人民出版社2009年版。
[6]《马克思恩格斯文集》第3卷，人民出版社2009年版。
[7]《马克思恩格斯文集》第4卷，人民出版社2009年版。
[8]《马克思恩格斯文集》第9卷，人民出版社2009年版。
[9]《马克思恩格斯选集》第1卷，人民出版社1995年版。
[10]《马克思恩格斯选集》第1卷，人民出版社2012年版。
[11]《列宁选集》第1卷，人民出版社2012年版。
[12]《列宁选集》第3卷，人民出版社2012年版。
[13]《列宁选集》第4卷，人民出版社2012年版。
[14]《列宁全集》第7卷，人民出版社2017年版。
[15]《列宁全集》第28卷，人民出版社2017年版。
[16]《列宁全集》第29卷，人民出版社2017年版。
[17]《列宁全集》第31卷，人民出版社2017年版。

[18]《列宁全集》第 32 卷，人民出版社 2017 年版。
[19]《列宁全集》第 37 卷，人民出版社 2017 年版。
[20]《毛泽东选集》第 1 卷，人民出版社 1991 年版。
[21]《毛泽东选集》第 2 卷，人民出版社 1991 年版。
[22]《毛泽东选集》第 3 卷，人民出版社 1991 年版。
[23]《毛泽东选集》第 4 卷，人民出版社 1991 年版。
[24]《毛泽东选集》第 5 卷，人民出版社 1977 年版。
[25]《毛泽东文集》第 5 卷，人民出版社 1996 年版。
[26]《毛泽东文集》第 6 卷，人民出版社 1999 年版。
[27]《毛泽东文集》第 7 卷，人民出版社 1999 年版。
[28]《毛泽东文集》第 8 卷，人民出版社 1999 年版。
[29]《毛泽东著作选读》下册，人民出版社 1986 年版。
[30]《建国以来毛泽东文稿》第 4 册，中央文献出版社 1992 年版。
[31]《建国以来毛泽东文稿》第 6 册，中央文献出版社 1992 年版。
[32]《建国以来毛泽东文稿》第 10 册，中央文献出版社 1992 年版。
[33]《周恩来选集》上卷，人民出版社 1980 年版。
[34]《刘少奇选集》上卷，人民出版社 1981 年版。
[35]《刘少奇选集》下卷，人民出版社 1985 年版。
[36]《朱德选集》，人民出版社 1983 年版。
[37]《瞿秋白文集（政治理论编）》第 5 卷，人民出版社 2013 年版。
[38]《邓小平文选》第 1 卷，人民出版社 1994 年版。
[39]《邓小平文选》第 2 卷，人民出版社 1994 年版。
[40]《邓小平文选》第 3 卷，人民出版社 1993 年版。
[41]《陈云文选》第 3 卷，人民出版社 1995 年版。
[42]《李维汉选集》，人民出版社 1987 年版。
[43] 李维汉:《统一战线问题与民族问题》，人民出版社 1981 年版。
[44]《江泽民文选》第 1 卷，人民出版社 2006 年版。

[45]《江泽民文选》第2卷，人民出版社2006年版。
[46]《江泽民文选》第3卷，人民出版社2006年版。
[47]《江泽民论有中国特色社会主义》，中央文献出版社2002年版。
[48]江泽民：《论“三个代表”》，中央文献出版社2001年版。
[49]江泽民：《全面建设小康社会，开创中国特色社会主义事业新局面》，人民出版社2002年版。
[50]胡锦涛：《高举中国特色社会主义伟大旗帜，为夺取全面建设小康社会新胜利而奋斗》，人民出版社2007年版。
[51]《习近平谈治国理政》第1卷，外文出版社2018年版。
[52]《习近平谈治国理政》第2卷，外文出版社2017年版。
[53]《习近平谈治国理政》第3卷，外文出版社2020年版。
[54]《习近平关于全面依法治国论述摘编》，中央文献出版社2015年版。
[55]《习近平关于党风廉政建设和反腐败斗争论述摘编》，中国方正出版社、中央文献出版社2015年版。
[56]《习近平总书记系列重要讲话读本》，人民出版社2016年版。
[57]《习近平关于严明党的纪律和规矩论述摘编》，中央文献出版社、中国方正出版社2016年版。
[58]《习近平总书记系列重要讲话读本》，学习出版社、人民出版社2016年版。
[59]《习近平关于社会主义政治建设论述摘编》，中央文献出版社2017年版。
[60]《建国以来重要文献选编》第5册，中央文献出版社1993年版。
[61]《三中全会以来的重大决策》，中央文献出版社1994年版。
[62]《中国共产党第十三次全国代表大会文件汇编》，人民出版社1987年版。
[63]《十五大以来重要文献选编》(上)，人民出版社2000年版。
[64]《中国共产党第十六次全国代表大会文件汇编》，人民出版社2002年版。
[65]《中国共产党第十七次全国代表大会文件汇编》，人民出版社2007年版。
[66]《十七大报告辅导读本》，人民出版社2007年版。
[67]《十七大以来重要文献选编》(下)，中央文献出版社2013年版。

[68]《中华人民共和国宪法》，中国法制出版社2018年版。
[69]《党的十九届四中全会〈决定〉学习辅导百问》，党建读物出版社2019年版。
[70]《中国共产党第十九届中央委员会第四次全体会议文件汇编》，人民出版社2019年版。
[71] 中共中央文献研究室：《关于建国以来党的若干历史问题的决议》，人民出版社1983年版。
[72] 中共中央文献研究室：《刘少奇论党的建设》，中央文献出版社1991年版。
[73] 中共中央文献研究室编：《毛泽东年谱（1893—1949）》上卷，人民出版社、中央文献出版社1993年版。
[74] 中共中央党史研究室第一研究部译：《联共（布）、共产国际与中国国民革命运动（1920—1925）》，北京图书馆出版社1997年版。
[75] 中共中央组织部、中共中央党史研究室、中央档案馆：《中国共产党组织史资料》第7卷·下，中共党史出版社2000年版。
[76] 中共中央办公厅、中央纪委法规室、中央组织部：《中国共产党党内法规选编（1978—1996）》，法律出版社2001年版。
[77] 中国共产党章程汇编编写组：《中国共产党章程汇编：从一大到十七大》，中共党史出版社2007年版。
[78] 中共中央党史研究室：《中国共产党的九十年：改革开放和社会主义现代化建设新时期》，中共党史出版社2016年版。
[79] 中共中央党史研究室：《中国共产党的九十年》，中共党史出版社2016年版。
[80] 中央档案馆编：《中共中央文件选集》第1册，中共中央党校出版社1989年版。
[81] 中央档案馆编：《中共中央文件选集》第2册，中共中央党校出版社1989年版。
[82] 中央档案馆编：《中共中央文件选集》第3册，中共中央党校出版社1989

年版。
[83] 中央档案馆编：《中共中央文件选集》第4册，中共中央党校出版社1989年版。
[84] 中央档案馆编：《中共中央文件选集》第5册，中共中央党校出版社1989年版。
[85] 中央档案馆编：《中共中央文件选集》第6册，中共中央党校出版社1989年版。
[86] 中央档案馆编：《中共中央文件选集》第7册，中共中央党校出版社1989年版。
[87] 中央档案馆编：《中共中央文件选集》第10册，中共中央党校出版社1989年版。
[88] 中央档案馆编：《中共中央文件选集》第11册，中共中央党校出版社1989年版。
[89] 中央档案馆编：《中共中央文件选集》第12册，中共中央党校出版社1989年版。
[90] 中央档案馆编：《中共中央文件选集》第14册，中共中央党校出版社1989年版。
[91] 中共中央党史研究室：《中国共产党历史·第1卷（1921—1949）》上册，中共党史出版社2011年版。
[92] 中共中央党史研究室：《中国共产党历史·第1卷（1921—1949）》下册，中共党史出版社2011年版。
[93] 中共中央文献研究室、中央档案馆编：《建党以来重要文献选编》第5册，中央文献出版社2011年版。
[94] 中共中央文献研究室、中央档案馆编：《建党以来重要文献选编》第6册，中央文献出版社2011年版。
[95] 中共中央文献研究室、中央档案馆编：《建党以来重要文献选编》第8册，中央文献出版社2011年版。

[96] 中共中央文献研究室、中央档案馆编:《建党以来重要文献选编》第 14 册，中央文献出版社 2011 年版。

[97] 中共中央文献研究室、中央档案馆编:《建党以来重要文献选编》第 15 册，中央文献出版社 2011 年版。

[98] 中共中央文献研究室、中央档案馆编:《建党以来重要文献选编》第 17 册，中央文献出版社 2011 年版。

[99] 中共中央文献研究室、中央档案馆编:《建党以来重要文献选编》第 21 册，中央文献出版社 2011 年版。

[100] 中共中央文献研究室、中央档案馆编:《建党以来重要文献选编》第 22 册，中央文献出版社 2011 年版。

[101] 中共中央文献研究室、中央档案馆编:《建党以来重要文献选编》第 23 册，中央文献出版社 2011 年版。

[102] 中共中央文献研究室、中央档案馆编:《建党以来重要文献选编》第 24 册，中央文献出版社 2011 年版。

[103] 中共中央文献研究室、中央档案馆编:《建党以来重要文献选编》第 25 册，中央文献出版社 2011 年版。

[104] 中共中央文献研究室、中央档案馆编:《建党以来重要文献选编》第 26 册，中央文献出版社 2011 年版。

[105] 中共中央文献研究室编:《十八大以来重要文献选编》(上)，中央文献出版社 2014 年版。

[106] 中共中央文献研究室编:《十八大以来重要文献选编》(中)，中央文献出版社 2016 年版。

[107] 中共中央文献研究室编:《十八大以来重要文献选编》(下)，中央文献出版社 2018 年版。

[108]《周恩来年谱(1898—1949)》，中央文献出版社 1998 年版。

[109]《陈独秀文集》第 2 卷，人民出版社 2013 年版。

[110]《黄炎培：八十年来》，文史资料出版社 1982 年版。

[111] 卞钢达：《党内民主建设》，中国言实出版社 2004 年版。
[112] 戴焰军：《严肃党内政治生活十二讲》，广东人民出版社 2017 年版。
[113] 李铁映：《论民主》，人民出版社 2001 年版。
[114] 金冲及：《毛泽东传（1893—1949）》，中央文献出版社 1993 年版。
[115] 沈志华、于沛：《苏联共产党九十三年》，当代中国出版社 1993 年版。
[116] 宋任穷：《宋任穷回忆录》，解放军出版社 2007 年版。
[117] 秦刚：《中国特色社会主义制度研究》，中共中央党校出版社 2020 年版。
[118] 王奇生：《党员、党权与党争：1924—1949 年中国国民党的组织形态（修订增补本）》，华文出版社 2010 年版。
[119] 吴大兵：《发展中国特色社会主义民主政治研究》，人民出版社 2019 年版。
[120] 夏海：《政府的自我革命：中国政府机构改革研究》，中国法制出版社 2004 年版。
[121] 应克复等：《西方民主史》，中国社会科学出版社 2012 年版。
[122] 于友民、乔晓阳主编：《中华人民共和国现行法律及立法文件》（上），中国民主法治出版社 2002 年版。
[123] 张志坚：《见证：行政管理体制和劳动人事制度改革》（上），国家行政学院出版社 2012 年版。
[124] 郑永年：《中国改革路线图》，东方出版社 2016 年版。
[125] 周安平等：《新中国宪法的历程——问题、回应和文本》，人民出版社 2017 年版。
[126] 周金堂：《伟大的历程　光辉的业绩——改革开放 30 年党的建设与发展研究》，中央文献出版社 2009 年版。
[127]［法］卢梭：《社会契约论》，李平沤译，商务印书馆 2015 年版。
[128]［加拿大］艾伦·梅克森斯·伍德：《民主反对资本主义——重建历史唯物主义》，吕薇洲等译，重庆出版社 2007 年版。
[129]［美］罗伯特·达尔：《民主理论的前言》，顾昕、朱丹译，生活·读

书·新知三联书店 1999 年版。

[130] [美] 罗伯特·达尔:《多元主义民主的困境》,周军华译,吉林人民出版社 2006 年版。

[131] [美] 卡罗尔·佩特曼:《参与和民主理论》,陈尧译,上海人民出版社 2006 年版。

[132] [美] 菲利普·科特勒:《直面资本主义:困境与出路》,郭金兴等译,机械工业出版社 2016 年版。

[133] [美] 弗朗西斯·福山:《政治秩序的起源:从前人类时代到法国大革命》,毛俊杰译,广西师范大学出版社 2012 年版。

[134] [美] 科恩:《论民主》,聂崇新等译,商务印书馆 1988 年版。

[135] [美] 哈罗德·D. 拉斯韦尔、亚伯拉罕·卡普兰:《权力与社会:一项政治研究的框架》,王菲易译,1950 年版。

[136] [美] 塞缪尔·亨廷顿:《变革社会中的政治秩序》,李盛平译,华夏出版社 1988 年版。

[137] [美] 乔·萨托利:《民主新论》,冯克利、阎克文译,上海人民出版社 2009 年版。

[138] [美] 约瑟夫·熊皮特:《资本主义、社会主义与民主》,吴良健译,商务印书馆 1999 年版。

[139] [英] 罗纳德·哈里·科斯、王宁:《变革中国:市场经济的中国之路》,徐尧、李哲民译,中信出版社 2013 年版。

期刊类

[1] 习近平:《推进党的建设新的伟大工程要一以贯之》,《求是》2019 年第 19 期。

[2] 中共湖北省委组织部:《“两推一选”:发展基层民主的有益尝试》,《求是》2004 年第 5 期。

[3] 甘冲:《全球正义是否可能?——尼尔森的全球正义思想研究》,《国外社会

科学》2017 年第 4 期。
[4] 韩旭：《国家治理视野中的根本政治制度——改革开放 40 年来人民代表大会制度的发展逻辑》，《政治学研究》2018 年第 6 期。
[5] 韩震：《全过程民主制度保证了中国道路的成功》，《社会主义论坛》2019 年第 12 期。
[6] 江必新：《行政诉讼三十年发展之剪影——从最高人民法院亲历者的角度》，《中国法律评论》2019 年第 2 期。
[7] 李慧凤、郁建兴：《基层政府治理改革与发展逻辑》，《马克思主义与现实》2014 年第 1 期。
[8] 李适时：《加入世贸组织与我国法制建设——写在纪念我国加入世贸组织十周年之际》，《求是》2012 年第 1 期。
[9] 李其瑞、冯飞飞：《中国法学教育 70 年：发展历程、问题反思和未来展望》，《法学教育研究》2020 年第 2 期。
[10] 刘章福、罗昭义：《发展农村基层民主：建设社会主义民主政治的突破——学习江泽民关于发展农村基层民主的思想》，《湖湘论坛》2003 年第 4 期。
[11] 王俊拴：《党内民主对人民民主的示范和带动作用分析——学习十六大报告的点滴体会》，《政治学研究》2003 年第 2 期。
[12] 王旭：《作为国家机构原则的民主集中制》，《中国社会科学》2019 年第 8 期。
[13] 吴超：《陈云民主监督思想探析》，《前沿》2008 年第 4 期。
[14] 许耀桐：《发展社会主义民主政治的深刻内涵》，《行政管理改革》2017 年第 11 期。
[15] 颜杰峰：《改革开放以来党内选举制度建设的主要成就及其经验》，《马克思主义研究》2015 年第 6 期。
[16] 叶孟波：《建国初期我国民主政治建设的实践和反思》，《理论月刊》2003 年第 12 期。

[17] 应松年、薛刚凌:《行政诉讼十年回顾——行政诉讼的成就、价值、问题与完善》,《行政法学研究》1999 年第 4 期。

[18] 张明军:《20 世纪五六十年代我国社会主义民主政治建设的教训》,《北京党史》2003 年第 2 期。

[19] 张明军:《在新时代的实践中创新民主政治理论》,《政治学研究》2018 年第 2 期。

[20] 张文显:《中国法治 40 年:历程、轨迹和经验》,《吉林大学社会科学学报》2018 年第 5 期。

[21] 郑信哲:《论我国民族区域自治制度的确立与实施》,《学术界》2018 年第 1 期。

[22] 周平:《民族区域自治制度在中国的形成和演进》,《云南行政学院学报》2005 年第 4 期。

[23] 朱祥全:《建设中国特色社会主义民主政治的创新之路》,《四川师范大学学报(社会科学版)》2008 年第 6 期。

[24] [法] 萨米尔·阿明:《谈帝国主义全球化条件下的民主与发展问题》,徐洋摘译,《西方理论动态》2002 年第 12 期。

后记

本书是中共上海市委宣传部为庆祝中国共产党成立100周年的课题——“中国共产党百年来民主政治建设的理论与实践研究”的最终成果。在中国共产党百年的奋斗史中，实现和完善人民当家作主是中国共产党持之以恒的重要价值目标追求。在新民主主义革命、社会主义革命和建设、改革开放和社会主义现代化建设以及新时代中国特色社会主义的伟大征程中，中国共产党在民主政治建设的指导思想、理论发展、实践模式等方面守正创新，经过中国民主政治建设的起步、发展和完善，在实践中形成了具有中国特色的民主政治建设的理论和实践方式，创新出了全过程人民民主的新形态，为人类民主政治建设贡献了新成果，为世界文明发展供给了新智慧。

本书是课题组成员集体智慧的结晶，具体分工如下：第一章张飞，第二章葛玲、满永，第三章赵丽涛、阮博，第四章任蓉，第五章黄光秋、吴涛，第六章任蓉，重要活动和文献节点张明军。张明军承担了课题研究的设计、提纲的研制、部分章节的撰写以及全书的统稿。在课题研究和书稿撰写过程中，市委宣传部李明灿老师给予了悉心的指导并提出了具有重要价值和针对性的修改意见，上海人民出版社在审读的基础上，提出了诸多有益的完善建议。在此向他们致以深深的谢意。

张明军

图书在版编目(CIP)数据

跳出历史周期率 ：民主政治建设之路 / 张明军等著. 上海 ：上海人民出版社，2024. -- (人民至上 · 中国共产党百年奋进研究丛书). -- ISBN 978-7-208-18963-8

Ⅰ. D62

中国国家版本馆 CIP 数据核字第 2024WG5717 号

责任编辑 项仁波
封面设计 汪　昊

人民至上 · 中国共产党百年奋进研究丛书
上海市哲学社会科学规划办公室
上海市中国特色社会主义理论体系研究中心　组编

跳出历史周期率：民主政治建设之路

张明军　任　蓉　张　飞　等著

出　　版　上海人民出版社
（201101　上海市闵行区号景路 159 弄 C 座）
发　　行　上海人民出版社发行中心
印　　刷　商务印书馆上海印刷有限公司
开　　本　787×1092　1/16
印　　张　26.5
插　　页　2
字　　数　352,000
版　　次　2024 年 7 月第 1 版
印　　次　2024 年 7 月第 1 次印刷
ISBN 978-7-208-18963-8/D · 4340
定　　价　118.00 元